How to Stop Worrying
걱정을 중단하고
삶에 뛰어들기
and Start Living

How to Stop Worrying and Start Living
걱정을 중단하고 삶에 뛰어들기
데일 카네기의 항불안-항우울 처방전

지은이 | 데일 카네기
옮긴이 | 이고성

1판 1쇄 펴낸날 | 2011년 3월 10일
1판 2쇄 펴낸날 | 2021년 4월 22일

펴낸이 | 문나영

펴낸곳 | 필맥
출판신고 | 제2021-000073호
주소 | 경기도 고양시 덕양구 중앙로 542, 910호 (행신동, 세신훼미리타운)
홈페이지 | www.philmac.co.kr
전화 | 031-972-4491   팩스 | 031-971-4492

ISBN 978-89-91071-85-8 (03320)

* 인쇄, 제작, 유통 과정에서 파본된 책은 구입하신 서점에서 바꾸어 드립니다.
* 이 책의 전부 또는 일부 내용을 재사용하려면 반드시 사전에 필맥의 서면 동의를 받아야 합니다.

데일 카네기의 항불안-항우울 처방전

How to Stop Worrying
걱정을 중단하고

데일 카네기 지음 | 이고성 옮김

삶에 뛰어들기
and Start Living

필맥

일러두기

- 각주는 '원주' 표시가 된 것 외에는 모두 옮긴이의 주석이다.

머리말_이 책을 쓰게 된 경위와 이유

1909년에 나는 뉴욕에서 가장 불행한 청년 가운데 하나였다. 나는 생계를 위해 트럭을 파는 일을 하고 있었다. 그때 나는 트럭이 어떻게 해서 달리는지에 대해서는 알지 못했다. 그런 것은 알고 싶지도 않았다. 나는 내 직업을 경멸했다. 나는 서부 56번가에 있는 가구 딸린 싸구려 셋방에서 살아야 하는 것이 싫었다. 그 방에는 바퀴벌레가 들끓었다. 아침에 그 방 벽에 걸어놓은 넥타이 다발에서 그날 맬 넥타이를 고르려고 손을 대면 바퀴벌레가 사방으로 흩어졌다. 더러운 싸구려 식당에서 밥을 먹는 것도 진저리가 났다. 그런 식당에도 바퀴벌레가 득시글거렸을 것이다.

매일 밤 나는 구토증을 수반하는 두통을 느끼며 쓸쓸한 내 방으로 돌아왔다. 내 두통은 낙담과 근심, 그리고 쓰라리고 욱하는 마음이 낳고 기른 것이었다. 내가 욱하는 마음을 갖게 된 것은 대학생 시절에 품었던 꿈이 악몽으로 바뀐 때문이었다. 이런 것이 삶이란 말인가? 이런 것이 내가 그토록 간절하게 기다렸던 삶의 모험이란 말인가? 이런 것이 삶이 나에게 의미하는 모든 것이란 말인가? 스스로 경멸하는 직업에 매이고, 바퀴벌레와 같이 살고, 형편없는 음식을 먹는 것이? 게다가 미래에 대한 희망은 전혀 없이? … 나는 책을 읽을 시간을 가질 수 있기를, 대학생 시절에 쓰고 싶어 했던 책을 쓸 시간을 가질 수 있기를 갈망했다.

내가 경멸하는 직업을 때려치워도 잃을 것은 없고 얻을 것만 있음을 나는 알고 있었다. 나는 돈을 많이 버는 데는 관심이 없었지만, 삶을 풍부하게 사는 데는 관심이 있었다. 간단히 말해 나는 루비콘 강에 다다른 것이었다. 다시 말하면, 젊은이가 인생을 시작할 때 직면하게 되는 결심의 시점에 다다른 것이었다. 그래서 나는 결심을 했고, 그 결심은 그 뒤의 내 인생을 완전히 바꿔놓았다. 그 결심은 그 뒤로 내가 행복하게 살아갈 수 있게 해주었고, 내가 품었던 가장 이상적인 희망도 능가하는 보상을 내게 가져다주었다.

내가 한 결심은 이런 것이었다. 내가 싫어하는 일은 그만두자. 나는 미주리 주의 워런스버그에 있는 주립 사범대학에서 4년간 교사가 되기 위한 공부를 한 바 있으니 야간학교의 성인반을 맡아 가르치는 일을 생업으로 하자. 그러면 낮 시간대에는 자유롭게 책을 읽고, 강의를 준비하고, 장편소설과 단편소설을 쓸 수 있을 것이다. 나는 '글을 쓰기 위해 살고, 살기 위해 글을 쓰는 삶'을 원했던 것이다.

그런데 야간 성인반 학생들에게 무슨 주제로 강의를 해야 하나? 나 자신이 대학에서 받은 훈련을 돌아보고 평가해보니 사람들 앞에서 이야기하는 것에 관한 훈련과 경험이 내가 직장생활을 하는 데, 그리고 내가 인생을 살아가는 데도 가장 실용적인 가치가 있는 것이었음을 알게 됐다. 내가 대학에서 공부한 다른 모든 것을 다 합쳐도 실용적인 가치에서는 그것에 못 미친다는 생각이 들었다. 왜냐하면 그 훈련과 경험은 나로 하여금 수줍어하는 태도를 버리게 하는 동시에 내게 없었던 자신감과 사람들을 대면하는 데 필요한 용기를 심어주었기 때문이다. 또한 그 훈련과 경험은 일어서서 자기가 생각하는 바를 말할 수 있는 사람에게 리더십이 집중된다는 점도 분명히 알게 해주었다.

나는 컬럼비아대학과 뉴욕대학의 야간 공개강의 과정에서 '사람들 앞에서 이야기하는 법'을 가르치는 강사 자리에 지원했다. 그러나 이 두 대학은 나의 도움을 받지 않고서도 그 과정을 꾸려갈 수 있다고 판단한 모양이었다.

나는 그때 좌절감을 느꼈다. 그러나 지금은 그때 그 두 대학이 나를 받아주지 않은 것에 대해 하느님에게 감사하고 있다. 왜냐하면 그랬었기에 내가 YMCA의 야간학교에서 가르치는 일을 시작하게 됐기 때문이다. YMCA의 야간학교에서는 내가 강사로서 구체적인 성과를 보여줘야 했고, 그것도 빨리 보여줘야 했다. 그것이 얼마나 분발을 요구하는 일이었던지! 내가 가르치는 반에 출석하는 성인 학생들은 대학 학점을 따기 위해 온 것도 아니었고, 자신의 사회적 지위를 높이기 위해 온 것도 아니었다. 그들은 단지 한 가지 이유만으로 왔다. 그들은 자신의 문제를 풀기를 바랐다. 그들은 직장에서 자신이 참석해야 하는 회의에서 두 발로 일어서서 겁에 질리지 않고 다만 몇 마디라도 말할 수 있기를 원했다. 판매원 일을 하는 사람들은 상대하기가 까

다로운 고객의 집을 방문할 때 용기를 내기 위해 그 집이 있는 동네를 세 바퀴나 빙빙 돌지 않고 곧바로 그 집을 방문할 수 있기를 원했다. 그들은 스스로 의연함과 자신감을 기르기를 원했다. 그들은 일을 잘 해 성과를 거두게 되기를 원했다. 그들은 가족을 위해 돈을 더 많이 벌기를 원했다. 게다가 그들은 수강료를 여러 번으로 나누어 내게 돼 있어서 바라는 성과를 얻지 못하면 수강료 납부를 중단했기 때문에, 그리고 나는 고정된 급여를 받는 게 아니라 이익의 일정 비율을 강의료로 받는 입장이었기 때문에 먹고 살 수 있으려면 실용적인 강의를 해야 했다.

그때 나는 내가 불리한 조건 아래서 강의를 하고 있다고 생각했다. 하지만 지금은 내가 그때 값진 훈련을 받고 있었던 것이라고 생각한다. 나는 내가 가르치는 학생들에게 동기를 부여해야 했다. 그들이 각자 자신의 문제를 풀 수 있도록 도와야 했다. 매일 그들의 정신에 자극을 주는 강의를 해서 그들이 중단하지 않고 계속 강의를 듣고 싶어 하게 만들어야 했다.

그것은 흥미진진한 일이었다. 나는 그 일을 좋아했다. 나는 직장인인 그들이 얼마나 빨리 자신감을 갖게 되고 그들 가운데 다수가 얼마나 빨리 승진과 봉급인상을 확보하게 되는지를 보고 놀랐다. 내가 담당한 성인반은 나의 가장 낙관적인 기대도 훨씬 능가할 정도로 성공적이었다. 내게 하룻밤 강의당 5달러를 지급하는 것도 거부하던 YMCA가 세 번째 학기가 끝나기도 전에 이익의 일정 비율로 계산해 하룻밤 강의당 30달러를 지급하게 됐다. 나는 처음에는 사람들 앞에서 말하는 법만 가르쳤다. 그러나 여러 해 강의를 계속해보니 내 성인반 수강생들이 친구를 얻고 다른 사람에게 영향을 미치는 능력도 필요로 한다는 것을 알게 됐다. 나는 인간관계에 관한 적당한 교과서를 찾을 수 없어서 직접 그에 관한 책을 한 권 썼다. 그 책을 내가 썼다고 했지만, 사실 그것은 책을 쓰는 보통의 방식으로 씌어진 것이 아니었다. 그 책은 내가 가르친 성인반 학생들의 경험에서 자라나오고 진화한 결과였다. 나는 그 책에 《친구를 얻고 다른 사람에게 영향을 미치는 법》이라는 제목을 붙였다.

나는 그 책이 그렇게 많이 팔리리라고는 꿈도 꾸지 못했다. 왜냐하면 그 책은 오로지 내가 담당한 성인반을 위한 교과서로만 씌어진 것인데다가 나는 그것 말고도 다른 네 권의 책을 썼지만 그것들에 대해 들어본 적이 있다고 말하는 사람이 전혀 없었기 때문이다. 아마도 나는 지금 살아있는 저작자들 가운데 자기가 쓴 책이 많이 팔리는 것을 보고 가장 많이 놀란 사람들 가운데 하나일 것이다.

한 해 두 해 지나면서 나는 성인반 학생들이 안고 있는 가장 큰 문제들 가운데 또 하나는 걱정임을 깨달았다. 내가 가르치는 학생들 대부분은 직장인이었다. 그들은 기업의 임원, 영업사원, 기술자, 회계 담당자를 비롯해 모든 직종에 걸친 직장인 집단의 전형적인 한 단면이었다. 그리고 그들은 대부분 고민거리를 갖고 있었다! 성인반에는 여성들도 있었는데, 그들은 직장인이자 주부였다. 그들 역시 고민거리를 갖고 있었다! 그들을 가르치는 나로서는 걱정을 극복하는 법에 관한 교과서가 분명히 필요했다. 그래서 또 다시 나는 그런 교과서를 찾아보았다.

나는 뉴욕의 다섯 번째 종단도로와 마흔두 번째 횡단도로가 만나는 지점에 있는 이 도시 최대의 공공도서관에 갔다. 그 도서관에서 나는 '걱정(worry)' 항목에 분류된 책이 고작 22종밖에 없음을 알고 놀라지 않을 수 없었다. 또한 흥미롭게도 '벌레(worms)' 항목에 분류된 책은 189종이나 된다는 사실을 알게 됐다. 벌레에 관한 책의 종수가 걱정에 관한 책의 종수에 비해 거의 90배나 되는 셈이었다! 놀랍지 않은가? 걱정은 인류가 직면하게 되는 문제 가운데 가장 큰 것에 속하는 것이다. 그렇다면 이 나라의 모든 고등학교와 대학교에 '걱정을 중단하는 법'에 관한 강의가 개설돼야 하리라고 당신은 생각할 것이다. 그렇지 않은가? 그런데 이 나라의 대학 중에 그러한 주제에 관한 강의가 단 하나라도 개설된 곳이 있는가? 나는 그런 대학이 있다는 말을 들어본 적이 없다. 데이비드 시버리*가 《걱정을 성공적으로 하는 법》이라는 저서에서 이렇게 말한 것도 놀랄 일이 아니다. "우리는 발레를 하라는 요구를 받게 된 책벌레와 마찬가지로 성인이 되어 겪게 될 것에 대해 별로 준비되지 않은 상태로 성인이 된다."

그 결과는? 병원의 병상 가운데 절반 이상이 정신적이거나 정서적인 문제를 갖고 있는 사람들에 의해 채워지고 있다.

나는 뉴욕 공공도서관의 서가에 꽂혀 있는 걱정에 관한 책 22종

---

* David Seabury, 1885~1960, 미국의 심리학자.

을 살펴보았다. 또한 나는 걱정에 관한 다른 책들을 눈에 띄는 대로 샀다. 그랬는데도 내가 가르치는 성인반에서 교과서로 사용할 수 있을 만한 책을 단 한 종도 발견할 수 없었다. 그래서 내가 직접 걱정에 관한 책을 쓰기로 결심했다.

나는 이 책을 쓰기 위한 준비를 7년 전에 시작했다. 내가 어떻게 시작했을까? 모든 시대의 철학자가 걱정에 관해 한 말들을 찾아 읽어보는 것으로 시작했다. 또한 나는 공자에서부터 처칠에 이르기까지 수백 명의 위인들에 관한 전기도 읽었다. 나는 여러 분야의 뛰어난 사람들 수십 명을 인터뷰하기도 했다. 예를 들어 잭 뎀프시,* 오마 브래들리 장군,♠ 마크 클라크 장군,† 헨리 포드,‡ 엘리너 루스벨트,⁺ 도로시 딕스♣ 등을 인터뷰했다. 그러나 이런 일들은 단지 시작일 뿐이었다.

나는 인터뷰를 하고 글을 읽는 것보다 훨씬 더 중요한 다른 일도 했다. 나는 걱정을 극복하는 문제와 관계가 있는 실험실에서 5년 동안 근무했다. 내가 가르친 성인반이 바로 그 실험실이었다. 내가 아는 한 그 성인반은 그러한 종류의 실험실로는 전 세계에서 최초이자 유일한 곳이었다. 우리가 한 일은 이런 것이었다. 우리는 성인반 학생들에게

---

* Jack Dempsy. 1895~1983, 미국의 프로권투 선수.
♠ Omar Bradley. 1893~1981, 미국의 육군 장성.
† Mark Clark. 1896~1984, 한국전쟁에 유엔군 사령관으로 참전한 미국의 육군 장성.
‡ Henry Ford. 1863~1947, 미국 포드자동차 회사의 창업자.
⁺ Eleanor Roosevelt. 1884~1962, 프랭클린 루스벨트 대통령의 부인, 국제연합 대표 역임.
♣ Dorothy Dix. 1861~1951, 미국의 여성 저널리스트. 본명은 엘리자베스 메리웨더 길머.

걱정을 중단하는 법에 관한 일련의 규칙들을 전달하고 그 규칙들을 각자 자신의 삶에 적용해보고 그렇게 한 결과에 대해 발표하도록 요구했다. 일부 학생들은 걱정을 중단하는 방법으로 자신이 과거에 사용해본 것에 대해 발표했다.

이런 경험의 결과로 나는 지구의 표면을 걸어본 적이 있는 사람 중에서 '나는 어떻게 걱정을 중단했는가'에 관한 이야기를 가장 많이 듣는 사람이 됐다고 생각한다. 나는 성인반 학생들의 발표를 듣는 것 외에도 '나는 어떻게 걱정을 중단했는가'에 관한 이야기를 수백 건 더 읽었다. 그것은 우리가 세계 곳곳에서 연 강의에서 우수작으로 뽑힌 이야기들인데, 우편으로 내게 전달됐다.

그러므로 이 책은 상아탑에서 나온 것이 아니다. 어떻게 하면 걱정을 극복할 수 있는가에 관한 학문적인 설교도 아니다. 오히려 나는 수천 명의 성인들이 걱정을 어떻게 극복했는가를 빠른 속도로 간명하게 보여주는 기록물과 같은 보고서로 이 책을 쓰고자 했다. 한 가지 사실은 분명하다. 이것은 실용적인 책이라는 사실이 그것이다. 당신은 이 책의 내용을 직접 실천으로 옮겨볼 수 있다.

"과학은 성공한 처방들을 모아놓은 것"이라고 프랑스의 철학자 발레리는 말했다. 이 책이 바로 그런 것이다. 즉 이 책은 우리의 삶에서 걱정을 제거하기 위한 처방 가운데 효과가 있었고, 세월의 검증도 받은 것들을 모아놓은 것이다. 그러나 당신에게 경고해둘 게 있다. 그것은 이 책에서 당신은 새로운 것은 아무것도 발견하지 못하리라는 점이다. 그러나 보편적으로 적용되고 있지 않은 것은 많이 발견하게 될 것이다. 그런데 굳이 말한다면 당신이나 나는 굳이 새로운 것을 발견할 필요가 없다. 완전한 삶을 사는 데 무엇이 필요한지에 대해서는 우리가 이미 알고 있다. 우리 모두는 황금률♠과 산상수훈에 관한 글을 읽어봤다. 우리의 문제는 무지가 아니라 행동의 결여다. 이 책의 목적은 오래되고 기본적인 많은 진리들을 다시 말하고, 예시하면서 설명하고, 정돈하고, 새롭게 하고, 찬양하고, 당신에게 자극을 주어 당신이 그 진리들을 적용하게끔 하는 것이다.

당신은 이 책이 어떻게 씌어졌는가를 알기 위해서 이 책을 읽으려는 게 아닐 것이다. 당신은 행동을 하고자 하는 것이다. 좋다. 그럼 시작하자. 우선 이 책의 1부와 2부를 읽어보기를 바란다. 2부까지 다 읽었는데도 걱정을 중단하고 삶을 즐기는 데 필요한 새로운 힘과 새로운 영감을 얻었다는 느낌이 들지 않는다면 이 책을 집어던져라. 그런 느낌이 들지 않았다면 이 책은 당신에게 아무런 소용이 없는 것일 테니.

데일 카네기

♠ The golden rule. "남에게 바라는 대로 남에게 해주어라"라는 예수의 가르침을 이르는 말.

차례

머리말___**5**
이 책을 최대로 활용하는 법에 관한 9가지 권고___**17**

1부 걱정에 관해 당신이 알아야 할 기본적인 사실들
01 '방수격실 처리된 하루하루' 속에서 살아라___**24**
02 걱정되는 상황을 풀어주는 마법의 공식___**43**
03 걱정이 당신에게 미치는 작용___**56**

2부 걱정을 분석하는 기본적인 기법
04 걱정되는 문제를 분석하고 해결하는 법___**76**
05 사업상의 걱정 가운데 절반을 제거하는 법___**89**

3부 걱정하는 습관이 당신을 무너뜨리기 전에 그 습관을 무너뜨리는 법
06 마음속에서 걱정을 몰아내는 법___**98**
07 사소한 걱정이 당신을 쓰러뜨리게 하지 말라___**114**
08 당신의 걱정거리 가운데 다수를 배척해줄 법칙___**127**
09 피할 수 없는 것이라면 그것과 협력하라___**138**
10 당신의 걱정에 '손절매' 주문을 걸어라___**157**
11 톱밥을 톱질하려고 하지 말라___**170**

4부 평온과 행복을 가져다줄 정신적 태도를 함양하는 7가지 방법

    12 당신의 삶을 변화시킬 수 있는 여덟 개의 낱말___**184**

    13 앙갚음을 하는 데 따르는 높은 비용___**208**

    14 이렇게만 하면 당신은 배은망덕에 대해 결코 걱정하지 않게 된다___**222**

    15 당신은 가지고 있는 것을 100만 달러에 팔겠는가?___**234**

    16 당신 자신을 찾아내고 당신 자신이 돼라___**246**

    17 레몬을 가지고 있다면 레모네이드를 만들어라___**259**

    18 14일 만에 우울증을 고치는 법___**273**

5부 걱정을 극복하는 완벽한 방법

    19 내 부모는 어떻게 걱정을 극복했나___**302**

6부 비판에 대한 걱정에 빠지지 않는 법

    20 죽은 개를 걷어차는 사람은 없다는 것을 기억하라___**338**

    21 이렇게 하라, 그러면 비판이 당신을 해치지 못할 것이다___**344**

    22 내가 저지른 어리석은 짓들___**351**

7부 피로와 걱정을 예방하고 에너지와 기운을 높게 유지하는 6가지 방법

   23 깨어있는 삶에 매일 한 시간을 더하는 법___**362**

   24 당신을 피로하게 만드는 것과 그것에 대해 당신이 할 수 있는 것___**371**

   25 피로를 피하는 법과 계속 젊게 보이는 법___**379**

   26 피로와 걱정을 예방하는 데 도움이 되는 4가지 좋은 업무습관___**388**

   27 피로, 걱정, 분노를 불러오는 권태를 몰아내는 법___**397**

   28 불면증에 대한 걱정을 피하는 법___**412**

8부 나는 어떻게 걱정을 극복했나_31가지 실화___425

   옮긴이 후기___**544**

이 책을 최대로 활용하는 법에 관한 9가지 권고

1. 이 책을 최대로 활용하고 싶다면 반드시 갖추어야 할 하나의 요건이 있다. 그것은 그 어떤 기법이나 규칙보다 무한히 더 중요한 필수 요건이다. 만약 당신이 이 하나의 기본적 요건을 갖추지 못한다면 학습법에 관한 천 개의 규칙을 갖춘다 한들 별 소용이 없을 것이다. 반면에 당신이 이 핵심적으로 중요한 자질을 갖고 있다면 이 책을 최대로 활용하는 법에 관한 다른 권고는 전혀 읽지 않더라도 놀라운 성과를 얻을 수 있을 것이다.

그 마법의 요건은 과연 무엇일까? 그것은 바로 마음속 깊은 곳에서 우러나고 추진력이 있는 배움에의 욕구, 다시 말해 걱정을 중단하고 삶에 뛰어들겠다는 활기찬 결의다.

어떻게 하면 그와 같은 내면의 충동을 계발할 수 있을까? 바로 그러한 원칙이 자신에게 얼마나 중요한지를 끊임없이 상기시키면 된다. 당신이 더욱 풍요롭고 행복한 삶을 사는 데 그러한 원칙을 확실하게 익히는 것이 얼마나 도움이 되는지를 생각해보라. 자기 자신에게 이런 말을 반복하라. "이 책이 일러주는 오래되고 자명하며 영원한 진리를 적용하는 것, 길게 내다보면 거기에 내 삶의 대부분이 달려있다. 내 마음의 평화, 행복, 건강, 그리고 어쩌면 나의 소득까지도."

2. 장별로 그 장을 전체적으로 조감할 수 있도록 우선은 그 장을 빠른 속도로 읽어라. 아마도 당신은 그런 다음에 곧바로 다음 장으로 서둘러 넘어가려는 유혹을 느끼게 될 것이다. 그러나 그렇게 하지 말라. 단지 재미 삼아 이 책을 읽는 게 아니라면 그러지 말아야 한다. 걱정을 중단하고 삶에 뛰어들고자 하기 때문에 이 책을 읽는 것이라면 다시 앞으로 돌아가 그 장을 철저하게 읽어라. 길게 보면 이렇게 하는 것이 곧 시간을 절약하고 당신이 원하는 결과를 얻는 길이다.

3. 읽는 동안에 종종 읽기를 멈추고 방금 읽은 것에 대해 생각을 해보라. 이 책에서 제안된 방법을 정확히 언제 어떻게 적용할 수 있는지를 스스로에게 물어보라. 이런 식으로 읽는 것이 개가 토끼를 뒤쫓듯이 읽는 것보다 훨씬 더 도움이 될 것이다.

4. 빨간색 크레용이나 연필 또는 펜을 손에 들고 이 책을 읽어라. 그리고 이용할 수 있겠다고 여겨지는 제안을 만나게 되면 해당 구절의 옆에 빨간색 줄을 내리 그어라. 만약 그것이 별 네 개짜리 제안이라면 해당 구절의 모든 문장에 밑줄을 치거나 그 옆에 'XXXX'라는 표시를 하라. 이런 식으로 책을 읽으면 책을 읽는 게 더 재미있어지고, 나중에 참고할 때 더 빨리 해당 구절을 찾을 수 있게 된다.

5. 나는 어느 큰 보험회사의 영업소장으로 15년 동안 일해 온 여성을 알고 있다. 그녀는 회사가 발행한 보험계약서를 매달 전부 다시

읽는다. 그렇다. 그녀는 똑같은 보험계약서를 매달, 그리고 매년 다시 읽는 것이다. 왜 그러는 걸까? 보험계약서의 모든 항목을 분명하게 기억하고 있으려면 그렇게 하는 것이 유일한 방법임을 그녀는 경험을 통해 배웠기 때문이다.

나는 사람들 앞에서 말하는 법에 관한 책을 거의 2년에 걸쳐 쓴 적이 있다. 그런데도 그 책에 내가 무엇을 썼는지를 기억하고 있으려면 때때로 그 책을 다시 읽어야 한다는 것을 나는 알게 됐다. 우리가 기억하고 있던 것을 잊어버리는 속도는 놀랄 정도로 빠르다.

그러므로 만약 당신이 이 책에서 실제적이고 오래 지속되는 이점을 얻고 싶다면 이 책을 대충 한번 훑어보는 것만으로도 충분하리라고 생각해서는 안 된다. 이 책을 철저하게 읽은 다음에도 당신은 한 달에 한 번씩은 몇 시간을 들여 이 책을 다시 살펴봐야 한다. 이 책을 당신이 매일 사용하는 책상 위에 잘 보이게 놓아두어라. 그리고 자주 들춰보아라. 아직 겉으로 드러나지 않은 풍부한 개선의 가능성이 끊임없이 당신의 마음을 두드리게 하라. 이 책에서 제시되는 원칙을 계속 거듭해서 살펴보고 적용해보아야만 그 원칙을 이용하는 게 습관화되고 무의식적인 행동이 된다는 점을 기억하라. 이렇게 하는 것 말고 다른 방법은 없다.

6. 버너드 쇼는 이렇게 말한 바 있다. "만약 당신이 어떤 사람에게 무엇인가를 가르치려고 한다면 그 사람은 결코 배우지 않을 것이다." 쇼는 옳은 말을 했다. 배움은 능동적인 과정이다. 우리는 행동을 통해 배운다. 따라서 당신이 이 책에서 배우게 될 원칙을 완전히 익히고 싶

다면 그와 관련된 행동을 하라. 그리고 그렇게 하는 것을 규칙으로 삼고 기회가 있을 때마다 실천하라. 그러지 않으면 알게 된 원칙을 금세 잊어버리고 말 것이다. 이용해본 지식만이 뇌리에 박힌다.

아마도 당신은 이 책에 적힌 권고를 한시도 빼놓지 않고 언제나 실천한다는 게 어려운 일임을 알게 될 것이다. 나도 안다. 이 책을 쓴 나도 그것이 어렵다고 생각하고 있다. 그러니 당신은 단지 정보를 얻기 위해서 이 책을 읽는 게 아님을 상기하라. 당신은 새로운 습관을 만들려는 것이다. 아, 물론 당신은 지금 새로운 삶의 방식을 시도해보려는 것이다. 그렇게 하는 데는 시간이 걸리고, 끈기가 필요하며, 매일매일 실천을 해야 한다.

그러니 이 책을 자주 들춰보라. 이 책을 걱정을 극복하는 법에 관한 실용적 안내서로 간주하라. 그리고 힘겨운 문제에 직면하게 됐을 때 너무 흥분하지 말라. 충동적인 행동을 하지 말라. 그런 행동은 대개 잘못된 행동이다. 그 대신 이 책을 들여다보고, 밑줄을 그어놓은 구절을 다시 살펴보라. 그리고 거기에 제시된 새로운 방법을 시도해보고, 그 방법이 당신에게 보여주는 마법을 지켜보라.

7. 당신이 이 책에 나오는 원칙들 가운데 무엇 하나라도 어기는 것을 발견하여 지적해줄 때마다 25센트짜리 동전 한 닢씩을 벌금으로 내겠다고 가족에게 선언하라. 그러면 그들이 당신의 습관을 고쳐줄 것이다!

8. 부디 이 책의 352~354쪽을 주의 깊게 읽고 월스트리트의 은행가인 H. P. 하우얼과 벤저민 프랭클린이 각각 자신의 잘못된 점을 어

떻게 고쳤는지를 되새겨 보라. 이 책에서 제시된 원칙을 적용하는 자신의 태도를 스스로 점검하는 데 하우얼과 프랭클린의 기법을 사용해보지 않을 이유가 있을 리 없다. 당신이 그들의 기법을 사용해본다면 다음 두 가지 결과를 얻게 될 것이다.

첫째, 당신은 흥미로우면서도 가치 있는 교육적 과정을 밟고 있는 자신을 발견하게 될 것이다.

둘째, 걱정을 중단하고 삶을 살기 시작할 줄 아는 당신의 능력이 커지면서 마치 녹색월계수처럼 가지를 뻗는 것을 보게 될 것이다.

9. 일기를 써라. 당신이 이 책에서 제시된 원칙을 적용해서 거둔 승리의 사례들을 일기에 기록하라. 구체적이어야 한다. 이름, 날짜, 결과를 명기하라. 이런 일기는 자극제가 되어 당신으로 하여금 더 많은 노력을 하게 할 것이다. 게다가 몇 년 뒤의 어느 날 저녁에 당신이 우연히 그 기록을 들춰보게 됐을 때 그 안에 적혀 있는 내용이 얼마나 흥미롭겠는가!

요약하면,

이 책을 최대로 활용하는 법에 관한 9가지 권고

1. 걱정을 떨쳐버리기 위한 원칙들을 완전히 익히겠다는 욕구를 일깨워라. 그 욕구는 마음속 깊은 곳에서 우러나온 것인 동시에 추진력도 갖고 있는 것이어야 한다.

2. 한 장을 다 읽고 다음 장으로 넘어가기 전에 그 장을 다시 한 번 더 읽어라.
3. 중간중간 책 읽기를 멈추고 제시된 권고를 어떻게 적용해볼 것인가를 궁리해보라.
4. 중요한 아이디어에는 밑줄을 쳐라.
5. 이 책을 매달 한 번씩 다시 살펴보라.
6. 걱정을 극복하기 위한 원칙들을 기회가 있을 때마다 적용하라. 매일매일 부닥치는 문제를 푸는 데 도움이 되는 실용적 안내서로 이 책을 이용하라.
7. 누구든 당신이 원칙을 어기는 것을 적발할 때마다 그에게 25센트짜리 동전을 주겠다고 하라. 이렇게 하면 배우는 과정을 흥미로운 게임으로 만들 수 있다.
8. 매주 당신이 얼마나 발전했는지를 점검하라. 당신이 어떤 잘못을 저질렀는지, 어떤 개선을 이루었는지, 어떤 교훈을 얻었는지를 자문해보라.
9. 당신이 이 책에 나오는 원칙들을 언제 어떻게 적용했는지를 일기에 써라.

1부
걱정에 관해 당신이 알아야 할 기본적인 사실들

01
'방수격실 처리된 하루하루' 속에서 살아라

1871년 봄에 어느 젊은이가 책 한 권을 집어 들었다. 거기서 그는 자신의 미래에 심대한 영향을 주게 되는 21개의 단어를 읽게 된다. 몬트리올 종합병원의 의과대학 학생인 그는 졸업시험을 통과해야 하는 문제를 걱정하는 것은 물론이고 졸업한 뒤에 무엇을 해야 하고, 어디로 가야 하고, 어떻게 개업해야 하고, 어떻게 생계를 이어가야 할지에 대해서도 걱정하고 있었다.

그 젊은 의과대학 학생이 1871년에 읽은 21개의 단어는 그가 같은 세대의 다른 어느 의사보다 더 유명한 의사가 되는 데 도움이 됐다. 그는 세계적으로 유명한 존스홉킨스 의과대학을 조직하는 역할을 했다. 그는 옥스퍼드대학의 흠정강좌 담당교수가 됐다. 흠정강좌 담당교수는 대영제국의 의사에게 수여되는 직책 가운데 최고로 명예로운 직책이었다. 그는 영국 국왕으로부터 작위를 수여받았다. 그가 죽은 뒤에 그의 삶을 이야기하는 데는 모두 1466쪽에 이르는 두 권의 책이 필요했다.

그의 이름은 윌리엄 오슬러 경이다. 그가 1871년 봄에 읽은 21개의 단어를 여기서 소개한다. 그 21개의 단어는 토머스 칼라일이 한 말이었다. 그 말은 오슬러 경이 걱정 없는 삶을 살아갈 수 있도록 도움을 주었다. "우리가 주로 해야 할 일은 저 멀리에 희미하게 놓여있는 걸 바라보는 것이 아니라 바로 앞에 분명하게 놓여있는 걸 하는 것이다."*

그로부터 42년 뒤, 캠퍼스에 튤립이 피어난 어느 상쾌한 봄날 밤에 예일대학 학생들 앞에서 그 사람, 즉 윌리엄 오슬러 경이 연설을 했다. 예일대학 학생들에게 그는 네 개의 대학에서 교수를 지내고 인기 있는 책의 저자이기도 한 자신과 같은 사람은 '특별히 우수한 두뇌'를 갖고 있을 것이라고 사람들은 생각한다고 말했다. 그런데 그런 생각은 사실과 다르다고 그는 딱 잘라 말했다. 그는 자신의 두뇌가 '아주 평범'하다는 사실을 가까운 친구들은 알고 있다고 말했다.

그렇다면 그가 성공한 비결은 무엇일까? 그는 자신이 "방수격실 처리된 하루하루 속에서 사는 것"이라고 부르는 것 덕분에 자신이 성공할 수 있었다고 말했다. 윌리엄 오슬러 경은 거대한 원양정기선을 타고 대서양을 건널 때 보니 그 배의 선장이 지휘소인 브리지에서 버튼을 누르면 기계가 철커덩거리는 소리가 나면서 그 배의 여러 부분들이 곧바로 서로 차단되어 여러 개의 방수격실이 생겨나더라고 말했다. 오슬러 박사는 이어 예일대학 학생들에게 이렇게 말했다. "여러

---

* "Our main business is not to see what lies dimly at a distance, but to do what lies clearly at hand." 이것이 본문에서 21개의 단어로 지칭된 토머스 칼라일의 말이다.

분 한 사람 한 사람은 그 거대한 정기선보다 훨씬 더 놀라운 유기적 조직체이고, 훨씬 더 긴 항해를 하게 돼있습니다. 나는 여러분이 그 항해의 안전을 보장하는 가장 확실한 방법으로 '방수격실'을 이용하며 살아갈 수 있도록 삶의 기계장치를 통제하는 법을 배울 것을 강력히 권고합니다. 브리지에 올라가서 거대한 칸막이들이 제대로 작동되는지를 확인하십시오. 인생의 각 단계에서 버튼을 눌러서 철문이 과거, 즉 이미 죽어버린 어제를 차단해내는 소리를 들으십시오. 그리고 또 하나의 버튼을 눌러서 철문이 내일, 즉 아직 태어나지 않은 내일을 차단해내게 하십시오. 이렇게 하면 당신은 안전합니다. 적어도 오늘은 안전합니다! … 과거를 차단해내십시오! 죽은 과거로 하여금 자신의 주검을 묻어버리게 하십시오. … 바보들을 흙먼지 구덩이 속의 죽음으로 인도한 어제를 차단해내십시오. … 오늘로 넘어온 어제의 짐에 내일의 짐까지 더해지면 가장 강건한 자도 비틀거리게 됩니다. 과거만큼이나 철저하게 미래도 차단해내십시오. … 미래는 곧 오늘입니다. … 내일이라는 것은 없습니다. 인간이 구원을 받는 날은 바로 지금입니다. 미래를 걱정하는 사람에게는 정력의 낭비, 정신적인 고통, 신경쇠약이 따라붙습니다. … 그러니 앞뒤의 거대한 칸막이를 닫아걸고 '방수격실 처리된 하루하루' 속에서 사는 습관을 기르겠다는 자세를 가지십시오."

오슬러 박사의 말은 우리가 내일에 대비하는 노력은 전혀 하지 말아야 한다는 뜻이었을까? 아니다. 절대로 그렇지 않다. 그러나 그는 그 연설에서 내일에 대비하는 최선의 방법은 모든 지능과 모든 열정을 다 기울여 오늘의 일을 오늘 훌륭하게 해내는 데 집중하는 것이라고 말했다. 이렇게 하는 것이 바로 미래에 대비할 수 있는 유일한 방법이라는 것이다.

윌리엄 오슬러 경은 예일대학 학생들에게 "오늘 우리에게 일용할 양식을 주옵시고" 하는 주기도문을 외는 것으로 하루하루를 시작하라고 촉구했다.

그 기도문은 오직 오늘 먹을 빵만을 달라고 한다는 점을 상기하라. 그 기도문은 어제 먹어야 했던 딱딱하게 굳은 빵에 대해 불평하지 않는다. 그리고 그것은 이렇게 말하지도 않는다. "오 하느님, 최근 밀 생산지역에 극심한 가뭄이 들었고, 우리는 또 한 번의 가뭄을 겪어야 할지도 모릅니다. 그렇게 되면 저는 다음 가을에 먹을 빵을 어떻게 구할 수 있겠습니까? 아니면 제가 실직할 수도 있습니다. 오 하느님, 그렇게 되면 저는 어떻게 빵을 구할 수 있겠습니까?"

이렇게 기도해서는 안 된다. 주기도문은 우리에게 단지 오늘의 빵만을 달라고 해야 한다고 가르친다. 당신이 먹을 수 있는 유일한 빵은 오늘의 빵이다.

오래전의 옛날에 사람들이 생계를 이어가기도 힘겨워하던 곳에서 땡전 한푼 없는 철학자가 돌투성이의 들판을 방랑하고 있었다. 어느 날 언덕 위에 있는 그 철학자의 주위로 군중이 모여들었다. 그때 그는 다른 어느 때 어느 곳에서 누가 한 연설보다 더 많이 인용돼온 연설을 했다. 그 연설에는 그 뒤로 여러 세기에 걸쳐 계속 울려 퍼지게 되는 26개의 단어가 들어있었다. "그러므로 내일 일을 위하여 생각하지 말라. 내일 일은 내일이 생각할 것이요, 한 날의 괴로움은 그 날로 족하니라."*

"내일 일을 위하여 생각하지 말라"는 예수의 말을 그동안 많은 사람들이 받아들이지 않았다. 그들은 이 말을 실현 불가능한 완전한 덕성을 권고한 말이자 다소 신비적인 발언으로 간주하고 받아들이기를 거부했다. 그들은 이렇게 말해왔다. "나는 내일을 위해 생각해야 한다. 나는 내 가족을 보호하기 위해 보험에 들어야 한다. 나는 노년을 위해 돈을 모아두어야 한다. 나는 앞으로 잘 살아가기 위해 계획을 하고 준비를 해야 한다."

맞는 말이다! 물론 당신은 그렇게 해야 한다. 사실 문제는 다른 데 있다. 300년 전에 영어로 번역된 예수의 말이 오늘날에는 제임스 왕♠이 통치하던 그 당시와 똑같은 의미로 읽히지 않는 데 문제가 있는 것이다. 300년 전에는 생각(thought)이라는 단어가 종종 염려(anxiety)라는 의미로 사용됐다. 현대의 성경 영역본에는 보다 정확하게 "내일을 위하여 염려하지 말라"고 예수가 말한 것으로 번역돼있다.

어쨌든 내일을 위하여 생각하라. 당연히 그래야 한다. 신중하게 생각하고, 계획과 준비를 해야 한다. 그러나 염려하지는 말라.

2차 세계대전 때 우리의 군 지도자들도 내일을 위하여 계획을 했

---

* "Take therefore no thought for the morrow; for the morrow shall take thought for the things of itself. Sufficient unto the day is the evil thereof." 이것이 본문에서 '26개의 단어'로 지칭된 구절이다.
♠ 제임스 1세(1603~1625년에 재위한 영국의 왕)를 지칭. 제임스 1세는 1611년에 영문학자들을 동원해 성경을 번역했고, 그때 번역된 영어본 성경은 흔히 '킹 제임스 판' 또는 '흠정역'으로 불린다.

지만 염려를 할 여유는 없었다. 미국 해군을 지휘한 어니스트 킹 제독은 이렇게 말했다. "나는 최고의 군인들에게 우리가 가지고 있는 최고의 장비를 주었고, 가장 현명하게 설정된 것으로 여겨지는 사명을 부여했다. 이것이 내가 할 수 있는 모든 것이다."

킹 제독은 계속해서 이렇게 말했다. "만약 배가 이미 가라앉았다면 내가 그것을 건져 올리지는 못한다. 또한 만약 배가 지금 가라앉고 있다면 내가 그것을 중단시키지는 못한다. 어제의 문제에 대해 안달하는 것보다는 내일을 위해 무언가를 하는 것이 내 시간을 훨씬 더 잘 사용할 수 있는 길이다."

전쟁을 할 때든 평화의 시기든 좋은 생각과 나쁜 생각 사이의 주된 차이는 이런 것이다. 좋은 생각은 원인과 결과를 다루어서 논리적이고 건설적인 계획을 낳는 반면에 나쁜 생각은 흔히 마음의 긴장과 신경쇠약을 낳는다.

나는 세계에서 가장 유명한 신문 가운데 하나인 〈뉴욕 타임스〉의 발행인인 아서 헤이스 설즈버거를 인터뷰할 기회를 특별히 얻을 수 있었다. 설즈버거 씨는 내게 2차 세계대전이 유럽 전역을 휩쓸자 정신을 잃을 정도로 경악한데다가 미래에 대해 너무 걱정을 하다 보니 잠을 자는 것이 거의 불가능할 지경이 됐다고 말했다. 그는 종종 한밤중에 잠에서 깨어 캔버스와 물감을 들고 거울을 들여다보면서 자신의 초상화를 그려보려고 애쓰곤 했다. 그는 그림 그리기에 대해 아는 게 아무것도 없었지만 어쨌든 그렇게 했고, 그것은 마음에서 근심 걱정을 떨쳐내기 위한 노력이었다. 설즈버거 씨는 교회에서 부르는 찬송가의 가사에 들어있는 다섯 단어♠를 좌우명으로 삼고서야 비로소 근심걱정을 떨쳐내고 마음의 평온을 얻을 수 있었다고 내게 말했다. 그 다섯 단어는 "한 걸음씩이면 내게 족하나이다"였다.

> 이끌어주소서, 친절히 빛을 비추어주소서. …
> 주님께서 제 발걸음을 지켜주소서,
> 나는 먼 곳을 보기를 원하지 않나이다.
> 한 걸음씩이면 내게 족하나이다.

거의 같은 때에 유럽의 어딘가에서 군복을 입은 한 젊은이도 똑같은 교훈을 배우고 있었다. 메릴랜드 주 볼티모어 출신인 그 젊은이의 이름은 테드 벤저미노였다. 그는 걱정을 과도하게 한 탓에 1급 전투피로증에 걸렸다. 테드 벤저미노는 다음과 같이 썼다.

"1945년 4월에 나는 걱정에 시달리다가 의사들이 '발작성 대장경련'이라고 부르는 증상을 일으켰다. 그것은 심한 통증을 수반했다. 만약 전쟁이 더 오래 계속됐다면 내 몸이 완전히 망가졌을 게 분명하다.

나는 완전히 녹초가 됐다. 나는 94보병사단의 영현등록부대 부사관으로 복무하고 있었다. 내 임무는 작전 중에 사망했거나 실종됐거나 부상을 당해 병원에 입원한 장병들에 관한 기록을 작성하고 관리하는 것이었다. 치열한 전투 중에 사망해 땅속에 얕게 묻힌 연합군이나 적군 병사들의 주검을 거두어들이는 일을 돕는 것도 내 임무였

♠ 본문에서 지칭된 다섯 단어는 'One step enough for me'다.

다. 나는 죽은 병사들의 개인소지품을 수습해서 그것을 소중하게 여길 부모나 가까운 친지에게 보내는 일도 해야 했다. 나는 우리가 황당하고 심각한 실수를 저지르지는 않을까 하는 걱정을 끊임없이 했다. 그 모든 일을 끝까지 해낼 수 있을까에 대해서도 걱정했다. 또한 내가 살아남아서 그동안 한번도 본 적이 없는, 하나밖에 없는 내 아이(태어난 지 열여섯 달이 지난 남자아이)를 품에 안아볼 수 있을까에 대해 걱정했다. 나는 너무나 걱정하고 걱정한 나머지 몸무게가 15킬로그램이나 줄어들었다. 걱정에 짓눌려 거의 제정신이 아니었다. 나는 내 두 손을 바라다보았다. 그것은 뼈를 덮고 있는 살가죽으로밖에 보이지 않았다. 망가진 몸으로 집에 돌아갈 생각을 하니 끔찍했다. 나는 쓰러지듯 주저앉아 어린아이처럼 흐느꼈다. 혼자 있을 때는 언제나 감정이 복받쳐 올라 눈물이 흘러 내렸다. 벌지전투*가 시작된 직후에 한동안은 너무 자주 울게 되어 내가 다시 정상적인 인간으로 돌아갈 수 있으리라는 희망을 거의 포기했다.

나는 결국 육군 의무실 신세를 지게 됐다. 거기서 한 군의관이 내게 조언을 해주었다. 그 조언은 내 삶을 완전히 바꿔놓았다. 그는 내 몸의 상태를 철저하게 진찰해본 뒤에 내 문제는 정신적인 것이라고 말했다. 그는 이렇게 말했다. '테드, 나는 자네가 인생은 모래시계와 같은 것이라고 생각했으면 하네. 자네도 알다시피 모래시계의 윗부

---

* 벌지전투(Battle of the Bulge)는 2차 세계대전 때 서부전선에서 독일군이 최후의 대반격에 나서면서 벌어진 전투로 1944년 12월 중순에 시작돼 1945년 1월 하순에 끝났다. 벌지(Bulge)는 전선에 생겨난 굴곡진 곳을 가리키는 용어. 벌지전투는 독일군의 진격으로 인해 연합군의 서부전선 가운데 일부가 연합군 쪽으로 굴곡지게 됐다는 뜻을 담고 있다.

분에 수천 개의 모래 알갱이가 들어있다고 한다면 그것은 모두 그 모래시계의 중간에 있는 좁은 목 부분을 천천히, 그리고 균일한 속도로 통과해 아래로 떨어지게 되지. 자네나 내가 어떻게 하더라도 모래시계에 손상을 입히지 않고서는 그 좁은 목 부분을 두 개 이상의 모래 알갱이가 동시에 통과하게 만들 수 없을 걸세. 자네도 나도, 그리고 다른 사람들도 모두 다 이런 모래시계와 같다네. 아침에 하루를 시작할 때면 그날 해내야 한다고 느껴지는 과제가 수백 가지나 되지. 그러나 모래시계의 좁은 목 부분을 통과하는 모래 알갱이들처럼 그 과제들도 한 번에 한 가지씩 천천히, 그리고 균일한 속도로 그날을 통과하게 하지 못한다면 우리는 우리의 몸과 마음을 망가뜨릴 수밖에 없다네.'

나는 잊을 수 없는 그날 이후로 그 군의관이 내게 전수해준 철학을 실천해왔다. '한 번에 모래 알갱이 한 개씩, 한 번에 과제 한 가지씩.' 그 조언은 전쟁이 끝날 때까지 나를 육체적, 정신적으로 지켜주었다. 그리고 지금 내가 애드크래프터스 인쇄회사의 홍보국장으로 일하는 데도 도움을 주고 있다. 전쟁 때 내게 생겨났던 문제는 직장에서 일하는 동안에도 똑같이 생겨났다. 당장 처리해야 할 문제가 수십 가지나 되지만 그것을 모두 처리할 시간은 거의 없는 것이다. 자재의 재고가 부족하다. 새로운 조판 틀을 다루어야 하고, 자재를 새로 발주해야 하고, 거래처 주소가 바뀌는 것을 점검해야 하고, 매일같이 업무를 시작하고 마감해야 한다. 해야 할 일은 이 밖에도 많다. 그러나 나는 긴장해서 신경을 곤두세우는 대신에 군의관이 내게 말해준 것을 상기하곤 한다. '한 번에 모래 알갱이 한 개씩, 한 번에 과제 한 가지씩.' 스스로에게 이 말을 여러 번 반복하다 보면 내가 해야 할 일을 더 효율적으로 해낼 수 있게 되고, 전쟁터에서는 나를 거의 파탄 나게 했던 뒤죽박죽으로 혼란스러운 감정에 빠져들지 않고 내 일을 해나갈 수 있게 된다."

오늘날 우리가 살아가는 삶의 방식에 대해 가장 끔찍한 생각이 들게 하는 지적 가운데 하나는 병원의 병상 가운데 절반이 신경증이나 정신병을 가진 환자들, 즉 누적된 어제와 두려운 내일의 부담에 짓눌리다가 무너져 내린 환자들로 채워지고 있다는 것이다. 그런데 그 환자들 대다수는 그렇게 병원신세를 지지 않아도 됐을 사람들이다. 그들은 "내일 일을 위하여 염려하지 말라"는 예수의 말이나 "방수격실 처리된 하루하루 속에서 살라"는 윌리엄 오슬러 경의 말에 주의를 기울였다면 유용한 삶을 행복하게 살 수도 있었던 이들이다.

바로 지금 이 순간 당신과 나는 두 개의 영원이 만나는 지점에 서 있다. 두 개의 영원 가운데 하나는 무한히 긴 세월을 이어온 광막한 과거이고, 다른 하나는 기록되는 시간의 마지막 부분으로 계속 끼어드는 미래다. 우리는 이 두 개의 영원 가운데 어느 것 속에서도 살 수 없다. 그 속에서는 단 한순간도 살 수 없다. 그런데도 그 속에서 살려고 애를 쓰면 우리의 몸과 마음이 망가질 수 있다. 그러니 유일하게 우리가 살 수 있는 시간, 즉 지금부터 오늘 밤 잠자리에 들 때까지의 시간을 사는 것으로 만족하자. 로버트 루이스 스티븐슨*은 이렇게 말했다. "누구든 아무리 고되더라도 땅거미가 질 때까지는 자신의 짐을

---

* Robert Louis Stevenson. 1850~1894. 스코틀랜드의 소설가, 시인.

지고 갈 수 있다. 누구든 아무리 고되더라도 하루 동안은 자신의 일을 할 수 있다. 누구든 해가 질 때까지는 기분 좋게, 끈기 있게, 정성스럽게, 순수하게 살 수 있다. 그리고 삶이 진정으로 의미하는 바는 이게 다다."

그렇다. 삶이 우리에게 요구하는 것은 그것이 전부다. 미시간 주 새기노에 사는 실즈 부인은 잠자리에 들 때까지 사는 것으로 만족하기를 배우기 전에 절망에 빠져 자살하기 직전까지 간 적이 있다. 실즈 부인은 자신에 관한 이야기를 내게 들려주다가 다음과 같이 말했다.

"나는 1937년에 남편을 잃었습니다. 나는 매우 낙심했고, 돈도 거의 없었습니다. 나는 그 전에 다니던 직장의 사장, 그러니까 캔자스 시티에 있는 로치-파울러 컴퍼니의 리온 로치 씨에게 일거리를 달라는 편지를 써 보냈고, 그 결과로 그 전에 내가 하던 일을 다시 하게 됐습니다. 그 전에 나는 '월드 북스'라는 책 시리즈를 농촌과 지방 소도시의 학교에 파는 일로 돈을 벌어 생계를 유지했습니다. 2년 전 남편이 병석에 눕게 됐을 때 갖고 있던 차를 팔았기 때문에 새로 일을 시작할 때 나는 차를 갖고 있지 않았습니다. 그러나 나는 중고차를 할부로 구입하는 데 필요한 계약금을 간신히 긁어모을 수 있었고, 그렇게 구입한 중고차를 가지고 책을 파는 일을 다시 시작했습니다.

나는 다시 차를 몰고 도로를 달리면 우울한 마음이 좀 가라앉을 것이라고 생각했습니다. 그러나 혼자서 차를 몰고 다니고 혼자서 밥을 먹는 것은 견디기 어려운 일이었습니다. 어떤 지역에는 가봐야 성과도 거의 없었습니다. 게다가 새로 산 차의 할부금은 적은 금액인데도 불구하고 내가 제때 납부하기에는 벅찼습니다.

1938년 봄에 나는 미주리 주 버세일스 외곽지역에서 일을 하고 있었습니다. 그곳의 학교들은 가난했고, 도로의 상태도 형편없었습니다. 나는 너무 외롭고 낙담한 나머지 한때 자살을 생각해보기도 했습니다. 내게 성공은 불가능한 일 같았고, 삶의 목적을 찾을 수 없었습니다. 나는 매일 아침 일어나서 삶과 대면해야 하는 것이 두려웠습니다. 나는 모든 것이 두려웠습니다. 차 할부금을 제때 내지 못하게 될까봐 두려웠고, 방세를 내지 못하게 될까봐 두려웠고, 먹을 것을 충분히 확보하지 못하게 될까봐 두려웠습니다. 내 건강이 나빠지고 있는 것도 두려웠고, 의사를 찾아가는 데 필요한 돈이 없는 것도 두려웠습니다. 내가 자살을 하지 못한 것은 오로지 내가 자살을 하면 내 동생이 크게 상심할 것이라는 생각과 내 장례식을 치르는 데 드는 비용을 충당할 만한 돈을 내가 갖고 있지 못하다는 생각 때문이었습니다.

그러던 어느 날 나는 어떤 글을 읽게 됐는데, 그 글이 나를 낙담의 상태에서 끌어내고 내게 계속 살아갈 용기를 주었습니다. 내게 자극이 된 그 글 속의 한 문장에 대해 나는 앞으로도 감사한 마음을 버리지 못할 겁니다. 그 문장은 이렇습니다. '현명한 사람에게는 매일매일이 새로운 삶이다.' 나는 이 문장을 종이쪽지에 타자해 내 차의 앞 유리창에 붙여놓았고, 차를 몰 때면 늘 그것을 보았습니다. 나는 한 번에 단 하루를 사는 것은 그리 어려운 일이 아님을 깨달았습니다. 나는 어제를 잊어버리고 내일을 생각하지 않는 법을 배웠습니다. 매일 아침 나는 나 자신에게 이렇게 말했습니다. '오늘은 또 하나의 새

로운 삶이다.'

나는 외로움에 대한 두려움, 결핍에 대한 두려움을 극복하는 데 성공했습니다. 지금 나는 행복하고, 꽤 성공한 상태이며, 커다란 열정과 삶에 대한 애정을 가지고 있습니다. 이제는 삶이 내게 무엇을 가져다주든 내가 다시 두려운 마음을 갖게 될 일은 결코 없을 것입니다. 이제는 내가 한 번에 하루를 살 수 있다는 것을 압니다. 그리고 '현명한 사람에게는 매일매일이 새로운 삶' 이라는 것도 물론 알고 있지요."

다음 시를 누가 썼다고 생각하는가?

오늘은 내 것이라고 말할 수 있는 자,
그는 행복한 사람이고, 오직 그만이 행복하다.
내면이 확고부동한 자, 그는 이렇게 말할 수 있다.
"나는 오늘을 살았으니, 내일이여 그대는 멋대로 하라."

이 시에 나오는 말들은 현대적이다. 그렇지 않은가? 그러나 이 시는 예수가 태어나기 30년 전에 로마의 시인 호라티우스가 쓴 것이다.

인간의 본성에 관해 내가 알고 있는 것 가운데 가장 비극적인 것 하나는 우리 모두가 삶을 살기를 미루는 경향이 있다는 것이다. 우리는 모두 오늘 창밖에 피어나고 있는 장미를 즐기기보다는 지평선 너머에 있을 것 같은 마법의 장미정원을 꿈꾼다.

우리는 왜 그렇게 바보일까? 참으로 비극적인 바보다.

스티븐 리코크*는 이렇게 썼다. "우리의 짧은 삶의 행진이란 얼마나 이상한지! 어린아이는 이렇게 말한다. '내가 더 자라 소년이 되면.' 그런데 그렇게 되면? 소년은 이렇게 말한다. '내가 어른이 되면.' 그런데 어른이 된 뒤에 그는 이렇게 말한다. '내가 결혼을 하면.' 그런데 결혼을 하면 결국 어떻게 된다는 말인가? 그의 생각은 이렇게 바뀐다. '내가 은퇴할 수 있게 되면.' 그리고 은퇴할 때가 되면 그는 자기가 건너온 들판을 되돌아본다. 그곳은 찬바람만 휩쓸고 있는 것처럼 보인다. 그는 어느 정도는 그 모든 것을 그리워하지만, 다 지난 일이다. 삶은 사는 것 속에, 즉 모든 하루하루와 시간시간의 조직 속에 있다는 것을 우리는 너무 늦게 깨닫는다."

디트로이트에서 사업을 하다가 이제는 고인이 된 에드워드 에번스 씨는 근심과 걱정으로 자신을 거의 죽을 지경으로 몰아가다가 언젠가 삶이란 "모든 하루하루와 시간시간의 올 속에 있다"는 사실을 깨달았다. 에번스는 가난한 집안에서 자랐다. 그는 신문을 팔아서 처음으로 돈을 벌어봤고, 그런 다음에 어느 식료품점에서 점원으로 일했다. 그 뒤에 7명의 호구지책을 책임져야 하는 입장에서 그는 도서관 사서의 보조원으로 취직했다. 급료가 적었지만 그는 그 일을 그만두기를 두려워했다. 8년이 지난 뒤에야 비로소 그는 자기 사업을 시작할 용기를 짜낼 수 있었다. 그는 빌린 돈 55달러를 밑천으로 자기 사업을 시작한 뒤로 사업을 잘해 한 해에 2만 달러를 벌 정도가 됐다. 그런데 찬 서리, 그것도 치명적으로 찬 서리를 맞게 됐다. 한 친구를

* Stephen Leacock. 1869~1944. 캐나다의 유머 작가.

위해 거액의 수표에 보증을 서주었는데 그 친구가 파산한 것이었다. 그 재앙에 곧바로 또 하나의 재앙이 겹쳤다. 그가 갖고 있는 돈을 전부 다 예치해 놓은 은행이 파산한 것이었다. 그는 모든 재산을 한 푼도 남김없이 다 잃어버렸을 뿐만 아니라 1만 6천 달러의 빚까지 짊어지게 됐다. 그의 신경은 그런 상태를 견딜 수 없었다. 그는 내게 다음과 같이 말했다.

"나는 잠을 잘 수도, 밥을 먹을 수도 없었습니다. 나는 알 수 없는 병에 걸렸습니다. 나는 오직 걱정만 했고, 그 걱정이 내게 병을 가져다준 것이었습니다. 어느 날 나는 거리를 걷다가 정신을 잃고 쓰러졌습니다. 나는 더 이상 걸을 수 없었습니다. 나는 침대에 뉘어졌고, 내 몸에 부스럼이 나기 시작했습니다. 그 부스럼은 몸 안으로 곪아 들어갔고, 나는 침대에 누워만 있어도 고통스러울 지경이 됐습니다. 나는 날마다 더 허약해졌습니다. 마침내 의사가 내게 앞으로 두 주밖에 살지 못할 거라고 말했습니다. 나는 충격을 받았습니다. 나는 유서를 썼고, 그런 다음에 침대에 누워 죽음이 오기를 기다렸습니다. 이제는 뭔가를 위해 애를 쓰는 것도 걱정을 하는 것도 아무 소용이 없었습니다. 나는 모든 것을 포기하고 긴장을 풀었습니다. 그러자 잠이 쏟아졌습니다. 그때까지 나는 여러 주일 계속해서 하루에 두 시간도 채 자지 못했습니다. 그러나 이제 이승에서 내가 안고 있던 문제들이 종말에 다가가고 있었고, 그래서인지 나는 아기처럼 잠들었습니다. 나를 기진맥진하게 만들었던 피로감도 사라지기 시작했습니다. 그리고 내게 식욕이 돌아왔습니다. 그래서 몸무게가 불어났습니다.

몇 주 뒤에 나는 목발을 짚고 걸어 다닐 수 있게 됐습니다. 6주 뒤에는 다시 일하러 나갈 수 있게 됐습니다. 나는 그 전에는 일 년에 2만 달러도 벌어보았습니다. 그러나 이제는 한 주에 30달러라도 벌 수 있는 직장에 취업할 수 있게 된 것이 기뻤습니다. 나는 화물선으로 자동차를 수송할 때 자동차 바퀴 뒤에 대놓는 굄목을 파는 일자리를 얻었습니다. 나는 교훈을 얻었습니다. 나 자신에 대해 더 이상 걱정하지 말자, 과거에 일어난 일에 대해 후회하지 말자, 미래에 대해 더 이상 두려워하지 말자는 것이 그것입니다. 나는 내 시간, 정력, 열정을 모두 그 굄목을 파는 일에 집중시켰습니다."

에드워드 에번스는 성취의 길을 고속질주했다. 그는 불과 몇 년 뒤에 '에번스 프로덕츠 컴퍼니'라는 회사의 사장이 됐다. 그 회사는 뉴욕 증권거래소에 여러 해 상장되기도 했다. 당신이 만약 비행기를 타고 그린란드에 가보았다면 '에번스 필드'라는 곳에 내렸을지도 모르겠다. 에번스 필드는 그곳 공항의 이름으로 에드워드 에번스를 기리기 위해 그렇게 이름이 지어진 것이다. 그러나 만약 그가 방수격실 처리된 하루하루 속에서 사는 법을 배우지 못했다면 결코 그러한 성취를 이루어내지 못했을 것이다.

당신은 하얀 여왕이 "내일의 잼과 어제의 잼은 있지만 오늘의 잼은 없다는 것이 규칙"이라고 말한 것을 기억할 것이다.* 우리 대부분

---

* 이것은 영국의 작가 루이스 캐럴(Lewis Carroll, 1832~1898)이 쓴 《거울나라의 앨리스(Through th Looking Glass, and What Alice Found There)》에 나오는 이야기다. 하얀 여왕은 앨리스에게 자기를 위해 일해줄 것을 요구하면서 그 대가의 하나로 잼을 주겠다면서 이렇게 말한다.

1부 걱정에 관해 당신이 알아야 할 기본적인 사실들 39

이 그와 같다. 우리는 지금 당장 먹을 빵에 오늘의 잼을 두껍게 바를 생각은 하지 않고 어제의 잼에 대해 애태우고 내일의 잼에 대해 걱정한다.

프랑스의 위대한 철학자 몽테뉴도 그런 잘못을 저질렀다. 그는 이렇게 말했다. "내 인생은 끔찍한 불행들로 가득 찼지만, 그 불행들의 대부분은 실제로 일어난 적이 없다." 내 인생도 그랬고, 당신의 인생도 그랬을 것이다.

단테는 이렇게 말했다. "오늘은 결코 다시 동트지 않는다는 것을 생각하라." 인생은 엄청난 속도로 스쳐 지나가고 있다. 우리는 초속 30킬로미터의 속도*로 우주를 질주하고 있다. 오늘은 우리가 갖고 있는 것 가운데 가장 소중한 것이다. 오늘은 유일하게 확실한 우리의 소유물이다.

로웰 토머스♣의 철학이 바로 이것이다. 최근에 나는 그의 농장에서 주말을 보낸 적이 있다. 그때 나는 그가 《시편》 118장에 나오는 다음 구절을 써넣은 액자를 자기가 일하는 방송 스튜디오의 벽에 걸어놓고 자주 그것을 바라본다는 사실을 알게 됐다.

이날은 주님이 정해주신 날,
우리 모두 이날에 기뻐하고 즐거워하리라.

작가 존 러스킨†은 책상 위에 평범한 돌멩이 하나를 올려놓고 있었는데, 그 돌멩이에는 '오늘'이라는 단어가 새겨져 있었다. 나는 책상 위에 돌멩이를 올려놓고 있지는 않지만, 매일 아침 면도를 할 때 내 눈에 보이는 위치의 거울 위에 시를 하나 써서 붙여놓았다. 그것은 윌리엄 오슬러 경이 자기 책상 위에 써서 놓아두었다는 시와 같은 것이다. 그것은 바로 인도의 유명한 극작가인 칼리다사†가 쓴 시다.

새벽에게 인사를

오늘을 바라보라!
그것이 삶이고, 그야말로 삶 중의 삶이니.
그 짧은 동안에
성장하는 기쁨,
활동하는 행복,
빛나는 아름다움과 같은
네 존재의 모든 진면목과 실체가 있다.
어제는 한갓 꿈일 뿐이고,
내일은 단지 상상일 뿐일러니.
그러나 잘 산 오늘은
모든 어제를 행복한 꿈으로 만들고,
모든 내일을 희망찬 상상으로 만들리라.

....
* 이것은 지구가 공전하는 속도를 가리킨다.
♠ Lowell Thomas, 1892~1981. 미국의 작가, 방송인, 여행가.
† John Ruskin, 1819~1900. 영국의 작가, 비평가.
‡ JKalidasa. 4~5세기에 활동한 고대 인도의 시인, 극작가.

1부 걱정에 관해 당신이 알아야 할 기본적인 사실들

그러니 오늘을 잘 바라보라!
그러는 것이 새벽에게 하는 인사다.

그렇다. 근심걱정에 관해 당신이 가장 먼저 알아야 할 것은 이런 것이다. 즉 당신이 자신의 삶에서 근심걱정을 없애고 싶다면 윌리엄 오슬러 경이 했던 대로 하라. 과거와 미래로 열려 있던 철문을 닫아걸어라. 방수격실 처리된 하루하루 속에서 살아라.

다음과 같은 질문을 스스로에게 던져보고 각각의 질문에 대해 당신의 대답을 적어보라.

1. 나는 미래를 걱정하거나 '지평선 너머에 있는 마법의 장미정원'을 동경하느라 현재 속에서 살기를 미루는 경향이 있지 않은가?
2. 나는 과거에 일어난 일, 그래서 이미 끝나버린 일을 후회함으로써 현재를 비참하게 만들곤 하지 않는가?
3. 나는 "오늘을 붙잡자", 다시 말해 "지금부터 24시간을 최대로 활용하자"는 결의를 갖고 아침에 일어나는가?
4. 나는 '방수격실 처리된 하루하루 속에서 사는 것'을 통해 삶에서 더 많은 것을 얻어낼 수 있는가?
5. 나는 이런 일을 언제 시작해야 할까? 다음주? 내일? 오늘 당장?

02
걱정되는 상황을 풀어주는 마법의 공식

당신은 이 책을 더 읽기 전에 우선 걱정되는 상황을 잘 다룰 수 있게 해주는 즉효의 확실한 처방, 즉 지금 당장 이용할 수 있는 방법을 원하는가?

그렇다면 에어컨 산업을 출범시키고 뉴욕 주 시러큐스에서 세계적으로 유명한 캐리어 코퍼레이션(Carrier Corporation)이라는 회사를 이끌었던 탁월한 엔지니어 윌리스 H. 캐리어가 고안한 방법에 대해 이야기해주겠다. 이 이야기는 걱정거리를 푸는 방법으로 내가 들었던 것 가운데 가장 탁월한 방법이다. 언젠가 뉴욕의 엔지니어클럽에서 함께 점심식사를 하면서 캐리어 씨는 내게 이렇게 말했다.

"나는 젊은 시절에 뉴욕 주 버펄로에 있는 버펄로 철공회사에서 일한 적이 있습니다. 그때 미주리 주 크리스털시티에 있는 피츠버그 판유리 회사의 공장에 가솔린 정화장치를 설치하는 일이 내게 떨어졌습니다. 그 공장은 짓는 데 수백만 달러가 들어간 공장이었습니다. 그곳에 가솔린 정화장치를 설치하는 목적은 가솔린에서 불순물을 제거함으로써 가솔린을 연소시키는 과정에서 엔진이 손상을 입지 않게 하려는 것이었습니다. 그 가솔린 정화방법은 새로운 것이었습니다. 그때까지 그 장치는 단 한 번만 설치해보았던 것이었고, 게다가 피츠버그 판유리 회사와는 다른 조건에서 설치해본 것이었습니다. 크리스털시티에서 하게 된 그 작업에서 나는 예기치 못한 난점에 부닥쳤습니다. 가솔린 정화장치가 그럭저럭 작동하기는 했지만, 우리가 약속한 수준을 충족시킬 정도로 작동하지는 않았던 겁니다.

그 실패로 인해 나는 당황해 어찌할 바를 몰랐습니다. 마치 누군가에게 머리를 세게 얻어맞은 것 같았습니다. 위장을 비롯한 내 몸 안의 장기들이 꼬이고 뒤틀리기 시작했습니다. 나는 너무나 걱정이 되어 잠을 잘 수도 없었습니다.

그러던 어느 날 나는 걱정을 해봤자 아무런 소용이 없다는 것을 깨달았습니다. 그래서 걱정을 접고 부닥친 문제를 풀어낼 방법을 궁리하기 시작했습니다. 그리고 마침내 방법을 알아냈습니다. 그 방법은 매우 효과적이었습니다. 그 뒤로 지금까지 30년이 넘는 세월 동안 나는 걱정을 떨쳐내는 그 방법을 줄곧 사용해왔습니다. 간단하고, 누구라도 이용할 수 있는 그 방법은 세 단계로 구성됩니다.

첫 번째 단계로, 나는 두려움을 버리고 솔직하게 상황을 분석해서 실패의 결과로 일어날 수 있는 최악의 사태가 무엇인지를 예상해보았습니다. 나를 감옥에 보내거나 나에게 총을 쏠 사람은 없었습니다. 그것은 분명했습니다. 직장을 잃게 될 가능성은 물론 있었습니다. 회사에서 그 정화장치를 제거하지 않을 수 없게 되어 우리가 투자한

2만 달러를 모두 잃게 될 가능성도 있었습니다.

두 번째 단계로, 나는 필요하다면 그 최악의 사태를 받아들이기로 마음먹었습니다. 나는 나 자신에게 이렇게 말했습니다. '이번 실패는 내 경력에 타격을 줄 것이고, 어쩌면 나는 직장을 잃게 될지도 모른다. 그러나 그렇게 된다 해도 나는 얼마든지 다른 직장을 구할 수 있을 것이다. 앞으로 가솔린 정화장치를 설치하게 될 곳의 조건이 훨씬 더 나쁠 수도 있다. 그렇다면 회사 경영진의 입장에서 한번 생각해 보자. 그들에게 이번 일로 2만 달러의 손실을 보는 것 정도는 감수할 만한 일일 수도 있다. 회사는 새로운 가솔린 정화방법을 실험하는 중이었으므로, 이번 일을 하나의 실험으로 보고 그 손실을 연구개발 비용으로 처리할 수 있기 때문이다.'

일어날 수 있는 최악의 사태가 무엇인지를 예상하고, 필요하다면 그 최악의 사태를 받아들이자고 마음먹고 나니 대단히 중요한 일이 일어났습니다. 나는 곧바로 긴장을 풀게 됐고, 여러 날 동안 느끼지 못했던 편안함을 느끼게 됐습니다.

세 번째 단계로, 그때부터 나는 이미 내가 정신적으로 받아들인 최악의 사태보다는 결과를 조금이라도 더 낫게 만들기 위한 노력에 조용히 나의 시간과 정력을 쏟아 부었습니다.

이제 나는 우리가 직면하게 된 손실을 2만 달러보다 적은 금액으로 줄일 수 있는 수단과 방법을 찾아내려고 애쓰게 됐습니다. 나는 몇 가지 점검을 해보았고, 마침내 우리가 5천 달러를 더 지출해서 추가로 필요한 장비를 산다면 문제를 해결할 수 있음을 알게 됐습니다. 우리는 그렇게 했고, 이로써 회사는 2만 달러의 손실을 내기는커녕 오히려 1만 5천 달러의 이익을 남겼습니다.

내가 만약 계속 걱정만 하고 있었다면 결코 일을 그렇게 마무리하지 못했을 겁니다. 왜냐하면 걱정을 함으로써 일어나는 현상 가운데 가장 대표적인 것이 집중능력이 파괴되는 것이기 때문입니다. 걱정을 할 때는 우리의 마음이 이리저리로 분주하게 뛰어다니게 됩니다. 그래서 우리는 결정을 내리는 능력을 완전히 잃어버립니다. 그러나 최악의 사태를 직시하고 정신적으로 그것을 받아들인다면 우리는 모든 모호한 상상을 떨쳐내고 문제에 집중할 수 있게 됩니다.

이 사건은 오래전에 일어났던 일입니다만, 그때 터득한 방법이 매우 효과가 좋았기에 나는 지금까지 그 방법을 계속 써왔습니다. 그러는 동안 내 삶은 걱정으로부터 거의 완전히 자유로웠지요."

도대체 어떤 이유로 윌리스 캐리어가 이용한 마법의 공식이 그토록 가치가 있고 실용적인 것이라고 할 수 있을까? 심리학적으로 표현한다면, 그것은 걱정이 우리의 눈을 가려 우리가 앞을 보지 못하고 더듬거리며 길을 찾아야 하는 상태, 즉 짙은 잿빛 구름 속 같은 상태에서 우리를 끄집어내주기 때문이다. 그 공식은 우리로 하여금 두 발을 땅에 아주 굳건하게 딛고 서있게 해준다. 그러면 우리는 자기가 어디에 서 있는지를 안다. 만약 우리가 굳건하게 땅을 딛고 서있지 못한다면 어떻게 매사에 철저하게 생각해서 결론에 이를 수 있겠는가?

응용심리학의 아버지인 윌리엄 제임스*는 1910년에 사망했다. 그러나 그가 만약 살아있어서 최악의 사태에 대응하기 위한 이 공식에 대해 들었다면 아마도 기꺼이 승인했을 것이다. 그것을 어떻게 아느냐고 내게 묻는 사람이 있다면 나는 이렇게 대답하겠다. 그는 자기가 가르치는 학생들에게 "상황을 있는 그대로 기꺼이 받아들이라"고 거듭 말했고, 그 이유로 "불운의 결과를 극복하는 첫걸음은 이미 일어난 일은 그대로 받아들이는 것"이라고 말했기 때문이라고.

린위탕♠도 널리 읽힌 그의 저서 《생활의 발견》에서 똑같은 생각을 밝혔다. 이 중국인 철학자는 이렇게 말했다. "진정한 마음의 평온은 최악의 사태를 받아들이는 데서 온다. 심리학적으로 말하면, 그것은 곧 에너지 방출과 같은 의미라고 나는 생각한다."

그렇다! 심리학적으로 말하면, 그것은 곧 새로운 에너지 방출을 의미한다. 최악의 사태를 받아들이고 나면 우리는 더 이상 잃을 게 없어진다. 이는 곧 얻을 것만 남게 된다는 의미다. 윌리스 캐리어는 이렇게 말했다. "나는 최악의 사태를 직시한 이후 곧바로 긴장이 풀려서 여러 날 동안 겪어보지 못한 편안함을 느꼈다. 그때부터 나는 생각을 할 수 있었다."

이치에 맞는 이야기 아닌가? 그런데도 수많은 사람들이 분노와 혼란 속에 자신의 삶을 난파시켜왔다. 그것은 최악의 사태를 받아들이기를 거부했기 때문이고, 최악의 사태에서 상황을 개선시키려는 노력을 하려고 하지 않았기 때문이며, 난파된 삶으로부터 구해낼 수 있는 것을 구해내기를 거부했기 때문이다. 그들은 행운을 되찾으려고

---

* William James. 1842~1910. 미국의 철학자, 심리학자.
♠ 임어당(林語堂, 1895~1976), 중국의 작가, 영어학자.

노력하기보다 '이미 겪은 일'과의 '격렬한 다툼'에 깊이 빠져든다. 그리하여 결국 우울증이라는 이름으로 알려져 있는 '고민 고착증'에 사로잡히게 된다.

윌리스 캐리어가 고안해낸 방법을 누군가 다른 사람이 자신의 문제에 적용해본 사례가 있는지 알고 싶은가? 그런 사례가 있다. 내가 가르친 성인반의 학생인 뉴욕의 한 석유 딜러가 윌리스의 방법을 사용해본 사람 중 하나다. 그의 이야기를 소개한다.

"나는 사기를 당하고 있었던 겁니다. 나는 그런 일이 일어날 수 있다고는 전혀 생각하지 못했습니다. 그런 일은 영화 속에서나 일어나는 일이지 현실에서 일어날 수 있다고는 믿지 않았습니다. 그러나 내게 바로 그런 일이 일어났습니다! 무슨 일이냐고요? 내가 사장으로 있던 석유회사에는 배달트럭과 운전기사가 많았습니다. 당시는 전시통제가 엄격하게 시행되고 있는 때여서 각 고객에게 공급할 수 있는 석유의 양이 할당되고 있었지요. 그런데 우리 회사의 운전기사들 가운데 일부가 단골 고객들에게 배달할 석유를 조금씩 몰래 빼돌려서 따로 팔아먹고 있었나 봅니다. 저는 그걸 모르고 있었지요.

어느 날 한 사람이 나를 찾아왔습니다. 정부에서 나온 감사관이라고 자신을 소개한 그는 내게 모르는 체해주겠다며 돈을 요구하더군요. 그때야 비로소 나는 우리 회사에서 불법거래가 이루어지고 있다는 것을 눈치 챘습니다. 그는 우리 회사의 운전기사들이 그동안 해온 불법행위를 증명해주는 문서를 갖고 있었습니다. 그는 돈을 내놓지 않으면 그 증거를 지방검찰청에 제출하겠다며 나를 협박했지요.

물론 나는 전혀 걱정할 필요가 없었습니다. 나는 떳떳했으니까요. 하지만 그건 나 개인만 놓고 봤을 때 그런 것이지 회사는 그렇지 않았지요. 회사는 종업원의 행동에 대한 책임이 있다고 법률에도 규정돼 있으니까요. 게다가 그 일이 법정으로 가고 신문을 통해 널리 알려지면 회사는 평판이 나빠질 것이고 결국 망해버릴 게 뻔했습니다. 그런데 나는 그 회사의 사장이었습니다. 그때로부터 24년 전에 제 아버지가 설립하신 그 회사를 나는 자랑스럽게 여기고 있었습니다.

나는 너무 걱정이 되어 돌아버릴 것 같았습니다! 사흘간 밤낮으로 먹지도 자지도 못할 정도였지요. 머릿속에서는 나쁜 생각만 꼬리에 꼬리를 물고 뱅뱅 돌았습니다. 정부 감사관이라는 작자가 요구한 돈 5천 달러를 줄 것인가, 아니면 하고 싶은 대로 하라고 말할 것인가? 어느 쪽으로 결정을 하려고 해도 그 결과는 악몽이었습니다.

그런데 일요일 밤에 나는 우연히 '걱정을 중단하는 법'에 관한 작은 책 한 권을 집어 들게 됐습니다. 그 책은 사람들 앞에서 이야기하는 법을 알려주는 카네기의 강의를 들을 때 받은 것이었습니다. 나는 그것을 읽기 시작했고, 거기서 윌리스 캐리어의 이야기를 만났습니다. 그 이야기는 '최악의 상태를 직시하라'고 말하고 있었습니다. 그래서 나는 스스로에게 이렇게 물었습니다. '내가 돈을 주지 않아서 저 공갈범이 증거문서를 지방검찰청에 제출할 경우에 일어날 수 있는 최악의 상태는 무엇일까?'

그 질문에 대한 답은 이런 것이었습니다. '최악의 상태는 회사가 망하는 것이고, 내가 감옥에 가게 될 수도 있다. 즉 평판의 악화로 인

해 파탄을 맞는 것, 그게 다.'

나는 다시 물었습니다. '좋다. 회사는 망한다. 그것은 정신적으로 받아들일 수 있다. 그 다음에는 무슨 일이 일어날까?'

'글쎄, 회사가 망하면 나는 아마도 일자리를 구해야 할 것이다. 그건 나쁘지 않다. 나는 석유에 대해 잘 안다. 기꺼이 나를 고용해줄 만한 기업이 여러 곳 있다.'

그러자 기분이 나아지기 시작했습니다. 꼬박 사흘간 나를 갉아먹던 우울증이 조금씩 가시기 시작했습니다. 들떴던 감정이 점차 가라앉았습니다. 그리고 생각을 할 수 있게 됐습니다. 정말 놀라웠지요!

그 이후로 나는 3단계, 그러니까 최악의 상태를 기준으로 상황을 개선하는 단계로 나아갈 수 있을 정도로 머리가 맑아졌습니다. 해법에 대해 생각하게 되면서 완전히 새로운 시각이 열렸습니다. 만약 변호사에게 모든 상황을 말해준다면 내가 생각하지 못했던 탈출구를 그가 찾아낼 수 있을 것이다! 이건 그 전에는 미처 생각하지 못했던 것이었지요. 바보 같은 말로 들리겠지만, 사실 나는 그동안 생각 자체를 하지 못했던 겁니다. 단지 걱정만 한 거죠! 나는 결심했습니다. '내일 아침 눈 뜨자마자 변호사를 찾아가자.' 그제야 나는 침대에 누워 세상모르고 푹 잘 수 있었습니다!

결과가 어땠냐고요? 다음날 아침에 만난 변호사는 내게 지방검사를 찾아가서 진실을 말하라고 권고했습니다. 나는 그의 권고를 따랐습니다. 내 말을 들은 지방검사가 놀라운 사실을 말해주더군요. 정부에서 나온 감사관이라고 했던 자는 지명수배 중인 사기꾼으로, 이미 여러 달 전부터 내게 한 것과 똑같은 협박을 여기저기에 하고 다녔다는 겁니다. 나는 그런 전문 사기꾼에게 5천 달러를 주느냐 마느냐를 놓고 고민하느라 사흘 동안이나 스스로를 고문했던 거지요. 그러니 검사의 말을 듣는 순간 얼마나 안심이 되었던지!

그 경험으로 나는 잊을 수 없는 교훈을 얻었습니다. 이제 나는 나를 걱정에 빠뜨리려고 위협하는 절박한 문제에 부닥칠 때마다 내가 '윌리스 캐리어 노인의 공식'이라고 부르는 것을 그 문제에 적용합니다."

혹시 당신은 윌리스 캐리어가 부닥쳤던 문제가 풀기 어려운 게 아니었다고 생각하는가? 만약 그렇다면 당신은 아직 알아들은 게 없는 것이다. 이번에는 매사추세츠 주의 윈체스터에 살고 있는 얼 헤이니의 이야기를 소개하겠다. 다음 이야기는 그가 1948년 11월 17일에 보스턴에 있는 스태틀러 호텔에서 나에게 들려준 것이다.

"20대 시절에 나는 위궤양 때문에 엄청나게 고민했습니다. 위궤양이 내 위장 벽을 먹어 들어가기 시작하더니 급기야 어느 날 밤에 내 위장이 심한 출혈을 일으켰습니다. 나는 시카고에 있는 노스웨스턴 대학과 연계관계가 있는 한 병원으로 달려갔습니다. 내 몸무게는 79킬로그램에서 41킬로그램으로 줄어들었습니다. 나는 몸이 몹시 쇠약해졌고, 손도 까딱 하지 말라는 경고를 받았습니다. 유명한 위궤양 전문의를 포함한 세 명의 의사가 내게 '치료불가능' 판정을 내렸습니다. 나는 한 시간에 한 번씩 절반은 크림으로 덮인 우유 한 숟가락과 알칼리성 분말을 먹으며 연명했습니다. 간호사 한 명이 매일 아침저녁으로 내 위장에 고무관을 끼워 넣고 위장 안에 들어있는 것을 뽑아냈습니다.

이런 상태로 몇 달을 보낸 나는 마침내 나 자신에게 이렇게 말했습니다. '자, 얼 헤이니, 질질 끄는 죽음 말고는 기대할 것이 전혀 없다면 네게 남아 있는 얼마 안 되는 시간이라도 최대로 활용하는 게 좋지 않겠어? 넌 언제나 죽기 전에 세계일주 여행을 해보고 싶어 했잖아? 아직도 세계일주 여행을 하고 싶다면 지금 당장 떠나야 해!'

내가 세계일주 여행을 떠날 것이고 여행하는 동안 하루에 두 번씩 위장을 비워내는 일은 혼자 해내겠다고 말하자 의사들은 크게 놀랐습니다. 불가능한 일이라는 것이었죠. 나 같은 환자가 그런 일을 해냈다는 말을 전혀 들어본 적 없는 그들은 내가 세계일주 여행을 떠난다면 바다에 수장되고 말 것이라고 경고했습니다. 나는 이렇게 대답했죠. '아니요. 그런 일은 없을 겁니다. 나는 네브래스카 주 브로큰보에 있는 가족소유지에 묻히겠다고 친지들에게 약속했습니다. 그래서 내 관을 가지고 다닐 겁니다.'

나는 관을 준비해 내가 탈 증기선에 싣고 그 증기선을 운항하는 회사와 계약을 맺었습니다. 회사는 내가 죽게 되면 내 주검을 관에 넣고, 배가 출항지로 다시 돌아올 때까지 그것을 냉동실에 보관해주기로 했습니다.

나는 옛 시인 오마르*와 같은 정신을 갖고 세계일주 여행에 나섰

---

* 오마르 카얌(1040경~1123경). 이슬람 수학자, 천문학자, 시인. 《루바이야트》의 작자. 바로 밑에 인용된 시 구절은 《루바이야트》에 나오는 것이다.

습니다. 오마르는 이렇게 노래했지요.

> 아직 우리에게 남아있는 것을 최대로 활용하라.
> 우리 역시 먼지로 전락하기 전에,
> 먼지가 되어 먼지 속으로 섞여 들어가기 전에,
> 포도주도 없고, 노래도 없고, 가수도 없는 먼지더미 아래
> 영원히 누워있게 되기 전에.

로스앤젤레스에서 증기선 프레지던트 애덤스 호를 타고 동양을 향해 출항하는 순간 나는 기분이 나아졌습니다. 나는 알칼리성 분말을 먹고 위장을 비워내는 일을 단계적으로 줄여나갔습니다. 얼마 지나지 않아 나는 모든 종류의 음식을 먹기 시작했습니다. 나를 죽게 할 것이 틀림없어 보이는 현지의 낯선 음식도 먹었습니다. 몇 주 뒤에는 검은색의 기다란 시거도 피웠고, 위스키에 탄산수를 섞은 하이볼도 마셨습니다. 나는 그 전 몇 년간보다 훨씬 더 즐겁게 하루하루를 보냈습니다! 우리는 계절풍과 태풍 속을 항해하기도 했습니다. 두려움을 가졌다면 그것만으로도 나는 관 속으로 들어가야 했을 겁니다. 그러나 나는 모험을 한껏 즐겼습니다.

나는 배에서 이런저런 게임을 하고, 노래를 부르고, 새로운 친구를 사귀고, 밤의 절반을 자지 않고 깨어 있었습니다. 중국과 인도를 돌아보면서 나는 동양의 빈곤과 굶주림에 비하면 내가 겪었던 사업상의 걱정거리들은 오히려 천국의 것이었음을 깨달았습니다. 무의미한

걱정을 모두 떨쳐버리자 기분이 좋아졌습니다. 미국에 돌아와서 보니 내 몸무게는 40킬로그램 정도나 불어났더군요. 나는 내가 위궤양을 앓았다는 사실도 거의 잊었습니다. 내 인생에서 그때만큼 기분이 좋았던 때는 없습니다. 나는 다시 사업에 복귀했고, 그 뒤로는 단 하루도 아파본 적이 없습니다."

얼 헤이니는 돌이켜 생각해보니 윌리스 캐리어가 걱정을 극복하기 위해 사용했던 원칙과 똑같은 원칙을 자신도 그때 무의식적으로 이용했던 것이라고 내게 말했다.

"첫째로, 나는 스스로에게 이렇게 물었습니다. '일어날 수 있는 최악의 상태는 무엇인가?' 그 답은 죽음이었습니다.

둘째로, 나는 죽음을 받아들이기로 작정했습니다. 그럴 수밖에 없었습니다. 다른 선택의 여지가 없었으니까요. 의사들은 내게 희망이 없다고 말했습니다.

셋째로, 나는 내게 남은 짧은 시간 동안 삶에서 최대한의 즐거움을 끄집어냄으로써 상황을 개선해보려고 애썼습니다."

그는 계속해서 이렇게 말했다. "만약 배에 탄 뒤에도 걱정만 계속했다면 나는 관 속에 누워 돌아왔을 겁니다. 그러나 나는 긴장을 풀고 느긋하게 지냈고, 모든 문제를 잊었습니다. 그리고 마음의 평정은 나의 생명을 구해낼 새로운 에너지를 불러일으켰습니다."

그래서 '만약 걱정되는 문제를 갖고 있다면 윌리스 캐리어의 마법의 공식을 적용하라'는 것이 두 번째 규칙이 되는 것이다. 그 공식을 적용하는 단계는 이렇다.

1. 스스로에게 이렇게 물어보라. "일어날 수 있는 최악의 상태는 무엇인가?"
2. 그 최악의 상태를 피할 수 없다면 그것을 받아들여라.
3. 그리고 조용히 그 최악의 상태에서부터 상황을 개선시켜보려고 노력하라.

03
걱정이 당신에게 미치는 작용

걱정에 맞서 싸우는 법을 알지 못하는 사람은 일찍 죽는다. - 알렉시 카렐[*] *박사*

여러 해 전의 어느 날 저녁에 한 이웃사람이 우리 집 초인종을 울려 나를 찾더니 나와 우리 가족에게 천연두 백신 접종을 받으라고 재촉했다. 그는 뉴욕 전역에 거주하는 각 세대를 한 집 한 집 방문하여 천연두 백신 접종을 권유하는 수천 명의 자원봉사자 가운데 한 사람이었다. 겁을 집어먹은 사람들이 일시에 접종을 받으려고 몰리다 보니 몇 시간이고 줄을 서서 기다려야 했다. 병원뿐 아니라 소방서, 경찰서, 그리고 대규모 공장에도 천연두 백신 접종센터가 개설됐다. 2천 명 이상의 의사와 간호사들이 밤낮 없이 수많은 사람들에게 백신을 접종하느라 정신없이 일했다. 무엇 때문에 그 모든 야단법석이 일어났던 것일까? 뉴욕에서 8명이 천연두에 걸렸고, 그 가운데 2명이 죽은 것이 원인이었다. 거의 800만 명에 이르는 인구 가운데서 두 명이 죽

---

[*] Alexis Carrel. 1873~1944. 1912년에 노벨생리학상을 받은 프랑스의 의사, 생물학자.

었다고 해서 벌어진 일이었다.

나는 그때까지 뉴욕에서 아주 오랜 세월을 살았다. 그동안 걱정이라는 정서적인 질병을 경고하기 위해 우리 집 초인종을 울린 사람은 아무도 없었다. 걱정이라는 질병은 같은 기간에 천연두에 비해 1만 배나 더 많은 피해를 초래한 원인인데도 말이다.

지금 이 미국이라는 나라에서 살고 있는 사람들 가운데 10분의 1이 걱정과 정서적인 갈등으로 인해 신경쇠약에 걸리게 된다는 점을 경고하기 위해 우리 집을 찾아와 초인종을 울린 사람은 아무도 없었다. 그래서 내가 그 일을 하기로 했다. 당신 집 초인종을 울리고 당신에게 그런 경고를 하기 위해 이 글을 쓰고 있는 것이다.

의학 분야에서 노벨상을 받은 탁월한 의사인 알렉시 카렐 박사는 이렇게 말했다. "걱정에 맞서 싸우는 법을 알지 못하는 사업가는 일찍 죽는다." 가정주부, 수의사, 벽돌공도 마찬가지일 것이다.

몇 년 전에 나는 샌타페이 철도의 의료부문 경영진 가운데 한 사람인 O. F. 고버 박사와 함께 자동차를 타고 텍사스 주와 뉴멕시코 주를 가로지르는 여행을 하면서 휴가를 보낸 적이 있다. 그의 직함은 정확하게는 '걸프, 콜로라도, 샌타페이 병원협회 수석의사'였다. 우리는 걱정이 미치는 영향에 대해 이야기하게 됐는데, 그때 그는 이런 말을 했다.

"의사를 찾아오는 환자들 가운데 70퍼센트는 두려움과 걱정만 떨쳐낸다면 자연치유될 수 있는 환자들입니다. 그렇다고 그들의 병이 상상 속의 병이라는 말은 절대 아닙니다. 그들의 병은 욱신거리는 치통과 마찬가지로 실제의 병이며, 때로는 그보다 백배는 더 심각한 것이기도 합니다. 그들의 병은 말하자면 신경성 소화불량, 일부 위궤양, 심장장애, 불면증, 일부 두통, 그리고 일부 유형의 마비 등입니다.

그런 것들은 실제로 병입니다. 그에 대해서는 누구보다도 내가 잘 압니다. 나도 12년이나 위궤양에 시달려봤으니까요. 두려움은 걱정을 일으킵니다. 걱정은 사람을 긴장시키고 초조하게 만들어 위장에 영향을 줍니다. 그래서 위장 속의 위액을 정상적인 상태에서 비정상적인 상태로 변화시키고, 그 결과로 위궤양을 일으키는 경우가 종종 있지요."

《신경성 위장장애》라는 책의 저자인 조지프 F. 몬태규 박사도 거의 같은 말을 한다. "당신이 먹는 것 때문에 위궤양에 걸리는 것이 아니다. 당신을 먹고 있는 것 때문에 위궤양에 걸리는 것이다."

메이요 클리닉의 W. C. 알바레스 박사는 이렇게 말했다. "궤양은 흔히 정서적 스트레스의 정도에 따라 부풀어 오르기도 하고 가라앉기도 한다."

알바레스 박사의 이 진술은 메이요 클리닉에서 1만 5천 명의 환자들을 대상으로 위장장애에 관한 조사연구를 실시해본 결과를 토대로 한 것이다. 그 결과에 따르면 환자 5명 가운데 4명은 위장병을 일으킬 만한 신체적인 근원을 갖고 있지 않았다. 두려움, 걱정, 증오, 과도한 이기심, 현실세계에 스스로 적응하는 능력의 결여…, 이런 것들이 그들이 앓게 된 위장병과 위궤양의 주된 원인이었다. 위궤양은 당신을 죽게 할 수도 있다. 〈라이프〉라는 잡지에 따르면 위궤양은 우리의 생명을 앗아가는 질병의 목록에서 10번째 자리를 차지하고 있다.

나는 최근 메이요 클리닉의 해럴드 C. 하베인 박사와 편지를 몇 차례 주고받았다. 그는 평균연령이 44.3세인 176명의 기업 임원들을 대상으로 조사연구한 결과를 미국산업보건의사협회의 연례총회에서 발표했다. 그는 이들 임원 가운데 3분의 1을 약간 넘는 사람들이 긴장도가 높은 생활에 특별히 수반되는 세 가지 질병, 즉 심장질환, 소화기관 궤양, 고혈압 가운데 하나를 앓고 있는 것으로 나타났다고 보고했다.

생각해보라. 기업 임원들 가운데 3분의 1이 45살이 되기도 전에 심장질환, 궤양, 고혈압으로 자기 몸을 망가뜨리고 있다. 성공을 한들 무슨 소용이 있는가! 게다가 그런 대가를 치르고 얻은 것은 성공이라고 할 수도 없다! 기업에서 승진하기 위해 위궤양이나 심장질환을 대가로 치른 사람이 성공한 사람일 수 있을까? 천하를 얻는다고 해도 자신의 건강을 잃는다면 무슨 이득이 있겠는가? 천하를 손에 넣은 사람이라도 하루에 하나의 침대에서 잠을 자고 세 번의 식사만 할 뿐이다. 그것은 신입사원도 할 수 있다. 아마도 신입사원이 막강한 임원보다 잠을 더 잘 자고 식사를 더 즐겁게 할 것이다. 솔직히 말해, 나는 철도회사나 담배회사를 경영하려고 애쓰다가 45살에 자신의 건강을 망가뜨리기보다는 책임질 일이 없어서 걱정할 일도 없는 사람이 되는 게 더 좋다고 생각한다.

세계에서 가장 유명한 담배 제조회사의 사장이 휴식을 취하려고 캐나다의 숲에 갔다가 심장마비가 일어나는 바람에 급사했다. 수백만 달러의 재산을 모았지만 61살에 쓰러져 죽은 것이다. 그는 자신의 인생 가운데 더 살 수 있는 여러 해를 대가로 치르고 '사업적 성공'이라고 불리는 것을 얻는 거래를 했던 셈이다.

내 계산으로는 수백만 달러의 재산을 갖고 있었던 그 담배 제조회사 사장은 그의 아버지에 비해 절반밖에 성공적인 삶을 살지 못했다. 그의 아버지는 죽을 때 돈을 한 푼도 갖고 있지 않았지만 미주리 주의 농부로 89세까지 살았다.

유명한 메이요 형제*는 미국에 있는 모든 병원의 병상 가운데 절반 이상이 신경증 환자들로 채워지고 있다고 밝혔다. 그런데 사후의 부검과정에서 고성능 현미경으로 그런 사람들의 신경을 조사해보면 그들의 신경은 권투선수 잭 뎀프시의 신경이나 마찬가지로 건강하다고 한다. 그들의 '신경증'은 신경의 물리적 훼손에 기인한 것이 아니라 무의미감, 좌절감, 불안감, 걱정, 두려움, 패배감, 절망 등의 감정에 기인한 것이다. 플라톤은 이렇게 말했다. "의사들이 저지르는 가장 큰 잘못은 정신은 치료하려고 하지 않으면서 육체만 치료하려고 하는 것이다. 그러나 정신과 육체는 하나이므로 서로 떼어내어 따로따로 다뤄서는 안 된다!"

의학이 이런 커다란 진리를 인정하는 데는 2300년이나 걸렸다. 이제야 우리는 심신의학이라고 불리는 새로운 종류의 의학을 개발하

---

* 메이요 클리닉을 창설한 찰스 호레이스 메이요(Charles Horace Mayo, 1865~1939)와 윌리엄 제임스 메이요(William James Mayo, 1861~1939) 형제를 가리킴.

기 시작했다. 이것은 정신과 육체 둘 다를 다루는 의학이다. 그렇게 해야 할 때가 되기도 했다. 왜냐하면 물리적으로 존재하는 병원균이 일으키는 끔찍한 질병, 즉 천연두, 콜레라, 황열을 비롯해 엄청난 수의 사람들을 무덤 속에 밀어 넣은 재앙 같은 수십 가지 육체적 질병은 그동안 의학이 제거했기 때문이다. 그러나 의학은 병원균이 아니라 걱정, 두려움, 증오, 좌절, 절망 등의 정서가 일으키는 정신적, 육체적 훼손에는 그동안 제대로 대응하지 못했다. 이런 정서적 질병에 희생당하는 사람들이 파멸적인 속도로 늘어나고 있고, 그러한 사람들이 생겨나는 범위도 급속히 확대되고 있다. 2차 세계대전에 참전시키기 위해 징집한 우리의 젊은이들 가운데 6명 중 1명은 정신의학상의 이유로 입대하지 못했다.

정신이상을 일으키는 원인은 무엇일까? 그 답을 완전히 다 아는 사람은 아무도 없다. 그러나 아마도 많은 경우에 두려움과 걱정이 정신이상의 원인이 되고 있을 가능성이 매우 높다. 걱정에 시달리다 보니 엄혹한 현실세계에 대응해나가지 못하게 된 개인은 주위 환경과의 모든 접촉을 차단하고 스스로 만들어낸 자기만의 세계로 도피하고, 그런 식으로 자신의 고민을 해소한다.

지금 내 책상 위에는 에드워드 포돌스키 박사의 저서인 《걱정을 중단하면 건강해진다》라는 책이 놓여 있다. 이 책의 장별 제목 가운데 일부를 옮기면 다음과 같다.

걱정은 심장에 어떤 영향을 미치는가

고혈압은 걱정을 먹고 자란다

류머티즘도 걱정 때문에 생길 수 있다

당신의 위장을 위해 걱정을 덜 하라

걱정이 감기의 원인이 되는 이유

걱정과 갑상선

걱정과 당뇨

걱정에 대해 깨우침을 주는 또 하나의 책으로 칼 메닝거* 박사가 쓴 《자기 자신을 해치는 인간》이 있다. 칼 메닝거 박사는 '정신의학 분야의 메이요 형제'로 불리는 두 사람 가운데 한 사람이다. 그의 이 책은 우리가 불안감, 좌절감, 증오, 분노, 반발심, 두려움에 사로잡힘으로써 자신의 심신을 어떻게 망가뜨리는지를 적나라하게 드러내 보여준다.

걱정은 매우 무감각한 사람까지도 병에 걸리게 할 수 있다. 미국의 남북전쟁 때 그랜트♠ 장군이 바로 이런 사실을 깨달았다. 그의 일화는 다음과 같다.

그랜트 장군은 9개월째 리치먼드를 포위공격하고 있었다. 리[†] 장군의 부대는 지치고 굶주린 상태에서 공격을 받았다. 수많은 병사들이 대거 탈영했다. 남은 병사들은 막사 안에 모여 기도를 올렸다.

---

* Karl Menninger. 1893~1990. 미국의 정신과 의사, 정신분석학자.
♠ Ulysses Simpson Grant. 1822~1885. 미국 남북전쟁 때 북군 총사령관을 지낸 군인. 18대 미국 대령.
† Robert Edward Lee. 1807~1870. 미국 남북전쟁 때 남부연합군의 총사령관을 지낸 군인.

그러면서 그들은 고함을 지르거나 울었고, 헛것을 보기도 했다. 종말이 가까웠다. 리 장군의 부대는 리치먼드에 있는 면화창고와 담배창고에 불을 붙이고 병장기도 불태운 다음 밤중에 그 도시를 빠져나갔다. 높은 불기둥들이 어둠 속에서 치솟아 올랐다. 그랜트 장군은 도주하는 남부연합군을 바싹 뒤쫓으면서 그들의 양 측면과 후방 쪽에서 총포를 쏘아댔다. 남부연합군의 앞쪽에서는 셰리던 장군의 기병이 철로를 뜯어내거나 보급열차를 탈취하면서 그들의 진로를 차단했다.

그랜트는 구토증을 동반한 극심한 두통을 이기지 못해 진격하는 부대의 후방으로 처져 어느 한 농장에 머물렀다. 그는 《회고록》에 이렇게 썼다. "나는 겨자를 넣은 뜨거운 물에 발을 담그고 손목과 목 뒷부분에 겨자 반죽을 바른 채 밤을 지새웠다. 그렇게 하면 아침까지는 내 두통이 치료될 것이라고 기대했다."

다음날 아침에 실제로 그의 두통이 치료됐다. 그런데 그의 두통을 치료해준 것은 겨자 반죽이 아니라 항복하겠다는 리 장군의 편지를 들고 말을 타고 급하게 달려온 장교였다. 그랜트는 이렇게 썼다. "그 장교가 도착해 내게 편지를 전했을 때에도 나는 여전히 두통에 시달리고 있었다. 그러나 그 편지의 내용을 들여다본 순간 내 두통이 바로 치료됐다."

걱정과 긴장이 바로 그에게 두통을 일으킨 원인이었음이 분명하다. 그의 감정이 자신감, 성취감, 승리감의 색채를 띠게 되는 순간, 곧바로 그의 두통이 치료된 것이었다.

그로부터 70년 뒤에 프랭클린 루스벨트 행정부의 재무장관인 헨리 모건소는 걱정이 몸을 상하게 해서 현기증을 불러올 수 있음을 알게 됐다. 그는 대통령이 밀 가격을 올리기 위해 단 하루만에 440만 부셸의 밀을 사들이는 것을 보며 매우 걱정했다고 일기에 적었다. 그는 일기에 이렇게 썼다. "그 일이 진행될 때 나는 말 그대로 현기증을 느꼈다. 나는 집으로 가서 점심식사를 한 뒤에 침대에 누워 두 시간 동안 잠을 잤다."

나로서는 걱정이 사람들에게 어떤 영향을 주는지를 알기 위해 굳이 도서관에 가서 책을 보거나 병원에 가서 의사를 만날 필요가 없다. 지금 내가 이 책을 쓰고 있는 내 집의 내 방에서 창밖을 내다보기만 하면 된다. 그러면 걱정을 하다가 신경쇠약에 걸린 사람이 살고 있는 한 집과 걱정을 하다가 당뇨병에 걸린 사람이 살고 있는 다른 한 집을 볼 수 있다. 당뇨병에 걸린 사람은 주식시장에서 주가가 폭락했을 때 혈당과 요당의 수치가 치솟았다.

프랑스의 걸출한 철학자인 몽테뉴가 고향인 보르도에서 시장으로 선출돼 재직하고 있을 때 시민들에게 이렇게 말한 적이 있다. "나는 당신들의 일을 기꺼이 내 손에 받아 들겠지만 내 간과 폐 속에까지 집어넣지는 않겠다."

그런데 방금 말한 내 이웃사람은 주식시장과 관련된 일을 그의 혈액 속으로 집어넣었고, 그래서 자기 자신을 죽일 뻔했다. 사실 나로서는 걱정이 사람들에게 어떤 영향을 주는지를 상기하기 위해 위와 같이 이웃집들을 바라볼 필요도 없다. 지금 내가 이 책을 쓰고 있는 이 방 안을 둘러보기만 하면 된다. 그러면 이 집의 전 주인이 걱정을 하다가 결국은 너무 일찍 무덤 속으로 들어갔다는 사실을 떠올리게 된다.

걱정은 당신을 류머티즘이나 관절염 환자로 만들어 휠체어 신세를 지게 할 수 있다. 관절염 분야에서 세계적으로 권위를 인정받는 의사인 러셀 세실 박사는 관절염을 일으키는 조건 가운데 가장 흔한 것 네 가지를 다음과 같이 열거했다.

1. 부부관계의 파탄
2. 재정적인 재앙과 고민
3. 외로움과 걱정
4. 오래 품어온 분노

당연한 말이겠지만, 이 네 가지 감정적 상태만이 관절염의 원인인 것은 결코 아니다. 다양한 원인에 따른 다양한 종류의 관절염이 존재한다. 그러나 반복해 말하지만, 관절염을 일으키는 가장 흔한 조건은 러셀 세실 박사가 위와 같이 열거한 네 가지다. 예를 들어 나의 한 친구는 불황 때 극심한 타격을 받았다. 가스회사가 그의 집에 대한 가스 공급을 중단했고, 은행이 그의 집에 대한 담보권 행사에 들어갔다. 그러자 그의 아내에게 갑자기 고통스러운 관절염이 찾아왔다. 아내의 관절염 증세는 그 뒤에도 계속되다가 재정적 상황이 개선되고 나서야 중단됐다.

걱정은 충치의 원인이 되기도 한다. 윌리엄 맥고니글 박사는 미국 치과협회에서 한 연설에서 이렇게 말했다. "걱정, 두려움, 자책으로 인해 생긴 불편한 감정은 신체의 칼슘 균형을 무너뜨려 충치를 불러올 수 있습니다." 맥고니글 박사는 한 환자의 예를 들었다. 그 환자는 아내가 갑자기 병에 걸리면서 걱정에 빠져들기 전에는 매우 건강한 치아를 갖고 있었다. 그런데 그의 아내가 병원에 입원해 있는 3주일 동안 그에게 충치가 9개나 생겼다. 그 충치는 걱정 때문에 생긴 것이었다.

당신은 갑상선 기능 항진증에 시달리는 사람을 본 적이 있는가? 나는 본 적이 있다. 갑상선 기능 항진증을 앓고 있는 사람은 몸을 부들부들 떤다. 마치 두려움에 질려 거의 죽을 지경에 이른 사람처럼 보인다. 그리고 실제로 죽음에 이를 수도 있다. 신체를 조절하는 갑상선이 정상적인 상태에서 벗어나서 그러는 것이다. 그런 사람의 갑상선은 심장이 뛰는 속도를 높인다. 그래서 마치 모든 통풍구가 활짝 열린 용광로처럼 온몸이 최고로 달아오른다. 수술이나 치료를 통해 그런 증상을 억제시키지 않으면 환자가 죽을 수도 있다. 환자의 몸이 다 '타버리기' 때문이다.

얼마 전에 나는 바로 이런 증상에 시달리는 내 친구와 함께 필라델피아로 갔다. 우리는 38년 동안 이런 유형의 질병을 다루어온 유명한 전문의인 이즈리얼 브램 박사를 찾아갔다. 진료실 밖 대기실의 벽에 걸린 넓은 나무판 위에 다음과 같은 조언이 씌어 있었다. 나는 기다리는 동안 서류봉투의 뒷면에 그것을 옮겨 적었다.

마음 편하게 먹고 다시 기운 내기.

마음을 편하게 먹고 다시 기운을 낼 수 있게게 해주는 효과가 가장 큰 것은 건전한 종교, 잠, 음악, 그리고 웃음이다.
하느님을 믿어라, 숙면하는 법을 익혀라,
좋은 음악을 즐겨라, 삶의 유머러스한 측면을 보라.
그러면 건강과 행복이 당신의 것이 되리라.

브램 박사가 내 친구에게 가장 먼저 던진 질문은 이런 것이었다. "어떤 정서적 교란이 이런 상태를 불러왔습니까?" 그는 내 친구에게 걱정을 중단하지 않으면 심장기능 장애, 위궤양, 당뇨와 같은 다른 병에도 걸릴 수 있다고 경고했다. 그 유명한 의사는 "이런 병들은 서로 사촌간, 그것도 친사촌간입니다"라고 말했다.

나는 영화스타인 멀 오버론*을 인터뷰한 적이 있다. 그때 그녀는 영화배우인 자신에게 가장 큰 재산은 외모인데 걱정을 하면 외모를 망친다는 것을 알기 때문에 걱정을 하지 않으려고 한다며 다음과 같이 말했다.

"내가 처음으로 영화계에 발을 들여놓으려고 애쓸 때 걱정이 되고 두려웠습니다. 그때 나는 인도에서 런던으로 간 지 얼마 되지 않았습니다. 런던에서 일감을 구하려고 했지만, 그 도시에 내가 아는 사람은 아무도 없었습니다. 나는 몇몇 영화제작자를 찾아갔지만 아무도 나를 캐스팅하려고 하지 않았습니다. 게다가 내가 갖고 있던 돈도 바닥을 드러내기 시작했습니다. 나는 두 주일을 크래커와 물만 먹으며

---

* Merle Oberon. 1911~1979. 인도에서 태어나 미국에서 활동한 여배우.

서 지냈습니다. 그때 나는 걱정이 되기만 한 것이 아니었습니다. 배도 고팠습니다. 나는 나 자신에게 이렇게 말했습니다. '너는 바보일지도 몰라. 너는 결코 영화계에 발을 들여놓지 못할지도 몰라. 하기야 너는 영화계 경험도 전혀 없고, 연기를 해본 적도 없잖아? 그런대로 예쁜 얼굴 말고 네가 보여줄 수 있는 게 뭐가 있어?'

나는 거울 앞으로 갔습니다. 그리고 거울 속의 나를 들여다보았습니다. 그때 나는 걱정이 나의 외모에 어떤 작용을 하고 있는지를 알게 됐습니다. 얼굴에 주름이 생기고 있었습니다. 근심스러운 얼굴표정도 눈에 들어왔습니다. 그래서 나는 나 자신에게 이렇게 말했습니다. '저렇게 되는 것을 즉각 중단시켜야 해! 걱정을 하고 있을 때가 아니야. 어쨌든 네가 유일하게 사람들에게 보여줄 수 있는 것이 외모인데, 걱정이 그 외모를 망가뜨리고 있잖아.'"

걱정만큼 빠르게 여성의 외모를 늙고 흉한 모습으로 망가뜨리는 것은 거의 없다. 걱정은 얼굴표정을 굳어지게 한다. 걱정은 이를 악물게 하고, 얼굴에 주름이 생기게 한다. 걱정은 늘 찌푸린 얼굴을 하게 만든다. 걱정은 머리카락을 허옇게 세게 만들고, 심지어는 머리카락이 빠지게 하는 경우도 있다. 걱정은 뾰루지, 발진, 여드름이 생겨나게 해서 얼굴을 상하게 한다.

오늘날 미국에서는 사망원인 1위가 심장질환이다. 2차 세계대전 때 30여 만 명이 전사했다. 그런데 같은 기간에 심장질환으로 사망한 민간인은 200만 명에 이르렀고, 그 가운데 100만 명은 걱정과 긴장도 높은 생활이 초래하는 종류의 심장질환으로 인해 사망했다. 그렇다.

알렉시 카렐 박사로 하여금 "걱정에 맞서 싸우는 법을 모르는 사업가는 일찍 죽는다"라고 말하게 한 주된 이유 가운데 하나가 바로 심장질환이다. "주님은 우리의 죄를 용서할 수 있지만 우리의 신경체계는 우리의 죄를 결코 용서하지 않는다"라고 윌리엄 제임스*는 말했다.

믿을 수 없을 정도로 놀라운 사실을 말하겠다. 해마다 미국에서 가장 흔한 5가지 전염병 때문에 사망하는 사람들보다 자살을 하는 사람들이 더 많다. 왜 그럴까? 이 질문에 대한 답변은 '걱정 때문'이라는 것으로 모아진다.

중국의 잔인한 군벌은 포로를 고문할 때 손과 발을 묶어서 물이 새는 물주머니 밑에 놓아두곤 했다. 물주머니에서는 밤낮 없이 물방울이 똑 똑 똑 떨어진다. 물방울은 포로의 머리에 끊임없이 떨어진다. 시간이 지남에 따라 물방울이 떨어지는 소리가 마치 망치를 내리치는 소리와 같아지고, 마침내 포로는 제정신을 잃고 미쳐버린다고 한다. 이와 똑같은 고문방법이 에스파냐의 종교재판과 히틀러 치하 독일의 강제수용소에서도 이용됐다고 한다.

걱정은 그렇게 끊임없이 똑 똑 똑 떨어지는 물방울과 같다. 그리고 그렇게 끊임없이 똑 똑 똑 떨어지는 걱정은 사람들로 하여금 제정신을 잃고 미쳐버리게 하거나 자살하게 한다.

나는 미주리 주의 농촌 소년이었을 때 빌리 선데이♠가 저승의 지옥불을 묘사하는 이야기를 듣고 몹시 두려워했다. 그런데 그는 이승에

＊ William James, 1842~1910. 미국의 철학자, 심리학자.
♠ Billy Sunday, 1862~1935. 미국의 기독교 전도사.

서 걱정을 하는 사람들이 직면하게 될 수 있는 육체적 고통의 지옥불에 대해서는 언급조차 하지 않았다. 예를 들어 당신이 만약 만성적인 걱정에 빠져 헤어나지 못하고 있다면, 인간이 그동안 겪어온 고통 가운데 가장 극심한 고통을 느끼게 한다는 협심증에 걸릴 수 있다.

당신은 인생을 사랑하는가? 당신은 건강하게 오래 살고 싶은가? 그러려면 어떻게 해야 하는지를 알려주는 말이 있다. 나는 여기서 다시 알렉시 카렐의 말을 인용하려고 한다. 그는 이렇게 말했다. "현대 도시의 혼란 속에서 내적 자아의 평온을 지키는 사람은 신경질환에 대한 면역력을 갖고 있다."

당신은 현대 도시의 혼란 속에서 내적 자아의 평온을 지킬 수 있는가? 만약 당신이 표준적인 사람이라면 이 질문에 대한 답은 "그렇다"일 것이다. 아니 "단연코 그렇다"일 것이다. 우리 대부분은 자기가 생각하는 것보다 더 강하다. 아마도 결코 사용해본 적이 없을 내적 자질을 우리는 지니고 있다. 소로♠는 불후의 저작 《월든》에서 이렇게 말했다. "인간이 의식적인 노력을 통해 자신의 삶을 고양시키는 능력을 갖고 있다는 것은 의심할 바 없는 사실이다. 이보다 더 고무적인 사실을 나는 알고 있지 않다. … 자신의 꿈을 향해 자신 있게 나아가면서 자신이 상상해온 삶을 살려고 노력하는 사람이라면 그는 일상의 어느 순간에 예기치 못한 성공을 만나게 될 것이다."

이 책의 독자 가운데 다수는 아이다호 주 코덜레인에 사는 올가 자비라는 여성이 갖고 있었던 만큼의 의지력과 내적 자질을 갖고 있

♠ Henry David Thoreau. 1817~1862. 미국의 사상가, 시인.

을 게 틀림없다. 올가 자비는 대단히 비극적인 상황에서도 걱정을 물리칠 수 있었다. 당신과 나도 이 책에서 논의되는 아주 오래된 진리들을 적용한다면 그렇게 할 수 있다고 나는 굳게 믿는다. 올가 자비가 내게 편지로 써 보낸 이야기는 다음과 같다.

"8년 반 전에 나는 암으로 죽을 거라는 선고를 받았습니다. 내가 암으로 서서히 고통스럽게 죽게 되리라는 것이었죠. 이 나라의 의학 분야에서 최고의 두뇌인 메이요 형제가 그 선고를 재확인했습니다. 나는 막다른 골목길에 몰렸고, 최후의 순간이 나를 향해 입을 벌리고 있었습니다! 그때 나는 젊었습니다. 나는 죽고 싶지 않았습니다! 나는 절박한 심정으로 주치의에게 전화를 걸어 절망감을 토해냈습니다. 그런데 그는 참지 못하겠다는 듯한 태도로 나를 꾸짖었습니다. '뭐가 문젠가요, 올가? 당신은 마음속에 투지를 갖고 있지 않나요? 계속 울기만 한다면 당신은 죽을 게 틀림없어요. 그래요, 최악의 상황이 당신을 덮쳤어요. 그렇다면 그런 사실을 직시하세요! 걱정을 중단하세요! 그런 다음에 그 사실에 대해 뭔가를 하세요.' 바로 그때 나는 맹세를 했습니다. 얼마나 진지하게 맹세를 했던지 내 손톱이 살 속에 깊숙이 박혔고, 등골이 오싹했습니다. '걱정하지 않겠다! 울지 않겠다! 그리고 무슨 문제든 싸워 이기겠다! 나는 살아야겠다.'

그 당시에 나와 같은 정도로 암이 진행된 경우에는 하루에 10분 30초씩 30일 동안 엑스선을 쪼이는 것이 일반적이었습니다. 그런데 의사들은 내게 하루에 14분 30초씩 49일 동안 엑스선을 쪼였습니다. 내 여윈 몸에서 불거져 나온 뼈는 마치 민둥산의 중턱에 드러난 바위와 같았고, 내 두 다리는 납처럼 무거웠습니다. 그럼에도 불구하고 나는 걱정하지 않았습니다! 단 한 번도 울지 않았습니다! 나는 미소를 지었습니다. 물론 사실대로 말하면, 억지로라도 웃고자 했던 것이지만요.

나는 단지 웃기만 하면 암이 치유된다고 생각할 만큼 바보는 아닙니다. 그러나 즐거운 마음가짐이 육체가 질병에 맞서 싸우는 것을 돕는다고 믿습니다. 어쨌든 나는 암이 치유되는 기적을 경험했습니다. 최근의 몇 년 동안보다 내가 더 건강했던 적은 없습니다. 내가 이렇게 건강해진 것은 '사실을 직시하라, 걱정을 중단하라, 그리고 그 사실에 대해 뭔가를 하라' 라는 도전적이고 투지 넘치는 말 덕분이었습니다."

나는 이 장의 첫머리에 인용했던 알렉시 카렐의 말을 다시 한번 인용하는 것으로 이 장을 마무리하고자 한다.

"걱정에 맞서 싸우는 법을 알지 못하는 사람은 일찍 죽는다."

예언자 무하마드를 따르는 사람들은 《쿠란》의 시 구절을 자기 가슴에 문신으로 새기곤 한다. 나는 이 장의 첫머리에 인용한 위 문장을 이 책을 읽는 독자 한 사람 한 사람의 가슴에 문신으로 새겨주고 싶다.

"걱정에 맞서 싸우는 법을 알지 못하는 사람은 일찍 죽는다."

이것은 카렐 박사가 당신에게 하는 말일 수도 있다.

1부 요약

걱정에 관해 당신이 알아야 할 기본적인 사실들

규칙 1: 걱정을 끝내고 싶다면 윌리엄 오슬러 경이 했던 대로 하라. 즉 '방수격실 처리된 하루하루' 속에서 살아라. 미래에 대해 초조해하지 말라. 그저 잠자리에 들기까지의 하루씩만을 살아라.

규칙 2: 어려운 문제가 당신을 궁지로 몰아넣을 때면 곧바로 윌리스 캐리어의 마법의 공식을 시도해보라.
   a. 스스로에게 이렇게 물어라. "문제를 해결하지 못할 경우 일어날 수 있는 최악의 사태는 무엇인가?"
   b. 필요하다면 그 최악의 사태를 정신적으로 받아들여라.
   c. 그런 다음에 조용히 그 최악의 사태(이것은 당신이 이미 정신적으로 받아들이기로 한 것이다)를 기준으로 상황을 더 개선시키기 위한 노력을 기울여라.

규칙 3: 걱정을 함으로써 치러야 할 대가가 당신의 건강이라는 측면에서 엄청나다는 점을 계속해서 상기하라. "걱정에 맞서 싸우는 법을 알지 못하는 사람은 일찍 죽는다."

2부
걱정을 분석하는 기본적인 기법

04
걱정되는 문제를 분석하고 해결하는 법

나는 여섯 명의 정직한 하인을 두고 있다(내가 알고 있는 것은 모두 그들이 가르쳐준 것이다). 그들의 이름은 이렇다. 무엇을, 왜, 언제, 어떻게, 어디서, 누가. - 러디어드 키플링 *

1부 2장에서 소개된 윌리스 캐리어의 마법의 공식만 적용하면 당신이 걱정하고 있는 문제가 전부 해결될까? 물론 아니다.

그렇다면 정답은 무엇일까? 문제분석의 기본적인 세 단계를 배워서 각양각색의 걱정거리를 다루는 능력을 길러야 한다는 것이 정답이다. 그 기본적인 세 단계는 다음과 같다.

1. 사실을 파악하라.
2. 사실을 분석하라.
3. 판단을 내려라. 그리고 그 판단에 따라 행동하라.

---

* Joseph Rudyard Kipling. 1865~1936. 영국의 시인, 소설가. 1907년에 노벨문학상 수상.

자명한 이야기 아니냐고? 그렇다. 그러나 이것은 아리스토텔레스가 가르치고 직접 이용하기도 한 것이다. 당신과 나도 우리를 괴롭히고 우리의 낮과 밤을 그야말로 지옥으로 만드는 문제를 해결하고자 한다면 이 방법을 이용해야 한다.

먼저 사실을 파악하라는 첫 번째 규칙에 대해 이야기해보자. 사실을 파악하는 것이 왜 그렇게 중요할까? 그 이유는 사실이 확보되지 않는 한 아마도 우리는 머리를 써서 문제를 해결해보려는 시도조차 하지 못할 것이기 때문이다. 사실을 파악하지 못한 상태에서 우리가 할 수 있는 일은 오로지 혼란 속에서 안달복달하는 것뿐이다. 이것이 내 생각이냐고? 아니다. 이제는 고인이 된 컬럼비아대학의 허버트 호크스 컬럼비아칼리지 학장이 22년 동안 품었던 생각이다. 그는 그동안 모두 20만 명의 학생들이 각자 자신의 걱정되는 문제를 해결할 수 있도록 도왔다. 그는 내게 다음과 같이 말했다.

"혼란은 걱정의 주된 원인입니다. 세상의 걱정 가운데 절반은 사람들이 무엇을 판단의 근거로 삼아야 하는지에 관한 충분한 지식을 얻기 전에 판단을 내리는 데서 기인합니다. 내 경우에는 만약 다음 주 화요일 오후 3시에 직면하게 될 어떤 문제를 가지고 있다면 다음 주 화요일이 오기 전에는 그것에 대해 판단을 하려는 시도조차 하지 않습니다. 그 대신에 나는 그 문제와 관계가 있는 모든 사실을 확보하는 데 집중합니다. 나는 내 문제와 관련해 걱정하지도 않고 괴로워하지도 않습니다. 그것 때문에 잠을 설치지도 않습니다. 나는 단지 사실을 확보하는 데 집중합니다. 그리고 화요일이 돌아왔을 때 내가 모든 사실을 다 확보했다면 대개는 문제가 저절로 풀립니다!"

나는 호크스 학장에게 그 말은 걱정을 완전히 퇴치하게 된다는 뜻이냐고 물었다. 그는 이렇게 대답했다. "그렇습니다. 솔직하게 말씀드려, 내 삶에는 이제 걱정이 거의 전무하다고 할 수 있습니다. 누구든 편벽되지 않게 객관적으로 사실을 확보하는 데 시간을 쏟는다면 대개는 그 사람의 걱정이 지식의 빛을 받아 증발해버리게 된다는 것을 나는 알게 됐습니다."

내가 다시 한번 말해보겠다. "누구든 편벽되지 않게 객관적으로 사실을 확보하는 데 시간을 쏟는다면 대개는 그 사람의 걱정이 지식의 빛을 받아 증발해버리게 된다."

그런데 우리 대부분은 어떻게 하는가? 우리가 사실에 신경을 쓰기는 한다고 치자. 그런데 토머스 에디슨은 "사람이 생각하는 노고를 피하기 위해 의지하지 않는 편법은 없다"고 아주 진지하게 말하지 않았던가. 우리가 어쨌든 사실에 신경을 쓰기는 한다고 하더라도 마치 사냥꾼의 총에 맞고 떨어진 새만을 쫓는 사냥개처럼 자신이 이미 생각하고 있는 것만을 쫓아다니고 그 밖의 다른 것은 모두 무시하지 않는가! 우리는 자신의 행동을 정당화해주는 사실만을 원한다. 즉 자신의 희망적인 생각에 편리하게도 잘 들어맞고 자신이 이미 갖고 있는 편견을 정당화해주는 사실만을 원하는 것이다!

앙드레 모루아*가 다음과 같이 말한 것도 같은 맥락에서다. "우리의 개인적인 욕구에 부합하는 것은 모두 다 사실인 것처럼 보인다.

그리고 그렇지 않은 것은 모두 다 우리를 분노하게 한다."

그렇다면 우리가 자신의 문제에 대한 해답을 얻기가 매우 어려움을 알게 된다고 해서 이상할 게 없다. 우리가 만약 2 더하기 2는 5라는 가정을 고수한다면 그 다음 단계의 수학문제를 풀 때 해답을 찾지 못하는 난관에 부닥치지 않겠는가? 그런데도 이 세상에는 2 더하기 2는 5라고, 아니면 500이라고 고집스럽게 주장해서 자기 자신과 다른 이들의 삶을 지옥으로 만드는 사람들이 많다!

이런 점에 대해 우리는 무엇을 할 수 있을까? 먼저 감정이 생각에 끼어들지 못하게 해야 한다. 그리고 호크스 학장이 말했듯이 '편벽되지 않게 객관적인' 태도로 사실을 확보해야 한다.

걱정을 하고 있을 때에는 그러기가 쉽지 않다. 걱정을 하고 있을 때에는 감정이 고조된다. 그러나 분명하고 객관적인 태도로 사실을 바라보기 위해 자신이 안고 있는 문제에서 한 걸음 비켜서보려고 할 때 도움이 되는 방법으로 내가 알게 된 두 가지를 제시해보겠다.

1. 사실을 확보할 때 나는 그 정보를 나 자신을 위해서가 아니라 누군가 다른 사람을 위해 수집하는 태도를 취한다.
2. 걱정을 하게 하는 문제와 관련된 사실을 수집할 때 나는 내가 쟁점의 반대측면을 주장하기 위한 준비를 하는 변호사인 듯한 태도를 취한다. 다시 말해, 나는 내게 불리한 사실, 즉 내 희망을 무

---

* Andre Maurois. 1885~1967. 프랑스의 소설가, 전기작가.

너뜨리는 사실이나 내가 직면하고 싶지 않은 사실까지도 모두 확보하려고 한다. 그런 다음에 문제가 된 사안의 한쪽 측면과 그 반대쪽 측면 둘 다를 종이에 적어본다. 그러면 대개의 경우 그 두 극단의 중간 어딘가에 진실이 놓여 있음을 발견하게 된다.

바로 여기에 내가 강조하고 싶은 요점이 있다. 당신도, 나도, 아인슈타인도, 미국의 대법원도 그 어떤 문제에 대해서든 먼저 사실을 확보하지 않고서도 현명한 판단을 내릴 수 있을 만큼 똑똑하지는 않다. 토머스 에디슨은 이 점을 잘 알고 있었다. 죽을 때 그는 자신이 직면했던 갖가지 문제와 관련된 사실들로 가득 채워진 공책을 2500권이나 갖고 있었다.

그렇기에 우리가 자신의 문제를 해결하기 위한 첫 번째 규칙이 '사실을 확보하라'인 것이다. 호크스 학장이 했던 대로 해보자. 먼저 편벽되지 않은 태도로 모든 사실을 다 수집하기 전에는 자신의 문제를 해결해보려는 시도조차 하지 말자.

그러나 이 세상의 모든 사실을 다 확보했어도 그것을 분석하고 해석하기 전에는 그 모든 사실이 아무 소용 없다.

나는 확보한 사실을 글로 써놓고 나면 사실에 대한 분석이 훨씬 더 쉬워진다는 것을 값비싼 대가를 치르고서야 알게 됐다. 실제로 사실을 종이 위에 쓰거나 자신의 문제를 말로 진술하는 것만으로도 이성적인 판단을 내리는 데 큰 도움을 얻을 수 있다. 찰스 케터링*이 다음과 같이 말한 것도 같은 맥락에서다.

"문제를 잘 진술하면 그 문제의 절반은 풀린 것이다."

이런 원리가 실제로 작동하는 방식을 당신에게 보여주겠다. 중국 사람들은 "한 장의 그림이 만 마디의 말과 같은 가치를 갖고 있다"고 말한다. 그러니 나도 지금 우리가 이야기하고 있는 것을 정확하게 그대로 구체적인 행동으로 옮긴 사람이 어떻게 그렇게 했는지를 당신에게 그림처럼 생생하게 보여주어야겠다.

내가 여러 해 전부터 알고 지내온 갤런 리치필드라는 사람의 경우를 들여다보자. 그는 극동지역에서 가장 크게 성공한 미국인 사업가 가운데 한 사람이다. 리치필드는 일본군이 상하이를 침공한 1942년에 중국에 있었다. 그가 우리 집에 손님으로 와있을 때 내게 해준 이야기를 소개하겠다. 그는 다음과 같이 말했다.

"일본군은 진주만을 폭격한 직후에 상하이로 몰려왔습니다. 나는 상하이에 있는 아시아 라이프 인슈어런스 컴퍼니라는 보험회사의 경영자였습니다. 일본군은 우리 회사에 '군 청산인'을 보냈습니다. 호칭만 그런 게 아니라 실제로 그는 해군 장성이었습니다. 일본군은 내게 그 군 청산인이 우리 회사의 자산을 청산하는 데 협조하라고 명령했습니다. 내게는 선택권이 없었습니다. '협조하거나 말거나' 이긴 했지만, '말거나' 쪽의 태도를 취하면 죽임을 당할 게 분명했으니까요.

선택의 여지가 없었던 나는 명령대로 했습니다. 그러나 75만 달

＊ Charles Kettering. 1876∼1958. 미국의 발명가.

2부 걱정을 분석하는 기본적인 기법 81

러어치의 증권 한 다발만은 일본군 장성에게 제출한 자산목록에서 누락시켰습니다. 그 증권은 회사의 홍콩 조직이 소유하고 있는 자산에 속하는 것으로 상하이 조직의 자산과는 아무런 관계도 없었기 때문입니다. 만약 일본군이 이 사실을 알아채면 나는 곤경에 처할 수도 있었습니다. 두려웠습니다.

그런데 내가 그렇게 한 것을 그들이 금세 알아챘습니다. 그때 나는 회사에 없었기 때문에 현장에 있었던 회계책임자에게 당시의 상황을 전해 들었습니다. 일본군 장성이 나를 가리켜 도둑놈이니 반역자니 하며 욕설을 해대고, 발을 구르고, 불같이 화를 냈다고 하더군요. 나는 그게 무슨 의미인지 알고 있었습니다. 나는 브리지 하우스*로 붙잡혀갈 것이 뻔했습니다!

브리지 하우스! 일본판 게슈타포의 고문실이 거기에 있었습니다. 내가 개인적으로 가깝게 지내던 친구 가운데는 그 감옥으로 붙잡혀가기 싫어서 자살한 사람도 있었습니다. 또 열흘 동안 그곳에서 신문과 고문을 받다가 죽은 친구도 있었습니다. 이제는 내가 그 브리지 하우스로 가게 된 것이었습니다.

내가 어떻게 했겠습니까? 나는 그 소식을 일요일 오후에 들었습니다. 공포에 질릴 수밖에 없는 상황이었습니다. 내가 만약 그런 내 문제를 해결하게 해줄 분명한 기법을 알고 있지 않았다면 실제로 공포에 질렸을 것입니다. 그런데 그때까지 여러 해 동안 나는 걱정에 사

---

* Bridge House. 1935년에 중국 상하이의 베이쓰촨루(北四川路)에 지어진 건물. 1937년에 상하이에 진주한 일본군은 이 건물을 점거하고 그 안에 헌병대 본부를 두었다.

로잡힐 때면 언제나 타자기 앞에 앉아 두 개의 질문과 그 각각에 대한 답을 타자하곤 했습니다.

1. 지금 나는 무엇에 대해 걱정하고 있는가?
2. 그것에 대해 나는 무엇을 할 수 있는가?

원래 나는 이 두 질문에 대한 답을 글로 쓰지 않고 머릿속으로만 생각했었습니다. 그러다가 질문과 답을 글로 쓰는 것이 생각을 더 분명하게 해준다는 사실을 알게 되어 답을 글로 쓰기 시작했지요. 그리고 그때는 이미 답을 글로 쓰기 시작한 지 몇 년이 지난 뒤였습니다. 그날 오후에 나는 상하이 YMCA에 있는 내 숙소로 가서 타자기를 꺼내놓고 다음과 같이 타자했습니다.

1. 지금 나는 무엇에 대해 걱정하고 있는가?
  나는 내일 아침에 브리지 하우스로 붙잡혀가게 될 것이 두렵다.
2. 그것에 대해 나는 무엇을 할 수 있는가?

나는 여러 시간 궁리하다가 내가 택할 수 있는 네 가지 행동방침과 그 각각의 행동방침에 따라 행동할 경우 초래될 수 있는 결과를 타자했습니다.

결과 1. 일본군 장성에게 사정을 설명해보려고 할 수 있다. 그런데 그는 영어를 할 줄을 모른다. 통역을 통해 그에게 사정을 설명할 경우 어쩌면 그를 다시 흥분시킬 수도 있다. 그렇게 되면 나는 죽게 될지도 모른다. 그는 잔인한 사람이라서 그 일에 대해 나와 대화를 나누는 수고를 하기보다는 나를 브리지 하우스에 처넣을 것이기 때문이다.

결과 2. 도주해보려고 할 수 있다. 그러나 이것은 불가능하다. 그들은 나를 늘 감시하고 있다. 나는 YMCA의 내 방을 출입할 때마다 보고하게 돼있다. 내가 도주를 시도하면 아마도 붙잡혀서 총살을 당하게 될 것이다.

결과 3. 다시는 사무실 근처에 가지 말고 여기 내 방에만 머물러 있을 수 있다. 그러나 이렇게 한다면 일본군 장성이 의심을 품게 되어 나를 체포해갈 것이고, 말 한마디 할 기회도 주지 않은 채 나를 브리지 하우스에 처넣을 것이다.

결과 4. 월요일 아침에 늘 그랬듯이 사무실로 갈 수 있다. 일본군 장성은 다른 일로 너무 바빠서 내가 한 일에 대해서는 생각도 하지 않고 있을 가능성이 있다. 그가 설령 내가 한 일에 대해 생각을 한다고 하더라도 그동안 흥분을 가라앉혀서 내게 신경을 쓰지 않을 수도 있다. 만약 상황이 이렇게 된다면 나는 괜찮을 것이다. 그가 설령 내게 신경을 쓴다고 하더라도 내게는 여전히 그에게 사정을 설명할 기회가 남아있을 것이다. 그렇다면 월요일 아침에 평소처럼 사무실로 가서 잘못된 일이 아무것도 없다는 듯이 행동하는 것이 내가 브리지 하우스로 가게 되는 사태를 피할 기회를 두 번은 얻는 길이다.

나는 철저하게 궁리를 해보고 네 번째 계획, 즉 월요일 아침에 늘 그랬듯이 사무실로 간다는 계획을 선택하기로 결정했습니다. 그러자마자 마음이 크게 편해졌습니다.

다음날 아침에 내가 사무실에 갔을 때 그 일본군 장성은 입에 담배를 문 채 자리에 앉아 있었습니다. 그는 언제나 그랬듯이 나를 쳐다보았지만 아무 말도 하지 않았습니다. 6주 뒤에 천만다행으로 그는 도쿄로 돌아갔고, 그것으로 내 걱정은 끝났습니다.

이미 말했듯이, 내가 생명을 구할 수 있었던 것은 일요일 오후에 책상 앞에 앉아 내가 취할 수 있는 모든 방도와 각각의 방도가 가져올 수 있는 결과를 글로 써본 다음에 침착하게 판단을 내린 덕분이었습니다. 그렇게 하지 않았다면 나는 허둥대고 머뭇거리다가 충동적으로 잘못된 행동을 했을 겁니다. 내 문제를 철저하게 생각해보고 판단을 내리지 못했다면 나는 일요일 오후 내내 걱정만 하다가 미쳐버렸을 겁니다. 그날 밤에 잠도 자지 못했겠지요. 그리고 월요일 아침에 지치고 근심스러운 표정으로 사무실에 갔을 것이고, 그런 표정만으로도 일본군 장성에게 의심을 불러일으켜 그로 하여금 뭔가 행동을 하게 했을 겁니다.

어떤 판단에 도달하는 것이 엄청난 가치를 갖는다는 사실을 경험이 나에게 연거푸 증명해주었습니다. 확고한 목표를 설정하지 못하는 것, 즉 정신을 돌아버리게 만드는 개미 쳇바퀴 돌기를 중단할 줄 모르는 것이야말로 사람들로 하여금 신경쇠약에 걸리게 하고 지옥과 같은 삶을 살게 하는 원인이 됩니다. 어떤 분명하고 구체적인 결정을 내리면 대개는 그 즉시 걱정의 50퍼센트가 사라진다는 것을 나는 경험으로 알게 됐습니다. 그리고 걱정의 40퍼센트는 대개 그 결정을 실행으로 옮기기 시작하는 순간에 사라져버립니다.

따라서 나는 네 단계의 조치를 취하는 것을 통해 걱정의 약 90퍼센트를 몰아냅니다. 네 단계의 조치란 이런 것입니다.

1. 내가 걱정하고 있는 것이 무엇인지를 정확하게 글로 쓴다.
2. 그것에 대해 내가 할 수 있는 것이 무엇인지를 글로 쓴다.
3. 어떻게 할 것인지에 관한 결정을 내린다.
4. 그 결정을 즉시 실행으로 옮기기 시작한다."

갤런 리치필드는 보험과 금융 분야에서 거액의 자산을 좌우하는 큰손이 되고 '스타, 파크 앤드 프리먼'이라는 회사의 극동지역 담당 임원이 됐다. 이로써 그는 아시아에서 활동하는 미국인 사업가로서는 가장 중요한 사람 가운데 하나가 됐다. 그는 자신이 거둔 성공의 대부분은 걱정을 분석하고 그것에 맞대면하는 위와 같은 방법 덕분이었다고 털어놓았다.

그 방법이 그렇게 대단한 결과를 가져오는 이유는 무엇일까? 그것은 효율적이고 구체적이며 문제의 핵심을 바로 찌르는 것이기 때문이다. 게다가 그 방법은 분석과 맞대면에 이어 필수적인 세 번째 규칙에 의해 그 효과가 최고조에 달하게 된다. 세 번째 규칙이란 '그것에 대해 무언가를 하라'다. 행동에 나서지 않는 한 사실을 확보하고 분석하기 위해서 했던 모든 노력은 물거품이 된다. 그 모든 노력이 그저 에너지의 낭비가 되고 마는 것이다.

윌리엄 제임스는 이렇게 말했다. "일단 어떤 결정에 도달했고 그 결정을 실행에 옮겨야 하는 날이 되면 결과에 대한 책임과 배려는 모두 다 완전히 잊어버려라." 여기서 윌리엄 제임스는 '걱정'과 같은 뜻으로 '배려'라는 말을 사용한 것이 틀림없다. 그가 한 말의 뜻은, 일단 사실에 토대를 두고 신중하게 어떤 결정을 내렸다면 행동에 들어가라는 것이다.

다시 생각해보려고 멈춰 서지 말라. 머뭇거리거나, 걱정하거나, 그동안 걸어온 길을 되짚어보아서는 안 된다. 자기 자신에 대한 회의에 빠지지 말라. 자기 자신에 대한 회의는 다른 모든 회의를 낳는 원인이 된다. 자꾸 자기 어깨 너머로 뒤돌아보아서는 안 된다.

나는 언젠가 오클라호마 주에서 가장 뛰어난 석유사업가로 꼽히는 웨이크 필립스에게 결정한 일을 어떻게 실행에 옮기느냐고 물어본 적이 있다. 그는 이렇게 대답했다. "어떤 시점이 되면 계속해서 자신의 문제에 대해 생각하는 것이 혼란과 걱정만 초래한다는 사실을 알게 됐습니다. 탐구하고 생각하는 것이 오히려 해로운 일이 되는 시점이 오는 것입니다. 결정을 내리고는 결코 뒤돌아보지 말고 행동에 나서야 할 때가 오는 것입니다."

지금 당장 이 방법을 당신의 걱정거리에 적용해보라. 다음 네 가지 질문에 대한 답변을 각각의 질문 아래에 있는 빈 공간에 연필로 써보라.

첫 번째 질문: 나는 무엇에 대해 걱정하고 있는가?

두 번째 질문: 그것에 대해 무엇을 할 수 있는가?

세 번째 질문: 그렇다면 내가 해야 할 일은 무엇인가?

네 번째 질문: 그 일을 언제부터 하기 시작할 것인가?

05
사업상의 걱정 가운데 절반을 제거하는 법

사업을 하는 사람이라면 아마도 곧바로 이렇게 생각할 것이다. '이 장의 제목은 터무니없군. 나는 19년 동안 사업체를 운영해왔어. 다른 사람이 알고 있는 해법을 내가 모를 리가 없지. 내 사업상 걱정의 절반을 없앨 수 있는 법을 다른 사람이 내게 말해주겠다니, 어처구니가 없군.'

충분히 그럴 수 있다. 몇 년 전이었다면 나도 똑같은 생각을 했을 것이다. 위와 같은 제목은 많은 것을 약속하지만, 사실 약속이란 허망한 것이다.

아주 솔직하게 말해보자. 나는 당신이 사업상 걱정의 절반을 줄일 수 있도록 도와주지 못할지도 모른다. 궁극적으로는 자기 자신을 빼고는 어느 누구도 그런 도움을 줄 수 없다. 그러나 다른 사람들이 어떻게 자기 사업상의 걱정 가운데 절반을 해소했는지를 보여주는 것은 내가 할 수 있는 일이다. 그 다음 일은 모두 당신 자신에게 달려있다!

앞의 56쪽에서 내가 세계적으로 유명한 알렉시 카렐 박사가 한 말을 인용했던 것을 당신은 기억할 것이다. "걱정에 맞서 싸우는 법을 모르는 사람은 일찍 죽는다."

걱정이란 그만큼 심각한 것이니, 당신이 자신의 걱정 가운데 10퍼센트만이라도 줄일 수 있도록 내가 도울 수 있다면 당신도 만족하지 않겠는가? 과연 만족하겠는가? 좋다! 그렇다면 이제부터 어느 기업의 임원이 자신의 걱정 가운데 절반을 제거한 것은 아니지만 사업상의 문제를 풀어보려고 회의를 하는 데 쏟는 시간의 75퍼센트를 어떻게 줄였는지를 우선 보여주겠다.

지금 나는 '아무개 씨'의 경우, 'X라는 사람'의 경우, '오하이오 주에 사는 내 지인'의 경우라고 말하면서, 다시 말해 당신이 직접 확인해볼 수 없도록 모호한 지칭을 써가면서 그 이야기를 하려는 게 아니다. 그 이야기는 리언 심킨이라는 이름을 가진 실제 인물에 관한 이야기다. 심킨은 미국에서 가장 유명한 출판사 가운데 하나로 꼽히며 뉴욕의 록펠러센터에 본부를 두고 있는 사이먼 앤드 슈스터의 합작 파트너였고, 지금도 같은 출판사의 전무로 재직하고 있다. 그의 경험담을 그에게 들은 대로 옮겨본다.

"15년 동안 나는 이런저런 문제에 대해 논의한답시고 회의를 하는 데 내 업무시간의 절반가량을 썼습니다. 이렇게 해야 하는가, 저렇게 해야 하는가, 아니면 아무것도 하지 말아야 하는가를 논의하면서 말입니다. 회의를 할 때마다 신경이 곤두섰고, 의자에 앉은 채 몸을 비비 꼬았고, 회의실 안을 이리저리 걸었고, 아무리 논쟁을 벌여도 결론 없이 뱅뱅 돌기만 했습니다. 밤이 오면 나는 완전히 녹초가 되곤 했지요. 나는 내 인생의 남은 기간에도 계속 그런 식으로 일을 해나가야 할 것이라 여겼습니다. 이미 15년 동안 그렇게 일해왔고, 더 나은 방식이 있다는 생각은 전혀 하지 못했으니까요. 만약 누군가가 내게 걱정에 휩싸인 그런 회의에 쏟아 붓는 시간의 4분의 3과 내 신경에 일어나는 긴장의 4분의 3을 제거할 수 있다고 말했다면 나는 그가 무모하고 분별없는 관념적 낙관주의자라고 생각했을 겁니다. 그런데 그랬던 내가 바로 그 방책을 고안해냈고, 그 뒤로 8년 동안 그 방책을 사용해왔습니다. 그 방책은 내가 하는 일의 효율성을 높여주고, 내 건강을 개선시켜주고, 나를 행복하게 만들어주는 기적을 가져왔습니다.

기적을 가져왔다고 하니 그 방책이 마술처럼 여겨질지도 모르겠군요. 그런데 모든 마술과 마찬가지로 그 방책도 어떻게 하는지만 알면 더할 나위 없이 단순합니다.

그 비밀을 말씀드리겠습니다. 첫째로, 나는 15년 동안 회의에 적용했던 절차를 즉각 중단시켰습니다. 다시 말해 전 직원이 난관에 봉착해 있는 가운데 무엇이 잘못됐는지에 관한 모든 세부사항을 일일이 늘어놓는 것으로 시작되고 '우리는 어떻게 해야 하는가?' 하고 묻는 것으로 끝나는 절차를 중단시킨 것입니다.

둘째로, 나는 새로운 규칙을 만들었습니다. 그것은 내게 어떤 문제를 제기하고자 하는 사람은 먼저 다음과 같은 네 개의 질문에 대한 답변을 메모해서 내게 제출하라는 것이었습니다.

질문 1: 무엇이 문제인가? 과거에는 회의에 참석한 사람들 가운데 진짜 문제가 무엇인지를 구체적으로 아는 사람은 아무도 없는 상태에서 걱정에 휩싸인 채 회의를 하는 데 한 시간이나 두 시간을 쓰곤 했습니다. 문제가 무엇인지를 콕 찍어서 글로 써볼 생각은 하지 않고 그저 직면한 난관에 대해 토론하다가 흥분하기 일쑤였습니다.

질문 2: 문제의 원인이 무엇인가? 내가 그동안 밟아온 경로를 돌아보면, 문제의 근원을 명확하게 알아내려는 노력은 하지 않고 걱정에 휩싸인 채 회의를 하는 데 많은 시간을 낭비했다는 사실에 놀라게 됩니다.

질문 3: 문제의 해법이 될 수 있는 것들은 무엇인가? 과거에는 회의에서 누군가가 하나의 해법을 제시하면 다른 누군가가 그 사람과 논쟁을 벌이게 되고, 그러다 보면 서로 화를 내는 상황에 봉착하곤 했습니다. 우리는 회의의 주제에서 완전히 벗어나곤 했고, 문제를 해결하기 위해 해볼 수 있는 다양한 것들을 모두 메모해놓은 사람은 아무도 없는 가운데 회의를 마치곤 했습니다.

질문 4: 당신은 어떤 해법을 제안하는가? 어떤 상황에 대해 걱정하면서 제자리에서 맴돌기만 할 뿐 단 한번도 모든 가능한 해법을 철저하게 생각해보고 그런 다음에 '내가 제안하는 해법은 이것이다'라고 글로 써본 적이 전혀 없는 사람들과 나는 회의를 하곤 했습니다.

이런 규칙을 적용하자 이제는 같이 일하는 사람들이 풀리지 않은 문제를 가지고 나를 찾아오는 경우가 드물게 됐습니다. 왜냐고요? 그들은 그 네 개의 질문에 대답하기 위해서는 모든 사실을 확보하고 부닥친 문제에 대해 철저하게 생각해봐야 한다는 것을 깨닫게 됐기 때문입니다. 그리고 그들은 그렇게 하면 모든 경우의 4분의 3에 대해서는 나와 협의를 전혀 하지 않아도 된다는 것도 알게 됐습니다. 그렇게 하자 마치 토스터 기계에서 식빵이 튀어나오듯이 적절한 해법이 튀어나왔으니까요. 협의가 필요한 경우에도 협의하는 데 걸리는 시간은 그전에 비해 3분의 1로 줄어들었습니다. 왜냐하면 협의가 질서정연하고 논리적인 경로를 밟아서 합리적인 결론에 이르게 됐기 때문입니다.

이런 규칙을 적용한 뒤로 사이먼 앤드 슈스터에서는 무엇이 잘못됐는지에 대해 걱정하면서 서로 이야기하는 데 전보다 훨씬 적은 시간만 소모하게 됐습니다. 그리고 잘못된 문제를 바로잡는 데 필요한 행동이 훨씬 더 많이 이루어지게 됐습니다."

미국의 보험영업인으로서는 가장 뛰어난 사람 가운데 하나인 내 친구 프랭크 베트거도 그와 비슷한 방법을 통해 사업상의 걱정을 줄였을 뿐 아니라 소득도 거의 두 배로 늘렸다. 다음은 그가 내게 들려준 이야기다.

"몇 해 전에 내가 처음으로 보험영업을 시작했을 때 나는 내 일에 대한 무한한 열정과 애정으로 충만해 있었네. 그런데 예기치 못한 일을 당했지. 그 일을 계기로 나는 너무 낙담하여 내 일을 경멸하게 됐고, 그 일을 그만두는 것까지 고려하게 됐다네. 어느 토요일 아침에 의자에 앉아서 내 걱정의 근원까지 내려가 보자고 작정하지 않았다면 아마 나는 그때 그 일을 그만두었을 것이네. 나는 나 자신에게 이렇게 물었네.

질문 1: 정확하게 무엇이 문제인가? 문제는 '나는 잠재고객들에

2부 걱정을 분석하는 기본적인 기법

게 전화를 엄청나게 많이 걸지만 그에 따른 수확을 충분하게 거두지 못하고 있다'는 것이었네. 나는 보험판매가 확정되기 직전까지, 그러니까 가망고객을 확보하는 데까지는 일을 잘했네. 그런데 그 시점이 오면 고객이 이렇게 말하곤 했지. '글쎄요. 좀 더 생각해보겠습니다, 베트거 씨. 나중에 다시 방문해주세요.' 나를 우울하게 만든 것은 바로 이런 고객에게 재확인을 위한 전화를 거는 데 많은 시간이 소모된다는 것이었네.

질문 2: 가능한 해법은 무엇인가? 그런데 이 질문에 대한 답을 얻기 위해서는 사실을 들여다보고 연구해야 했네. 나는 그전 열두 달 동안의 내 영업실적이 기록된 장부를 꺼내 들고 거기에 적혀 있는 숫자들을 들여다보고 연구했네. 나는 놀라운 사실을 발견했네! 바로 그 장부 속에서 나는 내 보험판매 가운데 70퍼센트가 첫 번째 면담에서 확정됐다는 사실을 발견했지. 내 보험판매 가운데 23퍼센트는 두 번째 면담에서 확정됐고, 내 보험판매 가운데 단지 7퍼센트만이 세 번째, 네 번째 등의 면담에서 확정된 것이었네. 세 번째 면담 이후의 과정이 바로 나를 지치게 만들면서 내 시간을 잡아먹은 것이었네. 다시 말해 나는 내 보험판매 가운데 단지 7퍼센트에 해당하는 일에 내 업무시간의 절반을 소모하고 있었던 것이네!

질문 3: 정답은 무엇인가? 정답은 자명했네. 그 즉시 나는 세 번째 면담 이후의 고객방문을 모두 중단했고, 그렇게 해서 남는 시간을 모두 가망고객을 늘리는 데 사용했네. 그 결과는 믿을 수 없을 정도였지. 아주 짧은 시간 안에 나는 내 고객방문의 1회당 현금가치를 두 배로 올릴 수 있었네."

앞에서 말한 대로 프랭크 베트거는 이 나라에서 가장 유명한 생명보험 판매원 가운데 한 사람이 됐다. 그러나 그는 그 일을 포기하기 직전까지 갔었다. 그는 실패를 받아들이기 직전까지 갔었다. 문제에 대해 분석함으로써 성공으로 가는 길을 다시 찾아내어 걸어가게 되기 전에는 그랬었다.

당신은 위와 같은 질문들을 당신의 사업상 문제에 적용해볼 수 있겠는가? 내가 앞에서 한 말을 되풀이하자면, 그 질문들은 당신의 걱정을 절반으로 줄여줄 수 있다. 그 질문들을 다시 써보면 다음과 같다.

1. 무엇이 문제인가?
2. 무엇이 문제의 원인인가?
3. 가능한 해법들은 무엇인가?
4. 어떤 해법을 선택할 것인가?

2부 요약

걱정을 분석하는 기본적인 방법

규칙 1: 사실을 확보하라. 컬럼비아칼리지의 호크스 학장은 이렇게 말했다. "세상의 걱정 가운데 절반은 사람들이 무엇을 판단의 근거로 삼아야 하는지에 관한 충분한 지식을 얻기 전에 판단을 내리는 데서 기인한다."

규칙 2: 모든 사실을 신중하게 저울질해본 뒤에 결정을 내려라.

규칙 3: 신중하게 결정을 내린 뒤에는 행동에 나서라! 당신은 내린 결정을 실행하느라 바빠져야 하고, 결과에 대한 불안감은 모두 내던져 버려야 한다.

규칙 4: 당신이나 당신과 같이 일하는 사람들 가운데 누구라도 어떤 문제에 대해 걱정을 하려는 충동을 느낀다면 다음 질문들을 종이 위에 써놓고 그 각각에 대해 대답해보라.
 a. 무엇이 문제인가?
 b. 무엇이 문제의 원인인가?
 c. 가능한 해법들은 무엇인가?
 d. 최선의 해법은 무엇인가?

3부
걱정하는 습관이 당신을 무너뜨리기 전에
그 습관을 무너뜨리는 법

06
마음속에서 걱정을 몰아내는 법

매리언 더글러스가 내가 가르치는 반의 학생이었을 때의 어느 날 밤을 나는 결코 잊지 못할 것이다. 나는 여기서 그의 진짜 이름을 사용하지 않는다. 그가 자신의 신원이 드러나지 않게 해달라고 내게 부탁했기 때문이다. 그러나 내가 여기서 소개하는 이야기는 그가 같은 반 학생들에게 말한 것을 그대로 옮긴 것이므로 진짜 그의 이야기다. 그는 우리에게 자신의 가정에 한 번도 아니고 두 번이나 비극이 덮친 경위를 이야기해주었다. 첫 번째 비극은 다섯 살 된 딸을 잃은 것이었다. 그 딸은 그가 애지중지하던 자식이었다. 그와 그의 아내는 이 첫 번째 상실을 견뎌낼 수 없을 것이라고 생각했다. 그런데 그의 말을 그대로 옮기면 "열 달 뒤에 하느님이 우리에게 또 딸을 주셨는데 그 아이는 태어난 지 닷새 만에 죽었습니다."

두 딸을 잇달아 잃은 것은 그들에게 견디기 어려운 일이었다. 죽은 두 아이의 아버지는 우리 반 학생들에게 이렇게 말했다. "나는 그것을 받아들일 수 없었습니다. 잠을 잘 수가 없었고, 음식을 먹을 수가 없었고, 휴식을 취할 수가 없었습니다. 내 신경은 완전히 무너졌고, 자신감도 사라져버렸습니다." 마침내 그는 병원을 찾아갔다. 한 의사는 수면제를 복용해볼 것을 권했고, 다른 한 의사는 여행을 해볼 것을 권했다. 그는 그 두 가지 방법을 다 시도해보았지만 어느 방법도 도움이 되지 않았다. 그는 이렇게 말했다. "마치 바이스가 내 몸을 물고 있는데 그 바이스의 양쪽 턱이 점점 더 죄어오는 듯한 느낌이었습니다." 그것은 비통함의 압박이었다. 당신도 만약 슬픔에 짓눌려본 적이 있다면 그가 한 말이 무슨 뜻인지를 알 것이다.

"그러나 하느님의 은혜로 내게 한 아이는 남았습니다. 네 살짜리 남자아이였습니다. 나는 그 아이에게서 내가 부닥친 문제에 대한 해법을 얻었습니다. 어느 날 오후에 내가 자기연민에 빠져 앉아있을 때 그 아이가 내게 말했습니다. '아빠, 보트 하나 만들어주세요.' 나는 보트를 만들 기분이 아니었습니다. 사실 그때 나는 그 무엇도 할 기분이 아니었습니다. 그러나 그 녀석은 끈질겼습니다! 결국 나는 두 손을 들고 말았습니다.

장난감 보트를 만드는 데 세 시간이 걸렸습니다. 그런데 그 일이 끝났을 때 나는 보트를 만들면서 보낸 세 시간이 여러 달 만에 처음으로 정신적인 휴식을 취하면서 마음의 평온을 느낀 시간이었음을 깨달았습니다!

그러한 깨달음이 나로 하여금 무기력증에서 벗어나게 해주고, 약간이나마 생각을 할 수 있게 해주었습니다. 여러 달 만에 처음으로 나는 생각다운 생각을 하게 된 것입니다. 나는 계획을 세우고 생각을 하느라 바쁠 때는 걱정을 하기가 어렵다는 것을 알게 됐습니다. 내 경우에는 보트를 만드는 일이 걱정을 때려눕혔습니다. 그 일을 계기로 나는 계속 바쁘게 살기로 결심했습니다.

다음날 밤에 나는 우리 집의 모든 방을 돌아다니면서 해야 할 집안일을 찾아내 목록으로 만들었습니다. 손볼 필요가 있는 것이 수십 가지에 이르렀습니다. 책장, 계단, 방풍창, 차양, 문고리, 자물쇠, 물이 새는 수도꼭지 등이 그런 것이었습니다. 놀라지 마십시오. 두 주일 동안에 나는 손봐야 할 것을 242개나 찾아내 목록으로 만들었습니다.

지난 2년 동안 나는 그 일의 대부분을 해치웠습니다. 뿐만 아니라 나는 내게 자극이 되는 다른 활동으로도 내 일상을 채웠습니다. 매주 이틀은 밤에 뉴욕에서 운영되는 성인교육반에 참석했습니다. 그 시기에 나는 고향마을에서 시민사회 활동을 했고, 지금은 교육위원회 의장으로 일하고 있습니다. 나는 수십 가지 회의에 참석합니다. 적십자를 비롯한 사회단체들을 위한 모금활동을 돕는 일도 합니다. 지금 나는 아주 바빠서 걱정할 시간이 없습니다."

걱정할 시간이 없다! 윈스턴 처칠은 전쟁이 한창일 때 매일 18시간씩 일을 해야 했는데, 그때 그가 한 말도 바로 이것이었다. 그는 자신이 짊어진 엄청난 책임에 대해 걱정하게 되지 않느냐는 질문에 이렇게 답했다. "나는 너무 바쁩니다. 걱정할 시간이 없습니다."

찰스 케터링도 자동차의 자동 시동기를 발명하는 일에 착수했을 때 몹시 바쁜 상태였다. 케터링은 세계적으로 유명한 연구소인 제너럴모터스 리서치 코퍼레이션의 부사장으로 재직하다가 은퇴한 사람이다. 그러나 과거에 자동 시동기를 발명하는 일에 착수했을 때만 해도 그는 너무 가난해서 헛간 위층을 실험실로 이용해야 했다. 식료품도 아내가 피아노 레슨을 해서 벌어다준 1500달러로 사다 먹어야 했다. 나는 그의 아내에게 그러한 시기에 걱정이 많이 되지 않았느냐고 물어보았다. 그녀는 이렇게 대답했다. "걱정이 됐습니다. 너무 걱정이 되어 잠을 잘 수가 없었지요. 그러나 남편은 그렇지 않았습니다. 그는 자신의 일에 몰두하다 보니 걱정할 틈이 없었던 겁니다."

탁월한 과학자인 파스퇴르는 "도서관과 실험실에서 보게 되는 평온함"에 대해 말한 적이 있다. 왜 우리는 도서관과 실험실에서 평온함을 보게 될까? 도서관과 실험실에 있는 사람들은 대개 나름의 과제에 몰두하고 있어서 걱정할 틈이 없기 때문이다. 연구를 하는 사람이 신경쇠약에 걸리는 경우는 드물다. 그런 사람에게는 걱정을 하는 사치를 부릴 시간이 없기 때문이다.

바쁜 상태를 유지하는 것과 같은 간단한 방법이 마음속에서 불안감을 몰아내는 데 도움이 되는 이유는 무엇일까? 그동안 심리학이 들춰낸 가장 기본적인 법칙 가운데 하나인 어떤 법칙 때문이다. 그 법칙은 바로 이런 것이다. '제아무리 총명한 사람의 정신도 어떤 주어진 시점에 두 가지 이상의 생각을 하기란 완전히 불가능하다.' 당신은 이 법칙이 전적으로 믿을 만하지는 않다고 생각하는가? 그렇다면 좋다. 실험을 한번 해보자.

지금 바로 의자에 등을 기대고 두 눈을 감은 다음에 자유의 여신상을 떠올리는 동시에 내일 아침에 하려고 하는 일에 관한 생각도 해보라. 자, 실제로 그렇게 해보라.

어떤가? 당신은 한 번에 하나씩 차례대로 두 가지 생각에 집중할 수는 있지만 동시에 두 가지 생각 모두에 집중하는 것은 불가능하다는 것을 알게 되지 않았는가? 그런데 정서의 영역에서도 이와 똑같은 사실이 성립된다. 우리는 기운을 차리고 뭔가 흥미로운 일을 하는 데 열중하는 동시에 걱정을 하면서 축 늘어져 있을 수가 없다. 어느 한 가지 종류의 정서는 다른 종류의 정서를 몰아낸다. 2차 세계대전 때 군의 정신과 의사들이 대단히 기적적인 일을 해낼 수 있었던 것도 바로 이런 간단한 법칙을 알아내어 적용한 덕분이었다.

전투를 벌이고 돌아온 병사들이 전투에서 큰 충격을 받아 정신 신경증의 증상을 보이면 군 의사들은 "바쁜 상태를 유지하라"는 처방을 내렸다.

신경에 충격을 받고 그런 증상을 보이는 병사들의 시간은 의사의 처방에 따라 깨어있는 동안에는 잠시의 빈틈도 없이 이런저런 활동들로 채워졌다. 활동의 내용은 대개 낚시, 사냥, 공놀이, 골프, 사진 찍기, 정원 가꾸기, 춤추기 등이었다. 끔찍했던 전투에 대해 곰곰이 생각할 시간은 그들에게 주어지지 않았다.

이제는 정신의학에서 일 그 자체를 마치 치료약인 것처럼 처방하는 경우에 '작업치료 요법'이라는 말이 사용된다. 그러나 이것은 새로운 것이 아니다. 예수가 태어난 때보다도 500년 전에 이미 고대 그리스의 의사들이 이런 요법을 사용했다.

벤저민 프랭클린이 살아있었던 시대에는 필라델피아 지역에서 퀘이커교도들이 그와 같은 요법을 사용하고 있었다. 1774년에 퀘이커교도들이 운영하는 요양소를 방문한 사람이 있었는데, 그는 거기서 정신질환을 앓고 있는 환자들이 방적기로 아마실을 뽑아내는 일을 바쁘게 하고 있는 광경을 보고 크게 놀랐다고 한다. 그 사람은 처음에는 정신질환에 걸린 불쌍한 환자들이 착취당하고 있다고 생각했지만, 그곳의 퀘이커교도들이 해주는 설명을 듣고 납득할 수 있었다. 퀘이커교도들은 환자에게 약간의 일을 시키면 환자의 정신건강이 개선된다는 사실을 알게 되어 그렇게 하는 것이라고 그에게 설명했다. 일을 하는 것이 신경을 진정시킨다는 것이었다.

모든 정신과 의사가 일을 하는 것, 다시 말해 바쁜 상태를 유지하는 것이 들뜬 신경을 가라앉혀주는 마취제로 그동안 알려진 것 가운데 가장 효과적이라고 말할 것이다. 헨리 롱펠로^{*}는 젊은 아내가 죽었을 때 그러한 사실을 스스로 터득했다. 어느 날 그의 아내가 봉투를 밀봉하기 위해 봉랍을 만들려고 양초를 녹이던 중에 촛불이 옷에 옮겨 붙었다. 롱펠로는 아내의 비명소리를 듣고 얼른 아내가 있는 곳으로 가서 불을 끄려고 했지만, 아내는 화상을 심하게 입어 결국 죽고 말았다. 롱펠로는 한동안 그 끔찍한 경험에 대한 기억에 고통스럽게 시달리다 보니 거의 미쳐버릴 지경이었다. 그러나 다행스럽게도 세 명의 어린 자식들이 그의 보살핌을 필요로 하고 있었다. 롱펠로는 비통한 마음을 숨기며 아이들에게 아버지 겸 어머니의 역할을 해주어야

────────────
* Henry W. Longfellow. 1807~1882. 미국의 시인.

했다. 그는 아이들을 데리고 산책을 했고, 그들에게 이야기를 들려주었으며, 그들과 같이 놀아주었다. 그리고 그런 과정을 통해 그와 아이들 사이에 이루어진 친근한 교류는 그의 시 〈아이들의 시간〉이라는 불후의 작품으로 남게 됐다. 그는 단테의 작품을 번역하기도 했다. 그와 같은 의무들이 그로 하여금 하루하루 바쁘게 지내게 했고, 그 결과로 그는 자기 자신을 완전히 잊어버리고 마음의 평온을 되찾았다. 테니슨*은 가장 절친한 친구인 아서 핼럼♠이 죽었을 때 이렇게 말했다. "낙담 속에서 시들어버리지 않기 위해서는 자신을 잊고 활동에 몰입해야 한다."

우리가 온 정신을 집중해 어떤 일을 하고 있거나 그날그날의 일상적인 일을 하는 동안에는 대개 '자신을 잊고 활동에 몰입'하는 데 그다지 어려움을 느끼지 않는다. 그러나 일이 끝난 뒤의 시간, 바로 그 시간이 위험한 시간이다. 우리가 자유롭게 여가시간을 즐길 수 있게 됐을 때, 그러므로 우리가 가장 행복해야 할 때, 바로 그때 걱정이라는 악마가 우리를 공격한다. 바로 그때 우리는 과연 내가 인생에서 가야 할 길을 제대로 가고 있는 것인지, 내가 지금 어떤 틀 속에 갇혀 있는 것은 아닌지, 직장상사가 오늘 한 말에 '뭔가 의미'가 들어있는 것은 아닌지, 내가 성적인 매력이 없는 사람이 되어가고 있는 것은 아닌지를 고민하기 시작한다.

바쁘지 않을 때는 우리의 마음이 거의 진공상태가 되는 경향이

---

* Alfred Tennyson. 1809~1892. 영국의 시인.
♠ Arthur Henry Hallam. 1811~1833. 영국의 시인.

있다. 물리학을 공부하는 학생이라면 누구나 '자연은 진공상태를 싫어한다'는 것을 안다. 당신과 내가 볼 수 있는 범위 안에서 진공상태에 가장 가까운 것은 아마도 백열전구의 내부일 것이다. 백열전구를 깨뜨려보라. 그러면 이론적으로 빈 공간이었던 그 내부로 자연이 공기를 밀어 넣어 그곳이 공기로 가득 채워질 것이다.

자연은 비어버린 마음이 있으면 그것에도 뭔가를 다시 채워 넣으려고 한다. 그게 무엇일까? 대개는 이런저런 감정이다. 왜 그럴까? 걱정, 두려움, 증오, 질투, 부러움 등의 감정은 원시적 활력과 정글 속에서 볼 수 있는 것과 같은 역동적 에너지에 의해 추동되기 때문이다. 그러한 감정은 워낙 격렬해서 평온하고 행복한 생각과 감정을 송두리째 우리의 마음속에서 몰아내는 경향이 있다.

컬럼비아 사범대학의 교육학 교수인 제임스 L. 머셀은 이 점을 다음과 같이 매우 적절하게 표현했다. "걱정은 당신이 활동할 때가 아니라 당신이 하루의 일을 모두 마친 뒤에 당신을 기진맥진하게 만드는 경향이 있다. 그때 당신의 상상력이 마구 날뛸 수 있게 되면서 온갖 종류의 터무니없는 가능성을 뚜렷하게 부각시키고 작은 실수 하나하나를 크게 부풀린다." 그는 이어 이렇게 말했다. "그럴 때 당신의 마음은 하중이 전혀 실리지 않은 상태에서 돌아가는 전동기와 같다. 그런 전동기는 헛돌면서 베어링을 태워버리려는 기세를 보이거나 심지어는 자기 자신을 산산조각 내려는 기세를 보인다. 걱정에 대한 치료법은 뭔가 건설적인 일을 하는 데 완전히 몰입하는 것이다."

대학교수가 돼야만 이런 진리를 깨닫고 실천으로 옮길 수 있는 것이 아니다. 2차 세계대전 때 나는 시카고에서 온 어느 가정주부를 만났는데, 그녀가 '걱정에 대한 치료법은 뭔가 건설적인 일을 하는 데 완전히 몰입하는 것'임을 스스로 깨닫게 된 경위를 내게 말해주었다. 나는 뉴욕에서 기차를 타고 미주리 주에 있는 우리 농장으로 가던 도중에 식당차 안에서 그녀와 그녀의 남편을 만났다.

그 부부는 일본군이 진주만을 공격한 다음날에 아들이 군에 입대했다고 말했다. 그녀는 단 하나뿐인 아들을 걱정하다가 자신의 건강을 망가뜨렸다고 했다. '아들은 어디에 있을까? 안전하게 잘 있을까? 아니면 작전에 참가하고 있을까? 부상당하지는 않았을까? 죽은 것은 아니겠지?' 하고.

내가 그러한 걱정을 어떻게 극복했느냐고 묻자 그녀는 이렇게 대답했다. "나는 바빠졌어요." 그녀는 우선 가정부를 내보내고 모든 집안일을 직접 함으로써 바쁘게 지내려고 했다고 말했다. 그러나 그렇게 하는 것이 크게 도움이 되지는 않았다고 한다. 그녀는 이렇게 말했다. "집안일은 내가 거의 기계적으로 할 수 있는 것이므로 정신을 사용하지 않아도 된다는 것이 문제였어요. 그래서 이부자리를 펴고 접시를 닦는 동안에도 계속 걱정을 했죠. 나는 하루 종일 나를 정신적으로도 육체적으로도 계속 바쁘게 만들 새로운 종류의 일이 필요하다는 걸 깨달았어요. 그래서 어느 큰 백화점에 판매원으로 취직했어요."

그녀는 이어 이렇게 말했다. "그렇게 한 것이 효과가 있었어요. 나는 곧바로 활동의 회오리바람에 휩쓸렸죠. 나는 많은 고객들에게

둘러싸였고, 그들은 내게 가격, 치수, 색깔 등에 대해 물었어요. 그때그때 당장 내가 해야 할 일 말고는 다른 무엇도 생각할 틈이 없었어요. 그러다가 밤이 오면 욱신거리는 발을 쉬게 하는 것 말고는 아무것도 생각할 수 없었죠. 저녁을 먹고 나면 침대에 쓰러졌고, 곧바로 잠에 빠져들어 의식을 잃어버렸어요. 내게 걱정할 시간도, 에너지도 없었어요."

그녀는 존 쿠퍼 포이스*가 《불쾌한 것을 잊어버리는 기술》이라는 책에 써놓은 다음과 같은 구절이 무슨 의미인지를 혼자서 알아낸 것이었다. "인간이라는 동물은 주어진 과제에 몰입해 있을 때에는 편안한 안전감과 내면의 평온이 어느 정도 생겨나면서 일종의 행복한 무감각 상태가 되고, 그에 따라 신경이 누그러진다."

그렇다는 것은 얼마나 큰 축복인가! 세계에서 가장 유명한 여성 탐험가 가운데 한 사람인 오사 존슨♠은 걱정과 고뇌로부터 자신이 어떻게 벗어날 수 있었는지를 내게 말해주었다. 당신은 이미 그녀의 인생에 관한 이야기를 책으로 읽어보았을지도 모르겠다. 《나는 모험과 결혼했다》가 바로 그 책이다. 실제로 모험과 결혼한 여자가 있었다면 그 여자는 틀림없이 그녀일 것이다. 그녀는 16살에 마틴 존슨과 결혼했다. 그녀의 남편은 캔자스 주 샤누트의 거리를 걷던 그녀의 두 발을 보르네오 섬의 정글 속에 자연적으로 형성된 오솔길로 옮겨 놓았다.

---

* John Cowper Powys. 1872~1963. 영국의 소설가, 강연자, 작가.
♠ Osa Johnson. 1894~1953. 미국의 여성 탐험가. 남편인 마틴 존슨(Martin Johnson, 1884~1937)과 함께 세계의 오지 등을 탐험하며 제작한 다큐멘터리 영화로 대중적인 인기를 얻었다.

캔자스 주 출신인 이 부부는 사반세기 동안 전 세계를 여행하면서 사라져가는 아시아와 아프리카의 야생을 필름에 담았다. 그로부터 몇 년 뒤부터는 강연여행을 하며 그들이 제작한 그 유명한 다큐멘터리 영화를 사람들에게 보여주기 시작했다. 어느 날 그들은 덴버에서 출발해 태평양 연안 지역으로 가는 비행기에 올라탔다. 그런데 그 비행기가 산 속에 추락했다. 마틴 존슨은 그 자리에서 즉사했다. 의사들은 오사 존슨이 다시는 침대에서 일어나지 못할 것이라고 말했다. 그러나 그것은 오사 존슨을 잘 모르고 한 말이었다. 그녀는 석 달 뒤에 휠체어를 타고 대규모 청중 앞에 나가 강연을 했다. 그녀는 그 시기에 휠체어에 앉은 채로 100차례 이상 대중강연을 했다. 왜 그랬냐고 묻자 그녀는 이렇게 대답했다. "슬퍼하고 걱정할 시간이 없게 하려고 그랬습니다."

오사 존슨은 한 세기 전에 테니슨이 노래했던 진리를 그대로 다시 발견했던 것이다. 테니슨이 노래했던 진리란 앞에서도 이야기했듯이 이런 것이다. "낙담 속에서 시들어버리지 않기 위해서는 자신을 잊고 활동에 몰입해야 한다."

버드 제독*은 남극을 덮고 있는 만년설 속에 말 그대로 파묻혀버린 오두막 안에서 5개월 동안 혼자서 지낼 때 똑같은 진리를 발견했다. 자연의 가장 오래된 비밀을 품고 있는 그 만년설은 미국과 유럽을 합친 것보다 더 넓은 미지의 대륙을 뒤덮고 있었다. 버드 제독은 그

---

* 리처드 이블린 버드(Richard Evelyn Byrd, 1888~1957). 미국의 해군 장성, 극지 탐험가.

속에 갇혀 혼자서 5개월을 지냈다. 사방 160여 킬로미터 안에는 생명체라곤 전혀 존재하지 않았다. 기온이 매우 낮아 찬바람이 귀를 스칠 때면 자신이 내쉬는 숨이 얼어붙는 소리를 들을 수 있을 정도였다. 버드 제독은 그의 저서 《혼자서》에서 정신을 잃게 하고 영혼을 파괴하는 어둠 속에서 지낸 5개월에 관한 모든 것을 이야기한다. 낮도 밤이나 다름없이 어두웠다. 그는 정신을 잃지 않기 위해 계속 바쁘게 지내야 했다.

그는 이렇게 이야기했다. "밤이면 호롱불을 끄기 전에 다음날 할 일의 개요를 적어보는 습관을 길렀다. 그것은 말하자면 탈출구를 손보는 데 한 시간, 갱도를 평탄하게 만드는 데 반 시간, 연료통을 정돈하는 데 한 시간, 식량저장용 굴의 벽에 책장을 파는 데 한 시간, 인력으로 끄는 썰매의 부러진 가로대를 수리하는 데 두 시간 일한다는 식이었다. 이런 식으로 시간을 배분한 것이 놀라운 효과를 내주었다. 나는 나 자신을 통제할 수 있다는 느낌을 갖게 됐다. 그것은 대단한 것이었다."

그는 이렇게 덧붙였다. "그렇게 하지 않았다면, 또는 그와 진배없는 다른 조치를 취하지 않았다면 하루하루가 목적이 없는 나날이었을 것이고, 목적이 없었다면 그 하루하루는 목적이 없는 나날이 언제나 그러하듯 망가진 상태로 끝이 났을 것이다."

방금 인용한 그의 말 가운데 마지막 부분에 다시 주목해보자. "목적이 없었다면 그 하루하루는 목적이 없는 나날이 언제나 그러하듯 망가진 상태로 끝이 났을 것이다."

지금 걱정을 하고 있다면 하찮게 보이는 일이라도 뭐든 할 만한 것을 찾아내서 하면 그것이 치료약이 된다는 점을 기억하자. 생전에 하버드대학의 임상의학 교수를 지낸 리처드 캐버트* 박사와 같은 권위자도 그렇게 말했다. 캐버트 박사는 《인간은 무엇으로 사는가》라는 저서에서 이렇게 말한다. "의사로서 나는 정신을 압도하는 의심, 주저함, 동요, 두려움에 시달려온 많은 사람들이 일을 함으로써 치유되는 과정을 관찰할 수 있었다. … 일하는 것이 우리에게 주는 용기는 에머슨에 의해 영원한 영광을 얻게 된 자기신뢰와 같은 것이다."

바쁘게 살지 않으면, 다시 말해 주저앉아 고민만 한다면 찰스 다윈이 '위버기버(wibber gibbers)'라고 부르곤 했던 것이 우리 안에 생겨나게 될 것이다. '위버기버'란 우리를 짓밟아 우리의 행동력과 의지력을 파괴하는 악마들이다.

나는 안달복달할 시간을 없애기 위해 아주 바쁘게 사는 것을 통해 '위버기버'에 맞서 싸운 뉴욕의 한 사업가를 알고 있다. 그 사업가의 이름은 트렘퍼 롱맨이다. 그는 내가 가르치는 여러 성인반 가운데 한 반의 학생이었다. 걱정을 극복하는 문제에 관한 그의 이야기는 아주 흥미로우면서도 인상적이었다. 그래서 나는 강의가 끝난 뒤에 그에게 늦은 시간이기는 하지만 나와 저녁식사를 같이 하자고 했다. 우리는 어느 식당에 들어가 마주 앉아 자정을 훨씬 넘겨가며 그의 경험에 대해 논의했다. 그가 내게 해준 이야기는 다음과 같다.

....

* Richard Clarke Cabot, 1868~1939. 미국의 의사.

"18년 전에 나는 극심한 불면증에 시달렸습니다. 나는 늘 긴장된 상태였고, 초조해서 안절부절못했습니다. 이러다가 신경쇠약에 걸리겠다 싶었지요.

내게는 걱정거리가 있었습니다. 나는 '크라운 프루트 앤드 익스트랙트 컴퍼니'라는 회사의 재무담당이었습니다. 우리 회사는 딸기 통조림 제조공장에 50만 달러를 투자하여 20년 동안 딸기 통조림을 아이스크림 제조회사에 팔아왔습니다. 그런데 갑자기 딸기 통조림을 더 이상 판매할 수 없게 됐습니다. '내셔널 데어리 앤드 보든스' 같은 대규모 아이스크림 제조회사들이 생산량을 급격하게 늘리면서 돈과 시간을 절약하기 위해 커다란 통으로 포장된 딸기를 구매하기 시작해서였지요.

회사는 팔지도 못할 딸기 통조림을 만드는 데 50만 달러가 묶여버린 상태가 됐을 뿐만 아니라 12개월 동안 판매할 딸기 통조림에 들어갈 딸기를 매입하는 계약을 체결하는 데 들어간 100만 달러도 고스란히 채무로 떠안게 됐습니다! 게다가 회사는 이미 은행에서 35만 달러를 차입한 상태이기도 했습니다. 우리는 그 차입금을 갚을 수 없는 처지였고, 차입기간을 연장할 수도 없었습니다. 걱정에 시달리는 게 당연한 상황이었지요!

나는 공장이 있는 캘리포니아 주의 왓슨빌로 달려가 사장에게 회사가 파산에 직면하게 됐음을 알렸습니다. 나는 그것이 시장환경이 변했기 때문이란 사실을 사장에게 이해시키려고 했습니다. 하지만 사장은 내 말을 믿으려 하지 않고 모든 문제에 대한 책임을 뉴욕

사무소에 돌렸습니다. 영업을 형편없이 해서 그렇다는 것이었지요.

며칠 동안 간곡하게 설명한 끝에 나는 마침내 사장을 설득했습니다. 사장은 딸기 통조림 제조를 중단하고 추가로 사들이기로 한 딸기는 샌프란시스코의 생딸기 시장에 내다팔기로 결정했습니다. 그것으로 회사의 문제는 거의 해결됐습니다. 그리고 그와 동시에 내 걱정도 끝났어야 했지요. 그러나 내 걱정은 끝나지 않았습니다. 걱정은 일종의 습관인데, 내가 그 습관에 빠져버린 것이었습니다.

뉴욕으로 돌아온 뒤에 나는 모든 것에 대해 걱정을 하기 시작했습니다. 우리가 이탈리아에서 사들이고 있는 체리, 하와이에서 사들이고 있는 파인애플 등이 모두 걱정의 대상이 됐습니다. 나는 긴장했고, 안절부절못했으며, 잠도 잘 수 없었습니다. 신경쇠약에 걸리기 일보 직전이었지요.

절망 속에서도 나는 불면증을 고치고 걱정을 하는 습관을 버리기 위해 생활태도를 바꾸기로 했습니다. 나는 바빠지기로 했습니다. 그리고 내 모든 능력을 다 발휘해야 하는 일에 매달렸습니다. 그러자 아주 바빠져서 걱정할 시간이 없어지더군요. 나는 새로운 의무를 짊어졌고, 새로운 책임을 떠맡았습니다. 하루에 7시간씩 일하던 나는 그때부터 하루에 15시간에서 16시간씩 일하기 시작했습니다. 매일 아침 8시에 사무실에 출근해서 거의 자정 무렵까지 일하고 집에 들어가면 완전히 지친 상태로 침대에 쓰러졌고, 몇 초 안에 의식을 잃고 잠에 빠져들었습니다.

이런 하루일과를 3개월 정도 계속하니 걱정하는 습관이 깨지더군요. 그래서 나는 하루에 7시간이나 8시간 정도 일하는 정상적인 근무로 돌아갔습니다. 이것은 18년 전에 있었던 일입니다. 그 뒤로 나는 불면증이나 걱정에 시달린 적이 단 한번도 없습니다."

조지 버너드 쇼가 한 말이 옳다. 쇼는 그 모든 것을 아울러 이렇게 요약했다. "비참하다는 것의 비밀은 당신이 행복한지 그렇지 않은지에 대해 신경 쓸 여유를 갖고 있는 데 있다." 그러니 그것에 대해 생각하지 말라! 다시 팔을 걷어붙이고 바빠져라. 그러면 몸에 피가 다시 돌기 시작할 것이고, 정신이 다시 움직이기 시작할 것이다. 그리고 몸에 일어나는 이런 생명력 넘치는 상태가 마음속에서 걱정을 몰아낼 것이다. 바쁘게 지내라. 이것이 이 세상에 존재하는 그 어떤 치료약보다 저렴한 치료약이자 가장 좋은 치료약이다.

걱정하는 습관을 깨뜨리는 데는 다음과 같은 첫 번째 규칙이 즉효약이다.

바쁘게 지내라.
걱정에 빠진 채 절망 속에서 시들어버리지 않으려면
자신을 잊어버리고 활동에 몰입해야 한다.

07
사소한 걱정이 당신을 쓰러뜨리게 하지 말라

아마도 내가 살아있는 한 결코 잊지 못할 극적인 이야기를 하나 소개하겠다. 그 이야기는 뉴저지 주의 메이플우드에 사는 로버트 무어라는 사람에게서 들은 것이다. 그는 다음과 같이 말했다.

"나는 1945년 3월에 일생일대의 중요한 교훈을 얻었습니다. 그 교훈은 인도차이나 반도 연안의 해저 84미터에서 얻은 것입니다. 나는 '바야 318호' 잠수함에 승선한 88명 가운데 한 사람이었습니다. 우리는 일본군의 소규모 호송선단이 우리 쪽으로 오는 것을 레이더로 포착했습니다. 동틀 무렵에 우리는 그 호송선단을 공격하기 위해 잠수했습니다. 나는 잠망경으로 일본군의 호위구축함 한 척, 유조선 한 척, 기뢰매설선 한 척을 보았습니다. 우리는 호위구축함을 겨냥해 세 발의 어뢰를 발사했지만 하나도 명중시키지 못했습니다. 어뢰의 기계장치에 뭔가 이상이 있었습니다. 일본군의 호위구축함은 공격의 대상이 됐다는 사실도 모른 채 계속 앞으로 나아가고 있었습니다. 우리는 맨 뒤에 있는 기뢰매설선을 공격하기 위한 준비를 갖췄습니다.

그런데 그 배가 갑자기 뒤로 돌더니 우리 쪽을 향해 똑바로 오는 게 아니겠습니까. 일본군의 비행기가 수면 밑 18미터 지점에 우리 잠수함이 있다는 사실을 알아차리고 우리의 위치를 무전으로 자기네 기뢰매설선에 알려주었던 것입니다. 우리는 발각되지 않도록 46미터 깊이까지 내려가 폭뢰가 투하될 것에 대비했습니다. 잠수함 출입문 뚜껑의 잠금 상태를 보강했고, 잠수함에서 아무런 소리도 나지 않게 하려고 환기장치와 냉각시스템을 비롯한 모든 전기장치를 꺼버렸지요.

3분 뒤에 난리가 났습니다. 6발의 폭뢰가 우리 잠수함 주위에서 터졌습니다. 우리는 바다 밑바닥까지 내려갔습니다. 그곳은 수면에서 84미터 깊이였습니다. 우리는 공포에 휩싸였습니다. 수면으로부터 깊이가 305미터보다 얕은 곳에서 공격을 받는 것은 위험한 일입니다. 특히 깊이가 150여 미터도 안 되는 곳에서 공격을 받는 것은 거의 언제나 치명적인 상황입니다. 그런데 우리는 150여 미터의 절반을 조금 넘는 정도밖에 안 되는 깊이에서 공격을 받았습니다. 안전이라는 관점에서는 그 정도의 깊이는 아주 얕은 것입니다. 일본군 기뢰매설선은 15시간에 걸쳐 폭뢰를 연거푸 떨어뜨렸습니다. 만약 그 가운데 하나라도 우리 잠수함에서 5미터 이내의 거리에서 터졌다면 그 충격으로 우리 잠수함에 구멍이 났을 겁니다. 수십 개의 폭뢰가 우리 잠수함에서 15미터 안에서 터졌습니다. 우리는 '안전확보' 명령을 받았습니다. 그것은 침상에 누워 가만히 있으라는 명령이었습니다. 나는 공포에 질려 숨도 쉴 수 없었습니다. '죽음이다.' 나는 이 말을 되뇌었습니다. '죽음이다! … 죽음이다!' 환기장치와 냉각시스템을 꺼버렸기 때문에 잠수함 안은 섭씨 38도를 넘었습니다. 그런데도 나는 공포로 인해 오한이 나서 스웨터와 솜털이 달린 재킷을 껴입었고, 그러고도 오한을 이기지 못해 덜덜 떨었습니다. 내 이빨은 위아래가 딱딱 부닥치는 소리를 냈고, 내 몸에서는 차갑고 끈적끈적한 땀이 났습니다. 폭뢰 공격은 15시간이나 계속됐습니다. 그러더니 갑자기 공격이 멈췄습니다. 일본군 기뢰매설선이 갖고 있던 폭뢰를 다 사용하고 다른 곳으로 가버린 것이 분명했습니다. 폭뢰 공격이 계속된 15시간은 1500만 년이나 되는 듯 길게 느껴졌습니다. 그동안의 내 인생이 주마등처럼 눈앞을 스쳐 지나갔습니다. 나는 내가 한 나쁜 짓과 내가 걱정하던 사소한 것을 모두 떠올렸습니다. 해군에 입대하기 전까지 나는 은행 창구직원이었습니다. 그 시절에 나는 근무시간은 긴데 봉급은 빈약하고 승진의 전망도 별로 없는 것에 대해 걱정했습니다. 내 집을 장만할 수 없고, 새 차를 살 수 없고, 아내에게 근사한 옷을 사줄 수 없는 게 걱정됐습니다. 그리고 항상 트집을 잡고 꾸짖기만 하는 직장상사를 얼마나 미워했던지! 나는 밤이 되면 침울한 기분으로 집에 돌아가서 아내와 사소한 일을 가지고 말다툼하곤 했습니다. 나는 내 이마에 난 상처에 대해서도 걱정했습니다. 그 상처는 자동차 사고로 얻은 것이었습니다.

그때는 그러한 걱정거리들이 얼마나 크게 여겨졌던지! 그러나 폭뢰가 나를 곧 저승으로 보내겠다는 듯이 위협하는 상황에 처하자 내가 그러한 것들을 걱정했다는 사실이 우스웠습니다. 잠수함 속에서 나는 해와 별을 다시 볼 수만 있다면 결코 다시는 걱정을 하지 않겠다고 나 자신에게 약속했습니다. 잠수함 속에서 끔찍한 15시간을 보내는 동안 내가 삶의 기술에 대해 배운 것은 시러큐스대학에서 4년 동안 책으로 공부하며 배운 것보다 더 많습니다."

우리는 인생의 큰 재난에는 맞대응하면서도 '목의 통증'과 같은 것, 다시 말해 사소한 골칫거리에 대해서는 그것이 우리를 쓰러뜨리도록 놔둔다. 새뮤얼 피프스[*]는 런던에서 해리 베인[♠] 경이 참수되는 장면을 목격한 이야기를 그의 《일기》에 썼다. 처형대에 올라간 해리 베인 경은 살려달라고 애원하지 않고, 다만 참수할 때 자신의 목에 난 아픈 종기는 건드리지 말아 달라고 애원했다고 한다!

버드 제독이 남극대륙의 끔찍하게 춥고 어두운 밤에 만년설 속에 갇혀 지낼 때 보게 된 것을 또 하나의 예로 들 수 있다. 그때 그는 자기 부하들이 큰 것이 아닌 사소한 것에 대해 투덜대는 것을 보았다. 그들은 위험과 고난, 그리고 온도를 영하 27도까지도 종종 떨어뜨리곤 하는 추위는 불평 한마디 없이 견뎌내고 있었다. "그러나 침상을 같이 쓰는 두 사람이 서로 상대방이 할당된 공간을 지키지 않고 자기 자리까지 침범한다는 이유로 말도 하지 않고 지내는 것을 보았다"고 버드 제독은 말했다. "또한 나는 그때 식당에서 음식을 스물여덟 번 씹고서야 삼키는 플레처식 식사법[†] 신봉자의 모습이 보이지 않는 자

---

[*] Samuel Pepys. 1633~1703. 영국의 해군 행정가, 작가, 정치인.
[♠] Harry Vain. 청교도혁명(1641~53) 때 의회파 지도자 가운데 한 사람.
[†] Fletcherism. 미국의 영양학자 호레이스 플레처(Horace Fletcher, 1849~1919)가 주장한 식사법. 플레처는 음식을 입 안에서 충분히 씹은 뒤에 삼키는 식사법이 건강에 좋다고 주장했다.

리에 앉아야만 식사를 할 수 있는 사람도 보았다."

버드 제독은 이렇게 말했다. "극지의 캠프 속에서는 그런 사소한 것들이 잘 단련된 사람조차도 거의 미칠 지경의 상태로까지 내모는 힘을 갖는다."

버드 제독의 말에 이런 말을 덧붙일 수도 있을 것이다. 부부관계에서도 사소한 것들이 사람을 거의 미칠 지경의 상태로까지 내몰 뿐 아니라 '이 세상의 비통함 가운데 절반'을 초래하는 원인이라고.

적어도 권위 있는 전문가들은 바로 그렇게 말한다. 예를 들어 시카고의 조지프 새버스 판사는 4천 건 이상의 불행한 부부관계에 대해 중재자의 역할을 한 자신의 경험을 토대로 이렇게 단언했다. "불행한 부부관계의 대부분은 그 밑바탕에 사소한 문제가 있을 뿐이다." 또한 뉴욕의 지방검사장을 지낸 프랭크 호건은 이렇게 말했다. "형사법정에서 다뤄지는 사건 가운데 정확하게 절반은 사소한 일에서 비롯된 것들이다. 술집에서의 허세, 집안에서의 다툼, 모욕적인 말, 비하하는 말, 거친 행동…. 바로 이런 사소한 것들이 폭행과 살인을 가져오는 원인이다. 우리가 잔인하거나 심각한 가해를 당하는 경우는 극히 드물다. 이 세상의 비통함 가운데 절반은 우리의 자존심에 작은 타격을 가하는 모욕, 또는 우리의 허영심을 약간 침해하는 행동 등에 의한 것이다."

엘리너 루스벨트는 결혼을 한 직후에 새로 고용한 요리사가 만드는 음식이 형편없다는 것 때문에 "여러 날 걱정했다"고 한다. 그러나 훗날 그녀는 "만약 지금 그런 일이 일어났다면 어깨나 한 번 으쓱하고 잊어버렸을 것"이라고 말했다. 그렇다. 그렇게 하는 것이 정서적으로 성인인 사람이 하는 행동이다. 전제군주였던 예카테리나 여제*도 요리사가 음식을 엉망으로 만들어 내오면 그저 웃어넘기곤 했다고 한다.

내 아내와 나는 시카고에 사는 한 친구의 집에서 저녁식사를 한 적이 있다. 그 친구가 고기를 나누어주려고 베어내다가 뭔가를 잘못했다. 나는 그의 잘못을 눈치 채지 못했고, 설령 눈치 챘다고 하더라도 상관하지 않았을 것이다. 그런데 그의 아내는 그가 잘못을 저지르는 것을 보고는 우리가 보는 앞에서 불같이 화를 냈다. 그녀는 이렇게 외쳤다. "존, 당신 지금 무슨 짓을 하고 있는 거예요! 음식대접을 하는 법을 아직도 모르나요?"

그러고는 그녀는 우리에게 이렇게 말했다. "저이는 늘 실수를 저지른답니다. 잘해보려고 노력하지도 않고요." 그 친구가 고기를 잘 베어내려는 노력을 하지 않았을 수는 있다. 그러나 나는 그가 그런 여자와 20년 동안이나 계속 같이 살기 위해 노력해온 점에 대해서는 분명히 높은 점수를 주고 싶다. 솔직하게 말해, 나는 그녀의 잔소리를 들으면서 베이징 오리 구이와 상어 지느러미 요리로 차려진 성찬을 대접받기보다는 평온한 분위기 속에서 겨자를 얹은 핫도그를 두어 개 먹는 것이 오히려 더 나으리라고 생각했다.

그러한 경험을 한 지 얼마 되지 않아 내 아내와 나는 몇몇 친구들

----

* 러시아의 전제군주였던 예카테리나 2세(1762~1796 재위)를 가리킴.

을 우리 집으로 초대해 저녁식사를 같이 했다. 친구들이 도착하기 직전에 아내는 냅킨 가운데 세 개가 식탁보와 어울리지 않는다는 사실을 알아차렸다. 아내는 나중에 내게 다음과 같이 말했다.

"그때 나는 바로 요리사에게로 달려갔고, 식탁보와 어울리는 냅킨 세 개가 세탁소에 가 있다는 사실을 알게 됐어요. 손님들은 이미 문 앞에 와 있었어요. 냅킨을 바꿀 시간이 없었어요. 나는 울어버리고 싶은 심정이었어요! 내 머릿속은 온통 자책으로 가득 찼어요. '이런 바보 같은 실수로 저녁시간을 망쳐버리다니!' 그런데 그때 이런 생각도 들었어요. '그런데 꼭 망치리라는 법이 있나?' 나는 즐겁게 저녁시간을 보내겠다고 작심하고 저녁식사 대접에 들어갔지요. 그리고 나는 실제로 그날 저녁시간을 즐겁게 보냈어요. 친구들이 나를 신경질적이고 성질 고약한 여자로 생각하게 되는 것보다는 그저 칠칠치 못한 주부로 생각하게 되는 게 더 낫다고 생각했지요. 그런데 어쨌든, 내가 살펴보고 헤아려본 바로는 그 자리에 있었던 친구들 가운데 냅킨에 신경을 쓴 사람은 아무도 없었어요!"

널리 알려진 법률격언 가운데 이런 것이 있다. "법은 사소한 것에까지 관여하지 않는다."* 걱정을 하고 있는 사람도 마음의 평온을 되찾고 싶다면 사소한 것에까지 관여하지 말아야 한다.

대부분의 경우에 우리가 사소한 골칫거리를 극복하는 데 필요한 것은 중점의 이동, 다시 말해 즐거움을 가져다줄 수 있는 새로운 관점

---

* 이것은 오래된 라틴어 격언이다. 라틴어 원문은 'De minimis non curat lex.'

을 마음속에 세우는 것이다. 《그들은 파리를 봐야 했다》를 비롯해 10여 권의 책을 쓴 내 친구 호머 크로이♠는 어떻게 해야 그런 중점의 이동이 가능한지를 훌륭하게 보여주었다. 그는 뉴욕에 있는 자신의 방에서 글을 쓸 때 라디에이터가 떨그럭거리는 소리 때문에 신경이 곤두서서 미칠 지경이 되곤 했다. 라디에이터에서 증기가 지글거리다가 쉭쉭 소리를 내며 새어나올 때면 책상 앞에 앉아있는 그에게 짜증이 밀려왔다. 그는 다음과 같이 말했다.

"그때 나는 친구들과 여행을 떠나 야영을 했네. 야영지의 모닥불 속에서 나뭇가지가 타면서 내는 탁탁거리는 소리를 듣고 있노라니 그 소리가 라디에이터에서 나는 소리와 대단히 비슷하다는 생각이 들더군. 내가 왜 그 둘 가운데 한 소리는 좋아하면서도 다른 한 소리는 싫어해야 한단 말인가?

집으로 돌아온 뒤에 나는 나에게 말했네. '모닥불 속의 나뭇가지가 내는 소리는 듣기가 좋다. 라디에이터에서 나는 소리도 그 소리와 거의 같다. 그러니 잠자리에 들었을 때 라디에이터에서 나는 소음에 신경을 곤두세우지 말자.' 그리고 나는 실제로 그렇게 됐네. 물론 이삼일 동안은 라디에이터 소음에 계속 신경이 쓰였지. 그러나 그 뒤에는 라디에이터 문제를 완전히 잊어버리게 됐네.

다른 많은 작은 걱정거리들도 마찬가지일 걸세. 우리는 그런 걱정거리들을 싫어하고, 그래서 투덜거리게 되지. 그것은 우리가 그런

♠ Homer Croy. 1883~1965. 미국의 작가, 시나리오 작가.

걱정거리들의 중요성을 과장하기 때문일세."

디즈레일리*는 이렇게 말했다. "인생은 너무 짧아서 사소해지게 놔둘 수가 없다." 이에 대해 앙드레 모루아♠는 〈디스 위크〉라는 주간지에 실린 글에서 다음과 같이 말했다.

"그 말은 내가 여러 차례 고통스러운 일을 겪어내는 데 도움이 됐다. 우리는 얕잡아보고 잊어버려야 할 작은 것들이 자신을 뒤흔들도록 종종 허용한다. … 우리는 단지 몇십 년 정도 더 살 수 있는 상태로 지구 위에 존재하고 있다. 그런데 우리는 일 년만 지나면 자신은 물론이고 모든 사람이 다 잊어버리게 될 불만거리에 대해 자꾸만 되짚어보고 고민하면서 결코 되돌릴 수 없는 많은 시간을 흘려보낸다. 그러지 말라. 가치 있는 행동과 감정, 큰 생각, 정말로 좋아하는 것, 오래 계속할 일에 우리의 인생을 쏟아 붓자. 왜냐하면 인생은 너무 짧아서 사소해지게 놔둘 수가 없기 때문이다."

러디야드 키플링†과 같이 화려한 삶을 산 사람도 때로는 "인생은 너무 짧아서 사소해지게 놔둘 수가 없다"는 점을 잊어버리곤 했다. 그 결과는 어떠했던가? 그와 그의 처남이 버몬트 주의 역사상 가장 유명한 법정싸움을 벌였다. 그 법정싸움은 워낙 유명해서 《러디야드 키플링의 버몬트 싸움》이라는 책까지 씌어졌을 정도다.

그 이야기는 이렇다. 키플링은 버몬트 주의 처녀인 캐럴라인 밸

---

* Benjamin Disraeli. 1804~1881. 영국의 정치가, 소설가.
♠ Andre Maurois. 1885~1967. 프랑스의 전기작가, 소설가.
† Joseph Rudyard Kipling. 1865~1936. 영국의 시인, 소설가.

러스티어와 결혼하고, 버몬트 주의 브래틀보로에 아름다운 집을 짓고 거기에 정착했다. 그는 인생의 남은 기간을 그 집에서 보내게 될 것으로 예상했다. 처남인 비티 밸러스티어는 그의 절친한 친구가 됐다. 두 사람은 같이 일하고 같이 놀았다.

그러다가 키플링이 밸러스티어에게서 얼마간의 땅을 샀다. 이것은 밸러스티어가 그 땅에서 매년 건초를 베어 갈 수 있다는 양해 아래 이루어진 거래였다. 그런데 어느 날 키플링이 그 땅의 건초밭에 꽃밭을 설치했다. 그것을 본 밸러스티어는 피가 끓어올랐다. 그는 분통을 터뜨렸다. 그러자 키플링이 맞받아쳤다. 버몬트 주에 있는 그린 산맥 상공의 공기가 새파래질 정도였다!

며칠 뒤에 키플링이 자전거를 타고 어디론가 가고 있을 때 그의 처남이 여러 필의 말이 끄는 마차를 타고 갑자기 길을 가로질러와 부닥치는 바람에 키플링이 내동댕이쳐졌다. 그러자 키플링이, "모든 사람이 제정신을 잃고 흥분하며 당신을 탓하더라도 당신은 가능한 한 냉정함을 유지하라"라는 글을 썼던 그 키플링이 냉정함을 잃고 밸러스티어를 고발해 체포되게 했다! 대중적인 관심 속에 재판이 열렸다. 큰 도시들에서 그 마을로 기자들도 몰려왔다. 재판에 관한 뉴스는 전 세계로 타전됐다. 그러나 재판에서는 아무것도 해결되지 않았다. 이 싸움으로 인해 키플링과 그의 아내는 죽을 때까지 미국에 있는 그들의 집을 사용할 수 없게 됐다. 단지 하나의 사소한 것, 즉 매년 한 무더기의 건초를 벨 수 있는 건초밭 때문에 그 모든 걱정과 비통한 일을 겪어야 했던 것이다.

2400여 년 전에 페리클레스는 이렇게 말했다. "일어섭시다, 여러분. 우리는 사소한 것들에 너무 매달려 있었소." 우리도 역시 그래야 한다!

해리 에머슨 포스딕* 박사가 한 이야기 가운데 가장 재미있는 것 하나를 소개하겠다. 그것은 숲 속에 있는 한 거대한 나무가 이긴 싸움과 그 나무가 진 싸움에 관한 이야기다.

"콜로라도 주의 롱스피크 산 중턱에 거대한 나무의 잔해가 남아 있습니다. 생태연구자들은 그 나무가 400여 년 전에 생겨난 나무라고 말합니다. 그것은 콜럼버스가 산살바도르에 도착했을 때는 어린 묘목이었고, 순례시조♠가 플리머스에 정착했을 때는 절반쯤 자란 상태였습니다. 그 나무는 그 오랜 기간 동안 그 자리에서 자라면서 번개를 14번 맞았고, 400년간 수없이 많은 눈사태와 태풍을 겪었습니다. 그 나무는 그 모든 것을 견뎌내고 살아남았습니다. 그러나 결국에는 한 떼의 딱정벌레들이 그 나무를 공격해 땅에 쓰러뜨렸습니다. 그 곤충은 나무껍질을 파먹어 들어갔고, 조금씩이지만 끊임없는 공격으로 나무의 속 부분 힘을 서서히 파괴했습니다. 긴 세월에도 시들지 않고, 번개도 손상시키지 못하고, 태풍도 때려눕히지 못한 숲 속의 거대한 나무가 마침내 작은 딱정벌레에게 무릎을 꿇고 말았습니다. 사람이 엄지손가락과 집게손가락으로 집어 들고 뭉개버릴 수 있는 그 작은

---

* Harry Emerson Fosdick. 1878~1969. 미국의 목사.
♠ 필그림 파더스(Pilgrim Fathers). 1620년에 메이플라워호를 타고 북미대륙으로 건너간 최초의 뉴잉글랜드 이주민.

딱정벌레에게 말입니다."

우리 모두가 숲 속의 거대한 나무와 같은 게 아닐까? 우리는 드물게만 닥치는 인생의 태풍, 인생의 눈사태, 인생의 번개는 어떻게 해서든 그런대로 극복하면서도 걱정이라는 작은 딱정벌레에게는 마음을 갉히어 먹혀버리고 마는 것이 아닐까? 우리가 엄지손가락과 집게손가락으로 집어 들고 뭉개버릴 수 있는 작은 딱정벌레와 같은 그것에게?

나는 와이오밍 주의 고속도로 감독관인 찰스 세이프레드와 그의 친구 몇 명과 함께 와이오밍 주의 티튼 국립공원을 관통하는 여행을 한 적이 있다. 우리는 그 국립공원 안에 있는 존 록펠러 가문의 사유지를 방문할 예정이었다. 그런데 내가 차를 운전하는 도중에 방향을 잘못 잡아 잠시 길을 잃어버렸고, 이로 인해 우리가 가까스로 록펠러 사유지의 정문 앞에 도착했을 때에는 다른 차들은 이미 한 시간 전에 그 안으로 들어간 뒤였다. 그 사유지의 정문을 여는 열쇠는 세이프레드가 갖고 있었다. 그래서 그는 우리 차를 기다리느라 무덥고 모기가 들끓는 숲 속에서 우리 차가 도착할 때까지 한 시간 동안 서있었다. 모기의 공격은 성인이라도 제정신을 잃고 미치게 만들기에 충분할 정도였다. 그러나 찰스 세이프레드는 모기에 지지 않았다. 그는 우리를 기다리는 동안 사시나무의 가지를 잘라서 피리를 만들었다. 우리가 도착했을 때 그가 모기를 저주하는 말을 했을까? 아니다. 그는 피리를 불고 있었다. 나는 사소한 것은 그 적절한 위치에 놓을 줄 알았던 사람을 기억하게 해주는 기념물로 그 피리를 지금까지 보관하고 있다.

걱정하는 습관이 당신을 무너뜨리기 전에 당신이 그런 습관을 무너뜨리는 데는 두 번째 규칙이 도움이 된다.

경시하고 잊어버려야 할 작은 것들이 당신을 뒤흔들도록 허용하지 말라. "인생은 너무 짧아서 사소한 것이 되게 할 수 없다"는 말을 기억하라.

08
당신의 걱정거리 가운데 다수를 배척해줄 법칙

어릴 때 나는 미주리 주에 있는 한 농장에서 살았다. 어느 날 나는 체리에서 씨를 발라내는 일을 하는 어머니를 돕다가 울음을 터뜨렸다. 어머니가 물었다. "데일, 도대체 무엇 때문에 우는 거니?" 나는 계속 울먹거리면서 대답했다. "내가 산 채로 땅속에 묻힐까봐 두려워요."

그즈음에 나는 온갖 걱정을 다 하고 있었다. 천둥소리와 함께 폭우가 내리면 나는 번개에 맞아 죽을까봐 두려워서 걱정을 했다. 집안 형편이 어려운 시기가 오면 나는 먹을 것이 충분하지 못하게 될까봐 두려워서 걱정을 했다. 나는 내가 죽으면 지옥에 가게 될까봐 두려워서 걱정을 했다. 나는 나보다 나이가 많은 소년인 샘 화이트가 내 큰 귀를 잘라 갈까봐 두려워서 겁을 먹었다. 그가 내게 그렇게 하겠다고 위협했기 때문이었다. 나는 여자아이들에게 내가 쓴 모자를 손으로 살짝 들어 올리며 인사를 하면 여자아이들이 그러는 나를 보고 웃을까봐 두려워 걱정을 했다. 나는 여자아이들 가운데 누구도 나와 결혼해주려고 하지 않을까봐 두려워서 걱정을 했다. 나는 결혼식을 마친 뒤에 내 아내에게 어떤 말을 해야 하는지에 대해 걱정을 했다. 나는 우리가 어떤 시골교회에서 결혼식을 올리고 나서 지붕에 너풀너풀한 술 장식을 한 사륜 쌍두마차를 타고 농장으로 돌아오게 될 것이라고 상상했다. 그런데 농장으로 돌아오는 동안에 대화가 끊어지지 않고 계속 이어지게 하려면 내가 어떻게 해야 할까? 어떻게? 어떻게 해야 하나? 나는 쟁기질을 하면서 수많은 시간을 들여 이 중차대한 문제에 대해 고민했다.

세월이 흐르면서 나는 내가 걱정했던 것들 가운데 99퍼센트는 실제로는 일어나지 않는다는 사실을 차츰 깨달았다. 예를 들어 앞에서 이미 말했듯이 나는 한때 번개를 두려워했다. 그러나 국가안전위원회에 따르면 어느 해든 1년 동안에 내가 번개를 맞아 죽을 확률은 35만분의 1에 지나지 않는다는 사실을 이제 나는 안다.

이보다 훨씬 더 터무니없는 것은 내가 산 채로 땅에 파묻히게 될까봐 두려워했다는 것이다. 시체에 대한 부패방지 처리가 일반화되기 전에도 산 채로 땅에 파묻힌 사람은 1천만 명 가운데 1명도 안 됐을 것이라고 지금 나는 생각한다. 그런데 나는 어렸을 때 내가 그렇게 될 것을 두려워하며 울었던 것이다.

8명 가운데 1명은 암으로 죽는다. 내가 만약 무엇인가 걱정해야 할 것이 있기를 원했다면 번개를 맞고 죽거나 산 채로 땅에 파묻히는 것보다는 암에 대해 걱정해야 했다.

물론 방금 나는 어린아이나 청소년이 하는 걱정에 대해 이야기한 것이다. 그러나 어른이 걱정하는 것 가운데도 거의 같은 정도로 터무니없는 것이 많다. 만약 우리가 안달하기를 일찌감치 중단하고 평균의 법칙*으로 볼 때 우리가 하는 걱정에 실질적인 근거가 조금이라도 있는지를 알아본다면 걱정 가운데 10분의 9는 아마도 제거할 수 있을 것이다.

세계에서 가장 유명한 보험회사인 로이즈 오브 런던은 드물게만 일어나는 일에 대해 모든 사람이 걱정하는 경향을 이용해 엄청난 돈을 벌어왔다. 로이즈는 사람들을 상대로 그들이 걱정하는 재앙은 결코 일어나지 않는다는 데 내기를 건다. 물론 로이즈는 그것을 내기라고 부르지 않고 보험이라고 부른다. 그러나 그것은 실제로는 평균의 법칙에 토대를 둔 내기다. 이 거대한 보험회사는 200년 이상 수익성 높게 운영돼왔고, 인간의 본성이 변하지 않는 한 평균의 법칙으로 보면 사람들이 상상하는 만큼 그렇게 빈번하게는 일어나지 않는 재앙에 대비하도록 사람들을 설득해 신발, 선박, 밀랍 등 온갖 것에 대한 보험을 팔아서 앞으로 5천 년 동안도 수익성 높게 운영될 것이다.

무슨 일이든 평균의 법칙을 적용해 다시 한번 따져보면 놀랄 만한 사실을 새롭게 알게 된다. 예를 들어 어느 날 내가 5년 안에 게티즈버그 전투♠와 같은 유혈 전투에 참전해야 한다는 것을 알게 된다고 가정해보자. 분명 나는 두려움이 질릴 것이다. 아마도 나는 가입할 수 있는 모든 생명보험에 다 가입할 것이다. 나는 유언장을 작성하고, 나와 관련된 이승의 모든 일을 정리할 것이다. 그리고 이렇게 말할 것이

---

* 어떤 일이 일어난다면 그것과 반대되는 일도 일어나서 평균이 유지된다는 법칙.
♠ 미국의 남북전쟁 중에 1863년 7월 1일부터 3일까지 사흘간 미국 펜실베이니아 주의 게티즈버그 인근에서 벌어진 전투.

다. "나는 아마도 그 전투에서 살아남지 못할 것이다. 그러니 내게 남은 몇 년간을 최대로 활용하는 게 좋겠다." 그런데 평균의 법칙에 따르면 평화 시에 50살에서 55살까지 사는 것도 게티즈버그 전투에 참전하는 것과 똑같은 정도로 위험하고 생명과 관계가 있다. 내가 지금 말하려고 하는 사실은 이런 것이다. 1천 명당 사망자 수로 볼 때 게티즈버그 전투에서 싸운 16만 3천 명의 병사 가운데 사망한 사람들과 엇비슷한 수준으로 많은 사람들이 평화 시에 50살과 55살 사이에 죽는다.

나는 이 책의 몇 장을 캐나다 쪽 로키 산맥의 바우 호수 옆에 있는 제임스 심슨의 '넘티자 로지'라는 데서 썼다. 여름 한철을 거기서 머무르는 동안에 나는 샌프란시스코에서 온 허버트 샐린저 부부를 만났다. 품위 있고 조용한 여성인 샐린저 부인은 걱정을 해본 적이 전혀 없을 것 같은 인상을 주었다. 어느 날 저녁에 불이 활활 타는 벽난로 앞에서 나는 그녀에게 걱정에 시달려본 적이 있느냐고 물었다. 그녀는 다음과 같이 대답했다.

"걱정에 시달려본 적이 있느냐고요? 내 인생이 걱정 때문에 거의 파탄 날 뻔한 적이 있어요. 걱정을 극복하는 법을 배우기 전에는 11년 동안이나 스스로 만들어낸 지옥에 갇혀 살았지요. 나는 신경질적이고 쉽게 흥분했어요. 끔찍한 긴장 속에서 살았어요. 나는 매주 샌마테오에 있는 우리 집에서 샌프란시스코에 있는 상점까지 버스를 타고 가곤 했지요. 그런데 상점에 가서 물건을 사는 동안에도 나는 이런저런 걱정으로 안절부절못했어요. 어쩌면 내가 전기다리미를 켜놓은 채 다리미판 위에 놔두었을지도 모른다, 어쩌면 우리 집에 화재가 났을지도 모른다, 어쩌면 가정부가 아이들을 놔둔 채 도망갔을지도 모른다, 어쩌면 아이들이 자전거를 타고 밖에 나갔다가 차에 치어 죽었을지도 모른다 하고 말이에요. 나는 상점에서 물건을 고르다가 너무 걱정이 되어 식은땀을 흘리면서 상점을 뛰쳐나와 버스를 타고 집으로 가서 모든 것이 다 괜찮은지를 확인하는 경우가 종종 있었습니다. 내 첫 번째 결혼이 파탄 나게 된 것도 이상한 일이 아니지요.

내 두 번째 남편은 변호사예요. 그는 걱정이라곤 전혀 하지 않는 조용하고 분석적인 사람이에요. 내가 긴장하고 불안해하면 남편은 내게 이렇게 말하곤 하지요. '긴장을 풀어요. 같이 생각해봅시다. 당신이 정말로 걱정하는 것이 무얼까? 걱정하는 그 일이 실제로 일어날 가능성이 있는지 없는지를 평균의 법칙을 적용해서 확인해봅시다.'

한 예로 우리 부부가 뉴멕시코 주의 앨버커키에서 칼스배드 캐번스까지 비포장도로로 차를 몰고 갈 때 엄청난 폭우를 만났던 적이 있어요. 우리 차는 이리저리 미끄러졌지요. 차를 통제할 수가 없었어요. 나는 우리 차가 미끄러져서 길가의 도랑에 빠져버릴 게 틀림없다고 생각했어요. 그러나 남편은 내게 반복해서 이렇게 말했어요. '나는 지금 아주 천천히 차를 몰고 있어요. 심각한 일은 절대로 일어나지 않을 거요. 설령 우리 차가 도랑에 빠진다고 해도 평균의 법칙에 따르면 우리가 다치지는 않을 거요.' 그의 침착함과 자신감이 나를 안심시켜주었어요.

어느 해 여름에는 캐나다 쪽 로키 산맥의 투캥 계곡으로 캠핑여행을 갔어요. 해발 2130미터 지점에서 야영을 하던 어느 날 밤이었지요. 우리 텐트를 갈기갈기 찢어버릴 듯한 기세로 폭풍이 불어왔어요. 우리는 나무판을 바닥에 깔고 거기에 밧줄로 텐트를 매어놓고 있었어요. 텐트의 바깥쪽 막이 바람을 받으면서 흔들리고, 떨리고, 소리를 내고, 비명을 질렀어요. 텐트가 갈기갈기 찢어져 하늘로 날아갈 것 같았지요. 나는 공포에 젖어들었어요! 그러나 남편은 계속해서 이렇게 말했지요. '여보, 우리는 지금 브루스터 가족♠의 안내서를 보면서 여행하고 있어요. 브루스터 가족은 자기들이 하고 있는 일에 대해 잘 알고 있었소. 그들은 이 산맥에서 60년 동안이나 텐트를 쳐왔소. 이 텐트는 이 장소에 여러 계절을 거치면서 계속 서 있었소. 한 번도 바람에 날려 쓰러진 적이 없이 말이오. 평균의 법칙에 따르면 오늘 밤에도 이 텐트는 바람 때문에 쓰러지지 않을 거요. 그리고 설령 바람 때문에 쓰러진다고 해도 우리는 다른 텐트를 이용할 수 있어요. 그러니 긴장을 풀어요.' 나는 실제로 긴장을 풀 수 있었고, 남은 밤 시간에는 잠을 푹 잘 수 있었지요.

몇 년 전에 우리가 사는 곳을 포함해 캘리포니아 주의 일부 지역에 소아마비 전염이 확산된 적이 있어요. 그 전 같았으면 전 히스테리에 빠졌을 겁니다. 그러나 그때는 남편의 설득을 받아들여 침착하게 대응했지요. 우리는 취할 수 있는 모든 예방조치를 다 취했어요. 아이들을 사람들이 많이 모이는 곳에 가지 못하게 했어요. 학교와 극장에

♠ 1886년에 아일랜드를 떠나 캐나다 쪽 로키산맥의 중심지인 밴프(Banff)로 이주한 존 브루스터(John Brewster)와 그의 가족. 이들은 캐나다 쪽 로키 산맥을 개척하고 그곳에서 등반안내 및 관광 관련 사업을 벌였다.

도 가지 못하게 했지요. 보건위원회에 문의해본 결과 그때까지 캘리포니아에서 일어났던 소아마비 전염 가운데 최악의 경우에도 캘리포니아 주의 전역에서 단지 1835명의 아이들만 실제로 소아마비에 걸렸었다는 사실을 알게 됐어요. 보통의 경우에는 소아마비에 걸린 아이들의 수가 200명 내지 300명 정도였다고 해요. 그 정도 수의 아이들이 소아마비에 걸렸다는 것도 비극적인 일이기는 했지만, 우리는 평균의 법칙에 따르면 어느 한 아이가 실제로 소아마비에 걸릴 확률은 아주 낮다고 생각하게 됐어요.

'평균의 법칙에 따르면 그런 일은 일어나지 않을 것이다.' 이 말은 우리가 하는 걱정 가운데 90퍼센트를 없애준답니다. 그리고 이 말은 지난 20년 동안 내 삶을 내가 기대했던 것보다 훨씬 더 아름답고 평온하게 만들어주었어요."

우리의 걱정과 불행은 거의 전부가 실제의 현실로부터 생겨나는 것이 아니라 우리의 상상으로부터 생겨나는 것이라는 말이 있다. 지난 몇십 년간의 내 모습을 돌아보면 내가 했던 걱정도 대부분 상상으로부터 생겨났던 것임을 알 수 있다. 짐 그랜트는 자신의 경험 역시 그랬다고 내게 말했다. 그는 뉴욕에 있는 제임스 에이 그랜트 디스트리뷰팅 컴퍼니라는 회사의 소유주다. 그는 플로리다에서 생산되는 오렌지와 그레이프프루트를 구매할 때 한 번에 화물열차 10칸 내지 15칸에 해당하는 양만큼 주문하곤 했다. 그러고는 열차사고가 나면 어쩌나, 내가 구매한 과일이 줄줄 새어 농촌의 들판에 흩어져버리면 어쩌나, 화물열차가 다리를 건널 때 그 다리가 무너져 내리면 어쩌나

하는 걱정으로 자기 자신을 괴롭히곤 했다고 한다. 물론 수송되는 과일은 보험에 가입된 상태였다. 그러나 그는 약속한 시간에 맞춰 과일을 배달하지 못하면 시장을 잃게 될 위험이 있다는 점을 두려워했다. 그는 걱정을 너무 많이 하다가 위궤양에 걸린 것 같아 의사를 찾아갔다. 의사는 그에게 신경이 흥분된 상태라는 점 외에는 건강에 아무런 이상이 없다고 말해주었다. 그는 다음과 같이 말했다.

"나는 그때 깨달음을 얻고 나 자신에게 질문을 던지기 시작했습니다. '자, 한번 생각해보자, 짐 그랜트. 여러 해 동안 네가 구매한 과일을 실어 나른 화물열차가 모두 더하면 몇 칸이지?' 대답은 이랬습니다. '약 2만 5천 칸이다.' '그 가운데 몇 칸이 사고를 당했지?' '아마 다섯 칸?' '겨우 다섯 칸뿐인가? 2만 5천 칸 가운데서? 그 사실이 무슨 의미를 갖고 있는지 알겠는가? 5000 대 1의 확률이야! 경험에 토대를 두고 평균의 법칙을 적용해보면, 네 과일을 실어 나르는 화물열차의 어느 한 칸이 사고를 당할 확률은 5000분의 1이야. 도대체 왜 걱정을 하는 거지?'

그런데 또다시 이런 생각이 들더군요. '다리가 무너질 수도 있어!' 나는 나 자신에게 다시 묻기 시작했습니다. '실제로 다리가 무너져 유실된 화물열차가 몇 칸이었지?' '전혀 없었다.' '무너진 적이 한 번도 없는 다리가 무너질 가능성에 대해 걱정하고 일어날 확률이 5000분의 1밖에 안 되는 열차사고에 대해 걱정하다가 위궤양에 걸리다니, 너 바보 아냐?'"

짐 그랜트는 계속해서 내게 이렇게 말했다. "그런 관점으로 바라보니 나 자신이 아주 어리석다는 생각이 들더군요. 바로 그때 나는 평균의 법칙으로 하여금 나를 대신해 걱정을 하게 하자고 결심했습니다. 그리고 그 뒤로는 위궤양에 시달린 적이 없습니다!"

앨 스미스가 뉴욕의 주지사였을 때 정치적 경쟁자가 가해오는 공격에 거듭해서 이렇게 대답하는 것을 나는 들었다. "기록을 들여다봅시다. … 기록을 들여다봅시다." 그런 다음에 그는 사실을 제시했다. 당신이나 나도 만약 일어날 수 있는 일에 대해 걱정을 하고 있다면 현명한 노인 앨 스미스에게서 힌트를 얻어 기록을 들여다보고, 우리 자신을 갉아먹는 불안감에 근거가 있기나 한 것인지를 확인해보자. 프레더릭 말스테트도 자신이 무덤 속에 누워있는 것 아닌가 하는 생각에 두려움을 느꼈을 때 앨 스미스가 했던 대로 했다. 그에게서 들은 이야기를 소개한다.

"1944년 6월 초순에 나는 오마하 해변♠ 근처의 개인용 참호 속에 누워있었습니다. 나는 999 통신중대 소속이었습니다. 우리는 노르망디에 상륙해 각자 참호를 파고 그 속에 들어가 있었습니다. 참호라는 것은 땅에 직사각형으로 판 구멍일 뿐이었습니다. 그 참호를 바라보면서 나는 나 자신에게 이렇게 말했습니다. '이것은 마치 무덤처럼 느껴지는군.' 그 속에 누워 잠을 자려고 애쓰면서 나는 그 참호가 무덤과 같다는 생각을 했습니다. 나는 나 자신에게 이렇게 말하지 않을 수 없었습니다. '어쩌면 이것이 진짜 내 무덤이 될지도 모르겠다.' 밤

♠ Omaha Beach. 2차대전 때 연합군이 노르망디 상륙작전에 들어가면서 주요 상륙장소 가운데 하나로 지정한 노르망디 해변의 한 지점을 지칭하기 위해 사용한 암호명.

11시에 독일군 폭격기가 날아와 폭탄을 떨어뜨리기 시작했을 때 나는 몸이 얼어붙어 꼼짝도 하지 못할 정도로 공포에 질렸습니다. 처음 이틀인가 사흘 동안은 밤에 한숨도 잠을 자지 못했습니다. 나흘째인가 닷새째인가의 밤에는 거의 신경쇠약에 걸릴 지경이었습니다. 무언가 하지 않으면 정말로 미쳐버릴 것임을 나는 알고 있었습니다. 그때 나는 너덧 밤이 지났는데도 내가 아직 살아있다는 사실을 상기했습니다. 나뿐만 아니라 우리 부대의 병사들 모두가 살아있었습니다. 단지 2명만이 부상을 입었습니다. 게다가 그 부상도 독일군 폭격기가 떨어뜨린 폭탄에 의한 것이 아니었습니다. 우리 부대가 방공포로 쏜 포탄이 다시 떨어지는 바람에 입은 부상이었습니다. 나는 뭔가 건설적인 일을 하는 것을 통해 내 걱정을 중단시키기로 작정했습니다. 그래서 방공포 유탄으로부터 내 몸을 보호하기 위해 두꺼운 나무로 내 참호 위에 씌울 덮개를 만들었습니다. 나는 우리 부대가 넓은 지역에 산개해 있다는 점도 생각했습니다. 깊이 판 그 좁은 참호 속에서 내가 죽게 되는 것은 폭탄이 내 참호에 명중하는 경우에만 일어날 수 있는 일이라고 나는 나 자신에게 말했습니다. 그리고 그렇게 내 참호에 폭탄이 명중할 확률은 1만분의 1도 안 된다는 생각을 했습니다. 이런 식으로 상황을 바라보면서 이틀 밤을 더 지내고 나자 나는 침착해질 수 있었고, 폭탄이 쏟아지는 와중에서도 잠을 잘 수 있게 됐습니다!"

미국 해군은 병사들의 사기를 북돋기 위해 평균의 법칙과 관련이 있는 통계를 이용했다. 한 해군 병사 출신은 자신이 소속된 부대가 고옥탄 휘발유를 수송하는 유조선에 올라타게 됐을 때 몸이 뻣뻣하게

군을 정도로 두려움에 질렸다고 내게 말했다. 부대원들은 배가 고옥탄 휘발유를 싣고 항해하다가 적의 잠수함이 쏜 어뢰에 맞는다면 폭발해서 모두 다 황천길에 오르게 될 것이라고 생각했다.

그러나 미국 해군은 다른 생각을 갖고 있었다. 해군은 그것을 정확한 수치로 발표했다. 어뢰에 맞은 유조선 100척 가운데 60척은 그대로 바다 위에 계속 떠 있게 되고, 가라앉는 나머지 40척 가운데 단지 5척만이 10분 안에 가라앉는다는 것이었다. 이는 곧 배가 어뢰에 맞더라도 병사들에게 그 배를 탈출할 시간적 여유가 있다는 뜻이었고, 그런 경우의 인명피해 규모는 미미하다는 뜻이기도 했다. 이런 통계숫자가 병사들의 사기를 북돋는 데 도움이 됐을까? 위와 같은 이야기를 해준 사람은 미네소타 주의 세인트폴에서 온 클라이드 마스 씨였는데, 그는 이렇게 말했다. "평균의 법칙과 관련이 있는 그러한 사실을 알게 되니 내 마음속에서 초조함이 사라졌습니다. 다른 병사들도 마찬가지였습니다. 우리는 확률상 살아남을 가능성이 얼마든지 있고, 평균의 법칙에 따르면 우리는 아마도 죽게 되지는 않을 것이라는 생각이 들었던 것입니다."

걱정하는 습관이 당신을 무너뜨리기 전에 당신이 그 습관을 무너뜨려야 한다. 이것이 세 번째 규칙이다.

기록을 들여다보자. 그리고 스스로에게 다음과 같이 묻자.
"평균의 법칙에 따르면, 내가 걱정하고 있는 이 일이 실제로 일어날 확률이 얼마나 될까?"

09
피할 수 없는 것이라면 그것과 협력하라

어린시절 나는 미주리 주의 북서부에 살았다. 나는 버려진 낡은 통나무집의 다락방에서 친구들과 같이 놀곤 했다. 어느 날 나는 그 다락방에서 기어 내려오다 잠시 창턱에 두 발을 얹어놓았다가 뛰어내렸다. 그때 나는 왼손의 손가락에 반지를 하나 끼고 있었는데, 창턱에서 뛰어내릴 때 그 반지가 못에 걸리는 바람에 손가락이 잘려 나갔다.

나는 비명을 질렀고, 두려움에 떨었다. 나는 분명히 죽게 될 것이라고 생각했다. 그러나 상처가 치료된 뒤에는 잠깐이라도 내 손가락에 대해 걱정한 적이 없다. 걱정해봐야 무슨 소용이 있는가?… 나는 피할 수 없는 것을 받아들였다. 지금은 내 왼손에 손가락이 네 개뿐이라는 사실을 전혀 의식하지 못한 채 한 달을 보내기도 한다.

몇 년 전에 나는 뉴욕의 중심가에 있는 한 사무실 빌딩에서 화물용 엘리베이터를 운전하는 사람을 만난 적이 있다. 그는 왼쪽 손이 잘려나가고 없었다. 나는 그에게 왼손이 없어서 불편하거나 신경이 쓰이지 않느냐고 물었다. 그러자 그는 이렇게 말했다. "아닙니다, 아니에요. 전 제 왼손이 없다는 걸 거의 의식하지 않고 지내요. 바늘귀에 실을 꿸 때는 좀 신경이 쓰이긴 해요. 제가 아직 미혼이라서 바느질을 직접 해야 하거든요. 그런 때만 제외하면 왼손 생각은 아예 하지도 않습니다."

우리가 어떠한 상황을 받아들여야 한다면 얼마나 빨리 그것을 받아들이고, 그것에 적응하고, 그것을 잊을 수 있는지를 생각해보면 놀라지 않을 수 없다.

네덜란드의 암스테르담에는 15세기에 지어졌던 어느 성당의 잔해가 남아있다. 나는 그 잔해에 새겨져 있는 글귀를 종종 떠올린다. 플랑드르어로 새겨진 그 글귀는 이렇다. "그것은 그런 것이다. 달라질 수가 없다."

수십 년의 세월을 살아가다 보면 그럴 수밖에 없지만 좋지는 않은 상황을 많이 만나게 된다. 그런 상황은 달라질 수가 없다. 다만 우리에게 선택권은 있다. 우리는 그런 상황을 불가피한 것으로 받아들이고 그것에 적응할 수도 있고, 반대로 그것에 반발하다가 인생을 망가뜨리고 결국은 신경쇠약에 걸리게 될 수도 있다.

내가 좋아하는 철학자 가운데 한 사람인 윌리엄 제임스의 현명한 조언 한마디를 소개한다. 그는 이렇게 말했다. "있는 그대로를 기꺼이 받아들여라. 모든 불운의 결과를 극복하는 첫 걸음은 이미 일어난 일을 받아들이는 것이다." 오리건 주의 포틀랜드에 사는 엘리자베스 콘리는 힘든 과정을 거쳐 그런 지혜를 얻게 됐다. 그녀는 다음과 같은 내용의 편지를 내게 보냈다.

"북아프리카에서 미군이 거둔 승리를 미국 국민이 자축하던 바로 그날 나는 정부의 전쟁부에서 보내온 전보를 하나 받았습니다. 내가 가장 사랑하는 사람인 조카가 작전 중에 실종됐다는 것이었습니다. 조금 뒤에 또 하나의 전보가 왔습니다. 그 조카가 죽었다는 것이었습니다.

나는 몸도 가누지 못할 정도로 슬픔에 빠졌습니다. 그때까지 나는 내 삶이 아주 괜찮다고 생각했습니다. 나는 내가 좋아하는 직업을 갖고 있었습니다. 나는 그 조카의 양육을 도왔습니다. 내게는 그 조카가 청년에게서 찾아볼 수 있는 훌륭하고 좋은 것들 전부를 대변했습니다. 내가 물 위에 던진 빵이 모두 다 케이크로 바뀌어 돌아오고 있는 것 같은 느낌이었습니다!♠ … 그런데 그런 내용의 전보가 온 겁니다. 내 세계는 전부 무너져 내렸습니다. 나는 삶의 목적이 아무것도 남아있지 않다고 느꼈습니다. 그때부터 나는 일을 소홀히 했고, 친구들을 소홀히 대했습니다. 모든 것을 방치했습니다. 나는 비통해 했고, 분노했습니다. 내 사랑하는 조카가 왜 생명을 잃어야만 했는가? 그 훌륭한 아이가, 앞으로 살아갈 날이 창창한 아이가, 그 아이가 왜 죽임을 당해야만 했는가? 그 아이가 죽었다는 사실을 받아들일 수 없었습니다. 나는 너무나 슬픔에 겨워 내가 하던 일을 포기하고 외딴 곳에 틀어박혀 눈물이나 흘리며 비통에 잠기려고 했습니다.

♠ 《전도서》 11장 1절에 나오는 "너는 네 빵을 물 위에 던져라. 여러 날 후에 도로 찾으리라"라는 구절에 빗댄 표현이다. 여기서 지은이는 이 표현으로 조카의 양육을 도운 일이 가져다준 보람을 이야기하고 있다.

나는 내 책상 위를 깨끗하게 치우고, 하던 일을 다 중단하려고 했습니다. 그때 내 눈에 그동안 잊어버리고 있었던 편지 한 통이 들어왔습니다. 죽은 조카가 생전에 써서 보낸 편지였습니다. 몇 년 전에 내 어머니가 돌아가셨을 때 조카가 내게 보냈던 것입니다. '물론 우리 모두가 다 그녀를 그리워하겠지만, 특히 당신이 그러하리라고 생각합니다. 그러나 저는 당신이 꿋꿋하게 버텨나가시리라는 것을 알고 있습니다. 당신 자신의 개인적인 철학이 당신으로 하여금 그렇게 하게 할 것입니다. 저는 당신이 제게 가르쳐주신 아름다운 진리들을 결코 잊지 못할 것입니다. 제가 어디에 있건, 우리가 얼마나 멀리 떨어져 있건 저는 언제나 당신이 무슨 일이 닥치든 남자답게 웃고 그것을 받아들이라고 제게 가르쳐주셨음을 기억할 것입니다.'

나는 그 편지를 읽고 또 읽었습니다. 조카가 바로 곁에서 내게 이야기를 하고 있는 듯했습니다. 그가 내게 이렇게 말하는 것 같았습니다. '당신이 제게 하라고 가르쳐주신 것을 당신 자신은 왜 하지 않습니까? 무슨 일이 닥치든 꿋꿋하게 버텨나가세요. 당신의 개인적인 슬픔을 웃음 속에 숨기고 앞으로 나아가세요.'

나는 다시 일을 시작했습니다. 비통해 하고 반발하기를 중단했습니다. 그리고 계속해서 나 자신에게 이렇게 말했습니다. '그것은 지난 일이다. 내가 그것을 달리 바꿀 도리는 없다. 그러나 나는 그 아이가 내게 바랐던 대로 할 수 있고, 그렇게 해나가겠다.' 나는 내 모든 정신과 힘을 내가 하던 일에 다시 쏟아 부었습니다. 나는 병사들, 그러니까 다른 사람의 자식들에게 편지를 써서 보냈습니다. 나는 밤에는 성인학습반에 참가해 새로운 관심사를 찾고 새로운 친구를 사귀었습니다. 그동안 내게 일어난 변화는 나로서는 거의 믿을 수 없을 정도입니다. 나는 영원히 가버린 과거의 일로 슬퍼하는 것을 그만뒀습니다. 지금 나는 매일 매일을 즐겁게 살고 있습니다. 조카가 내게 바랐던 대로 말입니다. 나는 삶과 화해했습니다. 내 운명을 받아들였습니다. 지금 나는 그동안 내가 알았던 삶보다 더 충만하고 더 완전한 삶을 살고 있습니다."

엘리자베스 콘리는 일찍 배우거나 늦게 배우는 차이는 있을지 몰라도 우리가 모두 다 결국은 배우게 되는 것을 배운 것이다. 그것은 곧 피할 수 없다면 받아들이고 협력해야 한다는 것이다. "그것은 그런 것이다. 달라질 수가 없다." 물론 이것이 쉽게 배울 수 있는 교훈은 아니다. 옥좌에 앉은 왕도 이 교훈을 잊지 않기 위해 거듭 되뇌었다. 이제는 고인이 된 조지 5세*는 다음과 같은 말을 써넣은 액자를 버킹검궁 안에 있는 자기 서재의 벽에 걸어놓았다. "내가 달을 따달라고 하면서 울거나 쏟아진 우유를 놓고 울지 않도록 가르쳐주소서."♣ 이와 똑같은 생각을 쇼펜하우어는 이런 식으로 표현했다. "충분한 양의 체념이야말로 인생이라는 여행을 준비할 때 챙겨야 할 가장 중요한 것이다."

상황만으로 우리가 행복해지거나 불행해지는 것은 아닌 게 분명하다. 상황에 대한 우리의 느낌은 우리가 상황에 대해 어떻게 반응하느냐가 좌우한다. 천국은 네 마음속에 있다고 예수는 말했다. 지옥도 바로 거기에 있다.

우리는 모두 재난과 비극을 견뎌낼 수도 있고, 극복할 수도 있다. 그래야만 한다면 얼마든지 그럴 수 있다. 우리는 스스로 그렇게 할 수 있다고 생각하지 않을 수도 있다. 그러나 우리는 놀라울 만큼 강력한 내적 자질을 갖고 있고, 사용하기만 한다면 그것은 우리를 끝까지 도와줄 것이다. 우리는 우리 스스로 생각하는 것보다 더 강하다.

이제는 고인이 된 부스 타킹턴†은 늘 이렇게 말하곤 했다. "삶이 나에게 강요하는 것이라면 무엇이든 다 받아들일 수 있다. 하지만 오직 한 가지는 받아들일 수 없는데, 그것은 맹인이 되는 것이다. 그것만큼은 내가 참아낼 수 없다."

그런데 60대가 된 뒤의 어느 날 타킹턴은 방바닥에 깔린 양탄자를 내려다보았는데 그 양탄자의 색깔이 선명하지 않고 흐릿했다. 양

---

* 1910년부터 1936년까지 재위한 영국의 왕.
♠ 이것은 영국 왕 조지 5세가 버킹검궁 안에 있는 자신의 서재에 걸어 놓았다는 여섯 가지 격언 가운데 하나다. 그 여섯 가지 격언은 다음과 같다.
1 내가 게임의 규칙에 순종하도록 가르쳐주소서(Teach me to be obedient to the rules of the game).
2 내가 감정과 감상을 구분해서 감정은 존중하고 감상은 경멸하도록 가르쳐주소서 (Teach me to distinguish between sentiment and sentimentality admiring the one and despising the other).
3 내가 다른 사람에게 값싼 칭찬을 하거나 다른 사람의 값싼 칭찬을 받아들이지 않도록 가르쳐주소서(Teach me neither to proffer nor receive cheap praise).
4 내가 고난을 감당하라는 요구를 받는다면 묵묵히 고난을 감당하러 가는 혈통 좋은 짐승과 같이 하도록 가르쳐주소서(If I am called upon to suffer, let me be like a well-bred beast that goes away to suffer in silence).
5 내가 승리해도 된다면 승리하도록 가르쳐 주시고, 내가 승리해서는 안 된다면 무엇보다 내가 훌륭한 패배자가 되도록 가르쳐주소서(Teach me to win, if I may; if I may not win, then above all teach me to be a good loser).
6 내가 달을 따달라고 하면서 울거나 쏟아진 우유를 놓고 울지 않도록 가르쳐주소서(Teach me neither to cry for the moon nor over spilt milk).
† Booth Tarkington. 1869~1946. 미국의 작가.

탄자에 그려진 무늬는 보이지도 않았다. 그는 안과 전문의를 찾아갔다. 그리고 비극적인 사실을 알게 됐다. 그는 그때 시력을 잃어버리고 있었다. 한쪽 눈은 거의 멀어버린 상태였고, 다른 한쪽 눈도 그렇게 될 것이라고 의사가 말했다. 그가 가장 두려워했던 일이 닥친 것이었다.

그런 '최악의 재앙'에 타킹턴이 어떻게 대응했을까? "올 것이 왔다! 이것으로 내 인생은 끝이다"라고 생각했을까? 아니다. 그는 자신도 놀랄 정도로 쾌활해졌다. 심지어 유머감각을 발휘하기도 했다. 눈 속의 '점'들이 그를 괴롭혔다. 그 점들은 그의 눈 속을 헤엄치고 다니면서 그의 시야를 일부 가리곤 했다. 그 점들 가운데 가장 큰 것이 그의 시야를 가릴 때면 그는 이렇게 말하곤 했다. "안녕하셨는가! 할아버지가 또 나타나셨네! 이 좋은 아침에 어디로 가시려고 하는지 궁금하군!"

운명이 그와 같은 정신을 갖고 있는 사람을 정복하려면 어떻게 해야 할까? 대답은 운명이 어떻게 해도 그런 사람은 정복할 수 없다는 것이다. 두 눈이 완전히 멀어버릴 시점이 가까이 다가오자 타킹턴은 이렇게 말했다. "나는 내가 실명을 받아들일 수 있다는 것을 알게 됐다. 내가 그것을 받아들일 수 있는 것은 다른 사람들이 어떤 것이든 다 받아들일 수 있는 것과 마찬가지다. 나는 다섯 가지 감각을 모두 다 잃게 되더라도 마음으로 계속 살아갈 수 있으리라는 것을 안다. 왜냐하면 우리가 알든 모르든, 우리가 보는 것도 마음으로 보는 것이고 우리가 살아가는 것도 마음으로 살아가는 것이기 때문이다."

타킹턴은 시력을 회복할 수 있으리라는 기대를 품고 있었기에

1년 동안 13번 이상의 수술을 받았다. 그것도 국부마취만 하고서! 그런 상황에 대해 그가 불만을 늘어놓았을까? 그는 수술을 받아야만 한다는 것을 알고 있었다. 그것을 피할 수 없다는 것을 알고 있었다. 그렇다면 겪어야 할 고통을 줄이는 유일한 방법은 의연한 태도로 그것을 받아들이는 것이었다. 그는 병원에서 일인용 특실을 쓰지 않고 이런저런 병에 걸린 다른 환자들과 같이 지낼 수 있는 일반실을 이용했다. 그는 다른 환자들의 기분을 북돋우려고 애쓰면서 지냈고, 그러다가 수술을 받곤 했다. 그것도 자신의 두 눈을 수술하는 과정을 바라보면서 말이다. 그는 수술을 받는 동안에 자기가 얼마나 운이 좋았는지를 상기하려고 애썼다. 그는 이렇게 말했다. "얼마나 대단한가! 이제는 과학이 인간의 눈처럼 섬세한 것도 수술하는 기술을 갖게 됐으니 이 얼마나 대단한가!"

보통 사람이라면 13번 이상의 수술을 견뎌야 하고 그러고도 눈앞이 보이지 않는다면 신경쇠약에 걸렸을 것이다. 그러나 타킹턴은 이렇게 말했다. "나는 이 경험을 보다 행복한 경험과 바꾸고 싶지 않다." 그 경험은 그에게 불가피한 것을 받아들이는 태도를 가르쳐주었다. 그 경험은 그에게 삶은 견뎌낼 수 없는 시련을 주지는 않는다는 점을 가르쳐주었다. 그 경험은 존 밀턴*이 간파했던 대로 "눈이 먼 것이 비참한 것이 아니라 눈이 먼 것을 견뎌내지 못하는 것이 비참할 뿐"임을 그에게 가르쳐주었다.

---

* John Milton. 1608~1674. 영국의 시인, 사상가. 40대 중반에 녹내장으로 실명했지만 그 뒤로도 20년을 더 살면서 구술을 통해 《실락원》을 비롯한 명저를 많이 썼다.

뉴잉글랜드 지역의 유명한 페미니스트였던 마거릿 풀러*는 "나는 우주를 받아들인다!"가 자신의 신조라고 말한 적이 있다. 이를 전해들은 신경질적인 영국 노인 토머스 칼라일은 "하느님에게 맹세하건대, 그러는 게 낫겠지!"라고 냉소적으로 말했다고 한다. 어쨌든 칼라일의 말은 맞다. 그리고 하느님에게 맹세하건대, 당신과 나도 역시 피할 수 없는 것은 받아들이는 게 낫다.

아무리 화를 내고 반발하고 발버둥쳐도 우리는 불가피한 것을 달리 바꿀 수 없다. 그러나 우리는 우리 자신을 바꿀 수는 있다. 나는 그렇다는 것을 분명히 안다. 직접 경험해보았기 때문이다.

나는 한때 내게 닥친 불가피한 상황을 받아들이려 하지 않았다. 나는 화를 내고 반발했다. 불면증에 시달리며 지옥 같은 밤들을 보냈다. 나는 내가 원하지 않았던 상황을 다 내 탓으로 돌렸다. 그렇게 1년간 스스로를 고문하고서야 비로소 나는 그 상황을 받아들였다. 아마 나는 처음부터 그것은 내가 바꿔볼 도리가 없는 것임을 알고 있었는지도 모른다.

이미 여러 해 전에 나는 노년의 월트 휘트먼♠이 그랬던 것처럼 이렇게 외쳤어야 했다.

오, 밤과 폭풍과 굶주림에,
비웃음과 예기치 못한 사고와 거부당함에 맞서라.

---

* Margaret Fuller. 1810~1850. 미국의 여권운동가.
♠ Walt Whitman. 1819~1892. 미국의 시인.

나무와 동물이 그러하듯이.

나는 소를 돌보는 일을 하면서 12년을 보냈다. 그 기간 동안 나는 저지 종 암소가 가뭄 때문에 들판의 풀이 다 말라버렸다고 해서, 진눈깨비가 내리고 날씨가 춥다고 해서, 또는 남자친구인 수소가 다른 젊은 암소에게 눈길을 보낸다고 해서 열을 내는 경우를 한 번도 본 적이 없다. 소와 같은 동물은 밤과 폭풍과 굶주림에 조용히 맞선다. 그래서 그들은 신경쇠약이나 위궤양에 절대로 걸리지 않으며 정신병에도 걸리지 않는다.

내가 지금 우리가 나아가는 길을 가로막는 온갖 역경에 굴복할 것을 주장하고 있는 것인가? 결코 그렇지 않다! 그런 것은 운명론일 뿐이다. 난관을 타개할 여지가 있다면 난관에 맞서 싸우자! 그러나 그렇게 되게 돼있는 것, 달라질 수 없는 것에 직면한 경우에는 앞을 내다보거나 뒤를 돌아보지 말고, 있지도 않은 것을 갈망하지도 말자. 그렇게 하는 것이 상식에 부합하는 것이다.

이제는 고인이 된 컬럼비아대학의 호크스 학장은 《마더 구스의 노래》[†]에 나오는 다음 구절이 자신의 좌우명이라고 생전에 내게 말했다.

태양 아래의 모든 질병에는

[†] 영미권의 전래동요를 모아놓은 책.

치료법이 있거나, 그렇지 않으면 없다.
치료법이 있다면 그것을 찾아내는 노력을 기울이고,
치료법이 없다면 그것에 신경 쓰지 말라.

이 책을 쓰는 동안에 나는 미국의 기업계를 이끄는 주요 임원들을 많이 만나 인터뷰했다. 그 과정에서 나는 그들이 불가피한 것과 협력하는 가운데 특이하게도 걱정으로부터 자유로운 삶을 살고 있다는 사실에 감명을 받았다. 그렇게 하지 않았다면 그들은 긴장에 짓눌려 쓰러졌을 것이다. 방금 내가 한 말이 무슨 뜻인지를 보여주는 예를 몇 가지 들어보겠다.

미국 전역에 체인망을 두고 있는 페니 스토어의 창업자인 J. C. 페니는 내게 이렇게 말했다. "나는 갖고 있는 돈을 모두 다 잃게 되더라도 걱정하지 않을 겁니다. 왜냐하면 걱정해서 얻을 수 있는 것은 없다고 생각하기 때문입니다. 나는 내가 할 수 있는 만큼 최선을 다하고 결과는 신의 뜻에 맡깁니다."

헨리 포드도 내게 거의 똑같은 말을 했다. 그는 이렇게 말했다. "나는 이미 일어난 일을 손볼 수 없다면 그 일이 스스로 자신을 손보도록 놔둡니다."

K. T. 켈러가 크라이슬러 코퍼레이션의 사장으로 있을 때 나는 그에게 걱정을 어떻게 차단하느냐고 물어보았다. 그는 이렇게 대답했다. "어려운 상황에 직면할 때 나는 상황을 바꿔보기 위해 할 수 있는 것이 있다면 무엇이든 다 합니다. 하지만 할 수 있는 일이 없다면

그냥 그 상황을 잊어버립니다. 나는 미래에 대해 결코 걱정하지 않습니다. 왜냐하면 살아있는 사람 가운데 어느 누구도 미래에 일어날 일을 알아낼 수 없다는 것을 잘 알기 때문입니다. 미래에 영향을 미치는 힘은 아주 다양합니다. 그런데 그 다양한 힘을 작동시키는 것이 무엇인지에 대해서는 누구도 알 수 없고, 누구도 이해할 수 없습니다. 그렇다면 그런 힘에 대해 걱정해본들 무슨 소용이 있겠습니까?" 내가 켈러에게 "당신은 철학자"라고 말했다면 그는 당황했을 것이다. 그러나 그는 선량한 기업인일 뿐인데도 1900여 년 전에 로마에서 에픽테토스가 가르쳤던 철학을 스스로 깨우친 것이나 다름없다. 에픽테토스는 로마인들에게 이렇게 가르쳤다. "행복에 이르는 길은 하나밖에 없다. 그것은 자신의 의지력을 넘어서는 것에 대해서는 걱정하지 않는 것이다."

'거룩한 사라'로 불리는 사라 베르나르*는 불가피한 것과 협력하는 법을 알았던 여자의 대표적인 예다. 그녀는 반세기 동안 극장가의 여왕으로 군림했고, 가장 사랑을 많이 받는 여배우였다. 그녀는 71살에 파산하는 바람에 갖고 있던 돈을 모두 잃었다. 게다가 그녀의 주치의인 포지 교수는 그녀에게 다리를 절단해야 한다고 말했다. 그녀는 배를 타고 대서양을 건너다가 태풍이 불어 닥쳤을 때 갑판 위에서 넘어져 다리를 심하게 다쳤던 것이다. 그로 인해 다리에 정맥염이 생겼고, 다리가 오그라들었다. 그녀가 느끼는 다리의 통증이 극심해지

---

* Sarah Bernhardt. 1844~1923. 프랑스의 여자 연극배우. 심각하고 진지한 연기를 한다고 해서 '거룩한 사라(Divine Sarah)'라는 별명을 얻었다.

3부 걱정하는 습관이 당신을 무너뜨리기 전에 그 습관을 무너뜨리는 법 149

자 주치의는 그녀의 다리를 절단해야 한다고 생각했다. 그는 불같은 성격을 지닌 '거룩한 사라'에게 그 사실을 말하기가 두려웠다. 그녀가 극심한 히스테리를 부릴 것이라고 예상했기 때문이다. 그러나 그의 예상은 빗나갔다. 사라는 잠시 그를 바라보더니 조용히 이렇게 말했다. "그래야만 한다면 해야죠." 그것은 운명이었다.

그녀가 바퀴 달린 병상에 누운 채로 수술실로 들어갈 때 그녀의 아들이 옆에서 울고 있었다. 그녀는 아들에게 경쾌한 손짓을 해보이면서 명랑한 목소리로 말했다. "다른 데 가지 마. 곧 다시 나올 테니까."

수술실로 들어가면서 그녀는 자신이 출연했던 연극의 한 장면에 나오는 대사를 읊었다. 누군가가 그녀에게 그녀 자신의 기분을 북돋우려고 그러냐고 물었다. 그녀는 이렇게 대답했다. "아니요. 의사와 간호사들의 기분을 북돋아 주려고요. 나를 수술하는 일이 그들을 긴장시킬 테니까요."

사라 베르나르는 수술을 받고 건강이 회복되자 전 세계를 돌며 7년간 더 연극배우로서 관객을 매료시켰다.

엘시 맥코믹은 〈리더스 다이제스트〉에 실린 글에서 이렇게 말했다. "불가피한 것과의 싸움을 중단하라. 그러면 더 풍부한 삶을 창조할 수 있게 해주는 에너지가 뿜어져 나올 것이다."

살아있는 사람들 가운데 불가피한 것과 싸우기에 충분할 만큼의 감정과 활력을 갖고 있으면서 동시에 그렇게 하고 나서도 새로운 삶을 창조하기에 충분할 만큼의 감정과 활력을 남길 수 있는 사람은 아무도 없다. 둘 중 하나를 선택하라. 결코 피할 수 없는 인생의 폭풍우를 만났을 때 당신은 그저 휘어질 수도 있고, 그것에 저항하다가 꺾어질 수도 있다!

미주리 주에 있는 내 농장에서 실제로 그와 같은 일이 일어나는 것을 나는 보았다. 나는 농장에 스무 그루의 나무를 심었다. 나무는 놀라운 속도로 자랐다. 그런데 어느 날 진눈깨비 폭풍이 불어 닥쳤다. 두꺼운 얼음막이 나무의 크고 작은 가지를 온통 뒤덮었다. 나무는 얼음막의 무게를 받아주면서 의연하게 휘어지기보다는 그 무게에 당당하게 맞섰고, 그러다가 결국은 그 무게에 짓눌려 가지가 꺾이거나 갈라졌다. 내 농장의 나무는 북부지방의 숲 속에 있는 나무가 갖고 있는 지혜를 배우지 못한 것이다. 나는 그동안 캐나다의 상록수 숲을 수백 킬로미터 정도 여행했다. 여행을 하면서 나는 진눈깨비나 얼음 때문에 그곳의 가문비나무나 소나무가 꺾인 것을 본 적이 없다. 그곳의 나무는 피할 수 없는 폭풍을 만났을 때 가지를 어떻게 굽혀야 자신이 꺾이지 않는지를 알고 있다.

유술*의 달인은 수련생들에게 이렇게 가르친다. "버드나무처럼 휘어져라. 참나무처럼 저항해서는 안 된다."

자동차의 타이어가 도로 위를 구르면서 형벌과 같은 충격을 그렇게 많이 받아도 견뎌낼 수 있는 이유가 무엇이라고 생각하는가? 처음에는 타이어 제조회사들이 도로가 가하는 충격에 저항하는 타이어

---

* 쥬쥬츠(柔術). 일본의 전래 무술. 유도의 원형.

를 만들었다. 그런데 그렇게 만들어진 타이어는 금세 너덜너덜하게 찢어졌다. 그 다음에는 타이어 제조회사들이 도로가 가하는 충격을 흡수하는 타이어를 만들었다. 그렇게 만들어진 타이어는 충격을 '견디어내는 것'이 가능했다. 당신과 나도 인생이라는 돌투성이 도로가 가하는 충격과 그로 인한 덜컹거림을 흡수하는 것을 배운다면 더 오래 견디어내면서 보다 순조로운 삶을 즐길 수 있게 될 것이다.

만약 우리가 인생이 가하는 충격을 흡수하지 않고 그것에 저항한다면 어떻게 될까? 버드나무처럼 휘어지기를 거부하고 참나무처럼 저항하기를 고집한다면? 정답이 무엇인지는 쉽게 알 수 있다. 우리의 마음속에 갈등이 생겨날 것이다. 그리고 우리는 그로 인해 걱정하고, 초조해 하고, 긴장하고, 마침내 신경증에 걸리게 될 것이다.

만약 우리가 더 나아가 엄혹한 현실의 세계를 거부하고 스스로 만들어낸 꿈의 세계 속으로 들어가 버린다면 결국에는 제정신을 잃고 미쳐버릴 것이다.

전쟁 때 두려움에 질린 수백만 명의 병사들은 불가피한 상황을 받아들이거나, 받아들이지 못하고 긴장에 짓눌려 자신을 망가뜨릴 수밖에 없었다. 이 점을 설명하기 위해 뉴욕 주의 글렌데일에 사는 윌리엄 캐설리어스의 이야기를 예로 들어보겠다. 뉴욕에서 내가 가르친 성인반에서 이 일화는 우수상을 받았다.

"연안경비대에 입대한 직후에 나는 미국의 대서양 연안에서 가장 위험한 곳 가운데 한 곳에 배치됐습니다. 게다가 나는 폭발물 관리자가 됐습니까. 상상이 되십니까? 내가 말입니다! 폭죽 판매원이었던 내가 폭발물 관리자가 된 것입니다. 폭죽 판매원이라면 누구나 수천 톤의 TNT 위에 서 있는 자신의 모습을 생각해보는 것만으로도 등골이 오싹해질 겁니다. 나는 폭발물 관리에 관한 교육을 단 이틀만 받았습니다. 그리고 그때 배운 내용이 나로 하여금 훨씬 더 큰 공포에 휩싸이게 했습니다. 나는 내게 첫 번째로 주어졌던 임무를 앞으로도 영원히 잊지 못할 겁니다. 어둑어둑하고 추운데다가 안개까지 낀 날에 나는 뉴저지 주의 베이온에 있는 캐번 포인트의 부두에서 첫 번째 명령을 받았습니다.

나는 5번 선실 쪽에 배치됐습니다. 거기서 나는 5명의 하역인부들과 함께 폭발물을 하역해야 했습니다. 하역인부들은 강한 체력을 갖고는 있었지만 폭발물에 대해서는 아무것도 몰랐습니다. 그런 그들이 하나당 1톤의 TNT가 들어있는 고성능 폭탄을 지어 날랐습니다. 단 하나만으로도 우리가 탄 낡은 배를 폭파시켜 모두를 황천길로 보내기에 충분한 위력을 갖고 있는 폭탄을 말입니다.

그런 고성능 폭탄이 단지 두 개의 케이블 선에 매달려 내려지고 있었습니다. '저 케이블 선 가운데 하나라도 미끄러져 밀려나거나 끊어진다면! 아, 끔찍하군!' 나는 이런 생각을 하며 공포에 떨었습니다! 몸이 떨리고, 입안이 바짝 말랐습니다. 무릎이 후들거리고, 심장은 방망이질을 했습니다. 그러나 나는 도망칠 수 없었습니다. 탈영을 하면 내 명예는 물론이고 내 부모님의 명예까지 손상될 것이고, 나는 결국 사살될 것이 분명했으니까요. 나는 꼼짝없이 거기에 머물러 있어야 했습니다. 나는 하역인부들이 그 고성능 폭탄을 부주의하게 다루는 모습을 계속 지켜보았습니다. 언제라도 배가 폭파될 수 있는 상황이었습니다.

등골을 오싹하게 만드는 그런 공포를 한 시간 남짓 겪고 나서야 나는 조금씩 상식에 입각한 생각을 하기 시작했습니다. 나는 나 자신을 엄중하게 꾸짖었습니다. '잠깐! 실제로 폭발이 일어나 네가 날아간다고 하자. 그래서 어쨌다는 거냐? 그것은 오히려 쉽게 죽는 방식일 수도 있다. 암에 걸려 죽는 것보다 그렇게 죽는 것이 훨씬 낫다. 어리석게 굴지 마라. 어차피 너는 영원히 살 수 없다! 너는 이 일을 해야만 한다. 그러지 않으면 총살을 당할 것이다. 그렇다면 차라리 이 일을 즐기는 것이 낫다.'

나는 몇 시간 동안 나 자신에게 계속 그렇게 말했습니다. 그러자 마음이 편안해지기 시작했습니다. 피할 수 없는 상황이라면 받아들이라고 스스로를 설득함으로써 나는 마침내 걱정과 공포를 극복했습니다. 나는 그 교훈을 결코 잊지 못할 겁니다. 이제 나는 내가 달리 바꿀 수 없는 것에 대해 걱정하려는 유혹을 느낄 때마다 어깨를 한번 으쓱하고는 속으로 이렇게 말합니다. '잊어버리자.' 나는 이렇게 말하는 것이 효과가 있다는 것을 압니다. 폭죽 판매원에게도 그것은 효과가 있었습니다."

대단하다! 군함에 탄 폭죽 판매원에게 갈채를 세 번 보내고 나서 한 번 더 보내자.

예수가 십자가에 못 박혀 죽은 것을 제외하고 역사상 가장 유명한 죽음의 장면은 소크라테스의 죽음이다. 지금부터 1만 년 뒤에도 사람들은 여전히 소크라테스의 죽음에 대해 플라톤이 남긴 불멸의 묘사를 읽고 마음속에 간직할 것이다. 그 묘사는 모든 문학작품을 통틀어 가장 감동적이고 아름다운 글 가운데 하나다. 아테네의 일부 사람들이 맨발로 다니는 노인 소크라테스를 시기하고 질투한 나머지 그에게 죄를 뒤집어씌우고 재판에서 그가 사형을 받게 했다. 소크라테스에게 우호적인 간수가 독배를 주면서 이렇게 말했다. "어찌할 수 없는 것이라면 가볍게 감내하려고 해보세요." 소크라테스는 그렇게 했다. 그는 신성의 경지에 근접할 정도로 침착하고 체념한 태도로 죽음을 맞았다.

"어찌할 수 없는 것이라면 가볍게 감내하려고 해보라." 이것은 예수가 태어난 때보다도 399년 전에 나온 말이다. 그러나 언제나 걱정이 많은 이 세계는 과거 그 어느 때보다도 오늘날 이 말을 더 필요로 한다. "어찌할 수 없는 것이라면 가볍게 감내하려고 해보라."

나는 '마음속에서 걱정을 몰아내기' 라는 주제를 멀찍감치에서라도 다룬 책이나 잡지기사라면 사실상 거의 다 읽었다. 내가 그동안 읽은 모든 글에서 발견한 걱정에 관한 조언 가운데 가장 좋았던 한마디가 무엇인지 알고 싶은가?

자, 여기서 당신과 내가 세면대 앞 거울에 붙여놓아야 할 말, 세수를 할 때마다 마음속에서 모든 걱정을 다 씻어낼 수 있게 해줄 말을 소개한다. 그 말은 라인홀트 니부어* 박사가 27개의 영어 단어를 사

---

* 1892~1971. 미국의 신학자.

용해서 압축적으로 표현한 기도문이다.

> 내가 변화시킬 수 없는 것을 받아들이게 할
> 침착함을 내게 주시옵고,
> 내가 변화시킬 수 있는 것을 변화시키게 할
> 용기를 내게 주시옵소서.
> 또한 그 차이를 알게 해줄 지혜도 주시옵소서.

걱정하는 습관이 당신을 무너뜨리기 전에 그 습관을 무너뜨리기 위해서는 네 번째 규칙을 명심해야 한다. 그것은 다음과 같다.

피할 수 없는 것이라면 그것과 협력하라.

10
당신의 걱정에 '손절매' 주문을 걸어라

월스트리트의 주식시장에서 돈을 버는 방법을 알고 싶은가? 아마 당신 말고도 수많은 사람들이 그런 방법을 알고 싶어 할 것이다. 그러니 내가 만약 그런 방법에 관한 정답을 알고 있다면 이 책은 한 부당 1만 달러에도 팔릴 것이다. 그런데 성공적인 주식거래를 한 일부 사람들이 이용하는 좋은 아이디어가 하나 있다. 다음은 투자자문가인 찰스 로버츠가 내게 해준 이야기다.

"나는 친구들이 주식에 투자해달라고 준 돈 2만 달러를 가지고 텍사스 주에서 뉴욕으로 올라왔습니다. 나는 주식시장에 대해 잘 안다고 생각했습니다. 그러나 나는 갖고 있던 돈을 다 잃고 말았습니다. 사실대로 말하면, 나는 일부 거래에서는 큰 이익을 거두기도 했지만 결국에는 모든 것을 다 잃고 말았습니다.

나는 내 돈을 잃은 것에 대해서는 별로 괘념치 않았습니다. 그러나 친구들의 돈을 잃은 것은 끔찍했습니다. 친구들이 내게 그 돈이 없어졌어도 상관없다고 말하더라도 끔찍하기는 마찬가지일 거란 생각이 들었습니다. 우리의 모험을 그렇게 불운하게 끝장내고서 그들을 다시 대면할 엄두가 나지 않았습니다. 그러나 놀랍게도 그들은 돈을 잃은 것을 깨끗하게 받아들이면서 구제불능의 낙관주의자 같은 모습을 보여줬습니다.

나는 내가 도 아니면 모 식의 거래를 했을 뿐만 아니라 운과 다른 사람들의 의견에 너무 많이 의존하는 방식으로 거래를 했다는 사실을 깨달았습니다. 나는 '악보 없이 즉흥연주를 하듯이' 임기응변으로 주식시장을 상대했습니다.

나는 내가 저지른 실수를 돌이켜 생각해보기 시작했고, 다시 주식시장으로 돌아가기 전에 주식시장이 어떻게 굴러가는 것인지를 알아내기로 작정했습니다. 그래서 성공한 주식투자자들 가운데 한 사람을 찾아가 사귀었습니다. 그는 버튼 캐슬스라는 사람으로 오랫동안 해마다 주식투자에서 큰 수익을 냈다는 명성을 갖고 있었습니다. 나는 그러한 명성이 행운의 결과만이 아니라는 것을 알고 있었기에 그로부터 많은 것을 배울 수 있으리라고 믿었습니다.

그는 내게 그동안 어떻게 주식거래를 했는지에 대해 몇 가지 질문을 던져본 다음에 주식거래에서 가장 중요한 원칙이라고 내가 지금 믿고 있는 것을 말해주었습니다. 그는 이렇게 말했습니다. '나는 내가 하는 모든 매매계약에 손절매 주문을 걸어 놓습니다. 내가 어느 주식을 예를 들어 주당 50달러에 산다고 한다면 나는 곧바로 거기에 주당 45달러에서 손절매가 이루어지도록 주문을 걸어 놓습니다.' 이는 곧 매입한 주식의 가격이 주당 5달러만큼 떨어지면 자동적으로 매각

되게 해놓음으로써 손실을 주당 5달러로 제한한다는 뜻입니다.

그 노련한 주식투자의 달인은 계속해서 이렇게 말했습니다. '만약 애초에 매매계약이 현명하게 이루어졌다면 당신의 투자이익은 주당 10달러나 25달러, 어쩌면 50달러가 될 수도 있을 겁니다. 따라서 손실을 주당 5달러로 제한해 놓으면 당신은 매매거래 횟수의 절반 이상을 잘못해도 많은 돈을 벌 수 있습니다.'

나는 즉각 그 원칙을 수용했고, 그 뒤로 계속해서 그 원칙을 지켰습니다. 그 원칙은 내 고객들과 내가 잃을 수도 있었던 수천 달러를 지킬 수 있게 해주었습니다.

얼마 뒤에 나는 손절매라는 원칙이 주식시장 외에 다른 많은 방면에서도 이용될 수 있다는 사실을 깨달았습니다. 나는 금전적인 걱정거리 외에 그 밖의 다른 걱정거리에 대해서도 손절매 주문을 걸어 놓기 시작했습니다. 모든 골칫거리와 분노의 원인 하나하나에 대해 손절매 주문을 걸어 놓기 시작한 겁니다. 그러자 마법과 같은 효과가 나타났습니다.

예를 들어 나는 종종 한 친구와 미리 약속을 한 뒤에 만나서 점심식사를 같이 했는데, 그 친구는 약속시간을 지키는 경우가 드물었습니다. 그전에는 그가 나타나기 전까지, 그러니까 내 점심시간의 절반 정도에 해당하는 시간 동안 그를 기다리면서 그가 약속시간을 지키지 않는 것에 대해 투덜거리며 짜증을 냈습니다. 마침내 나는 그에게 '나는 내 걱정거리에 손절매 주문을 걸어 놓는다'는 얘기를 했습니다. 나는 이렇게 말했습니다. '빌, 자네를 기다리는 것에 대한 내 손절매 주문의 조건은 10분이네. 만약 자네가 약속시간보다 10분 넘게 늦게 도착한다면 우리의 점심식사 약속은 없던 일이 되는 거야. 나는 그냥 가버리겠어.'"

바로 그거였다! 이 책을 쓰는 나도 초조함에, 분노에, 나 자신을 정당화하려는 욕구에, 후회에, 그리고 내 모든 정신적, 감정적 긴장에 손절매 주문을 걸어 놓는다는 생각을 오래전부터 했다면 얼마나 좋았을까. 내 마음의 평온을 파괴하려고 위협하는 상황을 그때그때 일단 붙잡아 세워 놓고 스스로에게 다음과 같이 말하는 상식적인 지혜를 나는 왜 그동안 갖지 못했을까? "이봐, 데일 카네기. 그 정도로 안달복달했으면 충분해. 지금 이 상황은 더 이상 속 끓일 만한 가치가 없어." 내가 왜 그렇게 하지 못했을까?

그러나 적어도 한 번은 나도 약간의 상식적 지혜를 발휘한 적이 있다. 그 일은 내 인생에 닥쳤던 한 차례의 위기상황, 그러니까 미래에 대한 내 꿈과 계획, 그리고 여러 해 동안 내가 해온 일이 허공 속으로 사라지는 것을 바라보며 서 있게 된 위기상황에서 이루어졌다. 그 경위는 이렇다.

30대 초에 나는 소설을 쓰는 데 인생을 바치겠다고 결심했다. 나는 제2의 프랭크 노리스*나 제2의 잭 런던,♠ 또는 제2의 토머스 하디†가 되고 싶었다. 나는 아주 진지하게 이런 생각을 한 끝에 유럽으

....
* Frank Norris. 1870~1902. 미국의 소설가, 저널리스트.
♠ Jack London. 1876~1916. 미국의 소설가.
† Thomas Hardy. 1840~1928. 영국의 소설가, 시인.

로 건너가 2년 동안 머물렀다. 당시는 1차 세계대전 직후여서 유럽에서 지폐가 마구 발행되던 시기였다. 달러화를 가지고 간 나는 그 덕분에 생활비를 적게 들이면서 지낼 수 있었다. 나는 거기서 내 나름의 대작을 쓰면서 2년을 보냈다. 나는 그 작품에 《눈보라》라는 표제를 붙였다. 그 작품에 대한 출판사들의 반응은 사우스다코타와 노스다코타의 평원에 몰아치는 그 어떤 눈보라에도 못지않게 냉랭했다. 이 점에서 내가 붙인 표제는 그 작품에 딱 어울리는 것이었다. 내 저작권을 관리해주기로 한 사람이 내게 그 작품은 가치가 없고 내게는 소설을 쓰는 재능이 없다고 말했을 때 나는 심장이 거의 멎어버릴 지경이었다. 나는 멍한 상태로 그의 사무실을 나왔다. 그가 내 머리를 곤봉으로 가격했어도 나는 그 이상으로 멍해지지 않았을 것이다. 나는 망연자실했다. 나는 인생의 갈림길에 서있음을 깨달았다. 나는 중대한 결정을 내려야 했다. 이제 나는 무엇을 해야 하는가? 어느 쪽으로 방향을 틀어야 하는가? 여러 주가 지나고서야 나는 멍한 상태에서 깨어났다. 그때 나는 '네 걱정에 손절매 주문을 걸어 놓아라'라는 말을 들어본 적이 없었다. 그러나 이제 와서 돌아보면 그때 나는 바로 그렇게 했던 것을 알 수 있다. 나는 땀을 흘려가며 그 소설을 쓰면서 보낸 2년간을 그 가치만큼만, 다시 말해 소중한 경험을 한 것으로만 간주하고 거기서부터 다시 앞으로 나아갔다. 나는 성인교육반을 조직하고 가르치는 원래의 내 일로 복귀했고, 그 일을 하고 남는 시간에는 당신이 지금 읽고 있는 이 책과 같은 논픽션이나 전기를 썼다.

그때 내가 그런 결정을 내린 것을 지금 나는 다행이었다고 생각하고 있을까? 다행이었다고? 지금 나는 그 일에 대해 생각할 때마다 내가 더할 나위 없는 기쁨에 겨워 거리에서 춤을 추고 있는 듯한 느낌이 든다! 솔직하게 말하면 그 뒤로 나는 단 하루도, 아니 단 한 시간도 내가 제2의 토머스 하디가 되지 못한 것을 한탄하며 보낸 적이 없다.

100여 년 전의 어느 날 밤. 월든 호수 주위의 숲 속에서 올빼미가 울고 있을 때 헨리 소로*는 거위 깃으로 만든 펜을 역시 집에서 만든 잉크에 적셔가며 일기에 이렇게 썼다. "어떤 것이든 그것의 비용은 그것을 얻으려면 그 대가로 곧바로 내주어야 하거나 시간이 걸리더라도 길게 보면 결국은 내주어야 하는, 내가 삶이라고 부르는 것의 양이다."

이것을 달리 표현하면 이렇게 된다. 어떤 것이든 그것이 우리의 실존에서 떼어가는 부분을 대가의 기준으로 놓고 보면 그것에 대한 대가를 과도하게 지불하는 것은 어리석은 짓이다.

그런데 길버트와 설리번♠은 정확하게 그렇게 행동했다. 두 사람은 각각 귀를 즐겁게 해주는 대사와 음악을 만드는 법은 알고 있었지만, 자신의 삶에서 즐거움을 만드는 법에 대해서는 한탄스럽게도 거의 몰랐다. 두 사람은 세계인을 즐겁게 해준 경가극 가운데 가장 훌륭

---

* Henry David Thoreau. 1817~1862. 미국의 작가, 시인, 사상가, 자연주의자.
♠ 윌리엄 길버트(William Gilbert, 1836~1911)와 아서 설리번(Arthur Sullivan, 1842~1900)을 가리킴. 두 사람은 극작가인 길버트가 대본, 작곡가인 설리번이 음악을 각각 맡는 방식의 협력작업을 통해 유명한 경가극(코믹오페라)을 다수 제작해 무대에 올렸으며 대중적인 인기를 누렸다.

한 것에 속하는 경가극인 〈인내〉, 〈군함 피너포어〉, 〈미카도〉와 같은 작품을 만들었다. 그러나 두 사람 다 화를 참지 못했다. 두 사람은 양탄자의 값이라는 사소한 문제를 가지고 다투다가 오래 유지하던 관계에 금이 가게 했다! 두 사람이 함께 극장을 사들였는데, 그 극장의 바닥에 깔 양탄자를 설리번이 구입했다. 양탄자 대금 청구서를 본 길버트는 발끈 화를 냈다. 두 사람은 이 문제로 법정에까지 가서 싸웠고, 그 뒤로 죽을 때까지 서로에게 한마디 말도 하지 않았다. 설리번은 새로운 경가극 작품의 음악을 작곡하면 그것을 우편으로 길버트에게 보냈고, 길버트도 작품의 대본을 완성하면 그것을 우편으로 설리번에게 보냈다. 두 사람이 같이 관객의 커튼콜에 응해야 하는 경우에는 무대의 양쪽으로 떨어져 서서 서로 다른 방향을 바라보고 관객에게 인사를 했다. 서로 상대방을 보지 않기 위해서였다. 링컨[†]과 달리 두 사람은 자신의 분노에 손절매 주문을 걸어 놓는 지혜를 갖고 있지 못했던 것이다.

남북전쟁 때 링컨과 가깝게 지내던 사람들 가운데 일부가 링컨의 정적들을 비난한 적이 있다. 그때 링컨은 이렇게 말했다. "개인적인 분노의 감정을 당신들이 나보다 더 많이 갖고 있군요. 어쩌면 내가 그러한 감정을 너무 적게 갖고 있는지도 모르겠습니다. 그러나 나는 그러한 감정이 불필요하다고 생각합니다. 사람은 인생의 절반을 다른 사람들과 다투면서 보내도 좋을 만큼 긴 시간을 갖고 있지 않습니

[†] 에이브러햄 링컨(Abraham Lincoln, 1809~1865). 미국의 16대 대통령.

다. 어떤 사람이든 그가 나를 공격하기를 멈춘다면 나는 결코 그에게 불리한 과거의 일을 떠올리지 않습니다."

나는 내 친척 아주머니인 이디스가 링컨처럼 용서하는 정신을 갖고 있었다면 좋았겠다고 생각한다. 이제는 노인이 된 그 아주머니와 그분의 남편인 프랭크 아저씨는 도꼬마리라는 잡초가 무성하고 토양이 메마르며 도랑이 여기저기 파인데다가 저당까지 잡혀 있는 농장에서 살았다. 두 분은 생활형편이 어려워서 한푼이라도 아껴 써야 했다. 그런데 이디스 아주머니는 황량한 집안 분위기를 밝게 만들기 위해 커튼을 비롯해 소소한 것 몇 가지를 사고 싶어 했다. 아주머니는 미주리 주의 메리빌에 있는 댄 에버솔 포목점에 가서 외상으로 그러한 작은 사치품들을 샀다. 프랭크 아저씨는 빚에 대해 걱정하고 있었다. 아저씨는 대금 청구서가 늘어나는 것을 보며 농부답게 두려움을 느꼈다. 그래서 그는 댄 에버솔 포목점을 찾아가 앞으로는 아내가 외상으로 뭔가를 사려고 하면 팔지 말아달라고 부탁했다. 그 사실을 안 아주머니는 크게 화를 냈다. 50년이 지난 지금까지도 이디스 아주머니는 그 일에 대해 크게 화를 내고 있다. 나는 그동안 아주머니로부터 한 번도 아니고 여러 번 그 일에 관한 이야기를 들었다. 가장 최근에 뵈었을 때 아주머니의 연세는 70대 후반이었다. 그때 나는 아주머니에게 이렇게 말했다. "아주머니, 프랭크 아저씨가 아주머니께 모욕을 주었던 건 잘못한 일이었어요. 그런데 아주머니, 그 뒤로 거의 반세기에 가까운 세월 동안 아주머니가 계속 그 일을 들먹이며 불평해온 것이 솔직히 말해 아저씨가 한 행동보다 훨씬 더 나쁜 행동이라는 생각이 들지 않으세요?" 나는 차라리 밤하늘의 달에 대고 이런 말을 하는 게 더 나을 뻔했다.

이디스 아주머니는 가슴속에 앙심을 품고 쓰라린 기억을 잊지 않는 데 대한 대가를 톡톡히 치렀다. 아주머니는 마음의 평온을 누리지 못하는 대가를 치른 것이다.

벤저민 프랭클린은 일곱 살 때 그 뒤로 70년간 기억에서 지우지 못하게 되는 실수를 저질렀다. 일곱 살 소년이었을 때 그는 호루라기를 아주 좋아했다. 그는 호루라기를 갖고 싶은 마음에 장난감 가게로 가서 가지고 있던 동전을 모두 꺼내 계산대 위에 올려놓고 가격은 물어보지도 않은 채 호루라기를 달라고 요구했다. 그로부터 70년 뒤에 그는 한 친구에게 보낸 편지에 이렇게 썼다. "나는 호루라기를 갖게 된 것을 기뻐하면서 온 집안을 돌아다니며 호루라기를 불었네." 그런데 그가 정가보다 더 많은 돈을 주고 그 호루라기를 산 것을 알게 된 형과 누나들이 그를 비웃으며 조롱했다. 그의 말을 그대로 옮기면 "그때 나는 속이 상해 울음을 터뜨렸다"고 한다.

세월이 흘러 세계적으로 유명한 인물이 되고 프랑스 주재 대사가 된 뒤에도 그는 어릴 적에 너무 많은 돈을 주고 산 호루라기가 가져다준 즐거움보다 더 큰 분한 마음을 버리지 못했다.

그러나 결과적으로 보면 그 일이 프랭클린에게 가르쳐준 교훈은 그가 돈으로 치른 대가보다 더 비싼 것이었다. 그는 이렇게 말했다. "나는 성장해서 세상에 나와 사람들의 행동을 관찰하게 된 뒤로 호루라기에 대한 대가를 너무 많이 지불하는 사람들을 아주 많이 만났다.

간단히 말해 나는 인류의 비참함 가운데 대부분은 갖고 싶은 것의 가치를 잘못 추정하는 바람에, 그래서 호루라기에 대한 대가를 너무 많이 지불하는 바람에 스스로 떠안게 된 것이라고 생각한다."

길버트와 설리번도 그들의 호루라기에 대한 대가를 너무 많이 지불했다. 이디스 아주머니도 그랬다. 나 데일 카네기도 많은 경우에 그랬다. 세계적인 대작 《전쟁과 평화》와 《안나 카레리나》를 쓴 불멸의 작가 레오 톨스토이도 그랬다. 《대영 백과사전》에 따르면 레오 톨스토이는 그의 인생 가운데 마지막 20년 동안에는 "전 세계에서 가장 존경받는 사람"이었다. 그가 죽기 직전의 20년간, 그러니까 1890년부터 1910년까지의 기간에는 그를 흠모해 그의 얼굴을 살짝이라도 보거나, 그의 음성을 직접 듣거나, 그의 옷깃이라도 만져보기 위해 그의 집을 순례하는 사람들의 행렬이 끝없이 이어졌다. 사람들은 그가 하는 말 한마디 한마디를 마치 '신의 계시'나 되는 양 공책에 일일이 받아썼다. 그러나 삶에 관한 한, 다시 말해 삶의 일반적인 측면에 관한 한 톨스토이는 70살에도 프랭클린이 7살 때 갖고 있었던 만큼의 분별력도 갖고 있지 못했다! 아니 그는 분별력을 전혀 갖고 있지 않았다.

내가 방금 한 말이 무슨 뜻인지를 설명하겠다. 톨스토이는 깊이 사랑하는 여자와 결혼했다. 결혼한 뒤에 두 사람은 매우 행복했고, 무릎을 꿇고 하느님에게 더할 나위 없이 행복한 그러한 천상의 황홀경 같은 상태에서 자신들의 삶을 계속 살아갈 수 있게 해달라고 기도하곤 했다. 그러나 톨스토이와 결혼한 여자는 천성적으로 질투가 심했다. 그녀는 농부처럼 옷을 차려입고 은밀하게 톨스토이의 행동을 감시했고, 심지어는 숲속까지 그를 미행했다. 두 사람은 심하게 다투곤 했다. 그녀는 심지어 자기가 낳은 아이들까지도 질투해서 자기 딸의 사진에 총을 쏘아 구멍을 내기도 했다. 그녀는 아이들이 보는 앞에서 아편이 들어있는 병을 입가에 가져다댄 채 방바닥을 구르면서 자살하겠다고 위협하기도 했다. 공포에 질린 아이들은 방 한쪽 구석에서 비명을 질러댔다.

그러면 톨스토이는 어떻게 했을까? 그가 흥분해서 가구를 부수었다고 해도 나는 그를 탓하지 않을 것이다. 그럴 수도 있을 만한 상황이었기 때문이다. 그런데 그는 그러는 것보다 훨씬 더 나쁜 일을 했다. 그는 아내 몰래 일기를 썼다! 그렇다. 일기를 썼다. 그는 그 일기에서 모든 잘못을 아내 탓으로 돌렸다! 그것은 바로 그의 '호루라기'였다! 그는 미래의 세대들이 자신의 죄를 사해주는 반면에 모든 잘못을 자신의 아내에게 돌리게끔 일기를 통해 확실하게 못박아두려고 작정한 것이었다. 그러면 그의 아내는 그런 그의 행동에 어떻게 대항했을까? 그녀는 그 일기를 발견하자 당연하게도 그것을 갈가리 찢고 태워버렸다. 그녀는 자신의 일기를 쓰기 시작했고, 그 일기에서 남편을 악당으로 만들었다. 그녀는 심지어 《누구의 잘못인가?》라는 제목의 소설을 쓰기도 했다. 그 소설에서 그녀는 남편을 집안의 악마로, 자신을 순교자로 그렸다.

이 모든 것의 결과는 어떠했을까? 왜 그 두 사람은 자신들에게 유일한 가정을 톨스토이의 표현에 따르면 '정신병원'으로 만들어버린 것일까? 몇 가지 이유가 있었던 것이 분명하다. 그 가운데 한 가지 이유는 당신과 나 같은 후세 사람들에게 각자 자신의 입장을 각인시키려는 두 사람의 불타는 욕구였다. 그렇다. 두 사람은 후세의 여론을 두려워했고, 우리가 바로 그 후세인 것이다! 그런데 지금 우리가 두 사람 가운데 누구를 탓해야 하는지에 대해 조금이라도 관심을 갖고 있는가? 그렇지 않다. 우리는 우리 자신의 문제에 워낙 관심을 집중시키고 있기에 톨스토이 부부에 대해 생각하는 데는 일 분도 낭비하려고 하지 않는다. 가엾은 두 사람은 각각 자신의 호루라기를 지키기 위해 얼마나 큰 대가를 치렀는가! 두 사람 가운데 어느 쪽도 "중단하자!"라고 말할 만한 분별력을 갖고 있지 않았기에, 그리고 어느 쪽도 "이 일에 대해 곧바로 손절매 주문을 걸어 놓자. 우리는 삶을 낭비하고 있다. 지금 당장 '그만하면 됐다'라고 말하자!"라고 말할 만한 가치판단 능력을 갖고 있지 않았기에 지옥과 다름없는 상태로 50년을 살았다.

그렇다. 나는 이것이야말로, 즉 가치에 대한 어느 정도의 판단력이야말로 진정한 마음의 평온을 얻는 길로 나아가기 위한 최고의 비결 가운데 하나라고 진정으로 믿는다. 그리고 나는 우리가 일종의 개인적인 황금기준, 다시 말해 우리의 인생을 기준으로 놓고 볼 때 우리에게 가치가 있는 것이 무엇인지를 가늠할 수 있게 해주는 황금기준을 개발한다면 우리의 모든 걱정 가운데 50퍼센트를 없애버릴 수 있다고 믿는다.

그러므로 걱정하는 습관이 당신을 무너뜨리기 전에 당신이 그 습관을 무너뜨리기 위한 다섯 번째 규칙은 다음과 같다.

인생에서 손실을 만회하려다가 더 큰 손실을 보게 되는 방향으로 나아가려는 충동을 느낄 때면 그때마다 멈춰 서서 다음 세 가지 질문을 자신에게 던져보자.

1. 내가 걱정하고 있는 이것이 나한테 실제로 얼마나 중요한 것인가?
2. 이 걱정거리에 대해 나는 어느 지점에 '손절매' 주문을 걸어 놓고 그것을 잊어버려야 할까?
3. 나는 이 호루라기에 대한 대가를 정확히 얼마나 지불해야 할까? 나는 그것의 가치보다 더 비싼 대가를 이미 지불하지 않았을까?

11
톱밥을 톱질하려고 하지 말라

글을 쓰다가 잠시 창밖으로 눈길을 돌리면 정원에 있는 몇 개의 공룡 발자국이 내 눈에 들어온다. 그것은 혈암에 찍힌 공룡 발자국이다. 나는 예일대학의 피버디 박물관에서 그 공룡 발자국을 샀다. 나는 그 공룡 발자국이 1억 8천만 년 전에 찍힌 것임을 증명하는 피버디 박물관장의 편지도 갖고 있다. 아무리 백치라 하더라도 1억 8천만 년 전으로 돌아가 그 발자국을 다르게 바꿔보려고 꿈꾸는 사람은 없을 것이다. 그러나 그런 꿈을 꾸는 것이 180초 전으로 되돌아가 그때 일어난 일을 바꿀 수 없음을 걱정하는 것보다 더 어리석은 태도라고 말할 수는 없을 것이다. 그런데 우리 가운데는 바로 그런 걱정을 하는 사람이 많다. 우리는 180초 전에 일어난 일의 결과를 수정하기 위해 무언가를 할 수는 있을 것이다. 그러나 그때 일어난 사건 자체를 변화시킬 수는 없다.

신의 녹색 발판인 이 지구 위에서는 과거가 건설적인 것이 되게 할 수 있는 길이 하나밖에 없다. 그것은 과거에 저지른 실수를 조용히 분석하고 그로부터 교훈을 얻은 뒤에는 그것을 잊어버리는 것이다.

나는 그렇게 하는 것이 옳다고 알고 있다. 그런데 내가 그렇게 할 용기와 분별력을 늘 갖고 있었을까? 이 질문에 대답하기 위해 먼저 내가 오래전에 겪은 터무니없는 일을 들려주고자 한다. 나는 내 손 안에 있었던 30만 달러라는 큰돈이 손가락 사이로 빠져나가게만 하고 그로부터 한 푼의 이윤도 남기지 못했던 적이 있다. 그 일은 이렇게 일어났다. 나는 성인교육 분야에서 큰 규모의 기업을 출범시켰고, 여러 도시에 지부를 열었으며, 시설비와 광고비로 많은 돈을 펑펑 썼다. 그러는 동안에 나는 학생들을 실제로 가르치는 일로 바빠서 돈 문제를 살펴볼 시간이 없었고, 그래야겠다는 욕구도 느끼지 못했다. 나는 순진했던 탓에 지출을 감시할 빈틈없는 사업관리자가 필요하다는 생각을 하지 못했다.

사업을 벌인 지 약 1년 뒤에 나는 정신이 번쩍 들게 하는 충격적인 진실을 알게 됐다. 수업료 수입을 매우 많이 올렸음에도 불구하고 이익은 전혀 남기지 못했음을 알게 된 것이었다. 그런 사실을 알게 됐을 때 나는 두 가지 일을 해야 했다.

첫 번째로, 나는 조지 워싱턴 카버[†]가 자신이 거래하던 은행이 도산하는 바람에 평생에 걸쳐 모아놓은 저축금 4만 달러를 잃어버렸을 때 그랬던 것과 같이 분별력을 발휘해야 했다. 누군가가 카버에게 당신이 파산한 것을 알고 있느냐고 물었을 때 그는 "예, 그렇다는 얘기를 들었습니다"라고 말하고는 하던 강의를 계속했다고 한다. 그는

[†] George Washington Carver. 1864~1943. 미국의 과학자, 식물학자, 교육자, 발명가.

자기 마음속에서 그 손실을 완전히 지워버렸기에 두 번 다시 그것에 대해 언급하지 않았다.

두 번째로, 나는 내 잘못을 분석해서 오래도록 기억할 만한 교훈을 얻어야 했다.

그러나 나는 이 두 가지 일 가운데 어느 하나도 하지 않았다. 대신 나는 걱정의 나락에 빠져들었다. 여러 달 동안 나는 멍한 상태에서 벗어나지 못했다. 잠을 제대로 자지 못했고, 몸무게가 줄어들었다. 내가 저지른 그 엄청난 잘못에서 교훈을 끌어내는 대신에 나는 가던 방향으로 계속 그대로 갔고, 똑같은 잘못을 좀 더 작은 규모로 다시 저질렀다!

그 모든 나의 어리석음을 인정해야 하는 것이 지금도 나를 당황스럽게 한다. 그러나 나는 "스무 명에게 어떻게 행동하는 게 좋은지를 가르치는 것이 자기 자신의 가르침에 따라 행동하는 스무 명 가운데 한 명이 되는 것보다 더 쉽다"†는 사실을 이미 오래전에 터득했다.

뉴욕의 조지워싱턴 고등학교에서 앨런 손더스를 가르쳤던 교사인 폴 브랜드와인에게 배울 수 있는 특권을 얻게 되기를 내가 얼마나 원했던가!

손더스는 위생학 수업에서 폴 브랜드와인 박사로부터 배운 교훈이 그동안 자신이 배운 교훈 가운데 가장 가치 있는 교훈이었노라고 내게 말했다. 그는 내게 그 일화를 들려줬다.

† 이것은 셰익스피어의 희곡 《베네치아의 상인》에 나오는 대사 가운데 하나다.

"나는 그때 겨우 10대였는데도 걱정에 푹 빠져있었습니다. 나는 내가 저지른 실수에 대해 안달복달하곤 했습니다. 시험 답안지를 제출한 뒤에는 잠을 자지 못했고, 낙제할 것이 두려워 이빨로 손톱을 씹어대곤 했습니다. 나는 언제나 내가 한 일에 대해 걱정하며 지냈고, 그 일을 다르게 했으면 좋았을 것이라고 생각하곤 했습니다. 또한 내가 말한 것에 대해 다시 생각하곤 했고, 그것을 더 낫게 말했으면 좋았을 것이라고 생각하곤 했습니다.

그러던 어느 날 아침에 과학 실험실에서 수업을 받게 됐습니다. 그 실험실에는 폴 브랜드와인 박사, 바로 그 선생님이 기다리고 있었습니다. 그는 책상의 가장자리에 우유 한 통을 놓아두고 있었습니다. 우리는 자리에 앉아 우유통을 바라보면서 그것이 위생학 수업과 무슨 관계가 있는지를 궁금해 했습니다.

갑자기 폴 브랜드와인 박사가 일어서더니 그 우유통을 개수대에 집어던져 넣고는 이렇게 외쳤습니다. '쏟아진 우유를 놓고 울지 마라!' 그런 다음에 그는 우리를 개수대 앞으로 불러내어 쏟아지는 우유를 보게 했습니다. 그는 우리에게 이렇게 말했습니다. '잘 봐두어라. 나는 자네들이 앞으로 살아가면서 이 교훈을 계속 기억하기 바란다. 우유는 사라져버렸다. 우유가 개수대의 배수구로 내려가는 것이 보일 것이다. 아무리 안달복달하고 고민해도 단 한 방울의 우유도 되찾을 수 없다. 조금만 생각하고 예방했다면 우유가 쏟아지지 않게 할 수도 있었다. 그러나 이제는 너무 늦었다. 우리가 할 수 있는 일은 쏟아진 우유에 대해 잊어버리는 것과 해야 할 일을 해나가는 것뿐이다.'"

앨런 손더스는 내게 이렇게 말했다. "실연을 해 보이는 방식의 그 강의에서 본 장면은 내가 배워 단단히 익혀둔 기하학과 라틴어 지식을 잊어버린 뒤에도 오랫동안 내 머릿속에서 떠나지 않았습니다. 사실 그것은 내가 고등학교 4년 동안에 배운 그 어떤 것보다도 실제의 삶에 대해 더 많은 것을 내게 가르쳐주었습니다. 그것은 내게 우유가 쏟아지지 않게 할 수 있다면 그렇게 하라고, 그러나 일단 우유가 쏟아져 배수구로 내려가 버린 뒤에는 그것을 완전히 잊어버리라고 가르쳐주었습니다."

이 책의 독자들 가운데 일부는 '쏟아진 우유를 놓고 울지 마라'와 같은 진부한 속담을 뭐 그리 대단한 것처럼 부각시키려고 하느냐면서 콧방귀를 뀔 것이다. 이 속담이 케케묵고 상투적이며 진부하게 들린다는 사실을 나도 안다. 당신은 이 속담을 천 번은 들었으리라. 그러나 또한 나는 그와 같은 진부한 속담들에 모든 시대를 거치며 증류된 지혜의 정수가 담겨 있다는 사실도 안다. 그런 속담들은 인류의 치열한 경험에서 생겨났고, 수없이 많은 세대를 거치며 전해 내려온 것이다. 그동안 모든 시대의 위대한 학자들이 걱정에 대해 쓴 글을 당신이 전부 다 읽는다고 해도 '다리가 있는 곳에 가기 전에 다리를 건너려고 하지 마라'나 '쏟아진 우유를 놓고 울지 마라'와 같은 진부한 속담보다 더 기본적이면서도 더 의미심장한 교훈을 결코 얻지 못할 것이다. 이 두 개의 속담에 대해 콧방귀를 뀌는 대신에 그것들을 잘 적용하기만 한다면 이 책은 아무런 필요도 없을 것이다.

사실 옛 속담의 대부분을 잘 적용하기만 한다면 우리는 거의 완벽한 삶을 살아갈 수 있다. 그런데 지식은 제대로 적용되기 전에는 힘이 되지 않는다. 이 책의 목적은 당신에게 뭔가 새로운 것을 이야기하려는 것이 아니다. 이 책의 목적은 당신이 이미 알고 있는 것을 다시 한번 상기시키고, 그것을 실제로 적용하는 어떤 행동을 하도록 당신을 고무하는 데 있다.

나는 오래된 진리를 새롭고 생생하게 진술하는 재능을 갖고 있는 고 프레드 풀러 셰드와 같은 사람을 언제나 존경해왔다. 그는 〈필라델피아 불러틴〉의 편집자로서 대학 졸업반 학생들에게 강의를 하다가 이렇게 물었다. "여러분 가운데 얼마나 많은 사람이 톱으로 나무를 썰어보았을까요? 어디 한번 손을 들어봅시다." 학생들 대부분이 그렇게 해본 적이 있었다. 그러자 이번에는 그가 이렇게 물었다. "여러분 가운데 톱으로 톱밥을 썰어본 사람은 얼마나 될까요?" 이번에는 손을 드는 학생이 아무도 없었다.

셰드는 이렇게 외쳤다. "물론 톱으로 톱밥을 썰 수는 없습니다! 톱밥은 이미 톱으로 썰어진 것이니까요. 과거도 이와 똑같습니다. 이미 끝나고 지나가버린 일에 대해 걱정하는 것은 톱밥을 톱질하려는 것과 같습니다."

야구계의 거목인 코니 맥[†]이 81살이었을 때 나는 그에게 이미 진 경기에 대해 걱정해본 적이 있느냐고 물어보았다. 그가 말했다. "물론입니다. 나는 그런 걱정을 자주 했었지요. 그러나 나는 이미 오래전

[†] Connie Mack. 1862~1956. 미국의 야구선수, 야구인.

에 그런 어리석음을 극복했습니다. 이미 진 경기에 대해 걱정하는 것은 아무런 도움이 되지 않는다는 것을 깨달았기 때문이지요. 이미 흘러내려간 시냇물을 가지고는 그 어떤 곡식도 빻을 수 없습니다."

당연히 그렇다. 이미 흘러내려간 시냇물을 가지고는 그 어떤 곡식도 빻을 수 없고, 그 어떤 통나무도 썰 수 없다. 그러나 얼굴에 생긴 주름살과 위에 생긴 궤양은 썰어내리려고 한다면 썰어낼 수 있다.

나는 어느 해의 추수감사절에 잭 뎀프시와 저녁식사를 함께 한 적이 있다. 칠면조 요리와 크랜베리 소스를 앞에 놓고 마주앉아 있을 때 그는 내게 터니[†]에게 헤비급 챔피언을 빼앗긴 경기에 대해 이야기해주었다. 그 패배는 그의 자아에 타격을 주었다. 그는 다음과 같이 말했다.

"그 경기 도중에 문득 내가 이제는 늙었음을 깨달았습니다. 열 번째 라운드가 끝날 무렵에도 나는 두 발을 딛고 서 있었지만, 그것이 내가 할 수 있는 전부였습니다. 부풀어 오른 내 얼굴은 군데군데 찢어지기도 했고, 내 두 눈은 거의 감긴 상태였습니다. 나는 심판이 터니가 승리했다는 표시로 그의 손을 들어 올려주는 것을 보았습니다. 나는 이제 더 이상 세계 챔피언이 아니었습니다. 나는 마침 내리는 비를 맞으며 군중 속을 걸어 내 탈의실로 돌아갔지요. 내가 지나가는 동안에 어떤 사람들은 내 손을 잡아주었고, 어떤 사람들은 눈에 눈물을 머금었습니다.

[†] 제임스 조지프 터니(James Joseph Tunney, 1897~1978). 미국의 프로권투 선수. 흔히 진 터니(Gene Tunney)로 불렸다.

1년 뒤에 나는 다시 터니와 싸웠습니다. 그러나 소용이 없었습니다. 나는 영원히 끝장난 것이었습니다. 그런 내 처지에 대한 걱정이 마음속에 일어나지 않게 하는 것은 어려운 일이었습니다. 그러나 나는 나 자신에게 이렇게 말했습니다. '나는 과거 속에서 살지 않을 것이고, 쏟아진 우유를 놓고 울지 않을 것이다. 나는 이 패배를 받아들이겠지만 그것이 나를 쓰러뜨리지는 못하게 할 것이다."

그리고 잭 뎀프시는 정확하게 그렇게 했다. 어떻게? "나는 과거에 대해서는 걱정하지 않겠다"라는 말을 스스로에게 반복해 말해서? 아니다. 그렇게 했다면 그 말이 과거의 일이 돼버린 걱정거리에 대해 다시 생각하도록 그에게 강요할 뿐이었을 것이다. 그는 자신의 패배를 받아들이고 마음속에서 그것에 관한 생각을 다 지워버린 다음에 미래를 위한 계획에 집중하는 것을 통해 그렇게 했다. 그는 브로드웨이에 잭 뎀프시 레스토랑, 57번가에 그레이트 노던 호텔을 각각 열어서 운영하는 것을 통해 그렇게 했다. 그는 현상금이 걸린 권투시합을 여는 것을 통해, 그리고 권투 전시회를 여는 것을 통해 그렇게 했다. 그는 뭔가 건설적인 것을 하면서 바빠지는 것을 통해 그렇게 했고, 그렇게 하자 과거에 대해 걱정을 할 시간도 없게 되고 그런 충동도 느끼지 않게 됐다. 잭 뎀프시는 이렇게 말했다. "챔피언이었을 때보다 최근의 10년 동안이 내게는 더 나은 시간이었다."

뎀프시는 내게 자기는 책을 많이 읽지 못했다고 말했다. 그러나 그는 자신도 모르는 사이에 셰익스피어가 말한 다음과 같은 조언을 실천한 셈이다. "현명한 사람은 상실한 것에 대해 결코 주저앉아 한

탄하지 않는다. 그 대신 그는 기운을 차리고 그 상실로 인한 피해를 복구할 방법을 찾는다."

나는 역사나 전기를 읽거나 어려운 상황에 처한 사람들을 관찰하다 보면 걱정과 비극을 머릿속에서 지워버리고 꽤 행복한 삶을 살아가는 일부 사람들의 능력에 끊임없이 놀람과 동시에 그들로부터 영감도 얻게 된다.

나는 싱싱교도소[†]를 방문한 적이 있다. 그때 나를 가장 많이 놀라게 한 것은 그곳에 수감된 죄수들이 바깥세상의 보통 사람들처럼 행복해 보인다는 점이었다. 나는 당시의 교도소 소장인 루이스 로스에게 이 점을 이야기했다. 그는 내게 싱싱교도소에 도착한 죄수들은 처음에는 분노하고 비통해 하는 태도를 보이는 경향이 있다고 말했다. 그러나 몇 달이 지나면 그들 가운데 똑똑한 사람들은 대부분 자신의 불운을 잊어버리고 수감생활에 적응하며 자신의 처지를 조용히 받아들이면서 그곳 생활을 최대로 활용하려고 한다는 것이다. 로스 소장은 그곳 수감자 가운데 한 사람에 대해 내게 이야기해주었다. 정원사였던 그 수감자는 교도소 안에서도 채소와 꽃나무를 기르면서 노래를 부른다는 것이었다.

꽃나무를 기르면서 노래를 부르던 그 싱싱교도소 수감자는 우리 대부분보다 더 나은 분별력을 갖고 있었다. 그는 다음과 같은 점을 알

[†] Sing Sing Correctional Facility. 흔히 '싱싱(Sing Sing)'으로 약칭된다. 뉴욕 북쪽의 허드슨 강변에 있는 교도소. '싱싱'이라는 이름은 원래 그곳에서 살았던 아메리카 인디언 원주민 부족의 이름인 '싱크싱크(Sinck Sinck)'에서 유래한 것이라고 한다.

고 있었다.

> 움직이는 손가락은 뭔가를 쓰고,
> 다 썼으면 그 다음으로 나아간다.
> 너의 신앙심과 재주를 다 쏟아도,
> 손가락을 뒤로 돌아가도록 꾀어
> 단 반 줄도 지우게 할 수 없다.
> 또한 너의 눈물을 다 쏟아도 그 눈물로
> 단 하나의 낱말도 씻어낼 수 없다.*

그렇다면 눈물을 낭비할 이유가 있는가? 물론 실수를 저지르고 터무니없는 짓을 한 것은 우리의 죄다! 그러나 그래서 어쨌다는 것인가? 그렇게 하지 않는 사람이 어디 있는가? 나폴레옹도 그가 벌인 전투 가운데 3분의 1에서는 패전했다. 아마도 평균 타율로 보면 우리가 나폴레옹에 뒤지지 않을 것이다. 누군들 성패를 미리 알 수 있겠는가? 그리고 어쨌든 군왕의 말과 병사를 다 동원한다고 해도 과거를 돌이킬 수는 없다.

그러니 다음과 같은 여섯 번째 규칙을 기억하자.

톱밥을 톱질하려고 하지 마라.

---

* 이것은 오마르 카얌의 《루바이야트》에 나오는 구절이다.

3부 요약

걱정하는 습관이 당신을 무너뜨리기 전에 그 습관을 무너뜨리는 법

규칙 1: 바쁜 상태를 유지함으로써 마음속에서 걱정을 몰아내라. 많은 활동을 하는 것은 '위버 기버'를 퇴치하기 위해 고안된 최선의 요법 가운데 하나다.

규칙 2: 사소한 것에 대해 안달하지 말라. 인생에서 단지 흰개미 정도에 지나지 않는 사소한 것이 우리의 행복을 파괴하도록 허용하지 말라.

규칙 3: 평균의 법칙을 적용해보고 지금 하고 있는 걱정이 불필요한 것임을 선언하라. 스스로에게 이렇게 물어라. "그런 일이 일어나지 않을 확률은 얼마나 될까?"

규칙 4: 피할 수 없는 것과는 협력하라. 자신의 능력으로는 부닥친 상황을 변화시키거나 수정할 수 없다면 스스로에게 이렇게 말하라. "그것은 그런 것이다. 바뀔 수가 없다."

규칙 5: 걱정에 '손절매' 주문을 걸어 놓아라. 걱정되는 문제가 얼마나 많은 걱정에 맞먹는 가치를 갖고 있는지를 판단해보고 그것에 대해 그 이상의 걱정은 하지 마라.

규칙 6: 과거는 과거로 묻어버리고 다시는 들추지 마라. 톱밥을 톱질하려고 하지 마라.

4부
평온과 행복을 가져다줄 정신적 태도를 함양하는
7가지 방법

12
당신의 삶을 변화시킬 수 있는 여덟 개의 낱말

몇 년 전에 나는 어느 라디오 프로그램에서 이런 질문을 받았다. "그동안 배운 교훈 가운데 가장 중대한 것은 무엇입니까?"

그것은 대답하기 쉬운 질문이었다. 내가 그동안 배운 교훈 가운데 가장 중대한 것은 '무슨 생각을 하는가가 중요하다'는 것이다. 내가 만약 당신이 무슨 생각을 하는지를 안다면 당신이 어떤 사람인지를 알 수 있을 것이다. 우리가 갖고 있는 생각이 우리를 지금의 우리로 만든 것이다. 정신적 태도는 우리의 운명을 결정하는 미지의 변수다. 에머슨은 이렇게 말했다. "인간은 그가 하루 종일 생각하는 것과 같다." 사실 인간이 그런 것이 아니면 달리 무엇일 수 있겠는가?

당신과 내가 다루어야 할 가장 큰 문제, 아니 실은 당신과 내가 다루어야 할 거의 유일한 문제는 올바른 생각을 선택하는 문제다. 우리가 만약 올바른 생각을 선택할 수 있다면 우리가 안고 있는 모든 문제의 해결로 나아가는 큰길에 들어서게 될 것이다. 로마제국을 다스

렸던 위대한 철학자 마르쿠스 아우렐리우스는 이 점을 여덟 개의 낱말로 요약해 말했다. 그 여덟 개의 낱말은 당신의 운명을 좌우할 수도 있는 것이다. 그가 한 말은 이렇다. "우리의 인생은 우리가 생각하는 대로 된다."*

그렇다. 우리가 만약 행복한 생각을 한다면 우리는 행복해질 것이다. 두려운 생각을 한다면 우리는 두려움에 빠질 것이다. 병든 생각을 한다면 우리는 아마도 병에 걸릴 것이다. 실패를 생각한다면 우리는 틀림없이 실패할 것이다. 자기연민에 빠진다면 다른 모든 사람이 우리를 기피하려고 할 것이다. 노먼 빈센트 필♣은 이렇게 말했다. "당신은 당신이 생각하는 당신과 같지 않다. 당신이 생각하는 것 바로 그것이 당신이다."

내가 지금 모든 문제에 대해 맹목적 낙관주의자가 습관적으로 취하는 태도를 취하라고 주장하고 있는 것일까? 유감스럽게도 그렇지는 않다. 인생은 그렇게 단순하지 않다. 나는 지금 부정적인 태도를 취하기보다 긍정적인 태도를 취해야 한다고 주장하고 있는 것이다. 달리 말하면, 우리는 우리의 문제에 대해 염려할 필요는 있지만 걱정할 필요는 없다는 것이다. 염려와 걱정은 어떻게 다를까? 예를 들어 설명해보겠다. 나는 교통체증이 심한 뉴욕 시내에서는 도로를 건널 때 언제나 내가 어떻게 해야 하는지에 대해 염려를 하지만 걱정은 하

---

* Our life is what our thoughts make it. 본문에서 지은이가 말한 '여덟 개의 낱말'은 바로 이 영어 문장이 여덟 개의 단어로 이루어졌음을 뜻한다.
♣ Norman Vincent Peale. 1898~1993. 미국의 목사, 저술가.

지 않는다. 염려란 문제가 무엇인지를 알아차리고 그것에 대응하기 위한 조치를 침착하게 취하는 것을 의미한다. 걱정은 사람을 미치게 만드는, 그러면서도 무익하기만 한 쳇바퀴 돌기를 계속하는 것을 의미한다.

사람은 누구나 자기의 심각한 문제에 대해 염려하면서도 웃옷의 단춧구멍에 카네이션 한 송이를 꽂고 턱을 내민 채 의연한 태도로 걸어 다닐 수 있다. 나는 로웰 토머스가 바로 그렇게 하는 것을 보았다. 나는 1차 세계대전 때 전개된 '앨런비-로런스 작전'♠에 관한 토머스의 유명한 다큐멘터리 영화를 상영하는 행사와 관련해 그와 일을 같이 하며 어울려볼 드문 기회를 누린 적이 있다.

그와 그의 조수들은 6군데의 전선에서 전쟁을 필름에 담았다. 그 가운데 가장 훌륭한 작품으로는 T. E. 로런스와 아라비아인들로 구성된 이채로운 부대에 관한 생생한 영상기록물과 앨런비가 팔레스타인 지역을 정복하는 과정에 관한 영상기록물이다. 〈팔레스타인에는 앨런비, 아라비아에는 로런스〉라는 제목 아래 그가 영상기록물을 보여주며 한 강연은 런던에서 선풍적인 인기를 끌었고, 그 인기는 전 세계로 퍼져나갔다. 그가 코번트 가든 로열 오페라 하우스에서 그 영상기록물을 보여주며 전선에서의 모험에 관한 이야기를 계속할 수 있도록 런던의 오페라 시즌이 6주나 연기될 정도였다. 그는 런던에서 획기적

♠ 1차 세계대전 때인 1916년부터 1918년까지 영국군이 중동에서 아랍인들과 연대해 오스만제국에 대항하여 펼친 군사작전. 이 작전은 영국의 이집트원정군 총사령관인 에드먼드 앨런비의 지원 아래 훗날 '아라비아의 로런스'로 불리게 되는 토머스 에드워드 로런스 중령이 주도했다고 해서 '앨런비-로런스 작전'으로 불린다.

인 성공을 거둔 뒤에는 마치 개선장군처럼 다른 많은 나라들을 돌아다녔다. 그런 다음에는 인도와 아프가니스탄에서의 삶에 관한 다큐멘터리 영화를 준비하고 만들면서 2년을 보냈다.

그런데 엄청난 악운을 여러 차례 겪다 보니 불가능해보이던 일이 일어났다. 그가 런던에서 파산을 하게 된 것이었다. 그때 나는 그와 함께 지내고 있었다. 그때 우리가 리용이라는 회사의 체인 음식점인 '코너하우스'에서 저렴한 음식을 사 먹어야 했던 것을 나는 기억하고 있다. 만약 토머스가 저명한 미술가인 제임스 맥베이에게서 돈을 빌리지 못했다면 우리는 코너하우스에도 가지 못할 뻔했다. 내가 하려는 이야기의 요점은, 로웰 토머스는 거액의 빚을 지고 심각한 좌절을 겪고 있었던 그때에도 염려는 했지만 걱정은 하지 않았다는 것이다. 그는 불운이 자신을 쓰러뜨리도록 놔둔다면 채권자들을 포함한 모든 이들에게 자신이 쓸모없는 사람이 되리라는 것을 잘 알고 있었다. 그래서 그는 매일 아침에 하루 일과를 시작하기 전에 꽃을 한 송이 사서 웃옷의 단춧구멍에 꽂은 다음에 고개를 꼿꼿하게 세우고 경쾌한 발걸음으로 옥스퍼드 거리를 활기차게 걸어갔다. 그는 긍정적이고 담대한 생각을 했고, 불운이 자신을 좌절시키도록 허용하지 않았다. 그에게는 불운에 얻어맞는 것도 삶이라는 게임의 한 부분이었다. 정상에 오르고 싶어 하는 사람에게는 그것이 유익한 훈련이 된다는 태도였다.

우리의 정신적 태도는 우리의 육체적 힘에도 거의 믿을 수 없을 정도로 큰 영향을 미친다. 영국의 유명한 정신과 의사인 J. A. 해드필드는 54쪽 분량의 작은 책자 《힘의 심리학》에서 이런 사실을 설득력 있게 설명했다. 그는 이렇게 썼다. "나는 세 사람에게 정신적 암시가 육체적 힘에 미치는 영향을 알아보기 위한 실험에 응해 달라고 부탁했다. 그리고 육체적 힘은 악력계로 손의 힘을 재는 방식으로 측정하기로 했다." 그는 실험에 응한 세 사람에게 온 힘을 다해 손으로 악력계를 쥐어보라고 했다. 그는 세 가지 상이한 조건 아래서 실험을 진행했다.

처음에는 그들의 의식이 깨어있을 때 악력계를 쥐어보게 했다. 이 경우에는 그들의 악력이 평균 48.8킬로그램으로 측정됐다.

그 다음에는 그들에게 최면을 걸고 그들의 힘이 매우 약하다고 속삭여준 다음에 악력계를 쥐어보게 했다. 이 경우에는 그들의 악력이 평균 13.2킬로그램으로 측정됐다. 이는 그들이 정상적인 상태에서 보여준 악력의 3분의 1에도 못 미치는 것이었다. 실험에 응한 세 사람 가운데 한 사람은 현상 권투시합에 출전하는 권투선수였다. 그런 그도 최면에 걸린 상태에서 자신의 힘이 아주 약하다는 말을 듣게 되자 자신의 팔이 "마치 아기의 팔과 같이" 작게 느껴졌다고 말했다.

마지막으로 해드필드는 그들에게 최면을 걸어 그들의 힘이 아주 세다고 속삭여준 다음에 악력계를 쥐어보게 했다. 그랬더니 그들의 악력이 평균 64.4킬로그램으로 측정됐다. 자신의 힘에 대한 긍정적인 생각으로 가득 찼을 때는 그 반대의 경우에 비해 육체적 힘이 거의 50퍼센트만큼 증가한 것이다.

바로 이런 것이 우리의 정신적 태도가 발휘하는 놀라운 힘이다.

생각의 마법적인 힘을 좀 더 구체적으로 설명하기 위해 미국의 역사 속 이야기 가운데 가장 놀라운 일화 하나를 소개하고자 한다. 나는 그것에 대해 한 권의 책도 쓸 수 있을 것 같지만, 여기서는 그저 간략하게 소개하겠다. 남북전쟁이 끝난 직후의 10월이었다. 서리가 내리는 추운 밤에 한 여자가 매사추세츠 주의 에임스버리에 있는 어느 집 문을 두드렸다. 그 여자는 집도 없이 떠도는 가난한 방랑자였고, 그 집에는 은퇴한 선장의 아내인 웹스터 부인이 살고 있었다.

웹스터 부인은 문을 열었다. "뼈와 가죽만 남아 몸무게가 45킬로그램 정도밖에 안 돼 보이는" 자그맣고 연약한 여자가 두려움에 질린 표정으로 문밖에 서 있는 게 눈에 들어왔다. '글로버 부인'이라는 그 낯선 방문자는 자신이 밤낮 없이 몰두하고 있는 커다란 문제에 대해 생각을 하고 해답을 찾아내기 위해 거처할 집을 찾고 있다고 설명했다.

웹스터 부인은 이렇게 대답했다. "이곳에 머무르시죠. 지금 이 커다란 집에 사람이라곤 저 혼자뿐이랍니다."

웹스터 부인의 양아들로 뉴욕에 있던 빌 엘리스가 휴가를 보내기 위해 오지 않았다면 글로버 부인은 그 집에 계속 더 머물렀을 것이다. 휴가차 집에 온 엘리스는 글로버 부인을 보더니 "이 집에 방랑자가 살게 하지 않겠다"고 외치고는 갈 곳 없는 여자를 집밖으로 쫓아냈다. 비가 억수같이 퍼붓고 있었다. 그녀는 비를 맞으며 떨고 서 있다가 잠시 뒤에 다른 거처를 찾아 길을 걸어가기 시작했다.

지금부터가 놀라운 부분이다. 빌 엘리스가 집밖으로 쫓아낸 '방랑자'는 그동안 땅 위를 걸은 그 어느 여자보다도 전 세계 사람들의 사고에 더 큰 영향을 미치게 될 여자였다. 오늘날 헌신적으로 그녀를 따르는 수백만 명에게 그녀는 메리 베이커 에디♠라는 이름으로 알려져 있다. 그녀는 크리스천 사이언스의 창시자다.

그러나 웹스터 부인의 집에서 쫓겨날 때만 해도 그녀는 자신의 삶에서 질병, 슬픔, 비극을 제외하고는 만나본 것이 거의 없었다. 그녀의 첫 번째 남편은 결혼한 지 얼마 안 돼 죽었다. 그녀의 두 번째 남편은 어느 기혼녀와 눈이 맞아 집을 나가면서 그녀를 버렸고, 나중에 구빈원에서 죽었다. 그녀에게는 아들이 하나 있었다. 그러나 가난과 질병으로 인해 아들이 네 살이 됐을 때 그를 포기해야 했다. 그 뒤로 연락이 완전히 끊어져 31년 동안 아들을 보지 못했다.

건강이 좋지 않았던 에디는 자신이 '마음 치료의 과학'이라고 부르는 것에 대해 지속적인 관심을 갖고 있었다. 그러다가 매사추세츠 주의 린에서 그녀의 인생에 극적인 전환이 일어났다. 어느 추운 날 그녀는 린의 중심가를 걸어가다가 꽁꽁 얼어붙은 보도 위에서 미끄러지면서 정신을 잃었다. 그녀는 등뼈를 다쳤고, 그로 인해 몸에 경련이 일어났다. 의사는 그녀가 죽을 것이라고 예상했다. 설령 기적이 일어나 죽지 않는다 해도 다시는 걷지 못할 것이라고 의사는 단언했다.

메리 베이커 에디는 임종을 맞을 자리가 될 것이 분명한 침상에 누운 채 성경을 펼쳐 들었다. 그리고 하느님의 인도에 따라 《마태복

♠ Mary Baker Eddy, 1821~1910.

음》에 나오는 이런 구절을 읽게 됐다고 한다. "그런데 보라. 사람들이 침상에 누운 중풍환자를 데리고 오니 예수가 중풍환자에게 '아들아 기운을 내라, 네 죄가 용서됐다'고 하신다. … 예수가 '일어나 네 침상을 가지고 집으로 가라' 하니 그가 일어나 집으로 걸어가기 시작했다."

이 구절에 나오는 예수의 말은 그녀의 내면에 큰 힘과 큰 믿음을 불러일으키고 몸의 치유력을 강화시켰다. 그리고 그녀는 "곧바로 침상에서 일어나 걷기 시작했다"고 한다.

에디 부인은 이렇게 단언했다. "그 경험은 마치 뉴턴의 떨어지는 사과와 같았다. 그 경험으로 인해 나는 나를 건강해지게 하고 다른 사람들도 건강해지게 하는 법을 발견했다. … 나는 모든 원인은 마음에 있으며 모든 결과는 정신적인 현상이라는 과학적으로 확실한 사실을 인식하게 됐다."

이리하여 메리 베이커 에디는 일종의 새로운 종교인 크리스천 사이언스의 창시자 겸 고위 성직자가 됐다. 현재 크리스천 사이언스는 신도집단의 규모가 큰 종교로서는 유일하게 여성에 의해 창시된 종교이며, 그 신도는 전 세계에 걸쳐 있다.

이 대목에서 속으로 "카네기 이 사람이 크리스천 사이언스로 개종하려는 모양이군" 하고 말하는 독자가 있을지도 모르겠다. 그렇지는 않다. 나는 크리스천 사이언스의 신도가 아니다. 그러나 나는 살면서 나이가 먹을수록 생각의 엄청난 힘에 대해 더 깊이 확신하게 된다. 오랜 세월 성인들을 가르치는 일을 해온 결과로 나는 남자든 여자든 누구나 생각만 바꾸면 걱정과 두려움, 그리고 다양한 종류의 질병을 물리치고 자신의 삶을 변화시킬 수 있다는 것을 알게 됐다. 나는 그것을 안다! 나는 그것을 안다!! 나는 그것을 안다!!! 나는 그러한 믿기 어려운 변화가 일어나는 것을 수백 번 보았다. 나는 그러한 변화가 일어나는 것을 워낙 자주 보았기에 그런 변화가 일어나는 것에 대해 이제는 더 이상 놀라지도 않는다.

생각의 힘을 보여주는 그런 믿기 어려운 변화 가운데 하나가 내가 가르치던 한 학생에게도 일어났다. 그는 신경쇠약에 걸려 있었다. 왜 그렇게 됐을까? 걱정 때문이었다. 그 학생은 내게 다음과 같이 말했다.

"나는 모든 것에 대해 걱정했습니다. 내 몸이 너무 말라서 걱정했고, 머리카락이 자꾸 빠진다는 생각 때문에 걱정했고, 결혼하기에 충분한 만큼 돈을 벌지 못할 것이 두려워서 걱정했고, 결코 좋은 아버지가 되지 못할 것이라는 느낌이 들어 걱정했고, 결혼하고 싶은 여자를 잃게 될 것이 두려워 걱정했고, 행복한 삶을 살고 있지 못하다는 느낌이 들어 걱정했습니다. 나는 내가 다른 사람들에게 어떤 인상을 주는지에 대해 걱정했습니다. 나는 내가 위궤양에 걸렸다고 생각해서 걱정했습니다. 나는 더 이상 일을 할 수 없어서 결국 직장을 그만뒀습니다. 마음속에 긴장이 누적됐고, 마침내 나는 안전밸브가 없는 보일러처럼 됐습니다. 압력이 견딜 수 없을 정도로 커져서 어디에선가 터져야 했고, 실제로 그렇게 됐습니다. 신경쇠약에 걸려본 사람은 다시는 신경쇠약에 걸리지 않게 해달라고 하느님에게 빌 겁니다. 왜

나하면 괴로워하는 마음의 통렬한 고통은 그 어떤 몸의 고통도 능가하기 때문입니다.

신경쇠약의 증세가 워낙 극심했기 때문에 나는 가족과도 대화할 수가 없었습니다. 나는 내 생각을 통제하는 능력을 상실해버렸습니다. 내 마음은 두려움으로 가득 찼습니다. 나는 아주 작은 소음에도 화들짝 놀라곤 했습니다. 나는 모든 사람을 피했습니다. 나는 별다른 이유도 없이 울음을 터뜨렸습니다.

하루하루가 고통의 나날이었습니다. 나는 모든 사람에게서 버림을 받았다고 느꼈습니다. 하느님도 나를 버렸다고 생각했습니다. 나는 강물에 뛰어들어 모든 것을 끝내자는 충동을 느꼈습니다.

그러나 나는 강물에 뛰어드는 대신 플로리다로 여행을 가기로 결심했습니다. 환경에 변화를 주는 것이 내게 도움이 될 것이라는 기대에서였습니다. 내가 열차에 오를 때 아버지께서 편지 한 통을 건네주시며 플로리다에 도착하기 전에는 그 편지를 개봉하지 말라고 했습니다. 나는 관광시즌이 한창일 때 플로리다에 도착하는 바람에 호텔을 잡지 못하고 어느 차고에 딸린 수면실을 임차했습니다. 나는 마이애미에서 출발하는 부정기 화물선에서 일거리를 얻으려고 했습니다. 그러나 운이 없어 일거리를 얻지 못해 해변에서 빈둥거리며 시간을 보내야 했습니다. 플로리다에 도착한 뒤로 나는 집에 있을 때보다 더 마음이 비참했습니다. 그래서 나는 아버지가 건네준 편지를 꺼내어 개봉했습니다. 그 편지에서 아버지는 이렇게 말씀하셨습니다. '아들아, 너는 지금 집에서 2400킬로미터 떨어진 곳에 있다. 그러나 네 기분은 별로 달라지지 않았을 거야, 그렇지? 나는 네 기분이 별로 달라지지 않았을 거라는 걸 안다. 왜냐하면 너는 네 모든 문제의 유일한 원인, 즉 너 자신을 그대로 갖고 거기로 갔기 때문이다. 너의 몸이나 마음에는 잘못된 것이 없어. 네가 부닥친 상황이 너를 쓰러뜨린 것이 아니야. 그 상황에 대한 네 생각이 너를 쓰러뜨린 거야. '사람은 자기가 마음속으로 생각한 대로 된다'는 말도 있지 않니? 네가 이것을 깨닫게 되면, 아들아, 집으로 돌아와라. 그때는 네가 이미 치유됐을 테니.'

아버지의 편지는 나를 화나게 했습니다. 내가 기대했던 것은 훈계가 아니라 동정이었습니다. 나는 너무 화가 나서 절대로 집으로 돌아가지 않겠다고 작심했습니다. 그날 밤에 나는 마이애미의 뒷골목을 걸어가다가 어떤 교회 앞에 이르렀습니다. 교회 안에서는 예배가 진행되고 있었습니다. 나는 달리 갈 곳도 없고 해서 교회 안으로 들어가 앉아 목사의 설교를 들었습니다. 목사는 '자기 정신을 정복하는 자가 도시를 탈취하는 자보다 더 강하다'는 성경 구절에 대해 설교하고 있었습니다. 신성한 하느님의 집에 들어가 앉아 아버지가 편지에 쓰신 내용과 똑같은 이야기를 듣게 되니 내 머릿속에 쌓였던 쓰레기가 모두 쏠려나가는 듯했습니다. 나는 내 인생에서 처음으로 분명하고 분별 있는 생각을 할 수 있게 됐습니다. 나는 내가 얼마나 어리석었는지를 깨달았습니다. 나는 내 진짜 모습을 보고 놀랐습니다. 세상과 그 안의 모든 사람을 다 변화시키고 싶어 하는 내가 거기에 있었습니다. 그러나 변화시킬 필요가 있는 것은 오로지 카메라 렌즈의 초점,

즉 내 마음 하나뿐임을 나는 깨달았습니다.

다음날 아침에 나는 집으로 돌아가기 위해 짐을 꾸려 들고 그곳을 떠났습니다. 일주일 뒤에 나는 다시 취직을 했습니다. 4개월 뒤에는 내가 놓칠까봐 두려워했던 여자와 결혼을 했습니다. 우리는 그동안 다섯 명의 아이를 낳고 행복한 가정을 이루었습니다. 하느님은 물질적으로나 정신적으로나 내게 은혜를 베풀어주셨습니다. 신경쇠약에 걸렸을 때 나는 조그만 백화점 매장의 야간조장으로서 18명의 직원을 관리하는 일을 하고 있었습니다. 그런데 지금 나는 포장상자 제조회사의 총감독으로서 450명 이상의 직원을 관리하고 있습니다. 내 삶은 훨씬 더 충만하고 편안해졌습니다. 지금 나는 삶의 진정한 가치를 알고 있다고 믿습니다. 내 삶에 불안의 요소가 슬그머니 끼어들 때면 나는 나 자신에게 카메라 렌즈의 초점을 다시 맞추라고 말합니다. 그러면 모든 것이 괜찮아집니다.

솔직하게 말해, 나는 신경쇠약에 걸려보았던 것이 오히려 다행이라고 생각합니다. 그 경험은 힘든 과정이었지만, 덕분에 나는 생각이 몸과 마음에 어떤 힘을 미치는지를 알게 됐기 때문입니다. 이제 나는 내 생각이 나를 위해서 작용하게 만들 수 있습니다. 내 모든 고통의 원인은 외적 상황에 있는 것이 아니라 외적 상황에 대해 내가 어떻게 생각하느냐에 있다고 한 아버지의 말씀이 옳았다는 것을 이제 나는 압니다. 그리고 나는 그것을 깨닫자마자 치유됐고, 그 뒤로도 치유된 상태를 계속 유지하고 있습니다."

우리가 마음의 평온을 느낄 수 있는가, 삶에서 즐거움을 누릴 수 있는가는 우리가 어디에 있는가, 우리가 무엇을 소유하고 있는가, 우리가 어떤 사람인가에 의존하지 않고 오로지 우리의 정신적 태도에 의존한다고 나는 생각한다. 외적 상황은 거의 아무런 관계도 없다. 옛날 사람 존 브라운*을 예로 들어보자. 그는 하퍼스페리♠에 있는 무기고에서 무기를 탈취해 노예들에게 나눠주고 반란을 일으키도록 선동한 혐의로 붙잡혀서 교수형에 처해졌다. 그는 자신이 들어갈 관 위에 앉은 자세로 교수대로 이송됐다. 그가 교수대로 이송될 때 동행한 간수는 초조해 하고 걱정도 했다. 그러나 존 브라운은 침착하고 냉정했다. 그는 버지니아 주의 블루리지 산맥을 쳐다보면서 이렇게 외쳤다. "이 얼마나 아름다운 나라인가! 나는 그동안 저 산맥을 실제로 볼 기회가 없었다."

영국인으로서는 처음으로 남극점에 도달한 로버트 팰컨 스콧[†]과 그의 동료들의 경우를 예로 들 수도 있다. 그들이 돌아오는 길은 인간이 걸었던 그 어떤 여행길보다 더 가혹했을 것이다. 그들은 식량도 떨어졌고, 연료도 떨어졌다. 으르렁거리는 눈폭풍이 11일 동안 밤낮으로 휘몰아쳐 더 이상 앞으로 나아갈 수가 없었다. 그 눈폭풍은 너무나 맹렬하고 날카로워서 남극의 빙원에 산등성이를 만들어낼 정도였다. 스콧과 그의 동료들은 자신들이 죽게 되리라는 것을 알고 있었다. 그

---

* John Brown. 1800~1859. 미국의 노예폐지 운동가.
♠ 미국의 웨스트버지니아 주에 있는 마을.
† Robert Falcon Scott. 1868~1912. 영국의 남극 탐험가. 노르웨이의 아문센보다 한 달 늦은 1912년 1월 18일에 남극점에 도달했지만, 돌아오는 길에 악천후와 식량부족에 시달리다가 3월 말에 동료들과 함께 동사했다.

리고 그들은 죽음을 불러올 수 있는 그런 긴급상황에 대비해 상당량의 아편을 휴대하고 있었다. 아편만 충분히 먹으면 그들은 드러누워 즐거운 꿈을 꾸면서 죽음을 맞이할 수 있었다. 하지만 그들은 휴대하고 있는 아편을 무시하고 기운을 북돋는 노래를 힘차게 부르며 죽어갔다. 8개월 뒤에 탐색대가 그들의 얼어붙은 주검과 더불어 고별편지 한 통을 발견했기에 우리는 그들이 그렇게 죽어갔음을 알게 됐다.

그렇다. 만약 용기를 잃지 않고 침착하게 창조적인 생각을 한다면 우리는 자신이 들어갈 관 위에 앉아서도, 그리고 교수대로 가면서도 주위의 경치를 즐길 수 있고, 굶주림과 추위로 얼어 죽는 순간에도 우리의 텐트를 '기운을 북돋는 힘찬 노래'로 가득 채울 수 있다.

300년 전에 밀턴[†]은 맹인이 된 상태에서 똑같은 진리를 알아냈다.

> 마음은 독자적인 세계이며,
> 그 안에서 스스로
> 지옥을 천국으로 만들 수도 있고,
> 천국을 지옥으로 만들 수도 있다.

나폴레옹과 헬렌 켈러는 밀턴의 진술을 완벽하게 입증해주는 예다. 나폴레옹은 명예, 권력, 부 등 인간이 일반적으로 열망하는 것을

[†] John Milton. 1608~1674. 영국의 시인.

모두 가져본 인물이었다. 하지만 그는 세인트헬레나에서 이렇게 말했다. "나는 내 인생에서 행복했던 날을 단 6일도 가려낼 수 없다." 반면에 눈이 멀고 귀가 들리지 않고 말도 하지 못하는 장애인 헬렌 켈러는 이렇게 단언했다. "나는 삶이 매우 아름답다는 것을 알게 됐다."

내가 살아온 반백년이 내게 가르쳐준 것 가운데 가장 먼저 꼽을 수 있는 것은 "너 자신 말고는 그 어떤 것도 너에게 평온을 가져다주지 못한다"는 것이다. 이 말은 에머슨이 '자기신뢰'에 관해 쓴 글의 마지막 대목에 쓴 말이다. 이 말이 포함된 문구를 다시 옮겨보면 이렇다. "정치적 승리, 지대 수입의 증가, 질병으로부터의 회복, 멀리 갔던 친구의 귀환, 그리고 그 밖의 다른 외적인 사건들은 당신의 기분을 북돋아준다. 그러면 당신은 당신의 미래에 좋은 나날이 준비돼있다고 생각한다. 그러나 그렇다고 믿지 말라. 결코 그럴 수가 없다. 당신 자신 말고는 그 어떤 것도 당신에게 평온을 가져다주지 못한다."

스토아학파의 대철학자인 에픽테토스는 몸에서 종양이나 종기를 제거하는 것에 신경을 쓰기보다는 마음속에서 잘못된 생각을 제거하는 것에 신경을 써야 한다고 주의를 주었다.

에픽테토스가 이런 말은 한 것은 지금으로부터 1900여 년 전의 일이지만, 현대의 의학도 그 말을 뒷받침해준다. 캔비 로빈슨 박사는 존스홉킨스 병원에 입원한 환자 5명 가운데 4명은 정서적 긴장과 스트레스가 부분적인 원인으로 작용해서 생겨난 증상으로 인해 고통을 받는다고 단언했다. 이런 분석은 기질성 질환의 경우에도 종종 들어맞는다. 그는 이렇게 단언했다. "이런 현상의 원인은 결국 삶과 삶의 문제에 대한 부적응에서 찾을 수 있다."

프랑스의 위대한 철학자인 몽테뉴는 17개의 낱말로 이루어진 다음과 같은 말을 자신의 좌우명으로 삼았다. "인간은 일어난 일 때문에 상처를 받기보다는 일어난 일에 대한 자신의 의견 때문에 상처를 받는다."* 그리고 일어난 일에 대해 우리가 어떤 의견을 갖게 되는지는 전적으로 우리 자신에게 달려 있다.

내가 방금 한 말이 무슨 뜻인지 알겠는가? 어려운 문제로 인해 당신의 심신이 녹초가 되고 당신의 신경이 철사처럼 뻗치면서 그 끝부분이 서로 꼬이고 있는데도 내가 너무나 뻔뻔스럽게도 당신의 얼굴을 똑바로 쳐다보면서 그러한 상태에서도 당신은 의지의 힘을 발휘해 자신의 정신적 태도를 바꿀 수 있다고 말한 것일까? 내가 그렇게 뻔뻔스러운 말을 한 게 맞는가? 그렇다. 내가 방금 한 말은 정확하게 그런 뜻이다! 그러나 그게 다는 아니다. 지금부터 나는 당신에게 어떻게 하면 그렇게 할 수 있는지도 보여주겠다. 그렇게 하는 데는 다소의 노력이 필요할 수도 있지만, 그 비결은 단순하다.

실용적 심리학에 대한 지식에 관한 한 윌리엄 제임스를 능가하는 사람은 그동안 없었다. 그런 그가 언젠가 이런 관찰의견을 밝힌 바 있다. "행동이 감정의 뒤를 따르는 것처럼 보이지만, 사실은 행동과 감정이 나란히 나아간다. 그리고 우리는 의지의 통제를 직접적으로 받는 행동을 규율하는 것을 통해 의지의 통제를 직접적으로 받지 않

---

* 이 말의 영어 표현은 다음과 같이 17개의 낱말로 구성된다. A man is not hurt so much by what happens, as by his opinion of what happens.

는 감정을 간접적으로 규율할 수 있다."

달리 말해 윌리엄 제임스는 '무엇을 하기로 마음먹는 것' 만으로 우리가 우리의 감정을 즉각적으로 바꿀 수는 없지만 우리의 행동은 바꿀 수 있다는 말을 한 것이다. 그리고 우리가 우리의 행동을 바꾸면 우리의 감정은 자동적으로 바뀌게 된다는 것이다.

그는 이렇게 설명한다. "따라서 쾌활함을 잃어버렸을 때 쾌활함이 저절로 되돌아오게 하는 최선의 방법은 쾌활하게 몸을 세우고 앉아 마치 쾌활함이 이미 되돌아온 것처럼 행동하고 말하는 것이다."

그렇게 단순한 계책이 효과가 있을까? 직접 한번 시도해보라. 하느님에게 솔직한 태도로 얼굴 가득히 환한 미소를 지어보라. 어깨를 뒤로 젖혀보라. 깊은 숨을 한껏 들이쉬어보라. 노래를 불러보라. 노래를 부를 줄 모른다면 휘파람을 불어도 좋고, 휘파람을 불 줄 모른다면 콧노래를 흥얼거려도 좋다. 그렇게 해보면 윌리엄 제임스가 무엇을 말하려고 한 것인지를 금세 알아차리게 될 것이다. 빛나는 행복의 증상을 행동으로 드러내는 동시에 침울한 상태도 그대로 유지한다는 것은 물리적으로 불가능하다!

이는 우리의 인생에서 쉽게 기적을 일으킬 수 있는 작지만 기본적인 자연의 진리 가운데 하나다. 캘리포니아 주에 내가 아는 한 여성이 살고 있다. 그 여성의 이름은 굳이 밝히지 않겠다. 그 여성도 내가 방금 말한 비결을 알기만 했더라면 자신의 모든 비참을 24시간 안에 다 쓸어낼 수 있었을 것이다. 그녀는 늙은 미망인이며, 이는 슬픈 점이라는 것을 나도 인정한다. 그러나 그녀가 행복한 것처럼 행동하려고 애쓰고 있는가? 아니다. 만약 당신이 그녀에게 기분이 어떠냐고 물으면 그녀는 이렇게 대답할 것이다. "나는 괜찮아요." 그러나 그녀의 얼굴표정과 그녀의 음성에 섞인 구슬픈 소리는 이렇게 말한다. "아, 하느님! 내가 어려운 문제를 떠안고 있다는 것을 알아주시기를!" 그녀는 자기 앞에서 당신이 행복한 모습을 보인다고 당신을 탓하는 것 같은 태도를 드러낸다. 그러나 수많은 여성들이 그녀보다 상황이 더 안 좋다. 그녀의 남편은 그녀에게 남은 인생이 다할 때까지의 생활을 보장해주기에 충분할 정도의 보험을 남겨 놓았다. 그녀의 자식들은 다 결혼했는데 모두 그녀에게 거처를 제공해줄 수 있다. 그러나 나는 그녀가 미소 짓는 것을 거의 보지 못했다. 그녀는 세 명의 사위가 모두 다 인색하고 이기적이라고 불평한다. 그녀는 사위들의 집을 차례로 돌아가며 찾아가 몇 달씩 머물며 살고 있으면서도 그렇게 불평을 하는 것이다. 그리고 그녀는 딸들이 자기에게 선물을 준 적이 한 번도 없다고 불평한다. 자신은 '노년을 위해' 자기 돈을 조심스럽게 숨겨 놓고 있으면서도 그렇게 불평을 하는 것이다. 그녀는 자신과 그녀의 불운한 가족 모두에게 걸림돌이 되고 있다! 그런데 꼭 그래야만 하는가? 그녀의 그런 처지는 참으로 안 된 일이다. 스스로 변화하려고만 한다면 그녀는 비참하고 괴롭고 불행한 노인네의 처지에서 벗어나 존경과 사랑을 받는 가족구성원이 될 수 있을 것이다. 그리고 그런 변화를 이루어내기 위해 그녀가 해야 할 일은 오로지 쾌활한 듯이 행동하기 시작하는 것뿐일 것이다. 즉 불행하고 괴로운 자기 자신을 챙기는 데만 몰두하기보다 주위 사람들에게 조금이나마 사랑을 베풀 줄 아는 듯이 행동하기 시작하는 것뿐일 것이다.

인디애나 주의 텔시티에 사는 H. J. 잉글러트는 바로 이런 비결을 알아차린 덕분에 오늘날까지 살아있게 됐다. 잉글러트는 10년 전에 성홍열을 앓았고, 성홍열에서 회복되자 곧이어 신장염에 걸렸음을 알게 됐다. 그가 내게 알려준 바에 따르면, 심지어는 '돌팔이'까지 포함한 온갖 의사들을 찾아다녔지만 그 어떤 의사의 치료도 그의 병을 고쳐주지 못했다.

그러다가 얼마 전에 그는 또 다른 질환을 얻었다. 혈압이 치솟은 것이다. 그는 의사를 찾아갔고, 의사는 그의 혈압이 214까지 올라간다고 말해주었다. 그와 같은 수치는 치명적이라고 의사는 말했다. 게다가 상태가 점점 더 악화될 수 있으니 당장 모든 일을 중단하는 것이 좋겠다는 것이었다. 그는 내게 다음과 같이 말했다.

"나는 집으로 돌아와 가입한 보험계약의 보험료를 그동안 꼬박꼬박 잘 냈는지를 확인했습니다. 그러고 나서 하느님께 내가 저지른 모든 잘못을 용서해달라고 빌고 우울한 명상에 잠겼습니다. 나는 모든 사람을 불행하게 만들었습니다. 내 아내와 가족을 비참해지게 만들었고, 나 자신은 우울증에 빠졌습니다. 그러나 자기연민에 잠겨서 일주일을 보낸 뒤에는 나 자신에게 이렇게 말했습니다. '너는 지금 바보처럼 행동하고 있다! 너는 앞으로 1년을 더 살 수도 있다. 그렇다면 살아있는 동안 행복하게 살아보려고 노력하지 말아야 할 이유가 있는가?'

나는 어깨를 뒤로 젖히고 미소를 지었습니다. 그러고는 모든 것이 정상인 것처럼 행동하려고 했습니다. 처음에는 그러는 것이 일종의 노력이었다는 점을 인정합니다. 그렇지만 나는 억지로라도 즐겁고 쾌활하게 보이려고 했고, 그 행동은 가족에게 도움이 됐을 뿐만 아니라 나 자신에게도 도움이 됐습니다.

내가 알아차리게 된 가장 중요한 점은 내 기분이 좋아지기 시작했다는 것입니다. 기분이 좋은 척하는 만큼 기분이 좋아졌습니다. 내 기분은 계속 그렇게 좋아졌습니다. 그리고 오늘도, 그러니까 의사가 말한 대로라면 내가 이미 무덤 속에 들어간 뒤 여러 달이 지났을 오늘도 나는 여전히 행복하고 건강하게 살아있을 뿐 아니라 혈압도 낮아진 상태입니다! 나는 한 가지는 확실하게 압니다. 그것은 만약 내가 '나는 죽어가고 있다'는 패배적인 생각을 계속했다면 의사의 예상이 분명히 현실화됐을 거라는 점입니다. 그러나 나는 내 몸에 스스로를 치유할 기회를 주었고, 그 방법은 다른 게 아니라 오로지 정신적 태도를 바꾸는 것이었습니다!"

당신에게 한 가지 질문을 던져보겠다. 단지 쾌활하게 행동하고 자신의 건강과 용기에 대해 적극적인 태도를 갖는 것만으로 위와 같이 한 사람의 생명이 구원됐다고 한다면, 당신과 내가 자신의 우울증을 일각이라도 더 용납해야 할 이유가 있는가? 단지 쾌활하게 행동하는 것만으로 행복을 만들어내기 시작하는 게 가능하다면, 그렇게 하지 않고 자신과 주위의 모든 사람을 불행하게 만들어야 할 이유가 있는가?

몇 년 전에 나는 내 인생에 지속적으로 심대한 영향을 주게 되는 얇은 책을 하나 읽었다. 그것은 제임스 앨런*이 쓴《사람은 생각하는 대로》라는 제목의 책이다. 다음은 그 책에서 인용한 것이다.

"사람은 사물과 다른 사람들에 대한 자신의 생각을 바꾸면 자신에 대한 사물과 다른 사람들의 상태도 바뀌는 것을 보게 된다. … 사람은 생각을 급격하게 바꿀 때 자기 인생에 초래되는 급격한 변화에 놀라게 된다. 사람은 자신이 원하는 것을 끌어당기는 것이 아니라 그 자신과 똑같은 것을 끌어당긴다. … 우리의 목적을 형성하는 신은 우리 자신이다. 그 신은 바로 우리 자신인 것이다. … 사람이 달성하는 것은 모두 다 그 자신이 하는 생각의 결과다. … 사람은 자신의 생각을 끌어올림으로써만 상승할 수 있고, 원하는 것을 정복하고 달성할 수 있다. 사람은 자신의 생각을 끌어올리기를 거부함으로써만 허약하고 열악하고 비참하게 된다."

《창세기》에 따르면 창조주는 인간에게 넓은 대지 전부에 대한 지배권을 주었다. 그것은 대단히 큰 선물이다. 그러나 나는 그런 초대형 특권 같은 것에는 관심이 없다. 내가 바라는 것은 오로지 나 자신에 대한 지배권, 내 생각에 대한 지배권, 내 두려움에 대한 지배권, 내 마음과 내 정신에 대한 지배권이다. 이러한 지배권이 대단해 보이는 것은 내가 원하기만 하면 언제나 단지 내 행동을 통제하는 것만으로도 그 지배권을 확보할 수 있고, 그렇게 되면 그 다음 단계로 내 반응이나 내 행동을 스스로 통제할 수 있게 되기 때문이다.

---

* James Allen. 1864~1912. 영국의 철학적 명상서적 저술가.

그러니 윌리엄 제임스가 이런 말을 했다는 것도 기억하자. "우리가 악이라고 부르는 것은 대부분 … 그로 인해 고통을 당하는 사람의 내적 태도를 '두려워하는 태도'에서 '싸우겠다는 태도'로 단순히 변화시키기만 해도 … 기운을 북돋는 선으로 전환될 수 있다."

그러니 우리의 행복을 위해 싸우자!

쾌활하고 건설적인 생각을 하기 위해 매일 일상적인 계획을 세우고 실천하는 것을 통해 행복을 추구하자. 그러한 계획의 실례를 하나 소개하겠다. 그 계획에는 '오늘만큼은'이라는 제목을 붙일 수 있겠다. 나는 그 계획이 매우 고무적인 효과를 내준다고 보았기에 그 내용을 수백 장 복사해 사람들에게 나눠주었다. 그것은 이제는 고인이 된 시빌 F. 파트리지가 쓴 것이다. 당신과 내가 그 내용을 그대로 따라 한다면 안고 있던 걱정의 대부분이 사라지고, 프랑스 사람들이 흔히 '삶의 즐거움'이라고 부르는 것 가운데 우리가 실제로 누리게 되는 부분이 대단히 크게 확대될 것이다.

오늘만큼은

1. 오늘만큼은 행복해질 것이다. 이는 "대부분의 사람들은 행복해지기로 마음먹는 정도만큼 행복해진다"는 에이브러햄 링컨의 말이 옳다는 가정을 깔고 하는 이야기다. 행복은 내면으로부터 나오는 것이지 외부에 존재하는 것이 아니다.
2. 오늘만큼은 내 욕구에 모든 것을 적응시키려고 하지 않고, 주어진 것에 나를 적응시키려고 할 것이다. 내 가족, 내 사업, 내 행운

을 오는 그대로 받아들이고 그것에 나를 맞출 것이다.
3. 오늘만큼은 내 몸을 돌볼 것이다. 내 몸을 운동시키고 보살피고 영양분을 공급받게 해주는 동시에 남용하거나 소홀히 하지 않음으로써 내가 시키는 대로 하는 완전한 기계로 만들 것이다.
4. 오늘만큼은 내 마음을 강화시키려고 할 것이다. 무언가 유용한 것을 배울 것이다. 정신적인 게으름뱅이가 되지 않을 것이다. 노력, 사고, 집중을 필요로 하는 읽을거리를 찾아 읽을 것이다.
5. 오늘만큼은 내 영혼을 단련시키는 일을 세 가지 이상 할 것이다. 누군가에게 선행을 베풀되 그 선행이 드러나지 않게 할 것이다. 내 영혼의 단련을 위해 내가 하고 싶지 않은 것 가운데 적어도 두 가지를 할 것이다.
6. 오늘만큼은 다른 사람들의 마음에 드는 사람이 될 것이다. 내가 할 수 있는 한 좋은 인상을 주려고 하고, 가능한 한 내게 어울리는 옷을 입고, 겸손하게 말하고, 정중하게 행동하고, 칭찬에는 인색하지 않되 비판은 전혀 하지 않고, 어떤 것에 대해서도 트집을 잡지 않고, 그 누구도 통제하거나 개선시키려고 하지 않을 것이다.
7. 오늘만큼은 내 인생의 모든 문제를 한꺼번에 다루려고 하지 않고 오늘 하루만을 잘 살아내려고 할 것이다. 평생토록 해야 한다면 소름이 돋을 일도 12시간 동안만 하는 것은 얼마든지 가능하다.
8. 오늘만큼은 계획을 갖고 있을 것이다. 내가 매시간 해야 할 일들을 종이에 적어 놓을 것이다. 그것을 정확하게 그대로 하지 않을

수도 있겠지만, 어쨌든 나는 그런 계획을 갖고 있을 것이다. 그 계획은 두 가지 전염병과 같은 태도, 즉 서두르는 태도와 우유부단한 태도를 나에게서 제거해줄 것이다.

9. 오늘만큼은 긴장을 풀고 홀로 조용히 있는 시간을 30분간 가질 것이다. 그 30분 동안에 나는 때로는 하느님에 대해 생각함으로써 내 인생에 대한 투시력을 조금이나마 더 강화시켜 보려고 할 것이다.
10. 오늘만큼은 두려워하지 않을 것이다. 특히 행복해지는 것, 아름다움을 즐기는 것, 사랑을 하는 것, 내가 사랑하는 사람들이 나를 사랑한다고 믿는 것을 두려워하지 않을 것이다.

평온과 행복을 가져다줄 정신적 태도를 개발하고자 한다면 다음과 같은 규칙 1을 실천해야 한다.

쾌활하게 생각하고 행동하라. 그러면 쾌활한 기분을 느끼게 될 것이다.

13
앙갚음을 하는 데 따르는 높은 비용

몇 년 전의 어느 날 밤에 나는 옐로스톤 공원을 돌아다니다가 소나무와 가문비나무가 빽빽하게 자란 숲을 마주하고 있는 전망대에 올라가 다른 관광객들과 함께 앉아 있었다. 얼마 지나지 않아 우리가 기다렸던 동물, 즉 숲 속에서는 공포의 대상인 회색곰이 햇볕이 쪼이는 곳으로 걸어 나오더니 공원 내 호텔에서 그곳에 내다버린 음식찌꺼기를 게걸스럽게 먹기 시작했다. 숲의 감시원인 마틴데일 소령이 말을 탄 채로 흥분한 관광객들에게 회색곰에 대해 설명했다. 회색곰은 버펄로와 코디액 불곰만 빼고는 서구에 서식하는 모든 동물을 다 때려눕힐 수 있다고 그는 말했다. 그런데 그날 밤에 나는 다른 동물 가운데 숲 속에서 회색곰이 먹는 것을 곁에서 같이 먹어도 회색곰이 문제 삼지 않는 동물이 단 하나 있다는 것을 알게 됐다. 그것은 스컹크였다. 회색곰은 자기가 막강한 앞발을 한 번만 휘두르면 스컹크를 해치울 수 있다는 것을 안다. 그런데 왜 그러지 않을까? 그래봐야 이로울 게 없다는 것을 경험을 통해 알게 됐기 때문일 것이다.

스컹크와 관련해 내가 알게 된 사실이 또 하나 있다. 나는 미주리 주의 농장에서 살던 소년시절에 산울타리를 따라 덫을 놓는 방법으로 네 발 달린 스컹크를 잡았다. 어른이 된 뒤에는 뉴욕의 길거리에서 두 발 달린 인간 스컹크를 몇 명 만났다. 나는 네 발 달린 스컹크와 두 발 달린 스컹크 가운데 어느 쪽 스컹크도 건드려봐야 내게 이로울 게 없다는 사실을 즐겁지 못한 경험을 통해 알게 됐다.

적을 증오하는 것은 그 자체로 우리에게 영향을 끼칠 수 있는 힘을 적에게 준다. 우리가 적을 증오하는 순간 적은 우리의 수면, 우리의 식욕, 우리의 혈압, 우리의 건강, 우리의 행복에 영향을 끼칠 수 있는 힘을 갖게 되는 것이다. 적들은 우리가 그들 때문에 걱정에 빠지고, 괴로워하고, 보복 당했다고 생각하는 것을 알게 되는 것만으로도 기쁨에 겨워 춤을 출 것이다! 증오는 적들에게 조금도 상처를 입히지 못하며, 오히려 우리의 낮과 밤을 지옥과 같은 혼란에 빠뜨린다.

"이기적인 사람들이 당신을 이용해먹으려고 하면 그들에게 앙갚음을 하려 들지 말고 그저 당신이 갖고 있는 명단에서 그들의 이름을 지워버려라. 앙갚음을 하려고 하면 당신이 그들에게 입히는 상처보다 당신이 입는 상처가 더 클 것이다." 누가 이런 말을 했을까? 이 말은 어떤 비현실적인 이상주의자가 내뱉은 말처럼 들린다. 그러나 그렇지 않다. 이 말은 밀워키의 경찰국이 발행한 회보에 실렸던 것이다.

앙갚음을 하려는 행위가 어떤 식으로 자기 자신에게 상처를 입힌다는 걸까? 여러 가지로 그렇게 된다. 〈라이프〉에 따르면 앙갚음을 하려다가는 자기 자신의 건강이 망가질 수도 있다. "고혈압을 앓는 사람들의 주된 성격적 특징은 분노"라고 〈라이프〉는 지적했다. "분노가 만성적이 되면 만성적인 고혈압과 심장병에 걸린다"는 것이다.

따라서 예수가 "원수를 사랑하라"고 말했을 때 그는 건전한 윤리를 설교한 것만이 아니었다. 그는 20세기에 의학적 처방이 된 것도 설교했다. 예수가 "일곱 번씩 일흔 번 용서하라"고 말했을 때 그는 당신과 나에게 어떻게 하면 고혈압, 심장병, 위궤양을 비롯한 많은 질병에 걸리지 않을 수 있는지를 이야기한 것이었다.

나의 한 여성 친구는 최근에 심각한 심장발작을 겪었다. 의사는 그녀를 병상에 눕히면서 무슨 일이 일어나도, 그리고 어떤 것에 대해서도 화를 내지 말라고 말했다. 의사들은 알고 있다. 만약 당신의 심장이 약하다면 한 번 화를 내는 것만으로도 당신이 죽게 될 수 있다는 사실을. 지금 내가 "죽게 될 수 있다"고 말했는가? 몇 년 전의 일인데, 워싱턴 주의 스포캔에서 어느 레스토랑 주인이 화를 한 번 낸 것만으로 실제로 죽었다. 지금 내 앞에는 당시에 스포캔의 경찰국장이었던 제리 스워트아웃이 써서 내게 보낸 편지가 놓여 있다. 편지의 내용은 이렇다.

"몇 년 전에 이곳 스포캔에 있는 한 카페의 68살 된 주인이 요리사가 컵받침에 커피를 담아 마신다는 이유로 화를 내다가 사망하는 일이 있었습니다. 그 카페 주인은 머리끝까지 화가 나서 권총을 집어 들고 요리사를 쫓아가다가 그만 심장이 멎어버리고 말았습니다. 가서 보니 그의 주검은 여전히 권총을 쥐고 있었습니다. 검시관의 보고에 따르면 분노가 심장마비를 일으킨 원인이었습니다."

예수는 "원수를 사랑하라"는 말로써 외모를 개선하는 방법도 우리에게 알려주었다고 할 수 있다. 증오로 인해 얼굴이 쭈글쭈글해지면서 딱딱하게 굳어졌거나 분노로 인해 얼굴이 보기 싫게 변형된 사람들을 나는 알고 있다. 당신 역시 그런 사람들을 알고 있을 것이다. 전 세계 기독교권의 미용성형 기술을 다 동원해도 그것은 용서, 온유함, 사랑으로 가득 찬 마음이 외모를 아름답게 변화시키는 것의 절반만큼도 효과적이지 못할 것이다.

증오는 음식을 즐기는 능력도 파괴한다. 성경은 이 점을 이렇게 표현하고 있다. "채소를 먹으며 서로 사랑하는 것이 살진 소를 먹으며 서로 미워하는 것보다 나으니라."

우리가 적에 대해 품는 증오가 우리를 소모시키고, 피곤하게 하고, 신경증에 걸리게 하고, 우리의 외모를 망가뜨리고, 우리에게 심장병을 안겨주고, 결국은 우리의 생명을 단축시킨다는 것을 적이 알게 된다면 손바닥을 비비며 즐거워하지 않겠는가?

적을 사랑할 수 없다면 적어도 자기 자신은 사랑하자. 적이 우리의 행복, 건강, 외모를 통제하도록 허용하지 않을 만큼은 자기 자신을 사랑하자. 셰익스피어도 다음과 같이 말하지 않았던가.

적을 불태울 화덕을 너무 뜨겁게 달구어
그로 인해 너 자신까지 그슬리게 하지 말라.

"일곱 번씩 일흔 번" 원수를 용서하라는 예수의 말은 직업상의 견실한 태도에 대한 설교라고도 볼 수 있다. 예를 들면 지금 이 글을 쓰는 동안 나는 내 앞에 스웨덴의 웁살라에 사는 조지 로나가 보내온 편지를 펼쳐놓고 있다. 로나는 빈에서 변호사로 일하다가 2차 세계대전 때 스웨덴으로 피신했다. 스웨덴에 갔을 때 그는 돈이 없었고, 일자리가 절박하게 필요했다. 몇 개 국어를 구사하는 그는 무역회사의 통신원 자리를 얻고 싶어 했다. 그런데 그런 회사들은 대부분 전쟁으로 인해 통신원이 필요하지 않은 상황이었다. 그가 지원서를 보낸 대부분의 회사들이 단지 그의 이름을 서류에 적어놓겠다는 등 시큰둥한 답변만 보내왔지만, 한 회사의 사장만은 그에게 다른 내용의 편지를 보내왔다. 그 내용은 이랬다. "내가 하는 일에 대해 당신이 상상하고 있는 바는 사실과 다릅니다. 당신은 잘못 생각하고 있는 동시에 어리석기도 하군요. 나는 통신원이 전혀 필요하지 않습니다. 그리고 설령 내가 통신원을 필요로 한다고 하더라도 당신을 고용하지는 않을 겁니다. 왜냐하면 당신은 스웨덴어로는 글을 제대로 쓰지도 못하기 때문입니다. 당신의 편지는 오류투성이입니다."

조지 로나는 그 편지를 받아 보고는 도널드 덕처럼 화를 냈다. '내가 스웨덴어로 글을 제대로 쓰지도 못한다는 이 스웨덴 사람의 말은 도대체 무슨 의미일까? 이 스웨덴 사람이 쓴 편지도 오류투성이 아닌가!' 그래서 로나는 의도적으로 그 스웨덴 사람이 크게 화를 내게 할 만한 내용의 편지를 썼다. 그런데 그때 로나는 잠시 멈췄다. 그는 자신에게 말했다. "잠깐만 기다려. 이 사람의 말이 옳지 않다는 것을 내가 어떻게 알 수 있지? 내가 스웨덴어를 공부하긴 했지만 그것이 나의 모국어는 아니지 않은가. 그러니 나는 어떤 오류를 저질러놓고도 그런 사실을 모르고 있을 수도 있어. 그렇다면 나는 일자리를 구하기 위해 스웨덴어를 더 열심히 공부해야 해. 이 사람은 자신의 의도와는 상관없이 내게 도움을 준 거야. 그가 내게 우호적이지 않은 태도로 자신의 의견을 밝혔다고 해서 내가 그에게 빚을 졌다는 사실이 변하는 것은 아니야. 그러니 그에게 감사의 편지를 써 보내자."

이리하여 조지 로나는 분노에 차서 휘갈겨 쓴 편지를 찢어버리고 새로 편지를 썼다. 그 편지에서 로나는 이렇게 말했다. "저한테 편지를 써 보내시는 수고를 하신 당신의 친절함에 감사드립니다. 특히 당신에게 통신원이 필요하지도 않은 때에 그러한 친절을 베풀어주시니 더욱 감사합니다. 제가 당신의 회사에 대해 잘못 생각하고 있었다니 사과드립니다. 당신에게 편지를 써 보냈던 것은 제가 나름대로 탐문을 해본 결과 당신이 종사하고 계신 분야에서 선도자 가운데 한 분임을 알게 됐기 때문이었습니다. 그 편지에서 제가 문법상의 오류를 저질렀다는 것을 저는 모르고 있었습니다. 죄송하고 부끄럽습니다. 저는 지금부터라도 스웨덴어 공부를 더욱 부지런히 하는 데 몰두해서 이번에 제가 저지른 오류를 다시는 저지르지 않도록 하겠습니다. 제가 자기개선의 길로 발을 내디딜 수 있도록 도움을 주셔서 정말 감사합니다."

며칠 뒤에 로나는 바로 그 사람으로부터 자신을 방문해달라는 편지를 받았다. 로나는 그를 찾아갔고, 즉석에서 일자리를 얻었다. 이렇게 해서 로나는 '부드러운 대답은 분노를 가라앉힌다'는 것을 스스로 깨닫게 됐다.

우리가 원수를 사랑할 수 있을 정도로 성스러운 사람은 아닐 수 있다. 하지만 그렇더라도 우리 자신의 건강과 행복을 위해서는 원수를 용서하고 잊어버리는 게 좋다. 그것이 현명한 행동이다. 공자는 이렇게 말했다. "위해를 당하고 도둑을 맞은 일도 그것을 계속 기억하지 않는 한 아무것도 아니다." 나는 언젠가 아이젠하워 대통령의 아들인 존에게 그의 아버지가 분노하는 모습을 본 적이 있느냐고 물어보았다. 그는 이렇게 대답했다. "없습니다. 아버지는 자기가 좋아하지 않는 사람을 생각하는 데는 단 일 분도 낭비하지 않습니다."

'화를 낼 줄 모르는 사람은 바보' 라는 옛말이 있기는 하지만, 화를 내지 않으려는 사람은 현명한 사람이다.

뉴욕 시장을 지낸 윌리엄 게이너의 정책이 바로 그런 것이었다. 언론으로부터 극심한 비난을 받던 그는 한 광적인 반대자가 쏜 총에 맞아 거의 사경을 헤매게 됐다. 병원 침상에 누워 죽음과 사투를 벌이면서도 그는 이렇게 말했다. "나는 밤마다 모든 것과 모든 사람을 용서한다." 너무 이상주의적인 이야기인가? 너무 박애적이고 훌륭한 태도인가? 그렇다면 《비관주의 연구》라는 책을 쓴 독일의 대철학자 쇼펜하우어에게 조언을 구해보자. 그는 인생을 덧없고 고통스러운 모험으로 간주했다. 그가 걸어갈 때면 그의 몸에서 우울이 뚝뚝 떨어졌다. 그러나 그는 절망의 심연에서 이렇게 외쳤다. "가능하면 그 누구에게도 적개심을 느끼지 말라."

나는 윌슨, 하딩, 쿨리지, 후버, 루스벨트, 트루먼 등 모두 여섯 명의 미국 대통령에게서 잇달아 신뢰를 받으면서 그들의 자문관으로 일했던 버너드 버루크에게 "적의 공격을 받아 흔들린 적이 있느냐"고 물어보았다. 그는 이렇게 대답했다. "그 누구도 나를 창피하게 만들거나 흔들 수 없다. 나는 그 누구도 나에게 그렇게 하도록 놔두지 않는다."

당신과 나도 그럴 수 있다. 다음과 같은 옛말도 있지 않은가.

막대기와 돌멩이는 내 뼈를 부러뜨릴 수 있지만,
말은 결코 나를 해치지 못한다.

시대를 넘어 인류는 적에 대해 악의를 품지 않는 예수 같은 이들을 기려왔다. 나는 이따금 캐나다에 있는 재스퍼 국립공원에 가서 서구 세계에서 가장 아름다운 산 가운데 하나로 꼽히는 산을 바라본다. 그 산은 1915년 10월 12일에 독일의 총살집행부대 대원들 앞에서 성인처럼 죽어간 영국의 간호사 이디스 캐벌을 기려 그녀의 이름으로 불린다. 그녀의 죄가 무엇이었던가? 부상당한 프랑스인이나 영국인 병사들을 벨기에에 있는 자기 집에 숨겨주고, 음식을 제공하면서 간호해주고, 그들이 네덜란드로 도피하도록 도와주었다는 것이 그녀의 죄였다. 그해 10월의 어느 날 아침에 영국인 군목이 브뤼셀의 군대감옥 안에 있는 그녀의 방에 들어섰을 때 이디스 캐벌은 다음과 같은 말을 했고, 그 말은 청동과 화강암에 새겨져 보존됐다. "나는 애국심만으로는 충분하지 않다는 것을 깨달았다. 나는 그 누구도 증오하거나 저주해서는 안 된다." 그녀의 주검은 4년 뒤에 영국으로 옮겨졌고, 웨스트민스터 대성당에서 장례가 치러졌다. 나는 런던에서 1년간 체류한 적이 있다. 그때 나는 국립 초상화진열관의 맞은편에 서 있는 이디스 캐벌의 석상을 찾아가 바라다보곤 했다. 그 석상의 화강암 받침대에는 그녀가 남긴 불후의 명언이 새겨져 있다. "나는 애국심만으로는 충분하지 않다는 것을 깨달았다. 나는 그 누구도 증오하거나 저주해서는 안 된다."

적을 용서하고 잊어버리는 가장 확실한 방법은 자신보다 무한히 더 큰 어떤 대의에 몰입하는 것이다. 그렇게 하면 그 대의 말고는 아무것도 보이지 않게 되므로 자신에게 가해진 모욕과 적대가 중요하지 않게 된다. 1918년에 미시시피 주의 소나무 숲에서 일어난 매우 극적인 사건을 예로 들어보자. 그때 그곳에서는 흑인으로 교사이자 설교사인 로런스 존스*가 린치의 위협을 당하고 있었다. 나는 몇 년 전에 로런스 존스가 설립한 학교인 파이니 우즈 컨트리 스쿨을 방문해 학생들에게 강연을 한 적이 있다. 그 학교는 오늘날에는 미국의 전역에 잘 알려져 있다. 그러나 지금 내가 이야기하고자 하는 사건은 내가 그 학교를 방문했던 때보다도 훨씬 전에 일어난 일이다. 그 사건은 사람들의 감정이 매우 격해져 있었던 1차 세계대전 시기에 일어났다. 독일이 흑인들을 선동하여 반란을 일으키도록 교사하고 있다는 근거 없는 소문이 미시시피 주 중앙부 지역을 휩쓸었다. 린치의 위협을 당하고 있었던 로런스 존스는 흑인이었고, 자기와 같은 흑인들을 선동해

---

* Laurence Clifton Jones. 1884~1975. 미국의 교육자. 흑인아동 기숙학교 설립자.

폭동을 일으키게 하는 일을 뒤에서 도왔다는 혐의를 받고 있었다. 백인들이 교회 밖에 잠시 멈춰서 있는 동안에 로런스 존스가 교회 안에 모여 있는 사람들에게 이렇게 외치는 소리가 들려왔다. "흑인의 삶은 살아남고 성공하기 위해 모두가 무장하고 싸워야 하는 전투다."

"무장한다고! 싸운다고! 그것으로 충분하다!" 교회 밖에 있던 백인 청년들이 흥분해서 밤의 어둠 속으로 달려가더니 한 무리의 폭도를 이끌고 교회로 돌아와 그 설교사를 로프로 묶은 뒤 800여 미터를 질질 끌고 갔다. 그들은 그를 장작더미 위에 세워놓고 성냥을 그어 불을 붙였다. 그들은 그의 목을 조르고 그를 불에 태워 죽이려고 했다. 그런데 그때 누군가가 소리쳤다. "불에 타 죽기 전에 그 빌어먹을 설교를 다시 한 번 해봐! 어서 말해봐! 말해봐!" 장작더미 위에서 로런스 존스는 로프에 목이 감긴 상태로 자신의 삶과 대의를 위해 이야기하기 시작했다.

그는 1907년에 아이오와대학을 졸업했다. 훌륭한 성품, 학문적 능력, 음악적 재능을 두루 갖춘 그는 학생들 사이에서만이 아니라 교수들 사이에서도 인기가 있었다. 졸업한 뒤에 그는 사업의 세계로 진출할 길을 열어주겠다는 어느 호텔 경영자의 제의를 사양했고, 그가 음악교육에 나서면 돈을 대겠다는 어느 부자의 제의도 사양했다. 왜 그랬을까? 그는 자기 나름의 비전을 가지고 있었고, 그 비전에 열중하고 있었기 때문이다. 그는 부커 워싱턴♠의 전기를 읽고는 문맹으로

♠ Booker T. Washington. 1856~1915. 미국의 흑인운동 지도자, 교육자.

가난에 찌들어 사는 자기와 같은 흑인들에 대한 교육에 인생을 바쳐야겠다는 생각을 하게 됐다. 그래서 자기가 생각하기에 미국의 남부 지역에서 가장 낙후된 곳으로 갔다. 그곳은 미시시피 주의 잭슨에서 남쪽으로 40킬로미터쯤 떨어진 곳이었다. 그는 자기 시계를 전당포에 맡기고 빌린 돈 1달러 65센트를 이용해 숲 속 공터에 학교를 열고 나무 그루터기를 책상으로 삼아 흑인 아이들을 가르쳤다. 로런스 존스는 자기를 죽이기 전에 잠시 틈을 내준 분노한 백인들에게 바로 그 학교에서 자기가 학교에 다니지 못하던 아이들을 훌륭한 농부, 기계공, 요리사, 가정주부로 만들기 위해 교육하고 훈련시키느라 애써온 과정에 대해 이야기했다. 그는 어렵게 파이니 우즈 컨트리 스쿨을 설립할 때 도움을 준 백인들에 대해 이야기했다. 그 백인들은 그가 아이들을 가르치는 일을 해나갈 수 있도록 땅, 통나무, 돼지, 암소, 돈을 주었다고 그는 말했다.

훗날 로런스 존스는 그때 그를 질질 끌고 가서 목을 조르고 불에 태워 죽이려고 했던 사람들을 증오하지 않았느냐는 질문을 받았다. 그는 자기는 나름의 대의를 추구하는 데 너무 바빠서 누구를 증오할 여유가 없었다고 대답했다. 다시 말해 그는 자신보다 더 큰 대의에 몰입해 있었던 것이다. 그는 이렇게 말했다. "내게는 다툴 시간이 없었고, 후회할 시간도 없었다. 그리고 그 누구도 나로 하여금 그를 증오하게끔 만들 수도 없었다."

지금으로부터 1900여 년 전에 에픽테토스는 우리는 뿌린 대로 거두며, 어느 정도는 운명이 우리로 하여금 우리가 행한 악행에 대한 대가를 치르게 한다고 지적했다. 에픽테토스는 이렇게 말했다. "길게 보면 누구나 자신의 비행에 대한 벌을 받는다. 이 사실을 기억하는 사람은 누구에 대해서도 노여워하거나, 화를 내거나, 비방하거나, 탓하거나, 공격하거나, 증오하지 않을 것이다."

아마도 미국의 역사를 통틀어 링컨보다 더 많이 비난을 당하고, 증오의 대상이 되고, 배신을 당한 인물은 없을 것이다. 그런데도 헌던♠이 쓴 전기에 따르면 "링컨은 결코 자신의 호불호에 따라 사람을 판단하지 않았다"고 한다. 그는 계속해서 이렇게 썼다. "이행돼야 할 어떤 일이 있을 때 링컨은 자신의 적이 다른 누구 못지않게 그 일을 잘 해낼 수도 있음을 인정했다. 링컨은 자신을 비방하거나 개인적으로 박대한 적이 있는 사람이라 하더라도 그가 어떤 일을 맡기기에 가장 적합한 사람이라면 마치 친구에게 일을 맡기듯 그에게 그 일을 맡겼다. … 링컨이 누군가를 자기의 적이라서 혹은 자기가 좋아하지 않는 사람이라서 제거하는 것을 나는 본 적이 없다."

링컨은 자기가 권력의 서열상 높은 지위에 임명해준 사람으로부터 비방이나 모욕을 당한 경우가 여러 차례 있었다. 맥클렐런, 시워드, 스탠턴, 체이스와 같은 사람들이 그랬다. 그럼에도 법률사무소를 같이 운영했던 헌던에 따르면 링컨은 "우리 모두가 조건, 상황, 환경, 교육, 습관, 유전이 낳은 자식이며, 그러한 것들이 사람의 현재 모습은 물론이고 앞으로의 모습도 규정한다"고 생각했고 "따라서 그 누

♠ William Herndon. 1818~1891. 미국의 법률가. 노예제도 폐지와 관련해 법률가로서 링컨을 지원했고, 링컨이 죽은 뒤에는 그의 전기를 써서 출판했다.

구도 어떻게 했다고 해서 칭찬받아야 하는 것도 아니고 어떻게 했거나 하지 않았다고 해서 비난당해야 하는 것도 아니다"라는 신념을 갖고 있었다.

아마도 링컨의 생각이 옳을 것이다. 만약 당신과 내가 우리의 적과 똑같은 육체적, 정신적, 정서적 특징을 유전적으로 지니고 있다면, 그리고 만약 삶이 그들에게 영향을 준대로 우리에게도 영향을 준다면 우리는 그들이 하는 행동과 똑같은 행동을 할 것이다. 북아메리카의 인디언 부족인 수 족의 기도를 따라 해볼 정도의 너그러운 마음을 가져보자. "오, 위대한 정령이여! 내가 다른 사람의 가죽구두를 신고 두 주일 이상 걸어 다녀보기 전에 그 사람에 대해 평가하거나 비판하지 않도록 해주소서." 그러니 우리도 우리의 적들을 증오하는 대신에 그들을 가엾게 여기고, 삶이 우리로 하여금 그들과 다른 모습을 갖게 해준 것을 감사드리자. 적들에게 비난을 퍼붓고 복수를 다짐하는 대신에 이해, 동정, 도움, 용서, 기도를 베풀자.

나는 매일 밤 성경의 한 구절을 읽거나 외운 다음에 무릎을 꿇고 '가족예배'를 보는 가정에서 자라났다. 미주리 주의 변두리에 있는 농장에서 아버지가 되뇌시던 성경 구절이 지금도 귀에 생생하게 들리는 듯하다. 그 성경 구절은 사람들이 이상을 잃지 않고 마음속에 품고 있는 한 앞으로도 계속해서 암송될 것이다. "너희 원수를 사랑하고, 너희를 저주하는 자를 축복하고, 너희를 미워하는 자를 좋게 대하고, 너희를 모욕하고 학대하는 자를 위하여 기도하라."

내 아버지는 그 말대로 살려고 노력했다. 그리고 그 말은 그동안 지구상의 많은 군왕들이 찾고자 했으나 결국은 찾지 못한 내적 평온을 내 아버지에게는 가져다주었다.

평온과 행복을 가져다줄 정신적 태도를 함양하기 위해서는 다음과 같은 규칙 2를 기억해야 한다.

적에게 앙갚음하려고 하지 말라. 그런 행위는 적을 해치는 것보다 훨씬 더 많이 우리 자신을 해칠 것이기 때문이다. 아이젠하워 장군이 했던 대로 하자. 즉 좋아하지 않는 사람을 생각하는 데 일분의 시간도 낭비하지 말자.

14
이렇게만 하면 당신은 배은망덕에 대해 결코 걱정하지 않게 된다

최근에 나는 텍사스 주에서 분노의 불길에 휩싸인 사업가를 만났다. 그를 만나면 15분 안에 어떤 사건에 관한 이야기를 듣게 되리라는 경고를 나는 다른 사람으로부터 들었다. 그리고 실제로 그랬다. 그를 분노하게 만든 사건은 11개월 전에 일어난 일이었지만, 그는 여전히 그 사건에 대한 분노를 가라앉히지 못하고 있었다. 그는 그 밖의 다른 이야기는 할 줄 몰랐다. 그는 자기가 데리고 있는 34명의 종업원들에게 크리스마스 보너스로 모두 1만 달러를 지급했다. 한 사람당 대략 300 달러씩 돌아가는 돈이었다. 그런데 종업원들 가운데 어느 누구도 그에게 감사의 표시를 하지 않았다. 그는 쓰라린 표정으로 이렇게 불평했다. "그들에게 단 한 푼도 주지 말았어야 했다!"

공자는 이렇게 말했다. "분노하는 사람은 언제나 독으로 가득 차 있다." 방금 소개한 사업가도 독으로 가득 차있어, 솔직하게 말해 나는 그를 가엾게 생각하지 않을 수 없었다. 그는 60살 정도 된 사람이었다. 생명보험회사들의 추정에 따르면, 평균적으로 우리는 80살에서 지금의 나이를 빼고 남은 기간의 3분의 2를 조금 넘는 기간 동안 더 살게 된다고 한다. 그렇다면 그는 운이 좋다고 해도 아마 14년이나 15년 정도만 더 살 수 있는 사람이었다. 그런데 그는 이미 지나가버린 과거의 사건에 대해 불만스러워하고 화를 내면서 얼마 안 되는 여생 가운데 거의 1년을 낭비한 것이다. 나는 그를 동정했다.

그는 분노와 자기연민에 빠져 지내는 대신에 왜 자신이 감사하다는 말을 듣지 못했을까 하고 자문해볼 수도 있었다. 어쩌면 그가 종업원들에게 월급은 적게 주면서 일은 많이 시켰는지도 모른다. 어쩌면 종업원들이 크리스마스 보너스를 선물로 여기기보다 자신이 일해서 버는 돈과 똑같은 것으로 여겼을지도 모른다. 어쩌면 그가 트집쟁이인데다 접근하기 어려운 사람이어서 누구도 감히 그에게 감사의 표시를 하려고 들지 못했을지도 모른다. 어쩌면 이익을 많이 내면 세금도 많이 내야 하므로 그가 어차피 세금으로 내야 할 돈을 보너스로 지급한 것이라고 종업원들이 느꼈을지도 모른다.

다른 한편으로는 종업원들이 이기적이고, 인색하고, 예의바르지 못한 것이었는지도 모른다. 이런 것이었을 수도 있고, 저런 것이었을 수도 있다. 어떤 것이 맞는지에 대해서는 당신만큼이나 나도 잘 모른다. 다만 나는 새뮤얼 존슨♠ 박사가 다음과 같이 말했던 것은 알고 있다. "감사하는 태도는 깊은 수양의 열매다. 저속한 사람들에게서는 그런 태도를 발견할 수 없다."

♠ Samuel Johnson. 1709~1784. 영국의 시인, 비평가, 사전편찬가.

바로 여기에 내가 강조하고자 하는 요점이 있다. 앞에서 내가 소개한 사람은 종업원들이 자신에게 감사하는 태도를 취하기를 기대하는 잘못을 저지른 것이며, 그것은 인간적인 잘못이긴 하지만 괴로움을 초래한다. 그는 인간의 본성을 알지 못했던 것이다.

당신이 어떤 사람의 목숨을 구해주었다면 그 사람이 당신에게 감사해 할 것이라고 기대해야 할까? 그럴 수도 있겠다. 하지만 판사가 되기 전에 형사범 변호사로 유명했던 새뮤얼 레이보위츠의 경우를 예로 들어보자. 그는 전기의자에 앉아 사형당할 수도 있었던 78명의 목숨을 구해주었다! 그렇다면 그들 가운데 잠시라도 시간을 내어 새뮤얼 레이보위츠에게 감사의 표시를 했거나 적어도 그에게 크리스마스 카드라도 보내는 수고를 한 사람은 몇 명이었을까? 그렇게 한 사람이 과연 몇 명이었을지 추측해보라. … 그렇다. 단 한 명도 없었다.

예수는 어느 날 오후에 열 명의 나병 환자들에게 건강을 되찾아주었다. 그런데 그 열 명 가운데 몇 명이나 멈춰 서서 예수에게 감사하다고 말했을까? 단 한 명뿐이었다. 《누가복음》에서 이 일화가 나오는 대목을 찾아 확인해보라. 그때 예수는 사도들을 돌아보며 이렇게 물었다. "다른 아홉 명은 어디에 있느냐?" 그들은 모두 그냥 가버렸다. 감사의 말도 하지 않고 사라져버렸다! 내가 당신에게 질문을 하나 던지겠다. "당신이나 내가, 또는 내가 앞에서 소개한 텍사스 주의 사업가가 자기가 베푼 작은 선행에 대해 예스 그리스도가 받은 감사보다 더 많은 감사를 받기를 기대해야 할까?"

게다가 돈 문제에 대해서라면! 이 경우에는 훨씬 더 가망이 없다고 봐야 할 것이다. 찰스 슈왑*은 어느 은행원이 자기가 다니는 은행 돈을 가지고 주식시장에서 투자를 했다가 곤경에 처한 것을 알고 그 은행원을 구해준 적이 있다고 내게 말했다. 슈왑은 그 은행원이 빼내어 쓴 만큼의 돈을 대신 넣어주어 그가 교도소로 가야 할 처지를 모면할 수 있게 해주었다. 그 은행원이 고마워했을까? 그러긴 했다. 잠깐 동안은 그랬다. 그런데 그 뒤에 그는 슈왑에게 등을 돌리더니 오히려 슈왑을 비방하고 깎아내렸다. 자기가 교도소에 가지 않아도 되게 해준 슈왑을!

당신이 친척 가운데 한 사람에게 100만 달러를 주었다고 가정해 보자. 그가 당신에게 고마워하기를 기대해야 할까? 앤드류 카네기♠가 바로 그만큼의 돈을 친척에게 주었다. 그러나 카네기가 만약 죽은 지 얼마 뒤에 다시 살아났다면 그 친척이 자기를 저주하는 것을 보고 충격을 받았을 것이다! 그 친척은 왜 그랬을까? 그의 말을 그대로 옮기면 "앤디 영감"이 공적인 자선단체들에는 3억 6500만 달러의 유산을 기증하면서 "내게는 고작 100만 달러로 끝냈다"는 이유에서였다.

세상일은 그런 것이다. 인간의 본성은 그동안 언제나 그대로였고, 앞으로도 바뀌지 않을 것이다. 그렇다면 인간의 본성을 그냥 받아들여야 하지 않을까? 로마제국을 지배한 황제들 가운데 가장 현명한 황제로 꼽히는 마르쿠스 아우렐리우스처럼 현실적인 태도를 취하지

---

* Charles Michael Schwab. 1862~1939. 미국 철강산업을 이끈 대표적인 경영자 가운데 한 사람. 금융인 찰스 슈왑과는 다른 사람이다.
♠ Andrew Carnegie. 1835~1919. 흔히 '철강왕'으로 불리는 미국 철강산업의 개척자이자 기업가.

말아야 할 이유가 있는가? 마르쿠스 아우렐리우스는 일기에 이렇게 썼다. "나는 오늘 말을 너무 많이 하는 사람들을 만날 것이다. 그들은 이기적이고, 자기중심적이며, 감사할 줄 모른다. 그러나 그렇다고 해서 내가 놀라거나 당황하지는 않을 것이다. 나는 그러한 사람들이 존재하지 않는 세상을 상상할 수 없기 때문이다."

납득이 되는 이야기 아닌가? 만약 당신과 내가 배은망덕에 대해 불평하면서 돌아다니게 된다면 누구를 탓하며 그래야 할까? 인간의 본성 또는 인간의 본성에 대한 우리의 무지를 탓해야 하지 않겠는가? 감사받기를 기대하지 말자. 그러다가 어쩌다 감사를 받게 되면 그것은 즐거운 놀랄 거리가 될 것이다. 반대로 감사를 받지 못하더라도 우리는 당황할 이유가 없다.

바로 여기에 내가 이 장에서 강조하고자 하는 첫 번째 요점이 있다. 사람들이 감사하기를 잊는 것은 자연스러운 일이다. 그러므로 감사받기를 기대하지 말라. 그렇게 했다가는 곧바로 두통에 시달리는 나날을 보내게 될 것이다.

나는 외롭다는 이유로 불평을 입에 달고 사는 한 여성을 알고 있다. 그녀의 친척 가운데 그 누구도 그녀와 가깝게 지내고 싶어 하지 않는다. 그것은 이상한 일이 아니다. 만약 당신이 그녀를 방문한다면 그녀는 당신을 붙잡고 두 조카딸이 어렸을 때 자기가 어떻게 해주었는지를 여러 시간에 걸쳐 이야기할 것이다. 홍역, 볼거리, 감기에 걸렸을 때 보살펴줬고, 여러 해 동안 데리고 살았고, 한 조카가 실업학교에 다닐 수 있도록 도와줬고, 다른 한 조카에게는 결혼할 때까지 살

곳을 제공했다는 등의 이야기를 말이다.

두 조카딸이 그녀를 보러 찾아올까? 그렇게 하긴 한다. 그러나 이따금씩, 그것도 의무감에서 그럴 뿐이다. 그런데 그들의 입장에서는 그녀를 방문하는 것이 두려운 일이다. 여러 시간 동안 앉아서 절반은 드러나지 않게 가려진 질책을 들어야 하기 때문이다. 끝없이 이어지는 불평불만과 자기연민의 한숨이 그들에게 쏟아질 것이다. 그리고 그 여자는 강요하고 야단치고 을러서 두 조카딸로 하여금 자기를 보러 오게 하는 게 더 이상 불가능해지면 '마술'을 선보인다. 심장발작을 일으키는 것이다.

그녀의 심장발작은 진짜일까? 그렇긴 하다. 의사들은 그녀가 '예민한 심장'을 갖고 있으며, 가슴이 두근거리는 증상에 시달리고 있다고 말한다. 그러나 의사들은 그녀를 위해 해줄 수 있는 일이 아무것도 없다고도 말한다. 그녀의 문제는 감정적인 것이라는 뜻이다.

그녀가 진정으로 원하는 것은 사랑과 관심이다. 그런데 그녀는 그것을 '감사'라고 부른다. 그리고 그녀는 감사 또는 사랑을 자기가 먼저 요구하기 때문에 그것을 결코 받지 못한다. 그렇지만 그녀는 자신이 그것을 받을 자격이 있다고 생각한다.

그녀와 같은 사람들은 수없이 많다. 그들은 주위의 '배은망덕'과 자신의 외로움, 무시당하는 자신의 처지 때문에 병에 걸린다. 그들은 사랑받기를 갈망한다. 그러나 이 세상에서 그들이 사랑받을 수 있는 유일한 방법은 사랑을 달라고 요구하는 것을 중단하고, 보답을 바라지 않는 사랑을 베풀기 시작하는 것이다.

이 말이 순진하고 비현실적이며 공상적인 이상주의로 들리는가? 그렇지 않다. 그것은 상식적인 지혜일뿐이다. 그것은 우리가 갈망하는 행복을 실제로 찾아내는 데 효과가 있는 방법이다. 나는 우리 가족 안에서 그런 일이 일어나는 것을 보았다. 우리는 가난했고, 언제나 빚더미에 짓눌려 살았다. 그런데 가난함에도 불구하고 내 아버지와 어머니는 해마다 고아원에 돈을 보냈다. 그 고아원은 아이오와 주의 카운실 블러프스에 있는 '기독교 가정'이라는 곳이었다. 아버지와 어머니가 그곳을 직접 방문한 적은 없었다. 아마도 두 분의 기부에 대해 감사편지를 보내온 것 외에는 그 고아원 쪽에서도 누가 나서서 감사의 표시를 한 적이 없었을 것이다. 그래도 두 분은 풍부한 보답을 받았다고 할 수 있다. 왜냐하면 두 분은 기부에 대한 감사를 바라지 않고 어린아이들을 돕는다는 데서 기쁨을 느꼈기 때문이다.

　나는 집을 떠난 뒤로 해마다 크리스마스가 다가오면 아버지와 어머니에게 돈을 보내면서 두 분 자신을 위해 약간이나마 사치를 부려보라고 권했다. 그러나 두 분은 그렇게 한 적이 거의 없다. 크리스마스를 이삼 일 정도 앞두고 집에 가보면 아버지는 내게 아이들은 많은데 식량과 연료를 살 돈이 없는 이웃의 어떤 '과수댁'에게 주려고 석탄과 식료품을 샀다고 말하곤 했다. 두 분은 그러한 기부를 통해 얼마나 큰 기쁨을 느꼈던가! 그것은 어떠한 보답도 바라지 않으면서 무언가를 베푸는 데서 얻게 되는 기쁨이었던 것이다.

　내 아버지는 아리스토텔레스가 말한 이상적인 인간, 다시 말해 행복할 자격을 가장 많이 갖춘 사람의 모습에 거의 부합하리라고 나는 믿는다. 아리스토텔레스는 이렇게 말했다. "이상적인 인간은 다른 사람들을 위해 베푸는 데서 기쁨을 얻는다."

바로 여기에 내가 이 장에서 강조하고자 하는 두 번째 요점이 있다. 행복해지고 싶다면 누군가에게 무언가를 베풀 때 그가 내게 감사의 표시를 할지 배은망덕하게 행동할지에 대해 생각하지 말라. 베푸는 데서 얻게 되는 자신의 내적 기쁨을 위해 베풀어야 한다.

먼 옛날부터 이 세상의 부모들은 자식의 배은망덕을 한탄하며 괴로워했다. 셰익스피어의 작품에 나오는 리어 왕도 이렇게 부르짖었다. "감사할 줄 모르는 자식을 갖고 있다는 것이 뱀의 이빨보다 얼마나 더 날카로운지를 알겠다!"

그러나 우리가 자식들을 감사할 줄 알도록 가르치지 않는다면 그들이 감사할 줄 알아야 할 이유가 무엇인가? 배은망덕은 자연스러운 것이다. 그것은 잡초와 같이 저절로 자란다. 반면에 감사하는 태도는 장미다. 그것은 자양분을 주고, 물을 주고, 보살펴 기르고, 사랑하고, 보호해주어야만 자라나 꽃을 피운다.

자식이 감사할 줄 모른다면 그것은 누구 탓일까? 아마도 부모의 탓일 것이다. 다른 사람에게 감사하는 법을 자식에게 가르친 적이 없는 부모가 어떻게 그 자식이 자기에게 감사하기를 기대할 수 있겠는가?

나는 배은망덕한 두 의붓아들을 둔 남자를 안다. 시카고에 사는 그는 상자를 만드는 공장에서 노예처럼 일했지만, 일주일에 40달러 넘게 번 적이 거의 없었다. 그는 어느 과부와 결혼했다. 그녀는 그를 설득해 남의 돈을 빌리게 해서 그 돈으로 자신의 두 아들을 대학에 보냈다. 그는 일주일에 40달러 정도밖에 안 되는 봉급으로 집세도 내고, 식량과 연료와 옷도 사고, 빌린 돈도 갚아야 했다. 그는 그렇게 4년을 살았다. 그러는 동안 쿨리*처럼 일했지만 불평은 전혀 하지 않았다.

그가 감사를 받았을까? 그렇지 않다. 그의 아내는 그가 그렇게 하는 것을 당연시했다. 그녀의 두 아들도 마찬가지였다. 두 아들은 자기들이 의붓아버지에게 빚을 지고 있다고는 결코 생각하지 않았고, 그래서 그에게 감사해 하지 않았다!

이것은 누구 탓일까? 두 아들 탓일까? 그렇다고도 할 수 있다. 그러나 그들의 어머니에게 더 큰 잘못이 있다. 그녀는 아직 젊은 두 아들에게 '의무감'을 지우는 것은 부끄러운 일이라고 생각했다. 그녀는 두 아들이 '빚의 부담을 짊어지고 인생을 시작' 하는 것을 원하지 않았다. 그래서 그녀는 두 아들에게 다음과 같이 말해주어야 한다는 생각은 꿈속에서도 하지 않았다. "너희가 대학에 다닐 수 있도록 도와주는 새아버지가 얼마나 고마운 분이냐!" 오히려 그녀는 이런 태도를 취했다. "글쎄, 그것이 그나마 그가 할 수 있는 최소한의 역할이겠지."

그녀는 자기가 두 아들을 아끼고 있다고 생각했다. 그러나 실제로는 이 세상이 자신의 생계를 책임져주는 게 당연하다는 위험한 생

---

* coolie. 중노동을 하는 아시아인 막노동꾼. 2차 세계대전 때까지 짐꾼이나 광부 등으로 일하는 중국인이나 인도인 하층 노동자를 가리켜 서양인들이 부르던 이름.

각을 가진 상태로 두 아들이 인생을 시작하게 만든 것이 그녀가 한 일이었다. 두 아들의 그러한 생각은 위험한 것이었음이 실제로 확인됐다. 두 아들 가운데 하나가 회사의 돈을 '빌리려고' 한 것이 문제가 되어 감옥에 가게 된 것이다!

우리의 아이들은 거의 우리가 만드는 대로 된다는 사실을 잊지 말아야 한다. 예를 들어 내 이모이며 미니애폴리스에 사는 비올라 알렉산더는 아이들의 '배은망덕'에 대해 불평할 만한 계기를 전혀 만든 적이 없는 여성의 빛나는 사례다. 내가 소년이었을 때 비올라 이모는 친정어머니를 모셔와 함께 살면서 사랑하며 보살펴주었다. 그녀는 시어머니에게도 똑같이 했다. 지금도 나는 눈을 감고 과거를 회상하면 비올라 이모네 집 난로 앞에 늙은 할머니 두 분이 나란히 앉아있던 모습이 떠오른다. 두 할머니는 비올라 이모에게 '성가신' 존재였을까? 가끔은 그랬을 것이라고 나는 추측한다. 그러나 비올라 이모의 태도만 보고는 그랬을 것이라는 추측을 그 누구도 결코 하지 못했을 것이다. 그녀는 두 할머니를 사랑했고, 그랬기에 두 할머니가 해달라는 대로 다 해주었으며, 두 할머니가 편안한 마음으로 지낼 수 있게 해주었다. 게다가 비올라 이모는 6명의 자식을 두고 있었다. 그런데도 비올라 이모는 자기가 특별히 고귀한 일을 하고 있다거나 훌륭한 사람으로 인정받아야 한다는 생각을 전혀 해본 적이 없다. 그녀에게 그것은 당연한 일, 올바른 일, 그리고 하고 싶은 일이었다.

지금 비올라 이모는 어떻게 살고 있을까? 그녀는 남편을 여읜 뒤로 20여 년째 과부로 살고 있다. 그녀의 다섯 자녀는 성장해서 각자 가정을 이루어 살고 있다. 그런데 그들은 모두 그녀를 자기 집에 모셔 가서 같이 살고 싶어 한다! 그들은 하나같이 그녀를 존경하고, 그녀를 더 많이 차지하지 못해 오히려 불만이다. '감사해서' 그러는 것일까? 터무니없는 생각이다! 그것은 사랑이다. 순전한 사랑이다. 그녀의 자식들은 어린 시절 내내 온기와 빛나는 인간성을 들이마셨다. 이제는 입장이 거꾸로 바뀌었으니 그녀의 자식들이 그녀에게 사랑을 돌려주며 갚는 것이다.

그러므로 아이들을 감사할 줄 아는 사람으로 키우려면 우리가 먼저 감사할 줄 알아야 한다는 점을 기억하자. 어린아이들은 귀가 밝다는 것을 기억하자. 그리고 어린아이들은 우리가 말하는 모습을 지켜본다는 것을 기억하자. 예를 들면, 이제부터는 아이들이 보는 앞에서 누군가가 친절을 베풀어주었다면 그것을 별것 아니라고 무시하고 싶은 충동을 느끼더라도 그렇게 하지 말라. 그런 식으로 말해서는 절대로 안 된다. "사촌언니 수가 크리스마스 선물이라고 보내온 이 행주 좀 봐. 이건 그 언니가 직접 뜨개질한 거야. 돈은 한 푼도 들이지 않았어!" 이런 말이 우리에게는 사소한 트집 정도에 지나지 않을 수도 있다. 그러나 아이들이 귀담아 듣는다. 그러니 그렇게 말하는 대신에 이렇게 말하는 것이 낫다. "이 크리스마스 선물을 만들려고 사촌언니 수가 들인 시간을 생각해봐! 참으로 훌륭한 사람 아니야? 당장 감사편지를 써 보내자." 그러면 아이들이 무의식적으로 칭찬하고 감사하는 습관을 갖게 된다.

다른 사람이 감사할 줄 모르는 태도를 보여도 분노하지 않을 수 있으려면 다음과 같은 세 번째 규칙을 실천하라.

A. 감사할 줄 모르는 태도에 대해 분노하기보다는 그런 태도를 만날 것이라고 예상하자. 예수가 하루에 10명의 나병 환자를 치유해 주었는데 그 가운데 단 한 명만이 그에게 감사의 표시를 했음을 기억하자.
B. 행복을 찾는 유일한 길은 감사의 말을 듣기 위해서가 아니라 베푸는 기쁨을 느끼기 위해 베푸는 것임을 기억하자.
C. 감사할 줄 아는 태도는 '수양' 된 특징이라는 점을 기억하자. 그러므로 우리의 아이들이 감사할 줄 아는 사람이 되기를 원한다면 그들을 감사할 줄 알도록 훈련시켜야 한다.

15
당신은 가지고 있는 것을 100만 달러에 팔겠는가?

나는 여러 해 전부터 해럴드 애버트와 서로 알고 지냈다. 미주리 주의 웹시티에서 사는 그는 내 강의를 관리하는 일을 해주곤 했다. 어느 날 그와 나는 캔자스시티에서 만났다. 그는 나를 자기 차에 태우고 미주리 주의 벨턴에 있는 자기 농장으로 데리고 갔다. 그곳으로 가면서 나는 그에게 걱정을 하지 않기 위한 그만의 방법이 있는지를 물어보았다. 그러자 그는 영감을 주는 이야기를 들려줬다. 나는 그 이야기를 결코 잊지 못할 것이다. 그는 다음과 같이 말했다.

"나는 걱정을 많이 하는 사람이었습니다. 그러나 1934년의 어느 봄날에 웹시티의 웨스트 도허티 거리를 걷다가 어떤 광경을 목격한 뒤로는 모든 걱정이 사라졌습니다. 그 일은 10초 동안에 일어났습니다. 그러나 바로 그 10초 동안에 나는 어떻게 살아야 하는지에 대해 그 전의 10년 동안 배운 것보다 더 많은 것을 배웠습니다. 그때까지 2년 동안 나는 웹시티에서 식품점을 운영했습니다.

그때 나는 저축해놓았던 돈을 다 잃었을 뿐만 아니라 빚까지 졌고, 그 빚을 갚는 데는 그 뒤로 7년이나 걸렸습니다. 내 식품점은 그 전 주 토요일에 문을 닫았습니다. 그리고 그날 나는 일자리를 구하러 캔자스시티로 가는 데 필요한 돈을 빌리려고 상인광업인은행*으로 가고 있었습니다. 나는 얻어터진 사람 같은 몰골로 걸어가고 있었습니다. 내가 갖고 있었던 투지와 신념을 모두 잃어버린 상태였습니다. 그런데 그때 갑자기 두 다리가 다 없는 사람이 내 쪽으로 다가오는 것을 보게 됐습니다. 그는 롤러스케이트에서 떼어낸 바퀴를 달고 있는 작은 나무판 위에 앉아서 나무막대기로 땅을 짚고 밀어가며 움직이고 있었습니다. 내가 그와 만난 것은 그가 길을 가로질러 건너온 직후였습니다. 그는 높이가 몇 센티미터 정도 되는 길가의 연석을 넘기 위해 나무판과 함께 자기 몸을 들어올리기 시작했습니다. 그가 나무판을 기울였을 때 내 눈과 그의 눈이 마주쳤습니다. 그러자 그는 환한 미소를 지으며 내게 인사했습니다. '안녕하세요, 선생님! 좋은 아침이지요?' 그는 활기차게 말했습니다. 나는 그를 바라보며 서 있었습니다. 내가 얼마나 부자인가를 그때 나는 깨달았습니다. 나는 두 다리를 다 가지고 있었습니다. 나는 걸을 수 있었습니다. 나는 자기연민에 빠져 있었던 나 자신이 부끄러웠습니다. 두 다리가 다 없는 그가 행복하고 명랑하고 자신 있는 태도를 갖고 있다면 두 다리를 다 가지고 있는 나도 당연히 그럴 수 있는 게 틀림없다고 나는 나 자신에게 말했습니다. 가슴이 벅차올랐습니다. 나는 상인광업인은행에 가서 단지 100달러

---

* Merchants and Miners Bank.

만 빌려달라고 말하려고 했습니다. 그러나 그를 만나고 나서는 용기가 생겨 200달러를 빌려달라고 말했습니다. 나는 캔자스시티로 가서 일자리를 '구해보고 싶다'고 말하려고 했습니다. 그러나 그를 만나고 나서는 캔자스시티로 가서 일자리를 '구하겠다'고 자신 있게 말할 수 있었습니다. 나는 그 은행에서 대출을 받았고, 그 돈을 가지고 캔자스시티에 가서 일자리를 구했습니다.

나는 우리 집 화장실 거울에 다음 구절을 써서 붙여놓고 매일 아침 면도를 하면서 그것을 읽습니다.

나는 신을 신발이 없어서 우울했다.
길거리에서 두 다리가 다 없는 사람을 만나기 전에는."

나는 에디 리켄배커*에게 태평양에서 희망 없이 조난당했을 때 동료들과 함께 구명정을 타고 21일 동안 떠돌아다닌 경험으로부터 배운 교훈 가운데 가장 큰 것이 무엇이냐고 물어본 적이 있다. 그는 이렇게 말했다. "내가 그 경험으로부터 배운 가장 큰 교훈은 마시고 싶은 만큼 물을 마실 수 있고 먹고 싶은 만큼 음식을 먹을 수 있다면 그 무엇에 대해서도 결코 불평하지 말아야 한다는 것입니다."

〈타임〉은 과달카날 섬♣에서 부상을 당한 하사관에 관한 기사를

---

* Edward Vernon Rickenbacker. 1890~1973. 미국 공군의 전투기 조종사. 2차 세계대전 때인 1942년에 정찰비행을 하던 도중에 비행가 추락해 태평양에서 조난당했다가 구조됐다.
102 남태평양에 있는 솔로몬 군도의 주도.

실은 적이 있다. 목에 폭탄 파편을 맞은 그 하사관은 7번이나 수혈을 받았다. 그는 종이에 글을 써서 의사에게 물었다. "내가 살겠습니까?" 의사는 이렇게 대답했다. "그럼요." 그는 다시 메모로 물었다. "내가 말을 할 수 있겠습니까?" 의사는 이번에도 그렇다고 대답했다. 그러자 그는 또 다시 물었다. "그렇다면 도대체 나는 무엇 때문에 걱정을 하고 있는 건가요?"

당신도 지금 당장 멈춰 서서 스스로에게 이렇게 물어라. "도대체 나는 무엇 때문에 걱정을 하고 있는 건가?" 아마도 당신은 지금 하고 있는 걱정의 원인이 비교적 중요하지 않은 사소한 것임을 알게 될 것이다.

우리의 인생에서 일어나는 일 가운데 90퍼센트 정도는 문제가 될 만한 게 아니다. 단 10퍼센트 정도만이 문제가 될 만한 것이다. 만약 행복해지고 싶다면 문제가 될 만한 일이 아닌 90퍼센트에 관심을 집중하고 문젯거리가 되는 10퍼센트는 무시하라. 반대로 걱정하고 괴로워하고 위궤양에 걸리고 싶다면 문젯거리가 되는 10퍼센트에 관심을 집중하고 사소한 90퍼센트는 무시하라.

크롬웰[†]의 시대에 지어진 영국의 교회 가운데는 '생각하고 감사하라' 라는 말이 새겨져 있는 곳이 많다. 우리는 이 말을 우리의 가슴 속에도 새겨야 한다. '생각하고 감사하라.' 감사해야 할 모든 것에 대해 생각하고, 하느님이 준 모든 선물에 대해 감사하라.

---

† Oliver Cromwell. 1599~1658. 영국 청교도혁명의 지도자.

《걸리버 여행기》의 작가인 조너선 스위프트는 영국 문학사에서 가장 지독한 비관주의자로 꼽힌다. 그는 자신이 이 세상에 태어난 것을 유감스럽게 여겨 생일날에는 검은 옷을 입고 금식을 했다. 그러나 영국 문학사상 최고의 비관주의자인 그가 절망 속에서도 사람들을 건강하게 만드는 쾌활함과 행복이 갖게 해주는 커다란 힘을 찬양했다. 그는 이렇게 단언했다. "이 세상에서 최고의 의사는 식사라는 의사, 평온이라는 의사, 쾌활이라는 의사다."

　당신과 나도 하루 중 언제든 '쾌활이라는 의사'의 진료를 무료로 받을 수 있다. 자신이 갖고 있는 엄청난 재산, 동화에 나오는 알리바바의 보물을 훨씬 능가하는 자신의 재산에 시선을 집중시킨다면 그럴 수 있다. 당신은 두 눈을 10억 달러에 팔겠는가? 당신은 두 다리를 얼마에 팔겠는가? 당신의 두 손은? 당신의 청각은? 당신의 아이들은? 당신의 가정은? 당신이 갖고 있는 이런 재산들을 모두 더해 보라. 록펠러 가문, 포드 가문, 모건 가문이 그동안 긁어모은 돈을 전부 다 준다고 해도 당신은 그것들을 팔려고 하지 않을 것이다.

　그렇다면 우리는 우리가 갖고 있는 그런 모든 것을 소중하게 생각하고 있는가? 그렇지 않은 것 같다. 쇼펜하우어는 이렇게 말했다. "우리는 자기가 갖고 있는 것에 대해서는 거의 생각하지 않고 자기가 갖고 있지 않은 것에 대해서만 늘 생각한다." 그렇다. "자기가 갖고 있는 것에 대해서는 거의 생각하지 않고 자기가 갖고 있지 않은 것에 대해서만 늘 생각"하는 경향이 이 세상의 최대 비극이다. 이것이 아마도 역사상의 모든 전쟁과 질병을 다 더한 것보다도 더 많은 비참을 초래했을 것이다.

존 파머가 "보통의 청년에서 늙다리 불평분자가 된" 이유도 바로 여기에 있고, 그 때문에 그의 가정도 파괴됐다. 그의 경우를 내가 아는 것은 그가 내게 직접 말해주었기 때문이다. 파머는 뉴저지 주의 패터슨에서 살고 있다. 그는 내게 다음과 같이 말했다.

"군대에서 제대하고 돌아온 직후에 나는 혼자 힘으로 사업을 시작했습니다. 나는 밤낮 없이 열심히 일했습니다. 일은 순조롭게 잘 풀려나갔습니다. 그러다가 문제가 생기기 시작했습니다. 부품과 재료를 구할 수 없게 된 것입니다. 나는 사업을 포기해야 하는 게 아닌가 하는 생각을 하게 됐습니다. 나는 걱정을 하기 시작했고, 그로 인해 평범한 청년에서 늙다리 불평분자로 바뀌었습니다. 나는 시무룩하고 퉁명스러운 사람이 됐습니다. 지금 와서 돌아보면 그때 나는 내 행복한 가정을 잃기 직전까지 갔습니다. 그러던 어느 날 장애자가 되어 군대를 제대하고 내 가게에서 일하던 젊은 친구가 내게 이렇게 말했습니다. '조니, 당신은 부끄러운 줄 알아야 해요. 당신은 이 세상에서 혼자서만 고민거리를 갖고 있는 사람인 것 같은 태도를 취하고 있어요. 당신이 당분간 가게 문을 닫아야 한다고 쳐요. 그런다고 한들 뭐가 문제예요? 상황이 정상화되면 당신은 다시 시작할 수 있어요. 당신은 감사해야 할 것을 아주 많이 가지고 있어요. 그런데도 항상 불평만 해대지요. 이봐요, 나는 만약 내가 당신이라면 얼마나 좋을까 하는 생각을 해요! 나를 봐요. 나는 팔이 하나밖에 없고, 얼굴도 총을 맞아 절반이 날아갔어요. 그렇지만 나는 불평을 하지 않아요. 당신이 만약 투덜대고 불평하기를 중단하지 않는다면 당신의 사업을 스스로 망치게 될 뿐만 아니라 당신의 건강, 당신의 가정, 당신의 친구도 다 잃고 말 거예요.'

그 말은 나를 꼼짝도 못하게 만들었습니다. 그 말은 나로 하여금 내가 얼마나 가진 것이 많은지를 깨닫게 해주었습니다. 나는 당장 내 태도를 바꾸어 원래의 나로 돌아가자고 다짐했고, 실제로 그렇게 했습니다."

내 친구 가운데 한 명인 루실 블레이크라는 여자는 비극적인 일을 당했을 때 불안해했지만 이내 자기가 갖고 있지 못한 것에 대해 걱정하는 대신에 자기가 갖고 있는 것에 대해 행복해 하는 법을 배웠다.

우리는 오래전에 컬럼비아대학의 저널리즘 스쿨에서 짧은 글 쓰기에 대해 공부할 때 같은 수강생의 입장으로 처음 만났다. 루실은 몇 년 전에 일생일대의 큰 충격을 받았다. 그녀는 그때 애리조나 주의 투손에서 살고 있었다. 그녀는 …. 아니다. 내가 대신 정리해 말하기보다 그녀가 내게 해준 이야기를 그대로 옮기는 것이 좋겠다.

"나는 정신없이 살았어. 애리조나대학에서 오르간을 배우고, 마을에서 언어장애를 교정해주는 일을 하고, 내가 거주하는 데저트 윌로우 목장에서 음악감상에 대해 공부하는 반을 가르쳤지. 파티나 무도회에도 가고, 밤에 별빛을 받으며 말을 타기도 했어. 그러던 어느 날 아침에 나는 쓰러지고 말았어. 심장에 문제가 있었던 거야. '당신은 1년 동안 침대에 누워 지내며 완전한 휴식을 취해야 합니다' 라고 의사는 말하더군. 그는 내가 다시 건강해질 거라고 믿도록 격려해주지 않았어.

　침대에 누워 1년씩이나! 그것은 내가 환자가 된다는 말이었고, 어쩌면 내가 죽을지도 모른다는 말이었어! 나는 공포에 질려서 생각했어. '왜 내게 이런 일이 일어나는 거지? 내가 무슨 잘못을 했기에?' 나는 울고 또 울었어. 참담했고, 화가 났어. 그렇지만 나는 의사가 권고한 대로 침대로 가서 누웠어. 하루는 내 이웃에 사는 예술가 루돌프가 내게 이렇게 말하더군. '지금 침대에 누워 1년을 보내는 것이 비극이라고 생각하지요? 하지만 그렇지 않아요. 당신은 생각할 시간을 갖게 될 것이고, 자신을 새롭게 알게 될 거예요. 지금까지 살아오는 동안에 이룬 영적인 성장보다 더 많은 영적인 성장을 앞으로 몇 달 동안에 이룰 겁니다.' 나는 다소 침착해졌고, 새로운 가치관을 개발하려고 노력했어. 그리고 영감을 주는 책을 찾아 읽었지. 하루는 라디오에서 어느 논평가가 이렇게 말하는 것을 들었어. '사람은 자신의 의식 속에 들어있는 것만을 겉으로 드러낼 수 있습니다.' 그건 전에도 많이 들었던 말이었지만, 그때 새삼스럽게 내 내면으로 뚫고 들어와 거기에 뿌리를 내렸어. 나는 내 삶의 지침으로 삼고 싶은 생각만을 머릿속에 떠올리기로 했어. 그것은 바로 기쁨, 행복, 건강에 대한 생각이었지. 나는 매일 아침에 잠에서 깨어나면 곧바로 내가 감사해야 할 것들을 하나하나 꼽아보도록 나 스스로에게 강요했어. 몸에 고통이 없다는 것, 사랑스러운 어린 딸이 있다는 것, 눈으로 볼 수 있다는 것, 귀로 들을 수 있다는 것, 라디오에서 흘러나오는 근사한 음악을 즐길 수 있다는 것, 책을 읽을 시간이 많다는 것, 괜찮은 음식을 먹을 수 있다는 것, 좋은 친구가 있다는 것…. 나는 쾌활해졌고, 나를 찾아오는 사람들이 아주 많아졌어. 의사가 특정한 시간대에만, 그리고 한 번에 한 사람씩만 내 방에 들어오는 것을 허용한다는 안내문을 걸어놓을 정도로 말이야.

그 뒤로 여러 해가 지났고, 지금 나는 충만하고 활동적인 삶을 살고 있어. 지금 나는 침대에 누워서 그 1년을 보낼 수 있었던 것을 깊이 감사하고 있어. 그 1년은 내가 애리조나에서 보낸 세월 가운데 가장 가치 있고 행복한 시간이었어. 그 시기에 나는 매일 아침 내가 받은 축복을 꼽아보는 습관을 들였어. 그건 내가 갖고 있는 습관 중에서 가장 귀중한 거야. 좀 부끄러운 얘기지만, 나는 죽음을 두려워하게 되기 전에는 삶을 어떻게 살아야 하는지를 전혀 배운 적이 없었어."

내 친구 루실 블레이크, 그녀는 알지 못했겠지만 사실 그녀는 200년 전에 새뮤얼 존슨 박사가 배운 교훈을 똑같이 배운 것이다. 존슨 박사는 이렇게 말했다. "모든 사건에 대해 그 최선의 측면을 바라보는 습관은 매년 1천 파운드씩의 돈보다 더 큰 가치를 갖고 있다."

이것은 전문적인 낙관론자가 한 말이 아니라 20년 동안에 걸쳐 불안, 누더기 옷, 굶주림을 겪어본 사람이 한 말이라는 데 유념하라. 그러나 그 사람은 마침내 그의 세대에서 가장 탁월한 문필가 가운데 한 사람이자 모든 시대를 통틀어 가장 유명한 이야기꾼이 됐다.

로건 피어솔 스미스*는 다음과 같은 말을 했을 때 아주 많은 지

---

* Logan Pearsall Smith. 1865~1946. 미국에서 태어나 영국에서 주로 활동한 수필가, 비평가, 작가.

혜를 적은 수의 낱말들 속에 압축해 넣는 데 성공한 셈이었다. "인생에서 목표로 삼아야 할 것이 두 가지 있다. 우선 당신이 원하는 것을 손에 넣어라. 그리고 그것을 즐겨라. 가장 현명한 사람들만이 이 두 번째 목표를 달성한다."

부엌에서 설거지를 하는 것마저 흥분되는 경험으로 만드는 법을 알고 싶은가? 그렇다면 엄청난 용기를 보여주면서 영감을 주는 보길드 달♠의 저서 《나는 보고 싶었다》를 읽어라.

달은 거의 50년 동안 사실상 맹인으로 살았다. 그녀는 이렇게 썼다. "나는 앞을 볼 수 있는 눈은 하나밖에 갖고 있지 않았다. 그런데 그 눈도 상처로 조밀하게 덮여 있었다. 그래서 나는 그 눈의 왼쪽에 열려 있는 조그마한 구멍을 통해서만 앞을 볼 수 있었다. 책을 읽으려면 책을 들어 얼굴에 아주 가까이 갖다 대고 보이는 한쪽 눈을 최대한 왼쪽으로 쏠리도록 긴장시켜야 했다."

그러나 그녀는 동정의 대상이 되기를 거부했고, 다른 사람들과 다른 사람으로 여겨지는 것을 거부했다. 어렸을 적에 그녀는 다른 아이들과 함께 돌 던지기 놀이를 하고 싶었지만 표적을 볼 수 없어서 놀이에 끼지 못했다. 그녀는 다른 아이들이 집으로 돌아간 뒤에 땅에 엎드려 눈을 표적 근처에 두고 이리저리 기어 다니면서 그곳의 땅 모양을 일일이 암기했고, 얼마 지나지 않아 놀이를 아주 잘 할 수 있게 됐다. 책을 읽을 때 그녀는 큰 글자로 인쇄된 책을 눈앞에 바싹 갖다 대

♠ Borghild Dahl. 1890~1984. 노르웨이계 미국 이주민 2세 작가.

야 했다. 그러다 보니 눈썹이 책의 지면에 스치곤 했다. 그녀는 두 개의 학위를 취득했다. 하나는 미네소타대학의 문학학사 학위이고, 다른 하나는 컬럼비아대학의 문학석사 학위다.

그녀는 미네소타 주의 트윈밸리라는 작은 마을에서 교편을 잡았고, 나중에는 사우스다코타 주의 수폴스에 있는 오거스태너대학의 저널리즘과 문학 담당 교수가 됐다. 그녀는 그 대학에서 13년 동안 학생들을 가르치면서 여성단체에 나가 강의를 하기도 하고 라디오 방송에 출연해 책과 저자에 관한 이야기를 하기도 했다. 그녀는 이렇게 썼다. "내 마음속 깊은 곳에는 언제나 내가 완전한 맹인이 될 것이라는 데 대한 두려움이 숨어 있었다. 이런 두려움을 극복하기 위해 나는 거의 들뜬 상태라고 할 수 있을 정도로 쾌활하게 살았다."

그녀가 52살이 된 1943년에 기적이 일어났다. 유명한 메이요 병원에서 수술을 받고 전보다 40배나 더 나은 시력을 갖게 된 것이다.

사랑스러운 것들로 가득 찬 새롭고 흥미로운 세계가 그녀의 눈앞에 펼쳐졌다. 그녀는 부엌에서 설거지를 하는 것조차 대단히 재미있는 일임을 알게 됐다. 그녀는 이렇게 썼다. "나는 접시 씻는 통에 둥둥 뜨는 솜처럼 하얀 비누방울을 가지고 놀기 시작한다. 비누거품에 손가락을 들이댄 다음에 거기서 하얀 비누방울 하나를 찍어 올린다. 그 비누방울을 들어 올려 불빛에 비춰 본다. 그 하나의 비누방울에서 작은 무지개의 영롱한 색깔들이 펼쳐진다." 그리고 부엌에 난 창문을 통해 "펑펑 내리는 눈송이를 가르며 날아가는 참새들의 펄럭이는 검회색 날개"가 그녀의 시야에 들어왔다.

그녀는 그렇게 비누방울과 참새를 바라보면서 황홀감을 느꼈다. 그녀는 이런 문구로 책을 마무리했다. "나는 속삭였다. '사랑하는 주님, 하늘에 계신 하느님, 감사합니다. 감사합니다."

접시를 닦을 수 있어서, 비누방울이 만들어내는 자그마한 무지개와 내리는 눈 속을 날아가는 참새를 볼 수 있어서 신에게 감사하는 사람의 모습을 상상해보라!

당신과 나는 부끄럽게 생각해야 한다. 우리가 살아온 날들은 하루하루가 아름다운 동화 속 나날이었지만 우리는 눈이 멀어 그것을 보지 못했고, 얼마든지 누릴 수 있었기에 그것을 즐기지 못했다.

걱정을 끝내고 삶을 살기 시작하고 싶다면 다음과 같은 네 번째 규칙을 잊지 말아야 한다.

네가 안고 있는 걱정거리들을 꼽아보지 말고 네게 주어진 축복들을 꼽아보라.

16
당신 자신을 찾아내고 당신 자신이 돼라
- 이 세상에 당신과 같은 사람은 아무도 없음을 기억하라

나는 노스캐롤라이나 주의 마운트에어리에 사는 이디스 올레드 부인으로부터 편지를 받았다. 그녀는 편지에서 다음과 같이 말했다.

"어렸을 때 나는 굉장히 예민하고 수줍었습니다. 나는 언제나 과체중이었고 내 뺨은 나를 실제보다 더 뚱뚱해 보이게 만들었습니다. 내 어머니는 옷을 예쁘게 차려입는 것은 바보나 하는 짓이라고 생각하는 구닥다리 엄마였습니다. 어머니는 언제나 '넉넉하면 입을 수 있지만 꽉 끼면 찢어진다'고 말하면서 내게 큰 옷을 입혔습니다. 학창시절에 나는 다른 아이들과 함께 교외활동이나 운동을 한 적이 없습니다. 나는 결코 파티에 가지 않았고, 즐거운 놀이도 전혀 하지 않았습니다. 나는 병적일 정도로 수줍었습니다. 나는 내가 다른 사람들과 '다르다'고 느꼈고, 다른 사람들에게 완전히 불쾌한 존재라고 느꼈습니다.

성장한 뒤에 나는 나보다 나이가 몇 살 많은 남자와 결혼했습니다. 그러나 나는 바뀌지 않았습니다. 시댁 사람들은 안정되고 자신감

넘치는 가족이었습니다. 그들은 모두 내가 그렇게 되고 싶지만 되지 못하는 모습을 가지고 있었습니다. 나는 그들처럼 되려고 최선을 다해 애썼지만 그렇게 될 수가 없었습니다. 내 안에 갇힌 나를 끄집어내려는 그들의 시도는 오히려 내 껍질 속으로 나를 더욱더 밀어 넣을 뿐이었습니다. 나는 신경이 날카로워지고 초조해졌습니다. 나는 친구를 기피했습니다. 상태가 점점 더 심각해져서 나는 초인종 소리에도 두려워할 정도가 됐습니다! 스스로를 실패작이라고 생각한 나는 남편이 그런 사실을 알아차리게 될까봐 두려웠습니다. 그래서 우리 부부가 남들과 어울리게 되면 일부러 쾌활한 척하면서 과장된 행동을 했고, 그런 다음에는 여러 날 동안 참담한 심정에 빠져 지내곤 했습니다. 결국 나는 너무나 불행한 내 존재를 더 유지하는 것은 무의미하다는 생각을 하게 됐습니다. 자살을 생각하기 시작한 것입니다.

이런 불행한 여자의 삶에 변화가 일어났습니다. 과연 무엇 때문이었을까요? 그것은 우연히 듣게 된 뜻밖의 말 때문이었습니다!'

올레드 부인은 계속해서 다음과 같이 말했다.

"뜻밖의 말 한마디가 내 인생을 완전히 변화시켰습니다. 어느 날 시어머니가 자식들을 어떻게 길렀는지에 대해 이야기하다가 이런 말을 했습니다. '나는 늘 아이들에게 말했지. 무슨 일이 일어나든 너는 너 자신이어야 한다고 말이야.' … '너 자신이어야 한다.' … 이것이 바로 내 인생을 완전히 바꾸어놓은 말입니다. 그 순간 나는 깨달았습니다. 지금껏 나는 내게 맞지 않는 어떤 틀에 나를 끼워 맞추려고 애써왔고, 그래서 스스로를 비참하게 만들었다는 사실을 말이에요.

나는 하루아침에 바뀌었습니다! 나는 나 자신이 되자고 결심했습니다. 나는 나 자신의 개인적 특성에 대해 연구하기 시작했습니다. 나는 내 강점이 무엇인지를 파악해보았습니다. 나는 또한 색깔과 스타일에 대해 공부하기 시작했고, 나에게 어울리는 옷을 골라 입기 시작했습니다. 나는 먼저 다가가서 친구를 사귀었습니다. 처음에는 내가 가입한 소규모 모임에서 나를 프로그램 발언자 명단에 올려놓은 것을 보고 겁이 나서 몸이 굳어버렸습니다. 그러나 나는 그 모임에 나가 말을 할 때마다 조금씩 용기를 낼 수 있었습니다. 꽤 많은 시간이 걸리긴 했지만 이제 나는 내가 기대했던 것보다 더 행복합니다. 이제 나는 괴로웠던 경험을 통해 내가 배운 교훈을 내 아이들에게 가르칩니다. 무슨 일이 있어도 너는 항상 너 자신이 돼야 한다고 말입니다."

이렇게 '자기 자신이 되려고 하는 것'은 "역사만큼이나 오래된 것이며 인간의 삶만큼 보편적인 것"이라고 제임스 고든 길키 박사는 말한다. 반면에 '자기 자신이 되려고 하지 않는 것'은 신경증, 정신병, 강박증과 같은 수많은 질병의 원천이다. 안젤로 파트리♠는 아동교육이라는 주제에 관해 13권의 책을 쓰고 수천 건의 신문연합 칼럼을 쓴 사람이다. 그는 이렇게 말한다. "자기 자신이 아닌 다른 사람이나 다른 무엇이 되기를 바라는 사람만큼 비참한 사람은 없다."

자기 자신이 아닌 다른 누군가가 되고자 하는 열망은 특히 할리우드에 만연해 있다. 할리우드에서 가장 유명한 영화감독 가운데 하

....
♠ Angelo Patri. 1876~1965. 이탈리아에서 출생한 미국의 작가, 교육자.

나인 샘 우드는 성공하고 싶어 하는 젊은 배우와 함께 일을 할 때 가장 골치 아픈 문제는 그 배우로 하여금 '자기 자신이 되게 하는 것'이라고 말했다. 젊은 배우는 모두 라타 터너의 2등급 아류나 클라크 게이블의 3등급 아류가 되고자 한다는 것이다. 샘 우드는 그들에게 늘 이렇게 말한다고 한다. "대중의 그런 취향은 이미 충족됐네. 이제 대중은 뭔가 다른 것을 원한다네."

샘 우드는 영화감독으로서 〈굿바이, 미스터 칩스〉와 〈누구를 위하여 종은 울리나〉와 같은 영화를 제작하기 전에는 부동산 사업에 종사하면서 세일즈맨의 감각을 익혔다. 그는 사업의 세계에나 영화의 세계에나 똑같은 원리가 적용된다고 단언한다. 원숭이처럼 서투른 흉내를 내서는 성공할 수 없다는 것이다. 앵무새가 되어서는 안 된다는 것이다. 샘 우드는 이렇게 말한다. "자기 자신이 아닌 다른 모습으로 가장하는 사람은 가능한 한 빨리 탈락시키는 것이 가장 안전하다는 것을 나는 경험으로부터 배웠다."

나는 대규모 석유회사의 고용담당 임원으로 있던 폴 보인턴에게 입사지원을 하는 사람들이 저지르는 가장 큰 잘못은 무엇이냐고 물어본 적이 있다. 그는 내 질문에 대한 정답을 알 것이 틀림없었다. 왜냐하면 그는 6만 명 이상의 입사지원자들을 면담해보았을 뿐 아니라 《취직에 성공하는 6가지 방법》이라는 책도 쓴 사람이었기 때문이다. 그는 이렇게 대답했다. "입사지원을 하는 사람들이 저지르는 가장 큰 잘못은 자기 자신이 아니게 보이려고 한다는 것입니다. 그들은 자신을 그대로 드러내고 완전히 솔직한 태도를 보여주려고 하지 않으며,

흔히 회사 쪽에서 원한다고 생각하는 답변을 합니다." 그러나 그렇게 하는 것은 아무런 효과도 없다. 누구도 가짜를 원하지는 않기 때문이다. 위조된 동전을 갖고 싶어 하는 사람은 없다.

어느 노면전차 차장의 딸은 어려운 과정을 거치고서야 그러한 교훈을 배웠다. 그녀는 가수가 되기를 갈망했다. 그런데 그녀는 입이 너무 크고 뻐드렁니가 튀어나온 자신의 얼굴을 불운한 단점으로 여겼다. 뉴저지 주에 있는 한 나이트클럽에서 처음으로 관객 앞에 서서 노래를 부를 때 그녀는 윗입술을 끌어내려서 이빨을 감추려고 애썼다. 그녀는 자신이 '매혹적'으로 보이게 하려고 했다. 그 결과는 어땠을까? 그녀는 자신을 더욱 우스꽝스럽게 만들었다. 그녀는 실패하는 쪽으로 방향을 잡은 것이나 다름없었다.

그러나 나이트클럽에서 그녀의 노래를 들은 한 남자가 그녀에게 재능이 있음을 깨닫고는 단도직입적으로 말했다. "당신의 공연을 쭉 지켜봤습니다. 나는 당신이 무엇을 감추려고 하는지를 알고 있습니다. 당신은 자기 이빨을 부끄러워하더군요." 그녀는 당황했지만, 남자는 하던 이야기를 계속했다. "그게 어때서 그럽니까? 뻐드렁니를 가진 것이 무슨 특별한 범죄라도 되는 건가요? 그것을 감추려고 하지 말아요! 입을 크게 벌리세요. 당신이 자기 이빨을 부끄러워하지 않는 모습을 보여주면 청중이 당신을 좋아하게 될 겁니다. 게다가 감추고 싶어 하는 바로 그 이빨 덕분에 당신은 성공하게 될 거예요!"

캐스 데일리[*]는 그 남자의 조언을 받아들여 자신의 이빨에 대해서는 잊고 관객에 대해서만 생각했다. 그녀는 입을 크게 벌리고 매우 활기차고 즐겁게 노래를 불렀고, 결국은 영화계와 라디오계에서 톱스타가 됐다. 그러자 코미디언들이 그녀를 모방하려고 애썼다!

유명한 철학자인 윌리엄 제임스는 "보통 사람은 자기가 갖고 있는 잠재력의 10퍼센트만 발휘한다"고 했다. 그는 자기 자신을 발견하지 못한 사람들에 대해 이야기한 것이었다. 그는 이렇게 썼다. "우리가 되어야 할 모습과 비교해볼 때 우리는 단지 절반만 깨어있다. 우리는 자신이 갖고 있는 육체적, 정신적 자질의 일부분만을 사용하고 있다. 일반화해서 말하면 사람들 개개인은 자신의 최대치에 훨씬 못 미치는 수준에서 살아간다. 사람들은 각자가 다양한 종류의 힘을 가지고 있지만 그것을 사용하지 않는 습관에 젖어 있다."

당신과 나는 그러한 능력을 가지고 있다. 그러니 자신이 다른 사람들과 같지 않다는 이유로 걱정하는 데는 단 일 초의 시간도 낭비하지 말자. 당신은 이 세상에서 뭔가 새로운 존재다. 태고 이래로 당신과 똑같은 사람은 존재해본 적이 전혀 없다. 그리고 앞으로도 당신과 똑같은 사람은 결코 다시 생겨나지 않을 것이다. 유전학이라는 과학은 당신이 당신의 모습이 된 것은 당신의 아버지가 전해준 24개의 염색체와 당신의 어머니가 전해준 24개의 염색체가 합쳐진 결과임을 알게 해준다. 유전에 의해 당신이 넘겨받은 것은 그 48개의 염색체에 들어있던 것이다. 그런데 각각의 염색체에는 "수십 개에서 수백 개에 이르는 유전자가 들어있고, 어떤 경우에는 그 가운데 단 하나의 유전

♠ Cass Daley. 1915~1975. 미국의 여자배우, 가수, 코미디언.

자가 한 개인의 인생 전부를 달라지게 할 수 있다"고 앰램 샤인펠드♠는 말한다. 우리는 그야말로 "감히 헤아릴 수도 없게, 그리고 불가사의하게" 만들어진 존재다.

당신의 어머니와 아버지가 만나서 결혼한 다음에도 당신이라는 특정한 사람이 태어날 확률은 300조 분의 1에 불과하다! 달리 말해 만약 당신에게 모두 30조 명의 형, 누나, 남동생, 여동생이 있다고 한다면 그들은 모두 당신과 다를 것이다. 이 모든 것이 추측일 뿐일까? 아니다. 과학적인 사실이다. 당신이 만약 이런 사실에 대해 더 많은 것을 알고 싶다면 앰램 샤인펠드의 저서인 《당신과 유전》을 읽어보라.

내가 '자기 자신이 되는 것'이라는 주제에 대해 이렇게 확신을 가지고 이야기할 수 있는 것은 나 자신이 그것에 대해 깊이 공감하기 때문이다. 나는 지금 내가 이야기하고 있는 것에 대해 잘 알고 있다. 나는 힘겹고 값비싼 경험을 통해 그것을 알게 됐다. 실례를 들어 말하면, 미주리 주의 옥수수밭에서 살다가 처음으로 뉴욕에 왔을 때 나는 '미국 드라마예술 아카데미'에 등록했다. 나는 배우가 되고 싶었다. 나는 성공으로 가는 지름길에 관한 내 나름의 탁월한 구상을 갖고 있었다. 그 구상은 아주 간단하고 누구든지 실천할 수 있는 것이었기에 나는 배우가 되겠다는 열망을 가진 수많은 사람들이 그동안 왜 그것을 발견하지 못했는지를 이해할 수 없었다. 그것은 바로 이런 것이었다. 나는 그 시절의 유명한 배우들, 즉 존 드루, 월터 햄던, 오티스 스

♠ Amram Scheinfeld. 유전과 관련된 저서를 여러 권 낸 미국의 저널리스트.

키너 등이 어떻게 해서 성공했는지를 연구하기로 했다. 그런 다음에 나는 그들 각각이 갖고 있는 장점을 모방하기로 했다. 그러면 내가 그들 모두를 결합한 휘황찬란한 인간이 되리라고 생각했던 것이다. 참으로 바보 같은 생각이었다! 참으로 터무니없는 생각이었다! 내 인생 가운데 몇 년을 다른 사람들을 모방하느라고 낭비하고 나서야 비로소 다른 사람이 아닌 나 자신이 돼야 하며 나 자신이 아닌 다른 사람이 되는 것은 불가능하다는 진리가 미주리 주 출신다운 나의 두꺼운 두개골을 뚫고 머릿속으로 들어왔다.

그런 곤혹스러운 경험으로부터 나는 오래 지속되는 교훈을 배웠어야 했다. 그러나 그렇게 되지 않았다. 그런 경험도 나를 가르치지 못했다. 나는 너무나 아둔했다. 나는 그 모든 것을 또 다시 배워야 했다. 몇 년 뒤에 나는 사업가들을 독자층으로 삼아 사람들 앞에서 말하는 법에 관한 최고의 책을 쓰는 작업에 들어갔다. 그 책을 쓸 때도 나는 예전에 배우가 되려고 할 때 그랬던 것과 똑같이 어리석은 구상을 했다. 나는 수많은 다른 저자들의 생각을 빌려와 한 권의 책 속에 다 집어넣으려고 했다. 그러면 그 책 속에 모든 것이 다 담길 것이라고 생각했던 것이다. 그래서 나는 사람들 앞에서 말하는 법에 관한 책 수십 권을 입수한 다음에 거기에 담긴 생각들을 내 원고에 옮기느라 1년을 보냈다. 그러나 나는 내가 어리석은 짓을 했음을 깨닫지 않을 수 없었다. 그렇게 다른 사람들의 생각을 뒤범벅해서 원고를 써놓은 뒤 다시 읽어 보니 그것은 너무 인위적으로 합성되어 따분한 느낌을 주었던 것이다. 그 어떤 사업가도 그것을 끝까지 읽어낼 것 같지 않았다. 나는 1년간 작업한 결과물을 쓰레기통에 던져 넣어버리고 모든 것을 처음부터 다시 시작했다. 나는 나 자신에게 이렇게 말했다. "너는 데일 카네기가 돼야 해. 네 모든 결함과 한계를 그대로 갖고 있는 데일 카네기가 돼야 하는 거야. 너는 다른 누구도 될 수 없어." 이렇게 해서 나는 다른 사람들의 결합체가 되려고 하기를 그만두고 소매를 다시 걷어붙이고 애초에 내가 해야 했던 것을 했다. 다시 말해 나는 그동안 사람들 앞에서 말하는 사람이자 사람들 앞에서 말하는 법을 가르쳐온 사람으로서 스스로 경험하고 관찰하고 확신하게 된 것을 가지고 사람들 앞에서 말하기에 관한 교과서를 썼다. 나는 월터 롤리 경이 배웠던 교훈을 배웠고, 그 교훈을 앞으로도 영원히 기억하기를 바라고 있다. 지금 나는 입고 있던 외투를 벗어 진흙탕 길에 깔아주어 여왕이 그것을 밟고 지나갈 수 있도록 한 월터 롤리* 경에 대해 이야기하고 있는 것이 아니다. 지금 나는 1904년에 옥스퍼드대학의 영문학 교수였던 월터 롤리 경에 대해 이야기하고 있는 것이다. 그는 이렇게 말했다. "나는 셰익스피어의 작품에 견줄 만한 책을 쓸 수는 없지만 나 자신만의 책은 쓸 수 있다."

너 자신이 되어라. 어빙 벌린♠이 조지 거슈윈†에게 말해주었던 현명한 조언에 입각해 행동하라. 벌린과 거슈윈이 처음으로 만났을 때 벌린은 이미 유명한 사람이었던 반면에 거슈윈은 틴 팬 앨리‡에서

---

* Walter Raleigh. 1552경~1618. 영국의 군인, 해양탐험가, 시인, 문필가.
♠ Irving Berlin. 1888~1989. 미국의 작곡가, 작사가.
† George Gershwin. 1898~1937. 미국의 작곡가, 피아니스트.
‡ Tin Pan Alley. 악보출판사와 악기상점 등이 즐비하던 뉴욕 시내의 거리.

일주일에 35달러를 버는 일을 하면서 어렵게 지내는 젊은 작곡가였다. 거슈윈의 재능에 깊은 인상을 받은 벌린은 자기를 찾아온 거슈윈에게 자기의 음악비서로 일해주면 그가 벌고 있는 돈의 거의 3배에 해당하는 봉급을 받을 수 있을 것이라고 말하고는 곧바로 이런 조언을 덧붙였다. "그러나 이 일자리를 받아들이지 마시오. 당신이 만약 이 일자리를 받아들인다면 이류의 벌린이 될 수 있을 것이오. 그러나 당신이 그 누구의 아류도 아닌 자기 자신이기를 고수한다면 언젠가는 일류의 거슈윈이 될 것이오."

거슈윈은 그의 조언을 마음속에 새겨 넣었고, 서서히 자기 세대에 가장 중요한 미국의 작곡가 가운데 한 사람으로 발전해갔다.

찰리 채플린,* 월 로저스,♠ 메리 마거릿 맥브라이드,† 진 오트리‡를 비롯해 수많은 사람들이 내가 이 장에서 분명히 밝혀두려고 하는 교훈을 배워야 했다. 그들은 나와 마찬가지로 어려운 과정을 거쳐 그 교훈을 배웠다.

찰리 채플린이 배우로서 영화제작에 처음으로 참여했을 때 감독은 채플린에게 그 시절에 인기를 누리고 있던 어느 독일 코미디언을 흉내 내게 했다. 그러나 찰리 채플린은 그 자신이 되기 전에는 아무런 성공도 거두지 못했다. 봅 호프††도 비슷한 경험을 했다. 그는 노래를

---

* Charlie Chaplin. 1889~1977. 미국의 희극배우, 영화감독.
♠ Will Rogers. 1879~1935. 미국의 카우보이, 코미디언, 배우, 사회비평가.
† Mary Margaret McBride. 1899~1976. 미국의 라디오 쇼 진행자, 작가.
‡ Gene Autry. 1907~1998. 미국의 연예인, 가수, 야구 구단주, 방송국 경영자.
†† Bob Hope. 1903~2003. 미국의 코미디언, 배우.

4부 평온과 행복을 가져다줄 정신적 태도를 함양하는 7가지 방법 255

부르고 춤을 추는 공연을 하면서 여러 해를 보냈지만, 자기 자신으로 돌아가 재치 있는 말을 하게 되기 전에는 아무런 성공도 거두지 못했다. 윌 로저스는 보드빌* 무대에서 말은 한마디도 하지 않고 로프만 빙빙 돌리면서 여러 해를 보냈다. 그도 유머에 대한 자기만의 재능을 스스로 발견해 로프를 돌리면서 동시에 말도 하기 시작하기 전에는 아무런 성공도 거두지 못했다.

메리 마거릿 맥브라이드는 처음으로 방송에 출연했을 때 아일랜드에서 온 코미디언처럼 보이려고 애썼지만 실패했다. 그녀는 그녀 자신, 즉 미주리 주에서 온 평범한 시골처녀의 모습으로 되돌아간 뒤에야 비로소 뉴욕에서 가장 인기 있는 라디오 스타 가운데 한 사람이 됐다.

진 오트리가 자신의 텍사스 말투를 없애려고 하고, 도시의 젊은이들처럼 옷을 입고, 뉴욕 출신인 체했을 때에는 사람들이 그를 비웃었다. 그러나 그는 언젠가부터 밴조를 튕기며 카우보이 민요를 부르기 시작했고, 그러한 변화는 그에게 영화와 라디오 양쪽에 걸쳐 세계에서 가장 인기 있는 카우보이가 되는 길로 나아가는 첫 걸음이 됐다.

당신은 이 세상에서 뭔가 새로운 존재다. 이런 사실에 대해 기뻐하라. 자연이 당신에게 준 것을 최대한 활용하라. 뭐니 뭐니 해도 예술은 모두 자서전적인 것이다. 당신은 당신 자신인 것만을 노래할 수 있고, 당신 자신인 것만을 그릴 수 있다. 당신은 당신의 경험, 당신의 환경, 당신의 유전적 특징이 만들어낸 당신 자신일 수밖에 없다. 더

---

* 19세기 말부터 20세기 초에 걸쳐 미국에서 유행한 대중적 오락연예 공연. 노래, 춤, 토막극 등으로 구성된 일종의 버라이어티 쇼.

나아지게 되든 더 나빠지게 되든 당신은 당신 자신의 작은 정원을 가꾸어야 한다. 더 나아지게 되든 더 나빠지게 되든 인생이라는 오케스트라에서 당신은 당신 자신의 작은 악기를 연주해야 한다.

에머슨이 '자기신뢰'에 대해 쓴 글에서 다음과 같이 말한 것도 같은 맥락에서였다. "시샘은 무지로 인한 것이고, 모방은 자살이고, 더 나아지게 되든 더 나빠지게 되든 스스로를 자신의 몫으로 받아들여야 하고, 드넓은 우주가 선으로 가득 차있다고 하더라도 자신에게 경작하도록 주어진 땅에서 자신이 땀을 흘려가며 일하지 않고서는 영양분을 섭취하게 해줄 곡식이 단 한 톨도 자신에게 돌아오지 않는다는 것을 누구든 배우는 과정에서 확신하게 되는 때가 온다. 모든 개개인에게 내재된 힘은 완전히 새로운 것이고, 자신이 할 수 있는 것이 무엇인지는 자신 외에는 아무도 모르며, 자신이 시도해보기 전에는 그것이 무엇인지를 알 수 없다."

에머슨이 한 것과 똑같은 이야기를 이제는 고인이 된 더글러스 맬록♠이라는 시인은 다음과 같은 방식으로 말했다.

언덕 꼭대기의 소나무가 될 수 없다면
골짜기의 관목이 되어라.
다만, 시냇가의 작지만 가장 훌륭한 관목이 되어라.
나무가 될 수 없다면 덤불 속의 관목이 되어라.

♠ Douglas Malloch, 1877~1938. 미국의 시인. 본문에 인용된 시의 제목은 '무엇이 되든 최고의 네가 되어라(Be the Best of Whatever You Are)'다.

덤불 속의 관목이 될 수 없다면 한 줌의 풀이 되어라.
그래서 어떤 큰길을 더 행복한 길이 되게 하라.
강꼬치고기가 되지 못한다면 그저 농어가 되어라.
다만 호수에서 가장 활기찬 농어가 되어라!

모두가 다 선장이 될 수는 없는 법, 우리는 선원이 됐다.
여기에 있는 우리 모두에게 무언가 할 일이 있다.
해야 할 일에는 큰 것도 있고, 작은 것도 있다.
그리고 우리가 해야 할 일은 가장 가까이에 있다.

큰길이 될 수 없다면 그저 오솔길이 되어라.
해가 될 수 없다면 별이 되어라.
크기 때문에 네가 이기거나 지는 것은 아니다.
무엇이 되든 최고의 네가 되어라!

걱정에서 벗어나 자유와 평온을 얻기 위해서는 다음과 같은 다섯 번째 규칙을 명심해야 한다.

다른 사람을 흉내 내지 말자.
자기 자신을 발견하고 자기 자신이 되자.

17
레몬을 가지고 있다면 레모네이드를 만들어라

이 책을 쓰다가 어느 날 나는 시카고대학에 가서 로버트 메이너드 허친스 총장에게 어떻게 걱정을 떨쳐내면서 사는지를 물었다. 그는 이렇게 대답했다. "나는 작고한 줄리어스 로즌월드 전 시어스로벅 컴퍼니 사장이 내게 해준 조언을 따라 살려고 항상 노력하고 있습니다. 그 조언은 레몬♠을 가지고 있다면 레모네이드를 만들라는 것입니다."

그와 같은 훌륭한 교육자는 그렇게 한다. 그러나 어리석은 자는 그와 정반대로 한다. 어리석은 자는 삶이 자신에게 레몬을 건넨 것을 알게 되면 자포자기해서 이런 말을 한다. "나는 패배했다. 이는 운명이다. 내게는 기회가 주어지지 않았다." 그런 다음에 그는 세상을 향해 화를 내고 자기연민의 난잡한 잔치에 빠져버린다. 그러나 현명한 사람은 레몬을 건네받았을 때 이렇게 말한다. "이 불운에서 내가 배

♠ 여기서 '레몬'은 감귤류에 속하는 과일인 레몬을 가리키는 동시에 '좋지 않은 것, 가치가 없는 것, 결함이 있는 것 등'을 가리키기도 한다. 레몬은 신맛이 강해 그대로 먹기 힘들다는 점에서 레몬이라는 말이 이런 비유적인 의미를 갖게 됐다.

울 수 있는 교훈은 무엇일까? 지금 처한 상황을 어떻게 개선할 수 있을까? 어떻게 하면 이 레몬을 레모네이드로 만들 수 있을까?"

훌륭한 심리학자인 알프레드 아들러*는 인간과 인간의 내면에 잠재돼 있는 능력에 대해 평생토록 연구한 뒤에 "마이너스를 플러스로 바꿀 수 있는 능력"도 놀랄 만한 것들로 가득 찬 인간의 능력 가운데 하나라고 단언했다.

바로 그렇게 한 여성을 나는 알고 있다. 흥미로우면서 자극이 되는 그 여성의 이야기를 여기서 소개하겠다. 그녀의 이름은 셀마 톰슨이다. 그녀는 내게 자신이 겪은 일들을 이야기하다가 다음과 같이 말했다.

"전쟁 때 내 남편은 캘리포니아 주의 모하비 사막 근처에 있는 육군 훈련캠프에 배치됐습니다. 나는 남편과 가까운 곳에서 살기 위해 거처를 그곳으로 옮겼습니다. 그러나 나는 그곳이 싫었습니다. 나는 그곳을 혐오했습니다. 나는 그렇게 비참해본 적이 없었습니다. 남편은 모하비 사막 안에서 시행되는 훈련에 참가하라는 명령을 받았습니다. 나는 작은 판잣집에 홀로 남겨졌습니다. 더위가 견딜 수 없을 정도로 극심했습니다. 선인장의 그늘에서도 기온이 섭씨 52도까지 올라갔습니다. 대화를 나눌 수 있는 사람은 아무도 없었습니다. 바람이 쉴 새 없이 불어왔습니다. 내가 먹는 음식은 물론이고 내가 호흡하는 공기조차도 모래, 모래, 모래로 가득했습니다!

---

* Alfred Adler. 1870~1937. 오스트리아의 정신분석학자.

나는 완전히 참담한 심정이 됐고, 내 처지가 너무 한심했습니다. 그래서 부모님에게 편지를 써 보냈습니다. 편지에서 나는 그곳 생활을 포기하고 고향으로 돌아가겠다고 말했습니다. 나는 단 일 분도 더는 견뎌낼 수 없다고 말했습니다. 차라리 감옥에 들어가 있는 게 낫겠다고 말하기도 했습니다. 내 편지를 받은 아버지는 단 두 줄의 답장을 보내왔습니다. 그런데 그 두 줄의 글이 내 인생을 완전히 바꾸어놓았습니다. 그 두 줄의 글은 앞으로도 영원히 내 기억 속에 남아있을 것입니다. 그 두 줄의 글은 이렇습니다.

감옥에 갇힌 두 사람이 철창 밖을 내다보았다.
한 사람은 진흙을 보았고, 다른 한 사람은 별을 보았다.

나는 그 두 줄의 글을 읽고 또 읽었습니다. 부끄러웠습니다. 나는 지금의 상황에서 좋은 것들을 찾아내자고 결심했습니다. 나는 별을 보려고 했습니다.

나는 모하비 사막의 원주민들과 친구가 됐습니다. 그들의 반응은 나를 놀라게 했습니다. 내가 그들의 뜨개질과 도자기 굽기에 관심을 갖는 것을 보고 그들은 관광객에게 팔지 않고 가장 소중히 간직해온 것들을 내게 선물로 주었습니다. 나는 선인장, 유카,♠ 조슈아나무의 환상적인 형태에 대해 연구했습니다. 나는 프레리도그† 에 대해 배

♠ 백합목 용설란과에 속하며 반사막지역에서 자라는 식물.
† 설치류인 마멋의 일종으로 개와 비슷한 울음소리를 내는 동물.

우고, 사막의 일몰을 지켜보고, 그곳의 사막이 바다의 밑바닥이었던 수백만 년 전에 그곳에 살았던 조개의 화석을 찾아다녔습니다.

무엇이 내게 그런 놀라운 변화를 일으켰을까요? 모하비 사막은 변하지 않았습니다. 그러나 나는 변했습니다. 나는 내 마음의 태도를 바꾸었습니다. 그리고 그렇게 함으로써 나는 비참한 경험을 내 인생에서 가장 흥미로운 모험으로 변화시켰습니다. 내가 발견한 그 새로운 세계는 나를 자극하고 흥분시켰습니다. 나는 너무 재미가 있어서 그 새로운 세계에 관한 책을 썼습니다. 그 책은 《밝은 성벽》이라는 제목으로 출판됐습니다. … 나는 스스로 만들어낸 감옥에서 바깥을 내다보고 거기서 별을 발견하게 된 것입니다."

셀마 톰슨, 그녀는 예수가 태어나기 500년 전에 그리스인들이 가르쳤던 오래된 진리를 스스로 발견한 것이다. 그것은 "가장 좋은 것은 가장 어려운 것"이라는 진리다.

20세기에는 해리 에머슨 포스딕*이 그 진리를 다시 이야기했다. "행복은 대체로 보아 쾌락에 있지 않다. 행복은 대체로 보아 승리에 있다." 그렇다. 뭔가를 성취하거나 극복해낸다는 의식, 그리고 우리가 갖고 있는 레몬을 레모네이드로 바꾼다는 의식이 가져다주는 승리에 행복이 있는 것이다.

나는 언젠가 독성이 들어 있는 레몬까지도 레모네이드로 만드는 플로리다 주의 한 행복한 농부를 방문한 적이 있다. 그 농부는 맨 처

---

* Harry Emerson Fosdick. 1878~1969. 미국의 목사.

음에 그곳의 농장을 취득했을 때 낙담하지 않을 수 없었다. 땅이 황폐해서 과일나무를 재배할 수도, 돼지를 기를 수도 없었기 때문이다. 그곳에 서식할 수 있는 것은 왜소한 졸참나무와 방울뱀 말고는 없었다. 그런데 그에게 좋은 생각이 떠올랐다. 그는 자신에게 불리한 것을 유리한 것으로 바꾸기로 했다. 그는 방울뱀을 최대한 활용하기로 했다. 놀랍게도 그는 방울뱀 고기를 통조림으로 만들기 시작했다. 몇 년 전에 그의 농장을 방문했을 때 나는 1년에 2만 명 정도의 관광객이 그의 방울뱀 농장을 구경하려고 찾아온다는 것을 알게 됐다. 그의 사업은 번창하고 있었다. 나는 그곳 방울뱀의 독니에서 뽑아낸 독이 해독용 약물을 만드는 실험실로 팔려 간다는 것도 알게 됐다. 그리고 방울뱀의 가죽은 여성용 구두와 핸드백의 재료로 매우 높은 가격에 팔려 나가고 있었다. 방울뱀 고기 통조림은 배에 실려 전 세계의 고객들에게 배송되고 있었다. 나는 그곳의 모습이 실린 그림엽서를 한 장 사서 그 마을의 우체국에서 누군가에게 보내기도 했다. 그 마을은 독성이 들어 있는 레몬을 맛좋은 레모네이드로 바꿔낸 사람을 기리기 위해 '래틀스네이크♠ 시'로 이름을 바꾸었다.

나는 미국이라는 이 나라를 여러 차례 종횡으로 누비며 여행해 왔는데 그러는 동안에 '마이너스를 플러스로 바꿔내는 능력'을 보여준 사람들을 수십 명 만났다.

《신에 맞선 12인》의 저자인 고 윌리엄 볼리소†는 이렇게 설명했

♠ Rattlesnake. 방울뱀.
† William Bolitho. 1890~1930. 영국의 작가.

다. "인생에서 가장 중요한 것은 자신의 이익을 더 활용하는 것이 아니다. 그런 것은 어느 바보도 다 할 수 있다. 정말로 중요한 것은 자신의 손실에서 이익을 뽑아내는 것이다. 그렇게 하는 데는 지능이 필요하다. 그리고 그렇게 할 수 있는가의 여부가 사려분별을 할 줄 아는 사람과 바보의 차이다."

볼리소는 열차사고로 한쪽 다리를 잃은 뒤에 위와 같이 말했다. 그런데 두 다리를 모두 잃고도 자신의 마이너스를 플러스로 바꿔낸 사람을 나는 알고 있다. 그 사람의 이름은 벤 포트슨이다. 나는 조지아 주의 애틀랜타에 있는 한 호텔의 엘리베이터 안에서 그를 만났다. 내가 엘리베이터 안으로 들어섰을 때 거기에 쾌활한 표정을 하고 있는 그가 있었다. 두 다리가 다 없는 그는 휠체어에 앉은 채 엘리베이터 안의 한쪽 구석에 있었다. 그가 내려야 할 층에서 엘리베이터가 멈추자 그는 자기가 휠체어를 좀 더 잘 움직일 수 있도록 비켜 서줄 수 있느냐고 듣기 좋은 목소리로 내게 물었다. 그는 이렇게 말했다. "당신에게 폐를 끼치게 되어 대단히 죄송합니다." 그가 그렇게 말하는 동안에 그의 얼굴은 마음속 깊은 곳에서 우러난 듯한 따뜻한 미소로 밝게 빛났다.

조금 뒤에 나는 엘리베이터에서 내려 내 방으로 돌아왔다. 그때 나는 그 명랑한 장애인 말고는 다른 무엇도 생각할 수 없었다. 그래서 나는 그를 다시 찾아가 만났고, 그에게 자신의 이야기를 들려달라고 부탁했다. 그는 미소를 지으면서 내게 다음과 같이 말했다.

"1929년에 일어난 일입니다. 나는 우리 집 정원에서 재배하는 콩

나무를 떠받쳐줄 장대를 만들려고 히코리나무를 베러 갔습니다. 베어낸 히코리나무를 내 포드 차에 싣고 집으로 돌아오던 길에 갑자기 히코리나무 하나가 미끄러져 떨어지면서 내 차의 방향전환 장치에 끼었습니다. 바로 그때 나는 큰 각도로 방향전환을 하고 있었습니다. 차는 강둑 너머로 내동댕이쳐졌고, 나는 차에서 튕겨져 나와 어떤 나무에 부딪쳤습니다. 나는 등뼈에 손상을 입었고, 두 다리가 마비됐습니다. 그 일이 일어난 것은 내가 24살 때였습니다. 그리고 그 뒤로 나는 한 걸음도 걸어보지 못했습니다."

그는 겨우 24살에, 그것도 죽을 때까지 평생 휠체어에 의지해야 한다는 선고를 받은 것이었다! 그런 선고를 어떻게 그토록 용감하게 받아들일 수 있었느냐고 물어보았더니 그는 이렇게 말했다. "나는 그렇게 하지 못했습니다." 화를 내고 반발했다는 것이었다. 그는 자신의 운명에 대해 분노했다. 그러나 세월이 흐르면서 그는 그렇게 반발해봐야 비통함만 더할 뿐 자기에게 아무런 도움도 되지 못한다는 점을 알게 됐다. 그는 이렇게 말했다. "마침내 나는 다른 사람들이 친절하고 정중하게 나를 대한다는 사실을 깨달았습니다. 그렇다면 내가 할 수 있는 최소한의 행동은 나도 그들을 친절하고 정중하게 대하는 것이라고 생각했습니다."

나는 그에게 그동안의 세월을 보낸 뒤인 지금도 여전히 그때의 사고가 끔찍한 불운이었다고 생각하느냐고 물었다. 그는 곧바로 이렇게 말했다. "아닙니다. 이제는 내게 그런 일이 일어난 것이 오히려 다행이었다고 생각될 정도입니다." 그는 사고의 충격과 그 일에 대한 분노를 극복한 뒤에는 그 전과 다른 세계에서 살게 됐다고 말했다. 그는 책을 읽기 시작했고, 좋은 문학작품에 대한 애정을 키웠다. 그는 14년 동안 적어도 1400권 이상의 책을 읽었는데 그 책들이 그에게 새로운 시야를 갖게 해주고 그가 가능하다고 생각했던 수준 이상으로 그의 삶을 풍요롭게 만들어주었다고 말했다. 그는 좋은 음악도 듣기 시작했고, 그 전에는 그에게 따분하기만 했던 심포니 대작이 그 뒤로는 그에게 짜릿한 즐거움을 주게 됐다고 말했다. 그러나 가장 큰 변화는 그가 생각을 할 시간을 갖게 됐다는 것이었다. 그는 이렇게 말했다. "난생 처음으로 나는 이 세상을 제대로 바라볼 수 있게 됐고, '가치가 있다'는 말의 진정한 의미가 무엇인지를 알게 됐습니다. 그 전에 내가 얻고자 애썼던 것들의 대부분이 사실은 아무런 가치도 없는 것이었음을 나는 깨달았습니다."

그러한 독서의 결과로 그는 정치에 관심을 갖게 됐고, 공적인 문제들을 연구하게 됐으며, 휠체어에 앉은 채 사람들 앞에 나가 연설을 하게 됐다. 그는 다른 사람들에 대해 알게 됐고, 다른 사람들은 그에 대해 알게 됐다. 그리고 그는 여전히 휠체어에 앉은 채로 조지아 주정부의 국무장관이 됐다!

나는 뉴욕 시에서 성인교육반을 운영하면서 많은 성인들이 주로 아쉽게 생각하는 것 가운데 하나가 대학에 다니지 못했다는 것임을 알게 됐다. 그들은 대학교육을 받지 못한 것이 커다란 핸디캡이라고 생각하는 것 같다. 그러나 반드시 그렇지는 않다는 것을 나는 안다. 왜냐하면 나는 대학교육이나 그 이상의 교육을 전혀 받지 못한 사람들 가운데 성공한 수천 명의 사람들을 그동안 알게 됐기 때문이다. 그래서 나는 성인교육반 학생들에게 초등학교도 마치지 못한 한 사람의 이야기를 종종 들려준다. 그 사람은 희망을 꺾어버리는 가난 속에서 성장했다. 아버지가 죽었을 때에는 아버지의 주검을 매장하기 위해 필요한 관을 살 돈을 아버지의 친구들이 추렴해주어야 했다. 아버지가 죽은 뒤에는 어머니가 우산을 만드는 공장에서 매일 10시간씩 일했고, 그것도 모자라 성과급이 지급되는 일거리를 가져와 추가로 집에서 밤 11시까지 일해야 했다.

그런 상황 속에서 성장한 소년은 자신이 다니는 교회에서 어느 모임이 무대에 올린 아마추어 연극에 참여하게 됐다. 그는 연기를 하면서 즐거운 흥분을 느꼈다. 그래서 그는 대중연설도 해보기로 결심했다. 이런 결심이 그를 정치로 이끌었다. 30살이 됐을 때 그는 뉴욕 주의 주의원으로 선출됐다. 그러나 그는 그러한 책임 있는 자리를 맡을 준비가 거의 돼있지 않았다. 사실대로 이야기하면 주의원이 하는 일이 무엇인지에 대해 전혀 아는 바가 없었다고 그는 솔직하게 내게 말했다. 그는 자신이 투표하게 돼있는 복잡하고 길게 씌어진 법안들을 들여다보고 연구했지만, 그에게는 그 법안들이 촉토 족 인디언의 언어로 씌어진 것이나 마찬가지였다. 그는 그동안 숲 속에 발을 들여놓은 적도 없는데도 자신이 삼림위원회의 위원이 됐을 때 걱정이 되고 당황했다. 그는 그동안 은행에 계좌를 개설한 적이 한 번도 없는데도 자신이 은행위원회의 위원이 됐을 때 걱정이 되고 당황했다. 그는 너무나 낙심한 탓에 만약 그때 어머니에게 자신의 패배를 인정하기를 부끄러워하지만 않았다면 주의회 의원직을 사퇴했을 것이라고 말했다. 절망 속에서 그는 하루에 16시간씩 공부를 하기로 결심했고, 자신에게 주어진 무식이라는 레몬을 지식이라는 레모네이드로 바꾸어냈다. 그렇게 함으로써 그는 자신을 한 지역의 지방정치인에서 전국적인 인물로 변모시키면서 두각을 나타냈고, 나중에는 〈뉴욕타임스〉에 의해 '가장 사랑받는 뉴욕 시민'으로 불리기에 이르렀다.

나는 지금 앨 스미스라는 사람에 대해 이야기하고 있는 것이다.

앨 스미스는 정치에 관한 자기학습 과정에 돌입한 지 10년 만에 뉴욕 주정부의 운영에 관한 한 살아있는 사람 가운데 최고의 권위자가 됐다. 그는 뉴욕 주지사에 4번 선출돼 연임했다. 이런 연임 기록은 그동안 누구도 달성하지 못한 새로운 기록이었다. 1928년에는 민주당의 대통령 후보가 됐다. 초등학교도 마치지 못한 이 사람에게 컬럼비아대학과 하버드대학을 비롯한 6개의 훌륭한 대학이 명예학위를 수여했다.

앨 스미스는 만약 자신의 마이너스를 플러스로 바꿔내기 위해 하루에 16시간씩 열심히 공부하지 않았다면 그와 같은 일 가운데 어느 것도 결코 일어나지 않았을 것이라고 내게 직접 말했다.

'초인'에 대해 니체가 제시한 공식은 "궁핍을 견뎌낼 뿐만 아니라 궁핍을 좋아하기도 하는 사람"이었다.

나는 성공한 사람들이 살아온 내력을 들여다볼수록 그들 가운데 놀랄 정도로 많은 사람들이 핸디캡을 안고 인생을 시작했는데 그 핸디캡이 그들로 하여금 엄청난 노력을 하게 해서 큰 보상을 거두게 됐음을 점점 더 마음속 깊이 확신하게 된다. 윌리엄 제임스가 이렇게 말한 것도 같은 맥락에서다. "우리의 결점 그 자체가 의외로 우리를 돕는다."

그렇다. 밀턴은 눈이 멀었기 때문에 더 좋은 시를 썼고, 베토벤은 귀가 멀었기 때문에 더 좋은 음악을 작곡했을 가능성이 상당히 높다.

헬렌 켈러의 눈부신 경력은 그녀가 보지도 못하고 듣지도 못했기 때문에 시작되고 실현될 수 있었다.

차이코프스키는 비극적인 결혼 때문에 거의 자살할 직전까지 몰렸는데 그러한 좌절이 없었다면, 그래서 그 자신의 삶이 비애에 빠지지 않았다면 그는 아마도 불후의 교향곡 〈비창〉을 작곡하지 않았을 것이다.

도스토예프스키와 톨스토이가 고통스러운 삶을 살지 않았다면 불후의 소설을 쓰지 못했을 것이다.

지구상의 생명에 대한 과학적 개념에 큰 변화를 일으킨 사람은 이렇게 썼다. "그렇게 심각하게 질병에 시달리는 환자가 아니었다면 나는 그동안 내가 한 만큼 많은 일을 하지 못했을 것이다." 찰스 다윈의 이 고백은 바로 자신의 결점이 자신을 의외로 도왔다는 뜻이다.

영국에서 다윈이 태어난 바로 그날에 미국 켄터키 주의 숲 속에 있는 통나무집에서 다른 한 아이가 태어났다. 그 아이에게도 자신의 결점이 도움이 됐다. 그는 링컨, 즉 에이브러햄 링컨이다. 만약 귀족 집안에서 태어나고 자라나 하버드대학에서 법학 학위를 받은 뒤에 행복한 결혼생활을 누렸다면 그는 아마도 게티즈버그 연설을 통해 세상에 알려지고 그 뒤로도 사람들의 기억에서 지워지지 않은 명언을 자신의 마음속 깊은 곳에서 끄집어내지 못했을 것이고, 대통령에 취임하면서 두 번째로 한 연설에 나오는 신성한 시와 같은 구절도 말하지 못했을 것이다. 그 두 번째 연설에 나오는 다음과 같은 구절은 그동안 통치자의 입에서 나온 말 가운데 가장 아름답고 고귀한 것이다. "누구에게도 악의를 품지 않고 모두에게 자비를 베푸는 마음으로…."*

해리 에머슨 포스딕은 그의 저서 《꿰뚫어보는 능력》에서 이렇게 말한다. "우리 가운데 일부가 인생의 슬로건으로 삼을 만한 스칸디나비아의 격언이 있다. '북풍이 바이킹을 만들었다'가 그것이다. 안전하고 즐거운 삶, 역경의 부재, 안락함이 그 자체로 사람들을 선량하게 만들거나 행복하게 만든다는 관념을 우리는 도대체 어디서 얻어서 갖게 된 것일까? 오히려 그 반대가 맞다. 자신을 불쌍하게 여기는 사람들은 푹신한 방석 위에 가볍게 올라앉게 돼도 자신을 계속 불쌍하게 여긴다. 하지만 역사를 들여다보면 어떤 종류의 상황에 있든 간에, 다시 말해 좋은 상황, 나쁜 상황, 좋지도 나쁘지도 않은 상황 가운데 어떤 상황에 있든 간에 자기가 짊어져야 할 개인적인 책임을 짊어지는 사람들이 언제나 인격을 갖추게 되고 행복하게 된다. 그래서 다시 말

---

* 링컨의 취임 후 두 번째 연설의 끝부분에 나오는 이 구절의 전문은 다음과 같다. "누구에게도 악의를 품지 않고 모두에게 자비를 베푸는 마음으로, 하느님이 우리에게 보여주신 정의에 대한 확고한 믿음을 갖고 우리는 우리에게 맡겨진 일을 완수하고, 이 나라가 입은 상처를 꿰매고, 이 싸움의 부담을 감내해온 사람들과 그들의 미망인과 고아가 된 그들의 아이를 돌보기 위해, 즉 우리들 사이에서, 그리고 다른 모든 나라들에서도 정의롭고 지속적인 평화가 달성되고 간직될 수 있게 해줄 모든 일을 다 하기 위해 노력합시다."

하지만 북풍이 바이킹을 만들었다고 하는 것이다."

우리가 대단히 낙심해서 우리에게 주어진 레몬을 레모네이드로 바꿀 수 있으리라는 희망을 전혀 가질 수 없다고 느끼게 된다고 가정해보자. 그런 상황에서도 어쨌든 우리는 레몬을 레모네이드로 바꿔보려는 시도를 해야 하는 이유가 두 가지 있다. 그것은 그렇게 하는 경우에 우리에게는 얻을 것만 있고 잃을 것은 없는 이유이기도 하다.

첫 번째 이유는 '우리가 성공할 수도 있다'는 것이다.

두 번째 이유는 '우리가 성공하지 못하더라도, 마이너스를 플러스로 바꿔보려는 시도를 하는 것만으로도 우리는 뒤를 돌아보는 대신에 앞을 내다보게 된다'는 것이다. 그러한 시도는 부정적인 사고를 긍정적인 사고로 바꿔줄 것이고, 창조적인 에너지를 방출시켜 우리의 등을 떠밀어서 우리로 하여금 바빠지게 함으로써 과거지사이자 영원히 가버린 것을 놓고 슬퍼할 시간도, 그럴 마음도 없게 할 것이다.

세계적으로 유명한 바이올리니스트인 올레 불♠이 파리에서 연주회를 열고 바이올린 연주를 하고 있을 때였다. 그가 켜고 있던 바이올린의 A현이 갑자기 툭 끊어졌다. 그러나 올레 불은 나머지 3개의 현을 가지고 곡을 마저 연주했다. 해리 에머슨 포스딕은 이렇게 말한다. "그것이 인생이다. 당신의 A현이 끊어지면 당신은 나머지 3개의 현을 가지고 남은 인생을 살아야 한다."

그것은 인생이기만 한 것이 아니다. 그것은 인생 이상의 것이다.

♠ Ole Bull. 1810~1880. 노르웨이에서 태어난 세계적인 바이올리니스트, 작곡가.

그것은 승리하는 인생이다!

다음과 같은 윌리엄 볼리소의 말을 영구히 보존되는 청동판에 새겨 이 나라의 모든 학교에 교실마다 걸어놓을 힘이 내게 있다면 나는 그렇게 하고 싶다.

"인생에서 가장 중요한 것은 자신의 이익을 더 활용하는 것이 아니다. 그런 것은 어느 바보도 다 할 수 있다. 정말로 중요한 것은 자신의 손실에서 이익을 뽑아내는 것이다. 그렇게 하는 데는 지능이 필요하다. 그리고 그렇게 할 수 있는가의 여부가 사려분별을 할 줄 아는 사람과 바보의 차이다."

그러므로 평온과 행복을 가져다줄 정신적 태도를 함양하기 위해 다음과 같은 여섯 번째 규칙에 따라 무엇이든 해보자.

운명이 우리에게 레몬을 건네면
그것을 가지고 레모네이드를 만들어보자.

18
14일 만에 우울증을 고치는 법

나는 이 책을 쓰기 시작했을 때 '걱정을 극복하는 방법'에 관한 실제 경험담을 현상공모한다고 발표하고, 걱정을 극복하는 데 가장 도움이 되고 영감을 주는 이야기를 선정해 200달러의 상금을 주겠다고 제안했다.

이 공모의 심사위원은 이스턴 에어라인스의 사장인 에디 리켄배커, 링컨메모리얼대학의 총장인 스튜어드 맥클렐런드 박사, 라디오에 출연하는 뉴스분석가인 H. V. 캘턴본 등 세 사람이었다. 그런데 접수된 글 가운데 워낙 훌륭한 글이 두 편이 있었다. 심사위원들이 그 두 편 가운데 어느 하나를 선택하는 것이 불가능하다고 해서 우리는 상금을 두 사람에게 나누어주었다. 수상작으로 선정된 두 편 가운데 하나를 여기서 소개하겠다. 그것은 미주리 주의 스프링필드에 있는 위즐러 모터 세일스라는 회사에서 일하는 C. R. 버턴이라는 사람의 이야기다. 버턴이 써서 우리에게 보낸 글은 다음과 같다.

"나는 9살 때 어머니를 잃었고, 12살 때 아버지를 잃었습니다.

아버지는 사고로 돌아가셨지만, 어머니는 19년 전의 어느 날에 그저 걸어서 집을 나가버렸습니다. 그 뒤로 나는 어머니를 한 번도 본 적이 없습니다. 어머니가 데리고 간 여동생 둘도 다시는 보지 못했습니다. 어머니는 집을 나간 지 7년이 넘을 때까지 내게 편지도 한 통 보내지 않았습니다.

어머니가 집을 나간 지 3년 뒤에 아버지가 사고를 당해 돌아가셨습니다. 아버지는 동업자와 함께 미주리 주에 있는 어느 작은 마을에서 카페를 운영했는데, 아버지가 사업상 여행을 간 사이에 그 동업자가 카페를 팔아치우고 돈을 챙겨 들고 도망쳐버렸습니다. 그때 아버지의 다른 한 친구가 아버지에게 빨리 돌아오라는 내용의 전보를 쳤고, 아버지는 그 전보를 보고 급하게 돌아오다가 캔자스 주의 설리너스라는 곳에서 자동차 사고를 당해 돌아가셨습니다.

가난하고 늙고 병든 고모 두 분이 우리 다섯 남매 가운데 셋을 데려갔습니다. 나와 내 남동생은 아무도 데려가려고 하지 않았습니다. 우리 둘은 마을사람들의 처분에 맡겨졌습니다. 우리는 고아로 불리게 되고 고아로 취급당하게 될 것이라는 생각으로 두려워했습니다. 그 두려움은 곧 현실이 됐습니다.

나는 마을의 어느 가난한 집에서 잠시 살다가 그 집의 가장이 실업자가 되어 더 이상 나를 먹여주고 재워줄 여력이 없어지게 되자 로프틴 씨 부부와 함께 살게 됐습니다. 부부는 마을에서 18킬로미터 떨어진 곳에 있는 그들의 농장으로 나를 데려갔습니다. 70살의 노인인 로프틴 씨는 대상포진에 걸려 침대에 누워 지내는 환자였습니다. 그는 "거짓말하지 않고, 도둑질하지 않고, 시키는 대로 하는 한" 계속해서 그 농장에서 살 수 있게 해주겠다고 내게 말했습니다. 그 세 가지 조항은 내 성경이 됐습니다. 나는 그 조항을 엄격하게 지키며 살았습니다.

나는 학교에 다니기 시작했습니다. 하지만 첫 주가 다 가기도 전에 집에서 아기처럼 울어댔습니다. 학교에서 다른 아이들이 커다란 내 코를 가지고 놀려대며 괴롭혔고, 나를 '멍청한 놈' '고아 놈'이라고 불러서였습니다. 마음에 상처를 입은 나는 그 아이들과 싸우고 싶었습니다. 그러나 로프틴 씨는 내게 이렇게 말했습니다. "싸움을 계속할 때보다 싸움에서 물러날 때 더 큰 인격이 필요하다는 것을 항상 기억해라." 그래서 나는 싸우지 않고 있었는데, 어느 날 한 아이가 학교건물 뒷마당에서 긁어모은 닭똥을 내 얼굴에 뿌렸습니다. 나는 그 아이를 사정없이 때려 눕혔고, 그때 친구도 몇 명 사귀었습니다. 그 친구들은 내게 그 아이는 그렇게 맞아도 싸다고 말했습니다.

나는 로프틴 부인이 사준 새 모자가 자랑스러웠습니다. 어느 날 키가 큰 여자아이가 내 머리에서 그 모자를 벗겨 가지고 가서 물을 부어 그것을 망가뜨렸습니다. 그 여자아이는 '너의 두꺼운 머리뼈를 물로 적셔서 튀긴 옥수수 알 같은 네 골이 튀어나오지 못하게 하려고' 그 모자에 물을 부었다고 말했습니다.

나는 학교에서는 절대로 울지 않았지만 집에 와서는 자주 울었습니다. 그러던 어느 날 로프틴 부인이 내게 조언을 한마디 해주었는데, 그 조언이 내 모든 고민과 걱정을 없애주고 내 적을 모두 친구로 바꿔주었습니다. 그녀는 내게 이렇게 말했습니다. '랠프, 네가 그 아이들에게 관심을 갖고 그 아이들을 위해 할 수 있는 일이 얼마나 많은지를 깨닫고 실제로 그런 일을 하는 모습을 보여준다면 그 아이들이 더 이상 너를 괴롭히거나 고아 놈이라고 부르지 않을 거야.' 나는 그녀의 조언을 받아들였습니다. 나는 열심히 공부해서 곧 반에서 1등을 하게 됐습니다. 그러나 나는 내 공부를 제쳐두고라도 그 아이들을 도와주었기 때문에 시샘의 대상이 되지는 않았습니다.

나는 그 아이들 가운데 몇 명이 숙제를 하고 글을 쓰는 것을 도와주었고, 어떤 아이들을 위해서는 토론의 대본을 써주기도 했습니다. 그들 가운데 한 아이는 내게 도움 받은 사실을 자기 가족이 알면 부끄러울 것이라고 생각했습니다. 그래서 개를 끌고 주머니쥐를 잡으러 간다고 자기 어머니에게 말하고는 로프틴 씨의 집으로 와서 끌고 온 개를 헛간에 매어 두고 내 도움을 받으며 숙제를 하곤 했습니다. 나는 또 다른 한 아이를 위해 독후감을 써주었고, 며칠 동안은 저녁시간을 이용해 어떤 여자아이가 산수 숙제를 하는 것을 돕기도 했습니다.

우리 이웃에 죽음이 닥쳤습니다. 연로하던 농부 두 분이 돌아가셨습니다. 그리고 한 여성은 남편한테 버림을 받았습니다. 우리 동네에 사는 네 가족을 통틀어 유일한 남자가 된 나는 이웃의 과부 두 분을 2년 동안 도왔습니다. 나는 학교에 가는 길이나 학교에서 돌아오는 길에 두 과부의 농장에 들러서 나무도 베어주고, 암소의 젖도 짜주고, 가축에게 모이와 물도 주고 했습니다. 그즈음 나는 저주받는 사람이 아니라 축복받는 사람이 돼있었습니다. 모든 사람이 나를 친구로 받아들였습니다. 내가 해군 복무를 마치고 돌아왔을 때 그들은 나에 대한 그들의 진정한 마음을 보여주었습니다. 내가 집에 돌아온 첫날에 200명 이상의 농부들이 나를 보러 찾아왔습니다. 그들 가운데는 가장 멀게는 130킬로미터나 떨어진 곳에서 차를 몰고 온 이도 있었습니다. 나에 대한 그들의 관심은 진실한 것이었습니다. 나는 다른 사람들을 돕느라 바빴고 또 거기서 행복을 느꼈기에 나 자신에 대한 걱정은 별로 하지 않았습니다. 내가 '고아 놈'이라고 불리지 않게 된 지도 벌써 14년이나 지났습니다."

C. R. 버턴 씨 만세! 그는 어떻게 해야 친구를 얻을 수 있는지를 알고 있다. 또한 걱정을 극복하고 삶을 즐기려면 어떻게 해야 하는지도 알고 있다.

워싱턴 주의 시애틀에서 살다가 작고한 프랭크 루프 박사도 그랬다. 그는 23년 동안 환자로 지냈다. 그는 관절염 환자였다. 그런데 〈시애틀 스타〉의 스튜어트 휘트하우스는 내게 보낸 편지에서 이렇게 말했다. "나는 루프 박사를 여러 번 인터뷰했습니다. 나는 그보다 더 이기적이지 않은 사람이나 그보다 인생에서 더 많은 것을 얻어낸 사람을 만나본 적이 없습니다."

침대에서 벗어나지도 못하는 환자가 어떻게 삶에서 그렇게 많은 것을 얻어냈을까? 불평하고 비판하는 것을 통해 그렇게 했을까? 아니다. 그렇다면 자기연민에 빠져 자기가 관심의 초점이 되고 모든 사람이 자기를 배려해야 한다고 요구하는 것을 통해 그렇게 했을까? 아니다. 이것도 틀린 답이다. 그는 영국 왕세자를 상징하는 말인 '이히 디

엔',* 즉 '나는 봉사한다'를 자신의 좌우명으로 삼는 것을 통해 그렇게 했다. 그는 다른 환자들의 이름과 주소를 수집해서 그들에게 행복을 전해주고 힘을 북돋워주는 내용의 편지를 써 보냄으로써 그들과 자신을 동시에 격려했다. 그는 환자들이 참여하는 편지쓰기 모임을 조직하여 환자들이 서로에게 편지를 써 보내도록 했다. 그러다가 마침내 그는 '실내에 갇혀 사는 환자 협회'라고 불리는 전국적인 조직을 결성했다.

그는 침대에 누워서 1년에 평균 1400통의 편지를 썼고, 실내에 갇혀 사는 환자들에게 라디오와 책을 보내 즐거움을 선사했다.

루프 박사와 수많은 다른 사람들 사이의 주된 차이점은 무엇일까? 바로 이런 것이다. 목적 또는 사명을 갖고 있는 사람의 내면에서는 밝은 빛이 솟아나는데 루프 박사는 바로 그런 빛을 갖고 있었다. 그는 조지 버너드 쇼의 표현을 빌리면 "병들고 불만에 젖은 채 세상이 자기를 행복하게 해주지 않는다고 불평하는 자기중심적이고 하찮은 멍청이"가 되기보다 자신에 비해 훨씬 더 고귀하고 중요한 어떤 계획에 자신이 쓰이는 데서 즐거움을 느끼는 사람이 된 것이다.

훌륭한 정신과 의사의 펜 끝에서 흘러나온 진술 가운데 내가 읽어본 것 중 가장 놀라운 진술을 소개하겠다. 그것은 알프레트 아들러의 진술이다. 그는 자신의 우울증 환자들에게 이렇게 말하곤 했다. "매일 어떻게 하면 다른 누군가를 즐겁게 해줄 수 있는지를 생각해보

---

* Ich dien. 영국 왕세자가 부착하는 장식물에 새겨진 문구. '나는 봉사한다'라는 뜻의 독일어 'Ich diene'의 축약형 표현이다.

십시오. 이 처방대로 한다면 14일 만에 완치될 겁니다."

이 말을 믿기 어려운가? 그렇다면 당신을 납득시키기 위해 나는 아들러 박사의 저서인 《삶은 당신에게 어떤 의미인가》에서 몇 쪽을 인용하겠다.

우울증 환자는 보살핌, 동정, 지지를 얻으려는 목적으로 자신의 잘못에 대해 낙담하는 태도를 취하는 것으로 보인다. 그러나 사실 우울증은 다른 사람들에 대한 분노나 책망이 오래 지속되고 있는 상태와 같다. 우울증 환자가 가장 먼저 떠올리는 기억은 대개 다음과 같은 것이다. '나는 소파에 눕고 싶었다. 그런데 형이 이미 소파에 누워 있었다. 나는 소리를 지르며 울어댔다. 그러자 형은 소파에서 일어나 다른 데로 갔다.'

우울증 환자는 흔히 자살하는 것으로 복수를 하는 경향을 보인다. 의사가 가장 먼저 신경을 써야 하는 것은 환자에게 자살을 할 명분을 주지 않는 것이다. 나도 '무엇이든 하고 싶지 않은 것은 절대로 하지 마라'를 환자에게 치료의 첫 번째 규칙으로 제시함으로써 환자의 긴장상태를 이완시켜보려고 한다. 이렇게 하는 것이 별것 아닌 것처럼 보일지 모르지만 사실은 문제 전체의 뿌리를 건드리는 것이라고 나는 믿는다. 만약 자기가 하고 싶은 것은 무엇이든 다 할 수 있다면 우울증 환자가 누구를 탓할 수 있겠는가? 무엇 때문에 복수를 하겠는가? 나는 환자에게 이렇게 말한다. "극장에 가고 싶거나 휴가를 가고 싶다면 그렇게 하십시오.

그러다가 더 이상 하고 싶지 않아지면 중단하십시오." 그렇게 할 수 있는 상황은 누구든 좋아하는 상황이다. 그런 상황은 우월감을 얻고자 애쓰는 환자를 만족시켜준다. 그는 신과 같아지고, 원하는 대로 무엇이든 다 할 수 있다. 그런데 그런 상황은 환자의 기존 생활태도에는 그리 쉽게 끼워 맞춰지지 않는다. 그는 다른 사람들을 지배하거나 비난하고 싶어 했지만, 다른 사람들이 그의 생각을 모두 받아준다면 다른 사람들을 결코 지배하거나 비난할 수 없다. 이 규칙은 환자를 진정시키는 데 매우 효과적이어서 내 환자들 가운데는 자살한 사람이 전혀 없다.

환자들은 대개 이렇게 대답한다. "그런데 난 하고 싶은 게 없어요." 나는 이런 대답을 워낙 자주 들었으므로 그에 대한 대비책도 갖춰놓고 있다. 나는 이렇게 말한다. "하고 싶지 않은 것은 하지 마십시오." 때로는 환자가 이렇게 대답할 것이다. "나는 하루 종일 침대에 누워있고 싶어요." 그러나 나는 알고 있다. 내가 만약 그에게 그렇게 하도록 허용하면 그는 더 이상 그렇게 하고 싶지 않게 된다는 것을. 반면에 그가 그렇게 하려는 것을 막으면 그는 전쟁을 시작하게 된다는 것을. 그래서 나는 언제나 환자에게 동의를 해준다.

이것은 하나의 규칙이다. 이것과 다른 또 하나의 규칙은 환자의 생활태도를 보다 직접적으로 공격한다. 나는 이렇게 말한다. "매일 어떻게 하면 다른 사람을 즐겁게 해줄 수 있는지를 생각해 보십시오. 이 처방대로 한다면 14일 만에 완치될 겁니다." 이 말이 환자에게 어떤 의미를 가진 것인지에 주목하라. 우울증 환자들은 이런 생각에 사로잡혀 있다. '내가 어떻게 해야 다른 사람을 걱정할 수 있을까?' 그리고 그들은 이렇게 자답한다. '그건 내게 아주 쉬운 일이다. 나는 평생 그렇게 해왔다.' 그러나 사실은 그들이 그렇게 해본 적이 전혀 없다. 나는 그들에게 다시 한번 생각해보라고 요구한다. 그들은 그러지 않는다. 나는 환자에게 이렇게 말한다. "잠이 안 올 때는 어떻게 하면 다른 사람을 즐겁게 해줄 수 있는지 생각해보십시오. 그러면 깨어있는 시간을 전부 다 이용할 수 있습니다. 그리고 그런 생각을 하면 건강이 좋아지는 방향으로 한걸음을 크게 내딛게 될 겁니다." 그 다음날 그 환자를 보러 가서 나는 이렇게 묻는다. "내가 말한 대로 해봤습니까?" 그러면 이런 답변이 돌아온다. "간밤에는 눈을 감자마자 잠들었습니다." 이 모든 과정은 환자에 대한 우월의식이 완전히 배제된 정중한 태도로 진행해야 한다.

이렇게 대답하는 환자들도 있다. "그렇게 할 수가 없었어요. 걱정이 너무 많아서요." 그들에게는 이렇게 말한다. "굳이 걱정을 중단하려 애쓰지 마세요. 그러나 걱정을 하면서도 이따금씩 다른 사람에 대해 생각할 수는 있습니다." 나는 그들의 관심이 언제나 주위의 다른 사람에게 향하게끔 유도하려고 한다. 많은 사람들이 이렇게 말한다. "내가 왜 다른 사람을 즐겁게 해주어야 합니까? 다른 사람은 아무도 나를 즐겁게 해주려고 하지 않는데." 나는 이렇게 대답한다. "건강을 생각하신다면 그렇게 해야 합니다. 남을 즐겁게 해주려고 하지 않는 사람은 나중에 건강이 나빠집니다."
"선생님 말대로 해봤습니다"라고 대답하는 환자는 극히 드물다. 나는 환자의 사회적 관심을 증대시키는 데 총력을 기울인다. 환자가 우울증에 걸린 진짜 이유는 다른 사람들과 협력을 하지 않는 데 있다는 것을 나는 알고 있다. 나는 환자도 이런 사실을 직시하게 되기를 바란다. 환자가 주위 사람들과 동등하고 협력적인 관계를 맺을 수 있게 되면 곧바로 그 환자는 치유된다. …

종교가 우리에게 부과하는 가장 중요한 과제는 언제나 '네 이웃을 사랑하라'는 것이다. …

인생에서 스스로 가장 큰 문제점을 안고 있으면서 다른 사람들에게 가장 큰 손상을 입히는 사람은 한 개인으로서 주위의 다른 사람들에게 관심을 갖지 않는 사람이다. 인간사의 모든 실패는 바로 그러한 개인으로부터 비롯된다. …

한 인간에게 우리가 요구하는 것은 같이 일하기에 좋은 사람, 다른 모든 사람들에게 친구인 사람, 사랑과 결혼의 진정한 동반자인 사람이 돼야 한다는 것이 전부이며, '누구에게나 그와 같은 사람'이라는 말은 우리가 해줄 수 있는 최고의 찬사다.

아들러 박사는 우리에게 매일 선행을 하라고 촉구한다. 그렇다면 선행이란 무엇일까? 예언자 무하마드는 이렇게 말했다. "선행이란 다른 사람의 얼굴에 기쁨의 미소가 떠오르게 하는 행위다."

매일 선행을 하는 것이 왜 그토록 놀라운 효과를 발휘하는 것일까? 다른 사람들을 즐겁게 해주려는 노력이 자기 자신에 대해 생각하는 것을 중단하게 하기 때문이다. 걱정, 두려움, 우울증을 만들어내는 바로 그것을 중단하게 하는 것이다.

뉴욕에서 '문 비서학교'를 운영하는 윌리엄 T. 문 부인은 우울증을 물리치기 위해 다른 누군가를 즐겁게 해주려면 어떻게 해야 하는가를 생각하느라 두 주일씩이나 보내야 할 필요가 없었다. 그녀는 알프레트 아들러보다 한 수 위, 아니 열세 수 위였다. 그녀는 14일이 아니라 단 하루 만에 우울증을 물리쳤다. 두 명의 고아를 즐겁게 해주려면 어떻게 해야 하는지를 생각하면서 우울증을 물리친 것이다. 문 부인은 그 일에 대해 다음과 같이 말했다.

"5년 전의 12월에 나는 슬픔과 자기연민의 감정에 사로잡혔습니다. 몇 년간의 행복한 결혼생활 끝에 남편을 잃었거든요. 크리스마스 시즌이 다가오면서 내 슬픔은 더욱 깊어졌습니다. 한 번도 크리스마스를 혼자서 지낸 적이 없었던 나는 크리스마스가 다가오는 것이 두려웠습니다. 친구들이 크리스마스를 같이 지내자고 나를 초대했습니다. 그러나 나는 그 어떤 흥겨운 일도 해볼 엄두가 나지 않았습니다. 나는 어떤 파티에 가도 흥을 깨는 사람이 되리라는 것을 알고 있었기에 친구들의 초대를 거절했습니다. 크리스마스이브가 다가오자 나는 점점 더 자기연민의 감정에 빠져들었습니다. 우리는 감사해야 할 것을 많이 가지고 있고, 나 역시 그렇기에 감사하는 태도를 가져야 했지만 그러지 못했습니다.

크리스마스 전날 오후 3시에 직장에서 퇴근한 나는 자기연민과 우울증을 떨쳐버릴 수 있기를 기대하며 5번가를 정처 없이 걷기 시작했습니다. 그 거리는 즐겁고 행복해 보이는 군중으로 가득 메워져 있었습니다. 그 광경은 나로 하여금 지나가버린 과거의 행복했던 시기를 회상하게 했습니다. 귀가해서 텅 빈 방에 들어가 외롭게 있어야 한다는 생각을 견디기 어려웠습니다. 나는 혼란스러웠습니다. 어떻게 해야 할지를 몰랐습니다. 눈물이 하염없이 흘렀습니다. 한 시간 남짓 정처 없이 걷다 보니 버스 터미널 앞에 이르렀습니다. 나는 남편과 함께 종종 모험을 하듯이 아무 버스나 잡아타고 여행을 떠났던 일이 기억나서 터미널에서 제일 처음 눈에 띈 버스에 탔습니다. 버스가 허드슨 강을 건너고 얼마간 더 달린 뒤에 버스 차장이 이렇게 말하는 소리가 내 귀에 들려왔습니다. '여기가 마지막 정류장입니다, 부인.'

나는 버스에서 내렸습니다. 나는 그곳 마을의 이름이 무엇인지도 몰랐습니다. 그곳은 조용하고 평화로운 작은 마을이었습니다. 돌아가는 버스가 오기를 기다리는 동안에 나는 어느 주택가를 거닐었습니다. 교회 옆을 지나갈 때 그 안에서 '고요한 밤'이라는 노래의 아름다운 곡조가 흘러나와 내 귀에 울렸습니다. 나는 교회 안으로 들어갔습니다. 교회 안은 오르간 연주자 말고는 아무도 없이 텅 비어 있었습니다. 나는 신자석의 한쪽 구석에 눈치 채이지 않게 앉았습니다. 화려하게 장식된 크리스마스트리에서 반짝이는 불빛들이 마치 달빛 속에서 수많은 별들이 춤을 추는 것처럼 보였습니다. '고요한 밤'의 길게 늘어지는 마무리 부분이 나를 졸리게 했습니다. 아침부터 아무것도 먹지 않아 허기지고 지친 상태였던 나는 스르르 잠에 빠져들었습니다.

잠에서 깨어났을 때 나는 내가 어디에 있는 것인지를 몰라 몹시 당황했습니다. 그런데 내 앞에 어린아이 둘이 서있는 것이 보였습니다. 그 아이들은 크리스마스트리를 보려고 교회에 들어온 게 분명했습니다. 둘 가운데 여자아이가 나를 가리키며 말했습니다. '산타클로스가 데리고 온 아줌마 같아.' 내가 눈을 뜨자 그 두 아이는 놀란 모양이었습니다. 나는 두려워하는 아이들에게 '너희를 해칠 생각은 없단다' 하고 말해주었습니다. 두 아이는 추레한 옷을 입고 있었습니다. 나는 그들에게 '엄마아빠는 어디에 있느냐'고 물었습니다. 그들은 '우리에게는 엄마아빠가 없어요'라고 말했습니다. 내가 살아오면서 겪은 그 어떤 처지보다 더 나쁜 처지에 있는 어린 고아 둘을 만난 것이었습니다. 그 아이들은 슬픔과 자기연민에 빠져있는 나를 부끄럽게 만들었습니다. 나는 크리스마스트리 구경을 다한 아이들을 데리고 나가 어느 가게에 가서 같이 과자와 음료수를 사 먹었습니다. 그리고 아이들에게 약간의 캔디와 선물을 사 주었습니다.

내 외로움은 마치 마법처럼 사라졌습니다. 여러 달째 느껴보지 못한 진정한 행복감과 몰아의 심리상태를 그 두 고아가 내게 가져다 준 것입니다. 그 아이들과 이야기를 나누는 동안에 나는 내가 얼마나 운이 좋은 사람이었는지를 깨달았습니다. 나는 내 어린 시절에 크리스마스를 부모님의 사랑과 보살핌 속에서 즐겁게 보낼 수 있었던 것에 대해 하느님에게 감사를 드렸습니다. 두 아이는 내가 그들에게 준 것보다 훨씬 더 많은 것을 내게 주었습니다. 그날의 경험은 우리가 행복해지기 위해서는 다른 사람들을 행복하게 해줘야 한다는 점을 내게 다시 증명해주었습니다. 행복은 전염된다는 것을 나는 알게 됐습니다. 주는 것이 있어야 받는 것이 있습니다. 나는 결국 누군가를 돕고 누군가에게 사랑을 주는 것을 통해 걱정, 슬픔, 자기연민을 극복했고, 내가 새로운 사람이 된 듯한 느낌을 갖게 됐습니다. 아니, 나는 실제로 새로운 사람이 됐습니다. 여러 해가 지난 지금까지도 나는 그 새로운 사람으로 살고 있습니다."

나는 자신을 잊고 건강과 행복을 찾은 사람들의 이야기로 책 한 권을 다 채울 수도 있을 것 같다. 미국 해군의 병사들 사이에서 가장 인기가 높은 여성으로 꼽히는 마거릿 테일러 예이츠의 경우를 예로 들어보자.

예이츠는 소설가이지만 그녀가 쓴 그 어떤 미스터리 소설도 그녀 자신에게 일어났던 일의 실제 이야기만큼 흥미롭지는 않다. 그 일은 진주만에 주둔하고 있던 미군 함대를 일본군이 폭격한 운명적인 날 아침에 일어났다. 그때 예이츠는 1년 넘게 심장질환 환자로 지내고 있었다. 그녀는 하루 24시간 가운데 22시간을 침대에 누워서 지냈다. 걸어서 가장 멀리 움직인다고 해도 정원에 나가 일광욕을 하는 것이 고작이었다. 그렇게 할 때에도 그녀는 간호사의 팔에 기대어 걸어야 했다. 그때 그녀는 자신이 죽을 때까지 그런 환자로 살아야 하리라고 생각하고 있었다. 그녀는 다음과 같이 말했다.

"일본군이 진주만을 공격해서 내가 안주했던 그런 상태에서 나를 끄집어내주지 않았다면 나는 결코 다시는 진정한 삶을 살지 못했을 겁니다. 그 일이 일어났을 때에는 모든 것이 무질서하고 혼란스러왔습니다. 우리 집에서 아주 가까운 곳에 폭탄이 한 발 떨어졌고, 그 충격으로 나는 침대에서 굴러 떨어졌습니다. 육군과 해군 장병의 아내와 아이들을 공립학교로 옮기기 위해 육군 트럭들이 히컴 공군기지, 스코필드 병영, 카네오헤 만 쪽으로 급파됐습니다. 공립학교에서는 적십자 요원들이 집집마다 전화를 걸어 장병의 아내와 아이들이 묵을 수 있는 여분의 방이 있는지를 알아보고 있었습니다. 적십자 요원들은 내 침대 옆에 전화기가 있다는 것을 알고 있었습니다. 그들은 내게 전화를 걸어 장병의 아내와 아이들을 배치하는 문제와 관련된 정보를 관리하는 역할을 맡아달라고 요청했습니다. 그래서 나는 장병의 아내와 아이들이 어느 집에 가 있는지를 기록해두고 그 내용을 관리했습니다. 장병들은 가족이 어디에 있는지를 알려면 내게 전화를 하라는 통보를 적십자로부터 받았습니다.

나는 얼마 지나지 않아 내 남편인 로버트 롤리 에이츠 사령관은 안전하다는 사실을 알게 됐지만, 남편이 죽었는지 살아있는지를 아직 모르는 부인들도 많았습니다. 나는 그들에게 용기를 북돋워주려고 노력했습니다. 그리고 남편이 전사한 것으로 확인된 부인들을 위로해주려고 애썼습니다. 많은 부인들이 남편을 잃고 과부가 됐습니다. 해군과 해병대에서만 모두 2117명의 장교 또는 사병이 죽었고, 960명의 장교 또는 사병이 실종됐습니다.

나는 처음에는 침대에 누운 채로 장병들이 걸어오는 전화를 받고 그들의 질문에 대답을 해주었습니다. 그 다음에는 침대 위에 앉아서 전화를 받았습니다. 그러나 결국은 너무 바빠지고 흥분되어 내 몸이 허약하다는 것을 깡그리 잊고 침대에서 일어나 탁자 앞에 앉아서 전화를 받았습니다. 나보다 훨씬 상황이 좋지 않은 다른 사람들을 돕는 일을 하게 되자 나 자신에 관한 것은 모두 잊혀졌습니다. 이윽고 나는 잠을 자는 8시간을 제외하고는 다시는 침대에 눕지 않게 됐습니다. 만약 일본군이 진주만을 공격하지 않았다면 아마도 나는 죽을 때까지 평생토록 반 환자의 상태로 남아있었을 것입니다. 그때까지 나는 환자라는 것을 핑계로 침대에 누워 편안하게 지냈던 것입니다. 나는 항상 누군가의 시중을 받았고, 그래서 나도 모르는 사이에 건강을 되찾으려는 의지를 잃어버리고 있었던 것입니다.

일본군의 진주만 공격은 미국 역사상 가장 큰 비극 가운데 하나였습니다. 그러나 적어도 내 경우만 놓고 보면, 그 일은 내게 일어난 일 가운데 가장 좋은 것에 속합니다. 그 참혹한 위기는 내가 갖게 되리라고는 꿈도 꿔보지 못했던 힘을 갖게 해주었습니다. 그 위기는 나 자신에게로 향해 있는 내 시선을 다른 사람들에게 집중하게 만들었습니다. 그 위기는 크고, 꼭 있어야 하며, 중요한 삶의 목적을 내게 주었습니다. 나한테는 더 이상 나 자신에 대해 생각하고 나 자신을 돌볼 시간이 없었습니다."

정신과 의사에게 도움을 청하러 달려가는 사람들 가운데 3분의 1은 아마도 마거릿 예이츠가 했던 대로만 한다면, 즉 다른 사람들을 돕는 일에 관심을 가진다면 저절로 치유될 것이다. 이것은 나만의 생각일까? 아니다. 이와 거의 같은 생각을 카를 융*도 했다. 나와 같은

---

* Carl Gustav Jung. 1875~1961. 스위스의 정신과 의사.

사람이 아는 것을 융이 몰랐을 리 없다. 그는 이렇게 말했다. "내 환자들 가운데 약 3분의 1은 임상의학적으로 정의할 수 있는 신경증을 앓고 있지 않다. 대신 그들은 자기 삶에 대한 무의미감과 공허감을 앓고 있다." 달리 표현하면, 그들은 지나가는 차를 한 대 멈춰 세우고 그 차에 편승해 인생길을 쉽게 가려고 하는데 지나가는 차의 행렬 가운데 어느 차도 멈춰 서주지 않고 그냥 지나가는 것이다. 그래서 그들은 각자 자신의 자잘하고 무의미하고 쓸모없는 삶을 껴안고 정신과 의사에게 달려가는 것이다. 그들은 배를 잃고 부두에 서서 자신을 제외한 모든 사람들을 탓하면서 자기중심적인 욕구를 세상이 충족시켜주기를 요구하고 있는 것이다.

당신은 지금 이렇게 말하고 있을지도 모르겠다. "글쎄, 그런 이야기는 내게 감흥을 주지 않아. 나도 크리스마스이브에 두 명의 고아를 만난다면 그들에게 관심을 가질 수 있을 것이고, 그때 진주만에 있었다면 마거릿 테일러 예이츠가 했던 대로 기꺼이 했을 거야. 그러나 지금 내 경우는 사정이 달라. 나는 지금 평범하고 단조로운 삶을 살고 있어. 하루에 8시간씩 지루한 직장 일을 하고 있고, 극적인 일이라곤 전혀 일어나지 않지. 그런데 내가 어떻게 다른 사람을 돕는 데 관심을 가질 수 있겠어? 그리고 내가 왜 그래야 하지? 그렇게 하는 게 내게 무슨 의미가 있어서?"

충분히 할 만한 질문이다. 내가 그 질문에 대답해보도록 하겠다. 아무리 단조로운 삶을 살고 있다 하더라도 당신은 살아가면서 매일 누군가를 만날 것이다. 그들에게 당신은 어떻게 하는가? 그저 그들을 바라보기만 하는가? 아니면 그들을 움직이게 하는 것이 무엇인지를 알아내려고 하는가? 예를 들어 우편배달부에게 당신은 어떻게 하는가? 우편배달부는 당신에게 편지를 배달하기 위해 해마다 수백 킬로미터를 돌아다닌다. 그런데 당신은 그가 어디에 사는지 알아내려는 수고를 한 적이 있거나, 그의 아내와 아이들의 사진을 보여 달라고 그에게 이야기한 적이 있는가? 당신은 그에게 피곤하지는 않느냐, 지루하지는 않느냐고 물어본 적이 있는가? 식료품점에서 일하는 아이, 거리에서 신문을 파는 사람, 신발을 닦아주는 길모퉁이의 소년에게 당신은 어떻게 하는가? 그들도 다 고민과 꿈, 그리고 야망을 품고 있는 인간이다. 그들도 그러한 것들을 누군가와 함께 할 수 있는 기회를 갈구하고 있다. 그런데 당신은 그들에게 그렇게 하도록 해준 적이 있는가? 그들 또는 그들의 삶에 대한 간절하면서도 정직한 관심을 보여준 적이 있는가? 내가 말하고자 하는 것은 바로 이런 것이다. 플로렌스 나이팅게일*이나 사회개혁가가 돼야만 이 세상을 개선하는 데 힘을 보탤 수 있는 것이 아니다. 당신의 개인적인 세계, 바로 거기에서 만나는 사람들과 함께 당신은 당장 내일 아침부터라도 뭔가를 시작할 수 있다!

그렇게 하면 무슨 이득이 있을까? 훨씬 더 커다란 행복이 온다! 더 커다란 만족감을 느끼게 되고, 자신에 대한 긍지가 생긴다! 아리스토텔레스는 그런 경지의 태도를 '계몽된 이기주의'라고 불렀다. 조

---

* Florence Nightingale. 1820~1910. 영국의 간호사.
♠ 고대 페르시아의 예언자, 사상가. 차라투스트라라고도 불린다.

로아스터♣는 이렇게 말했다. "다른 사람들에게 선행을 하는 것은 의무가 아니다. 그것은 즐거운 일이다. 자신의 건강과 행복을 증진시켜 주기 때문이다." 그리고 벤저민 프랭클린은 이 점을 아주 간단하게 요약했다. 그는 이렇게 말했다. "다른 사람들에게 좋은 존재가 될 때 자기 자신에게도 최선의 존재가 된다."

뉴욕에 있는 '심리학서비스센터'의 소장인 헨리 C. 링크는 이렇게 썼다. "자기실현과 행복을 위해서는 자기희생 또는 절제가 필요하다는 사실이 심리학에 의해 과학적으로 증명됐다. 나는 이것이 현대 심리학의 발견 가운데 가장 중요한 것이라고 생각한다."

다른 사람들을 생각하는 것은 자기 자신에 대한 걱정에서 벗어나게 해주기만 하는 게 아니다. 많은 친구들을 사귈 수 있도록 도와주고, 많은 즐거움을 누릴 수 있게도 해준다. 어째서일까? 나는 예일대학의 윌리엄 라이언 펠프스 교수에게 그것에 대해 물어보았다. 그의 답변은 다음과 같다.

"나는 호텔에 들어가든, 이발소에 들어가든, 상점에 들어가든 만나는 모든 사람들에게 기분이 좋아질 만한 말을 꼭 합니다. 나는 그들 각각을 기계 속의 한 톱니바퀴로 대하지 않고 한 개인으로 대합니다. 나는 상점에서 나를 응대해주는 여성에게 눈이 참으로 아름답다거나 헤어스타일이 참으로 아름답다거나 하는 찬사를 합니다. 나는 이발소에 가면 이발사에게 하루 종일 서서 일하다 보면 피곤해지지 않느냐고 물어봅니다. 나는 그에게 이발 일을 어떻게 해서 하게 됐고 얼마나 오래 해왔는지, 그리고 그동안 얼마나 많은 사람들에게 이발을 해주었는지를 묻습니다. 나는 그가 그 수를 헤아려보는 것을 돕기도 합니다. 다른 사람에게 관심을 가져주면 그 사람이 즐거워져 얼굴이 환해진다는 것을 나는 알게 됐습니다. 나는 내 여행용 손가방을 대신 들어주는 포터와도 종종 악수를 나눕니다. 그러한 내 행동은 그의 기분을 상쾌하게 해주어 그가 그날 하루를 잘 지내는 데 도움을 줍니다.

매우 무덥던 어느 여름날에 나는 뉴헤이븐 철도의 열차를 타고 가다가 점심식사를 하기 위해 식당칸으로 들어갔습니다. 많은 사람들로 붐비는 식당칸은 거의 용광로 속과 같았고, 웨이터 일을 하는 승무원들이 손님을 응대하는 속도는 느렸습니다. 마침내 한 승무원이 내게 다가오더니 메뉴판을 건네주었습니다. 나는 이렇게 말했습니다. '오늘 같은 날 저 뒤쪽에 있는 뜨거운 주방 안에서 요리를 하는 친구들은 고통스러울 게 틀림없어.' 그러자 그 승무원이 무어라 중얼대기 시작했습니다. 그의 목소리에서 쓴 맛이 배어나왔습니다. 나는 처음에는 그가 화를 내는 것이라고 생각했는데 그게 아니었습니다. 그는 이렇게 외쳤습니다. '오, 세상에! 사람들은 여기 와서 음식에 대해 불평합니다. 사람들은 손님접대 속도가 늦다고 욕을 하거나 너무 덥다고, 가격이 너무 비싸다고 불평합니다. 나는 지난 19년 동안 사람들의 비판을 들어왔습니다. 저기 뒤쪽의 끓는 듯한 주방 안에서 일하는 요리사들을 동정해준 사람은 당신이 처음이자 유일합니다. 당신과 같은 손님이 더 많아지기를 하느님에게 빌겠습니다.' 그 승무원은 내가 요리사들을 단지 철도회사라는 큰 조직 속의 한 톱니바퀴로만 생각하지 않고 인간으로 생각하는 태도를 보인 것에 대해 놀라움을 표시한 것이었습니다."

펠프스 교수는 계속해서 다음과 같이 말했다.

"사람들이 원하는 것은 인간으로서 조금이나마 주목을 받는 것입니다. 나는 길에서 예쁘게 생긴 개를 데리고 가는 사람을 만나면 언제나 그 개가 예쁘다고 말해줍니다. 그러고 나서 더 걸어가다가 뒤로 슬쩍 돌아보면 그 사람이 개를 어루만져주고 있는 모습을 종종 보게 됩니다. 내가 예쁘다고 칭찬해준 것이 그 사람으로 하여금 자기 개를 새로이 다시 보게 한 것입니다.

한번은 영국에서 어느 양치기를 만났을 때 몸집이 커다랗고 영리하게 보이는 그의 목양견을 진심으로 칭찬해준 적이 있습니다. 나는 그에게 그 개를 어떻게 훈련시켰는지를 말해달라고 요청하기도 했습니다. 그와 헤어져 걸어가다가 흘깃 뒤돌아보니 그 개가 양치기의 어깨에 앞발을 올려놓고 서 있고 양치기는 그 개를 어루만져주고 있었습니다. 나는 양치기와 그의 개에게 약간의 관심을 가져주는 것을 통해 그 양치기를 행복하게 해주었고, 그 개를 행복하게 해주었으며, 그 결과로 나 자신도 행복해졌습니다."

포터들과 악수를 나누고, 푹푹 찌는 주방에서 일하는 요리사들에 대한 동정심을 표시하고, 다른 사람의 개를 칭찬해주는 사람이, 과연 그런 식으로 행동하는 사람이 침울해지고 걱정에 빠져 정신과 의사의 진료를 필요로 하는 경우를 상상할 수 있겠는가? 그런 경우는 상상할 수 없지 않은가? 당연히 상상할 수 없다. 이를 중국의 속담은 이렇게 표현한다. '장미를 건네주는 손에는 언제나 향기가 남는다.'

예일대학의 빌리 펠프스에게는 위와 같은 이야기를 해줄 필요도 없다. 그는 그런 것은 이미 알고 있다. 그는 그렇게 살아왔다.

당신이 남자라면 여기서부터 시작되는 한 단락은 읽지 않고 넘어가도 된다. 당신은 그 내용에 흥미를 느끼지 못할 것이다. 그 내용은 걱정이 많고 불행하던 한 미혼 여성이 어떻게 해서 여러 명의 남자로부터 구혼을 받게 됐는가에 관한 것이다. 몇 년 전에 나는 그녀가 남편과 함께 사는 집에서 하룻밤을 보낸 적이 있다. 나는 그날 그 마을에서 강연을 한 뒤에 그 집에 묵게 됐다. 다음날 아침에 그녀는 나를 자동차에 태우고 80킬로미터나 떨어진 곳에 있는 역까지 데려다주었다. 내가 뉴욕센트럴 철도의 본선을 달리는 열차를 잡아타야 했기 때문이다. 그 역으로 가는 동안에 우리는 늘 투덜거리면서 사는 친구들에 대해 이야기하게 됐다. 그녀는 다음과 같이 말했다.

"그동안 누구에게도, 심지어는 남편에게도 말하지 않은 얘기를 들려주겠습니다." 필라델피아의 명문집안에서 나고 자랐다는 그녀는 이렇게 말했다. "소녀시절과 처녀시절에 나는 우리 가족이 가난한 것을 비극으로 여겼습니다. 나는 우리와 같은 사회계층에 속하는 다른 집안의 여자아이들이 하는 대로 할 수 없었습니다. 내가 입는 옷은 품질이 좋지 않았고, 유행에 뒤진 것인 경우도 많았습니다. 나는 너무 창피하고 부끄러워 울다가 잠들곤 했습니다. 나는 디너파티에 갈 때마다 파트너에게 그의 경험, 생각, 그리고 미래에 대한 계획에 대해 물었습니다. 하지만 그것은 그가 할 대답에 특별한 관심이 있어서가 아니었습니다. 그가 내가 입고 있는 형편없는 옷을 바라보지 못하게 하기 위해서였습니다. 그런데 뜻밖의 일이 일어났습니다. 파트너들의 대답을 듣고 그들에 대해 더 많이 알게 되면서 나는 그들이 말하는 것을 듣는 것 자체에 흥미를 느끼게 된 것입니다. 나는 그들이 하는 말에 너무 흥미를 느낀 나머지 내가 입고 있는 옷에 관한 생각은 잊어버리곤 했습니다. 그러나 내게 정말로 놀라웠던 일은 이런 것이었습니다. 내가 그들의 말을 잘 들어주자 그들은 자기 이야기를 더 적극적으로 하게 됐고, 그렇게 하는 데서 행복을 느끼는 것 같았습니다. 내가 그들에게 행복을 느끼게 해준 것입니다. 차츰 나는 사교모임에서 가장 인기 있는 여자가 됐고, 결국 세 명의 남자에게 청혼을 받았습니다."

이 장을 읽은 사람들 가운데 일부는 이렇게 말할 것이다. "다른 사람들에게 관심을 갖는 것에 관한 이야기는 모조리 터무니없는 헛소리다! 그건 아무런 가치도 없는 순전히 종교적인 이야기다! 그 가운데 내게 해당되는 것은 없다! 나는 돈을 벌어 내 지갑 속에 넣어야 한다. 나는 내 손에 넣을 수 있는 모든 것을 손에 넣을 것이다. 지금 당장이라도 그렇게 할 것이다. 다른 얼간이들이야 지옥에 가든 말든 나하고 무슨 상관인가!"

당신도 그렇게 생각하는가? 물론 얼마든지 그렇게 생각할 수 있다. 그러나 그런 당신의 생각이 옳은 것이라면 문자로 기록된 역사가 시작된 이후의 모든 위대한 철학자와 인류의 스승, 예를 들어 예수, 공자, 부처, 플라톤, 아리스토텔레스, 소크라테스, 성 프란체스코 등이 모두 잘못된 생각을 했다는 말이 된다. 그런데 당신은 종교 지도자들의 가르침에 대해서는 코웃음을 치고 있을 테니 무신론자 두 사람의 조언을 한번 들어보자. 우선 케임브리지대학의 교수이자 그의 세대에서는 가장 탁월한 학자 가운데 한 사람인 A. E. 하우스먼[*]을 예로 들어보겠다. 1936년에 그는 케임브리지대학에서 '시의 명칭과 본질'에 관한 강의를 했다. 그 강의에서 그는 이렇게 단언했다. "그동안 발언된 진리 가운데 가장 위대한 진리이자 모든 시대를 통틀어 가장 심오한 도덕적 발견은 예수가 한 이 말에 들어있다. '자기 생명을 찾는 사람은 그것을 잃을 것이요, 나로 인하여 자기 생명을 잃는 사람은 그것을 찾을 것이다.'"

설교를 하는 사람들이 그렇게 말하는 것을 우리는 평생 들어왔다. 그러나 하우스먼은 무신론자이자 비관주의자였을 뿐만 아니라 자살할 생각까지 했던 사람이다. 그런데도 그는 자신만을 생각하는 사람은 인생에서 많은 것을 얻을 수 없다고 느꼈다. 자신만을 생각하는 사람은 비참한 삶을 살게 될 것이다. 그러나 자신을 잊고 다른 사람을 위해 봉사하는 사람은 인생의 즐거움을 찾게 될 것이다.

A. E. 하우스먼이 한 말에 공감하지 못하겠는가? 그렇다면 20세기 미국의 무신론자 가운데 가장 탁월한 인물인 시어도어 드라이저[♣]의 조언을 들어보라. 드라이저는 모든 종교를 아이들이나 읽는 동화라고 조롱했고, 인생을 "바보가 지껄이는 이야기, 소음과 분노로 가득 차 있으나 의미하는 바는 아무것도 없는 이야기"[†]로 간주했다. 그

----
* Alfred Edward Houseman. 1859~1936. 영국의 고전학자, 시인, 케임브리지대학의 라틴어 교수.
♣ Theodore Dreiser. 1871~1945. 미국의 소설가.
† 이것은 셰익스피어의 희곡 《맥베스》의 5막 5장에 나오는 맥베스의 대사다.

럼에도 그는 예수가 가르쳐준 하나의 대원칙, 즉 다른 사람을 위해 봉사하라는 대원칙을 지지했다. 드라이저는 이렇게 말했다. "주어진 인생에서 조금이라도 즐거움을 뽑아내고 싶다면 자기 자신뿐 아니라 타인을 위해서도 상황을 개선시키겠다는 생각을 가지고 실제로 그렇게 하기 위한 계획을 세워야 한다. 왜냐하면 사람은 다른 사람에게 즐거움을 주고 다른 사람을 통해 즐거움을 얻을 수 있어야만 진정한 즐거움을 느낄 수 있기 때문이다."

드라이저가 말한 대로 '타인을 위해 상황을 개선'시키려고 한다면 서둘러야 한다. 시간이 얼마 남지 않았다. "나는 이 길을 한 번밖에 지나가지 못합니다. 그러니 내가 할 수 있는 선행, 내가 베풀 수 있는 친절이 있다면 지금 당장 그렇게 할 수 있게 해주소서. 나는 이 길을 한 번밖에 지나가지 못하니, 내가 그런 것을 뒤로 미루거나 소홀히 하지 않도록 해주소서."[✝]

걱정을 몰아내고 평온과 행복을 느끼고 싶다면 다음과 같은 일곱 번째 규칙을 명심해야 한다.

다른 사람들에게 관심을 가짐으로써 자기 자신을 잊어버려라.
매일 누군가의 얼굴에 즐거운 미소가 떠오르게 할 선행을 하라.

[✝] 이것은 퀘이커교에서 전승돼온 구절로, 프랑스의 퀘이커교 전도사인 스테팡 그렐레(Stephen Grellet, 1773~1855)가 가장 먼저 한 말로 알려져 있다.

4부 요약

평온과 행복을 가져다줄 정신적 태도를 함양하기 위한 7가지 방법

규칙 1: 마음을 평온, 용기, 건강, 희망에 대한 생각으로 가득 채우자. 왜냐하면 "인생은 자기가 생각하는 대로 되기 때문이다."

규칙 2: 적에게 앙갚음하려 하지 말라. 그러면 적을 해치는 것보다 훨씬 더 많이 자신을 해치게 된다. 아이젠하워 장군이 했던 대로 하자. 즉 좋아하지 않는 사람을 생각하는 데 단 일 분의 시간도 낭비하지 말자.

규칙 3:

A. 배은망덕한 일을 당할까봐 걱정하는 대신에 당연히 배은망덕한 일을 당할 수도 있다고 생각하자. 예수가 하루에 10명의 나병환자를 치유해주었는데 그 가운데 단 한 명만이 예수에게 감사하다는 말을 했음을 기억하자.

B. 행복을 찾는 유일한 길은 감사의 말을 듣기 위해서가 아니라 베푸는 기쁨을 느끼기 위해 베푸는 것이다.

C. 감사할 줄 아는 태도는 '수양된' 특징임을 기억하자. 그러므로 우리의 아이들이 감사할 줄 알기를 바란다면 그들을 감사할 줄 알도록 훈련시켜야 한다.

규칙 4: 당신이 안고 있는 걱정거리들을 꼽아보지 말고 당신에게 주어진 축복들을 꼽아보라.

규칙 5: 다른 사람을 흉내 내지 말자. 자기 자신을 발견하고 자기 자신이 되자. "시샘은 무지로 인한 것"이며 "흉내는 자살"이기 때문이다.

규칙 6: 운명이 우리에게 레몬을 건네면 그것을 가지고 레모네이드를 만들어보자.

규칙 7: 다른 사람들에게 작은 행복을 주려고 노력하는 것을 통해 자신의 불행을 잊어버리자. "다른 사람들에게 좋은 존재가 될 때 자기 자신에게 최선의 존재가 된다."

5부
걱정을 극복하는 완벽한 방법

19
내 부모는 어떻게 걱정을 극복했나

앞에서 이미 말했듯이 나는 미주리 주의 한 농장에서 태어나고 자랐다. 그 시절의 대다수 농부들이 그랬듯이 내 부모도 힘들게 일해서 먹고 살았다. 어머니는 시골학교 선생이었고, 아버지는 한 달에 12달러를 받으며 일하는 농장 노동자였다. 어머니는 내가 입을 옷을 직접 만들었을 뿐만 아니라 옷을 세탁하는 데 사용하는 비누도 직접 만들었다.

우리에게 돈이 있는 날은 많지 않았다. 일 년에 한 번 우리가 돼지를 팔 때에만 돈이 있었다. 우리는 식료품점에 버터와 달걀을 가져다주고 그 대신 밀가루, 설탕, 커피를 받아왔다. 12살 때 나는 나를 위해 쓸 수 있는 돈을 1년에 50센트도 갖고 있지 않았다. 우리 가족이 미국 독립기념일 축하행사에 갔을 때 아버지가 내게 10센트를 주면서 쓰고 싶은 데 쓰라고 말씀하시던 모습을 나는 지금도 기억하고 있다. 그때 나는 중남미의 보물이 다 내 것인 듯한 느낌이 들었다.

나는 우리 집에서 1.6킬로미터 거리에 있는 교실 하나짜리 시골학교에 다녔다. 눈이 높이 쌓이고 기온이 섭씨 영하 30도 이하일 때에도 걸어서 학교에 다녔다. 나는 14살이 될 때까지는 고무장화나 방한용 덧신을 가져본 적이 없다. 길게 이어지는 겨울철에는 내 두 발이 언제나 축축하게 젖어 있었고 차가웠다. 어린 시절에 나는 겨울에 발이 젖어 있지 않고 따뜻한 사람이 있을 것이라고는 꿈도 꿔보지 못했다.

내 부모는 하루 16시간씩 노예처럼 일했다. 그런데도 우리는 끊임없이 빚에 짓눌리며 살았고, 불운에도 시달렸다. 내 가장 오래된 기억 가운데 하나는 102강*에 홍수가 나서 우리 집의 곡물밭과 건초밭을 휩쓸면서 모든 것을 다 파괴한 일이었다. 7년 중 6년은 그런 홍수로 우리 농작물이 파괴됐다. 우리 돼지들은 해마다 콜레라에 걸려 죽었고, 그때마다 우리는 죽은 돼지들을 불태워 없애야 했다. 나는 지금도 눈을 감으면 돼지의 살이 불에 타면서 내는 자극적인 냄새를 기억할 수 있다.

어느 해엔가 홍수가 나지 않았다. 그해는 풍작이었다. 우리는 비육용 소를 많이 사들인 뒤 곡물을 먹여 살을 찌웠다. 그러나 시카고 시장에서 비육용 소의 가격이 크게 떨어졌다. 그것은 홍수가 나서 우리의 곡물이 다 침수된 것이나 다름없는 상황이었다. 우리가 비육용 소를 사다가 곡물을 먹이고 살을 찌워서 내다 팔고 번 돈은 애초에 그것을 살 때 지불한 돈보다 겨우 30달러 더 많았을 뿐이다. 1년 동안의

---

* 102 River. 미국 미주리 주에 있는 플래트 강의 한 지류.

노동에 대한 대가가 고작 30달러였던 것이다!

우리는 무엇을 해도 돈을 잃기만 했다. 나는 지금도 아버지가 사들인 새끼 노새들을 기억한다. 우리는 3년 동안 먹이를 주며 기르고 사람을 사서 길도 들인 뒤에 그것들을 테네시 주의 멤피스까지 끌고 가서 팔았지만, 그 대금으로 받은 돈은 3년 전에 우리가 그것들을 사면서 지급한 돈보다 적었다.

10년 동안 진을 빼는 고된 노동을 한 뒤에 우리는 무일푼이 됐을 뿐 아니라 많은 빚까지 짊어지게 됐다. 우리 농장은 저당으로 잡힌 상태였다. 우리는 아무리 열심히 노력해도 저당빚에 대한 이자도 갚을 수 없었다. 우리 농장을 저당으로 잡아놓은 은행은 아버지를 괴롭히고 모욕했으며, 농장을 빼앗아가겠다고 위협했다. 그때 아버지는 47살이었다. 30년 이상 고되게 일하고도 아버지는 빚과 굴욕감 외에는 아무것도 가진 것이 없었다. 그런 상황은 아버지가 감내할 수 있는 수준을 넘는 것이었다. 아버지는 걱정을 하게 됐고, 건강이 나빠졌다. 아버지는 식욕을 잃었다. 하루 종일 들판에서 고된 노동을 하고 나서도 약을 먹고서야 식욕을 느낄 수 있었다. 아버지는 살이 빠졌다. 의사는 어머니에게 6개월 안에 아버지가 죽게 될 것이라고 말했다. 아버지는 걱정이 너무 많이 되어 더 이상 살고 싶지도 않았다. 어머니는 말에게 먹이를 주거나 암소의 젖을 짜러 축사로 간 아버지가 돌아올 시간이 됐는데도 돌아오지 않으면 혹시 그가 로프 끝에 목을 걸고 매달려 있는 것은 아닌가 하는 두려움을 느끼며 축사로 얼른 나가보곤 했다고 종종 내게 말씀하셨다. 아버지는 어느 날 메리빌 시내에 있는 은행에 갔다가 저당권을 행사하겠다는 위협을 받고 집으로 돌아오던 길에 102강의 다리를 건너다가 도중에 말을 세우고 마차에서 내려 강물을 내려다보며 거기로 뛰어내려 모든 것을 끝내는 게 좋지 않겠느냐고 생각하는 자기 자신과 씨름을 하며 한참 동안 서 있었던 적도 있다고 한다.

그로부터 여러 해 뒤에 아버지는 내게 그때 자신이 뛰어내리지 않은 이유는 오직 하나였다고 말했다. 그것은 우리가 하느님을 사랑하고 하느님의 계율을 지키면 결국은 모든 것이 잘되리라는 어머니의 깊고 독실하며 쾌활한 믿음이었다. 어머니가 옳았다. 결국은 모든 것이 잘됐다. 아버지는 그로부터 42년을 더 행복하게 살다가 1941년에 89살로 돌아가셨다.

그 모든 고되고 비통한 세월을 거치는 동안에도 어머니는 결코 걱정을 하지 않았다. 어머니는 기도를 하면서 모든 고민거리를 하느님에게 가져갔다. 매일 밤 우리가 잠자기 전에 어머니는 성경의 한 구절을 읽곤 했다. 특히 위안을 주는 다음과 같은 예수의 말이 나오는 구절은 어머니는 물론이고 아버지도 자주 읽었다. "내 아버지의 집에 거할 곳이 많도다. … 내가 너희를 위하여 채소를 예비하러 가노니 … 내가 있는 곳에 너희도 있게 하리라."* 미주리 주의 외로운 농장 안에서 우리는 모두 의자 앞에 무릎을 꿇고 앉아 하느님의 사랑과 보호를 구하는 기도를 올렸다.

---

* 《요한복음》 14장 1~3절.

윌리엄 제임스가 하버드대학의 철학 교수였을 때 이렇게 말한 적이 있다. "걱정을 치료하는 가장 좋은 방법은 물론 종교적 믿음을 갖는 것이다."

그러한 사실을 알기 위해 꼭 하버드대학에 가야 하는 것은 아니다. 내 어머니는 미주리 주의 농장에서 그러한 사실을 스스로 깨달았다. 홍수도, 빚도, 재난도 행복을 찾아내고, 환한 빛을 내며, 승리로 나아가는 어머니의 정신을 억누를 수 없었다. 어머니가 일을 하면서 부르던 노래가 지금도 내 귀에 들린다.

평화, 평화, 신기한 평화,
하늘에 계신 아버지로부터 내려와,
기도하노니 영원히 내 영혼을 휩쓸어,
무한한 사랑의 파도 속으로 데려가소서.

어머니는 내가 종교적인 일에 인생을 바치기를 원했다. 나는 해외선교사가 되는 것을 진지하게 생각했다. 그러다가 집을 떠나 대학에 들어갔고, 한 해 두 해 지나가면서 내게 변화가 일어났다. 나는 생물학, 과학, 철학, 비교종교학을 공부했다. 나는 성경이 어떻게 해서 씌어지게 됐는지에 관한 책을 읽었다. 나는 성경의 내용 가운데 많은 것에 대해 의문을 품기 시작했다. 나는 그 시절에 농촌 설교사들이 가르치던 폭 좁은 교리 가운데 많은 것에 대해 의문을 품기 시작했다. 나는 혼란스러웠다. 월트 휘트먼처럼 나는 "답이 궁금했고 갑작스러운 의문이 내 안에서 꿈틀거리는 것을 느꼈다." 나는 무엇을 믿어야 할지를 몰랐다. 나는 인생에 어떤 목적이 있는지를 알 수 없었다. 나는 더 이상 기도를 하지 않게 됐다. 나는 회의적인 불가지론자가 됐다. 나는 인생에는 계획도 없고 목적도 없다고 믿었다. 나는 2억 년 전에 지구를 돌아다니던 공룡보다 지금의 인류가 신성한 목적을 더 많이 갖고 있는 것은 아니라고 믿었다. 나는 공룡이 멸망한 것처럼 인류도 언젠가는 멸망할 것이라고 생각했다. 태양이 서서히 식어가고 있는데 그 온도가 10퍼센트만 더 떨어져도 지구에는 그 어떤 형태의 생명체도 존재할 수 없게 된다고 과학이 가르치고 있다는 것을 나는 알고 있었다. 자비로운 하느님이 있어 그가 자신의 형상과 비슷한 모습으로 인간을 창조했다는 관념을 나는 비웃었다. 어둡고 추우며 생명이 없는 우주를 떠돌아다니는 엄청나게 많은 수의 태양은 모두 다 맹목적인 힘에 의해 만들어진 것이라고 나는 믿었다. 어쩌면 그것들은 무엇인가에 의해 만들어진 것이 아닐지도 모른다고 나는 생각했다. 어쩌면 그것들은 마치 시간과 공간이 언제나 존재해온 것처럼 그저 그렇게 언제나 존재해온 것일지도 모른다고 나는 생각했다.

내가 지금 그런 모든 질문에 대한 정답을 이제는 알고 있다고 말하려는 것일까? 아니다. 우주의 신비, 생명의 신비를 설명해줄 수 있는 사람은 아무도 없다. 우리는 신비에 둘러싸여 있다. 당신의 몸이 움직이는 것도 하나의 심오한 신비다. 당신의 집에서 사용되는 전기도 그렇다. 담장의 틈새에서 피어난 꽃도 그렇다. 당신이 창문 밖으로 시선을 돌리면 볼 수 있는 녹색 풀도 그렇다. 제너럴모터스 연구소를 이끄는 천재 기술자인 찰스 케터링*은 풀이 왜 녹색인지를 알아내기 위해 매년 자기 돈으로 3만 달러를 안티오크대학에 지원했다. 우리가 풀이 어떻게 해서 햇빛, 물, 이산화탄소를 포도당으로 변화시킬 수 있는 것인지를 알게 된다면 문명도 변화시킬 수 있다고 그는 단언했다.

당신의 자동차 속에 들어있는 엔진이 움직이는 것도 심오한 신비다. 제너럴모터스 연구소는 실린더 안에서 터뜨린 불꽃이 어떻게 해서, 그리고 왜 당신의 자동차 엔진을 돌아가게 만드는 연소현상을 일으키는지를 알아내기 위해 여러 해의 시간을 들이고 수백만 달러의 돈을 썼다.

우리 몸, 전기, 휘발유 엔진의 신비를 완전히 다 이해하지 못하고 있다고 해서 우리가 그것들을 사용하거나 누리지 못하는 것은 아니다. 기도와 종교의 신비를 이해하지 못한다고 해서 내가 종교가 가져다주는 더 풍요롭고 더 행복한 삶을 누리지 못하는 것은 아니다. 결국 나는 다음과 같은 산타야나♠의 말에 담긴 지혜를 깨달았다. "인간은 인생을 이해하도록 만들어진 존재가 아니라 인생을 살도록 만들어진 존재다."

나는 되돌아갔다. 그렇다. 나는 종교로 되돌아갔다는 말을 하려고 하는 것이다. 아니, 그렇게 말하는 것은 정확하지 않은 것 같다. 나는 새로운 개념의 종교로 나아갔다. 나는 교회를 분열시키는 교리의

---

* Charles F. Kettering. 1876~1958. 미국의 발명가, 기술인.
♠ George Santayana. 1863~1952. 에스파냐에서 태어난 미국의 철학자.

차이에 대해서는 더 이상 아무런 관심도 갖지 않는다. 그러나 나는 전기, 좋은 음식, 물이 내게 해주는 것에 대해 관심을 갖고 있는 것과 꼭 마찬가지로 종교가 내게 해주는 것에 대해 매우 큰 관심을 갖고 있다. 전기, 좋은 음식, 물은 내가 더 풍요롭고, 더 충만하고, 더 행복한 삶을 살 수 있도록 도와준다. 그런데 종교는 그 이상의 것을 내게 해준다. 종교는 내게 정신적 가치를 가져다준다. 윌리엄 제임스의 표현을 빌리면, 종교는 내게 "삶에 대한 열정, … 더 많은 삶, 더 큰 삶, 더 풍요로운 삶, 더 만족스러운 삶에 대한 열정"을 준다. 종교는 내게 믿음, 희망, 용기를 준다. 그것은 긴장, 불안, 두려움, 걱정을 몰아낸다. 그것은 내 인생에 목적을 주고, 방향을 제시한다. 그것은 내 행복을 크게 증진시킨다. 그것은 내게 약동하는 건강을 준다. 그것은 내가 '휘몰아치는 인생의 모래바람 속에 평온이라는 오아시스'를 스스로 만들어낼 수 있도록 도와준다.

300년 전에 프랜시스 베이컨이 다음과 같은 말을 했는데, 그가 옳았다. "약간의 철학은 사람의 마음을 무신론으로 기울게 하지만, 깊이 있는 철학은 사람의 마음을 종교 쪽으로 돌려놓는다."

사람들이 과학과 종교 사이의 갈등에 관해 이야기하던 시절을 나는 기억한다. 그러나 이제는 사람들이 더 이상 그런 이야기를 하지 않는다. 모든 과학 가운데 가장 새로운 것, 즉 정신의학도 예수가 가르쳤던 것을 가르치고 있다. 왜 그럴까? 기도와 강력한 종교적 믿음이 우리의 모든 질병 가운데 절반 이상의 원인이 되는 걱정, 불안, 긴장, 두려움을 몰아낸다는 것을 정신과 의사들이 깨달았기 때문이다. 그들의 지도자 가운데 한 사람인 A. A. 브릴*이 말했듯이 그들은 "정말로 종교적인 사람은 신경증에 걸리지 않는다"는 것을 알고 있다.

만약 종교가 진실이 아니라면 인생은 무의미하다. 그런 경우의 인생은 비극적인 광대극이다.

나는 헨리 포드가 죽기 몇 년 전에 그를 인터뷰했다. 그를 만나기 전에 나는 그가 세계에서 가장 큰 기업 가운데 하나를 키워내고 경영하면서 긴 세월을 보내는 동안에 자신의 몸에 배인 긴장된 태도를 보여줄 것이라고 예상했다. 그랬기에 나는 그가 78살인데도 얼마나 침착하고 건강하고 평온하게 보이는지를 확인하고 놀랐다. 내가 그에게 걱정을 해본 적이 있느냐고 묻자 그는 이렇게 대답했다. "아니요! 나는 하느님이 만사를 관리하고 있고, 하느님은 내 조언을 필요로 하지 않는다고 믿습니다. 하느님이 책임지고 관리하고 있으니 만사가 결국에는 최선의 결과로 이어질 것이라고 나는 믿습니다. 그러니 걱정할 게 뭐가 있겠습니까?"

오늘날에는 정신과 의사들 가운데서도 현대판 복음전도사가 되는 사람이 많다. 그들이 우리에게 내세의 지옥불을 피하기 위해 종교적인 삶을 살아야 한다고 요구하지는 않는다. 그들은 우리에게 위궤양, 협심증, 신경쇠약, 정신이상이라는 지옥불을 피하기 위해 종교적인 삶을 살아야 한다고 요구한다. 심리학자나 정신과 의사들이 가르

---

* Abraham Arden Brill. 1874~1948. 미국의 정신과 의사, 정신의학자.

치고 있는 것이 어떤 것인지를 알려면 예를 들어 헨리 링크♠ 박사의 저서인 《종교로의 복귀》를 읽어보라.

그렇다. 기독교라는 종교는 사람들에게 영감을 주고 건강을 주는 활동이다. 예수는 이렇게 말했다. "내가 온 것은 너희가 생명을 얻게 하고, 더 풍성하게 얻게 하기 위해서다."† 예수는 그 시절에 종교로 통하던 무미건조한 제문과 생기 없는 제사를 비난하고 공격했다. 그는 반역자였다. 그는 새로운 경지의 종교를 설교했다. 그것은 세계를 뒤집어엎겠다고 위협하는 종교였다. 그가 십자가에 못 박힌 이유가 바로 여기에 있다. 그는 인간이 종교를 위해 존재해야 하는 것이 아니라 종교가 인간을 위해 존재해야 한다고 설교했고, 인간이 안식일을 위해 존재해야 하는 것이 아니라 안식일이 인간을 위해 존재해야 한다고 설교했다. 그는 죄에 대해서보다 두려움에 대해 더 많이 이야기했다. 잘못된 종류의 두려움을 갖는 것은 죄다. 그것은 당신의 건강을 스스로 해치는 죄이고, 예수가 강조한 더 풍요롭고 충만하고 행복하고 용감한 삶을 사는 것을 스스로 방해하는 죄다. 에머슨은 자신을 '즐거움 과학의 교수'라고 불렀다. 예수도 '즐거움 과학'의 스승이다. 그는 자신의 사도들에게 "기뻐하고 뛰어오르며 환호하라"고 했다.

예수는 종교와 관련해 중요한 것은 두 가지뿐이라고 단언했다. 마음을 다해 하느님을 사랑하는 것과 자신을 사랑하듯이 이웃을 사랑하는 것이 그것이다. 그렇게 하는 사람은 그가 아는 것이 무엇인가와

♠ Henry Charles Link. 1889~1952. 미국의 정신과 의사.
† 《요한복음》 10장 10절.

무관하게 종교인이다. 오클라호마 주의 털사에 사는 내 장인 헨리 프라이스 씨가 좋은 예다. 그는 황금률을 지키며 살고자 한다. 그리고 그는 인색하고, 이기적이고, 부정한 행동은 전혀 할 줄을 모른다. 그러나 그는 교회에 다니지 않으며, 자신은 불가지론자라고 생각한다. 그가 그렇게 생각하는 것은 터무니없다! 무엇이 한 개인을 기독교인으로 만드는가? 존 베일리♠로 하여금 대답하게 하겠다. 그는 에든버러대학에서 신학을 가르치던 탁월한 교수였다. 그는 이렇게 말했다. "무엇이 한 개인을 기독교인으로 만드는가? 어떤 특정한 관념을 지적으로 받아들이는 것도 아니고, 어떤 특정한 규칙에 순응하는 것도 아니다. 어떤 특정한 영혼을 가지고 있는 것, 그리고 어떤 특정한 생명에 참여하는 것이 한 개인을 기독교인으로 만든다."

그러한 것이 한 개인을 기독교인으로 만든다고 한다면 헨리 프라이스는 뛰어난 기독교인이다.

현대 심리학의 아버지인 윌리엄 제임스는 친구인 토머스 데이비드슨에게 보낸 편지에서 세월이 갈수록 "하느님 없이 살아가기가 점점 더 불가능해진다"고 말했다.

앞에서 나는 내가 가르치는 학생들이 보내온 걱정에 관한 이야기 가운데 가장 훌륭한 것을 골라낼 때 심사위원들이 마지막으로 남은 두 개의 이야기 가운데 어느 하나를 골라내기를 어려워해서 결국 상금을 절반씩 나누어 지급했다고 말했다. 그때 공동으로 우수상을

♠ John Baillie. 1886~1960. 스코틀랜드의 신학자.

받은 두 개의 이야기 가운데 앞에서 소개한 것 말고 다른 하나를 여기서 소개하겠다. 그것은 '하느님 없이 살아가기가 불가능하다'는 것을 힘겨운 과정을 거쳐 깨닫게 된 한 여성의 이야기다.

나는 그 여성을 메리 쿠시먼이라는 가명으로 부르겠다. 내가 그녀의 실제 이름을 쓰지 않는 것은 그녀에게는 그녀의 이야기를 책에서 보게 되면 당황해 할 자손들이 있기 때문이다. 그러나 그녀는 분명히 실제의 인물이다. 그녀의 이야기는 다음과 같다.

"불황 때 내 남편의 봉급은 1주일에 평균 18달러였습니다. 그러나 몸이 아플 때는 봉급을 받지 못했기 때문에 실제로는 그 정도의 돈도 벌지 못하는 경우가 많았습니다. 그는 작은 사고를 여러 번 연달아 당했습니다. 그는 이하선염과 성홍열에 걸렸고, 독감에도 자주 걸렸습니다. 우리는 우리 손으로 직접 지은 작은 집도 내놓아야 했습니다. 우리는 동네 가게에 50달러를 빚지고 있었고, 5명의 아이들을 부양해야 했습니다. 나는 이웃에서 빨랫감과 다리미질감을 가져다 해주고 돈을 벌었고, 구세군 가게에서 헌옷을 사다가 손질해서 아이들에게 입혔습니다. 나는 걱정을 많이 하다가 병이 들었습니다. 어느 날 우리가 50달러를 빚진 동네 가게 주인이 11살짜리 내 아들이 연필 두 자루를 훔쳤다고 주장했습니다. 내 아들은 그 일에 대해 이야기하면서 울었습니다. 나는 아들이 솔직하게 이야기하고 있고, 그 일을 예민하게 받아들이고 있다는 것을 알고 있었습니다. 그리고 아들이 그 일로 인해 다른 사람들 앞에서 수치와 굴욕을 당했다는 사실도 알고 있었습니다. 그것은 작은 사건이었지만 그동안 근근이 버텨오던 나를 마침

내 무너뜨리는 최후의 결정타가 됐습니다. 나는 우리가 견뎌온 그 모든 비참에 대해 생각했고, 미래에 대해 더 이상 아무런 희망도 가질 수 없다고 생각했습니다. 나는 너무나 걱정이 되어 일시적으로 정신이 나갔던 게 분명합니다. 그때 나는 세탁기 문을 닫고, 5살짜리 작은 딸을 침실로 데리고 들어간 뒤 창문과 벽의 틈새를 종이와 헝겊으로 다 막았습니다. 작은 딸이 물었습니다. '엄마, 지금 뭐 하는 거예요?' 나는 대답했습니다. '여기로 공기가 조금 새어 들어와서 그래.' 그런 다음에 나는 침실에 있는 가스 난방기를 틀어놓고 불은 붙이지 않았습니다. 나는 딸아이와 함께 나란히 침대에 누웠습니다. 딸이 말했습니다. '엄마, 이거 재미있네. 그런데 우리는 자다가 일어난 지 얼마 안 됐잖아!' 나는 이렇게 말했습니다. '걱정하지 마, 낮잠을 조금 자려고 하는 거니까.' 그러고는 눈을 감고 난방기에서 가스가 새어 나오는 소리를 들었습니다. 나는 그 가스 냄새를 앞으로도 결코 잊지 못할 겁니다.

그때 갑자기 음악이 들려왔습니다. 나는 귀를 기울였습니다. 부엌에 켜두었던 라디오를 끄는 것을 잊어버린 것이었습니다. 그러나 이제 그런 것은 아무래도 상관없었습니다. 라디오에서 음악이 계속 흘러 나왔습니다. 얼마 지나지 않아 누군가가 오래된 찬송가를 부르는 소리가 들려왔습니다.

예수는 우리에게 참으로 좋은 친구일세.
그가 우리의 모든 죄와 슬픈 일을 짊어지네.

기도 속에서 모든 것을 하느님에게 가져갈 수 있으니,
이것이 얼마나 큰 혜택인가.
아, 우리는 얼마나 많은 평온을 자주 잃게 되는가.
아, 우리는 얼마나 많은 불필요한 고통을 당해야 하는가.
그 모든 일은 우리가 기도 속에서
모든 것을 하느님에게 가져가지 않기 때문일세!♠

그 찬송가를 듣다 보니 그동안 내가 비극적인 잘못을 저질렀다는 것을 깨닫게 됐습니다. 나는 내 모든 참담한 싸움을 나 혼자서 해나가려고 했던 것입니다. 나는 기도 속에서 모든 것을 하느님에게 가져가지 않았습니다. … 나는 침대에서 벌떡 일어나 가스 난방기를 끄고, 방문과 창문을 열었습니다.

나는 그날 남은 시간 내내 울면서 기도했습니다. 도와달라는 기도만 한 것이 아니었습니다. 그동안 하느님이 내게 준 축복에 대해 하느님에게 감사를 드리는 데 내 영혼을 모두 쏟아 부었습니다. 하느님은 내게 눈부시게 귀여운 5명의 아이들을 주었습니다. 그 아이들은 모두 다 더할 나위 없이 건강해서 몸과 마음이 튼튼했습니다. 나는 결코 다시는 그렇게 배은망덕한 행동을 하지 않겠다고 하느님에게 약속했습니다. 그리고 지금까지 그 약속을 지켜왔습니다.

♠ 이 찬송가는 '죄짐 맡은 우리 구주'라는 제목으로 알려져 있고, 아래와 같이 압축적으로 번역된 가사로 흔히 불리고 있다. "죄짐 맡은 우리 구주 / 어찌 좋은 친군지 / 걱정 근심 무거운 짐 / 우리 주께 맡기세 / 주께 고함 없는 고로 / 복을 얻지 못하네 / 사람들이 어찌하여 / 아뢸 줄을 모를까."

5부 걱정을 극복하는 완벽한 방법

우리가 살던 집을 빼앗기고 어느 작은 농촌학교의 교실을 월 5달러에 빌려 이사한 뒤에도 나는 그런 교실을 얻게 해준 데 대해 하느님에게 감사드렸습니다. 적어도 우리의 몸을 물기에 젖지 않고 따뜻하게 유지할 수 있도록 보호해주는 지붕 아래에 있게 됐다는 사실에 대해 나는 하느님에게 감사드렸습니다. 우리의 처지가 그보다 더 나쁘게 되지 않았다는 점에 대해 나는 진심으로 하느님에게 감사드렸습니다. 그리고 나는 하느님이 내 감사의 기도를 들어주었다고 믿습니다. 왜냐하면 얼마 지나지 않아 우리의 처지가 좋아졌기 때문입니다. 아, 물론 하루아침에 그렇게 된 것은 아니었습니다. 그러나 절망스럽던 마음이 조금씩 가벼워지면서 돈을 조금씩 더 많이 벌게 됐습니다. 나는 규모가 큰 컨트리클럽에서 휴대품 보관소를 지키는 일자리를 얻었고, 부업으로 양말을 파는 일도 했습니다. 한 아들은 대학 학비를 스스로 벌기 위해 농장에 취직해서 매일 아침저녁으로 암소 13마리의 젖을 짜는 일을 했습니다. 지금은 아이들이 모두 다 어른이 되어 결혼해 살고 있습니다. 나는 지금 귀여운 손자도 셋을 두고 있습니다.

가스 난방기를 틀었던 그 끔찍한 날을 되돌아볼 때면 나는 그때 내가 더 늦지 않게 '정신을 차린 것'에 대해 하느님에게 거듭 감사드리게 됩니다. 내가 만약 그 행동을 멈추지 않고 끝까지 갔다면 얼마나 많은 즐거움을 잃어버렸을까! 그동안 보낸 멋진 세월을 조금도 누리지 못했을 겁니다! 지금 나는 누군가가 자신의 삶을 끝내고 싶어 한다는 이야기를 들을 때마다 '그러지 마라! 그래선 안 된다!'라고 외치고 싶어집니다. 우리가 살다가 거치게 되는 가장 어두운 순간은 단지 짧은 시간 동안만 계속될 뿐입니다. 그 순간이 지나면 새로운 미래가 열립니다."

미국에서는 평균적으로 35분마다 한 명씩 자살을 하고, 120초마다 한 명씩 정신이상에 빠진다. 만약 자살자들이 종교와 기도가 주는 위안과 평온을 그들의 삶에서 찾았다면 자살은 방지될 수 있었을 것이고, 정신이상의 경우도 마찬가지다.

가장 탁월한 정신과 의사 가운데 한 사람인 카를 융 박사는 《영혼을 찾는 현대인》의 264쪽에서 이렇게 말한다. "지난 30년 동안에 지구상의 문명화된 나라들 모두에서 사람들이 나를 찾아와 진료를 받았다. 나는 수백 명의 사람들을 진료했다. 내 환자들 가운데 인생의 후반부에 속하는 사람들, 즉 35살이 넘은 사람들의 경우에는 개인적으로 안고 있는 문제가 궁극적으로 볼 때 삶에 대한 종교적 관점을 찾는 문제가 아닌 사람이 단 한 명도 없었다. 그들이 병에 걸린 것은 한 사람도 예외 없이 어느 시대에나 그 시대에 살아있는 종교가 신도들에게 주는 것을 잃어버렸기 때문이며, 삶에 대한 자기 나름의 종교적 관점을 되찾지 못하는 한 그들 가운데 누구도 진정으로 치유되지 못했다고 말해도 무방하다."

이 진술은 대단히 의미심장하므로 나는 그것을 다시 한번 더 써보겠다.

지난 30년 동안에 지구상의 문명화된 나라들 모두에서 사람들이 나를 찾아와 진료를 받았다. 나는 수백 명의 사람들을 진료했다.

내 환자들 가운데 인생의 후반부에 속하는 사람들, 즉 35살이 넘은 사람들의 경우에는 개인적으로 안고 있는 문제가 궁극적으로 볼 때 삶에 대한 종교적 관점을 찾는 문제가 아닌 사람이 단 한 명도 없었다. 그들이 병에 걸린 것은 한 사람도 예외 없이 어느 시대에나 그 시대에 살아있는 종교가 신도들에게 주는 것을 잃어버렸기 때문이며, 삶에 대한 자기 나름의 종교적 관점을 되찾지 못하는 한 그들 가운데 누구도 진정으로 치유되지 못했다고 말해도 무방하다.

윌리엄 제임스도 거의 똑같은 말을 했다. 그는 이렇게 단언했다. "믿음은 사람이 살아가면서 의지하는 힘 가운데 하나이며, 믿음이 전혀 없는 사람은 쓰러진다."

부처 이후로 인도의 가장 위대한 지도자였던 마하트마 간디도 기도가 떠받쳐주는 힘에 의해 고무를 받지 못했다면 쓰러지고 말았을 것이다. 그것을 내가 어떻게 아느냐고 묻고 싶은가? 간디 자신이 그렇게 말했다. 그는 이렇게 썼다. "기도가 없었다면 나는 이미 오래전에 미치광이가 돼버렸을 것이오."

이와 비슷한 증언을 할 수 있는 사람은 수없이 많을 것이다. 내 아버지도 그렇다. 내 아버지도 어머니의 기도와 믿음이 없었다면 강물에 뛰어들어 익사했을 것이다. 고통을 받는 수많은 영혼이 지금 이 나라의 곳곳에 있는 정신병원에 갇혀 비명을 지르고 있지만 아마 그들도 삶의 전투를 혼자서 해나가려고 하는 대신에 자신에게 도움을 주는 더 높은 힘을 향해 시선을 돌리기만 했어도 이미 치유되어 정신 병원에 갇히지 않아도 됐을 것이다.

괴롭힘을 당하다가 자기 힘의 한계에 이르게 되면 우리 가운데 다수는 절박한 심정으로 하느님을 찾는다. 그래서 "전쟁터의 참호 속에는 무신론자가 없다"는 말도 있는 것이다. 그러나 왜 우리가 절박해질 때까지 기다려야 하는가? 매일 우리의 힘을 새롭게 되살리지 말아야 할 이유가 있는가? 왜 일요일까지 기다려야 하는가? 여러 해 전부터 나는 습관적으로 일요일이 아닌 평일의 오후에 텅 빈 교회에 들르곤 한다. 내가 영적인 문제에 대해 생각하는 데 단 몇 분도 할애하지 못할 정도로 서두르고 있다고 느낄 때마다 나는 스스로에게 이렇게 말한다. '잠깐만 기다려라, 데일 카네기. 잠깐만 기다려. 이 보잘것없는 친구야, 무엇 때문에 그렇게 열을 내며 서두르는 거야? 너는 잠시 쉬면서 올바른 관점을 되찾아야 할 필요가 있어.' 그럴 때 나는 문이 열려 있는 교회 가운데 내 눈에 가장 먼저 띄는 곳에 들어간다. 나는 개신교 신자이지만 주중의 평일 오후에 뉴욕의 5번가에 있는 성패트릭성당에도 종종 들어간다. 그리고 거기서 나는 앞으로 30년 안에 죽게 되겠지만 모든 교회가 가르치는 위대한 영적 진리는 영원하리라는 점을 상기한다. 나는 눈을 감고 기도를 한다. 이렇게 하는 것이 내 신경을 진정시키고, 내 몸을 쉬게 하고, 내 관점을 맑게 해주고, 내가 지향하는 가치를 스스로 재평가하도록 도와준다는 것을 알게 됐다. 당신도 이렇게 한번 해보는 게 어떨까?

이 책을 쓰면서 보낸 지난 6년 동안 나는 사람들이 기도를 하는 것을 통해 두려움과 걱정을 극복한 사례나 그런 구체적인 경우에 관한 수백 개의 이야기를 수집했다. 내가 자료를 넣어두는 캐비닛은 그러한 사례나 경우에 관한 서류로 가득하다. 전형적인 사례 가운데 하나로 텍사스 주의 휴스턴에 사는 존 R. 앤서니의 이야기를 소개하겠다. 책 판매원으로 일하다가 용기를 잃고 낙담한 적이 있는 그의 이야기를 그에게서 들은 그대로 전한다.

"22년 전에 나는 운영하던 법률사무소의 문을 닫고 미국의 법전을 취급하는 회사의 주 단위 주재원이 됐습니다. 내가 맡은 일은 한 세트의 법전을 변호사들에게 파는 것이었습니다. 그 법전은 그들에게는 반드시 필요한 것이었습니다.

나는 그 일을 하는 데 능숙했고, 완전히 훈련돼 있었습니다. 나는 직접 고객과 만나 나눠야 할 대화의 내용을 다 숙지하고 있었고, 고객이 제기할 수 있는 모든 의문에 대해 설득력 있게 답변해줄 수 있었습니다. 법전을 구매할 가능성이 있는 고객을 방문할 때면 나는 사전에 그가 어떤 등급의 변호사이고, 어떤 성격의 업무를 보고 있으며, 어떤 정치적 견해와 취미를 갖고 있는지를 알아두었습니다. 그와 만난 자리에서 나는 능수능란하게 그러한 정보를 활용했습니다. 그런데 뭔가 문제가 있었습니다. 내게 주문이 들어오지 않는 것이었습니다!

나는 점점 자신감을 잃어갔습니다. 나는 노력을 두 배로 늘리고 다시 두 배로 늘렸지만 여전히 내가 쓰는 경비를 메우기에 충분할 정도의 판매실적을 올리지 못했습니다. 내 마음속에 두려움이 커져갔습니다. 나는 고객을 방문하는 것을 두려워하게 됐습니다. 고객의 사무실에 들어서려면 마음속에서 두려움이 아주 강하게 일어나서 문밖의 복도를 왔다 갔다 하거나 아예 건물 밖으로 나가 그 건물이 있는 블록을 한 바퀴 돌곤 했습니다. 그렇게 귀중한 시간을 많이 허비한 다음에야 순전한 의지력으로 용기가 생긴 체하면서 사무실 문을 두드린 뒤 떨리는 손으로 문손잡이를 살그머니 돌렸습니다. 절반의 마음으로는 고객이 부재중이기를 바라면서 말입니다!

회사의 판매담당 간부는 더 많은 주문을 받아오지 못하면 선급금 지급을 중단하겠다고 내게 위협했습니다. 집에서는 아내가 그녀와 우리의 세 아이들이 사다 먹은 식료품의 대금을 갚아야 한다면서 돈을 달라고 애원하는 편지를 보내왔습니다. 걱정이 나를 사로잡았습니다. 날이 갈수록 나는 점점 더 궁지에 몰렸습니다. 나는 어떻게 해야 할 줄을 몰랐습니다. 앞에서 말한 대로 나는 고향에서 운영했던 법률사무소의 문을 닫아버렸으므로 그 전의 고객들은 내게 도움이 되지 않았습니다. 마침내 나는 파산하고 말았습니다. 나는 돈이 다 떨어져 내가 묵고 있는 호텔의 숙박비도 낼 수 없게 됐습니다. 나는 집으로 돌아갈 차표를 살 돈도 없었지만 설령 차표를 구했다고 해도 패배한 빈털터리로 집에 돌아갈 용기를 낼 수 없었을 겁니다. 마침내 나는 일진이 나쁜 또 하루의 일과를 비참한 심정으로 마치고 호텔로 터덜터덜 걸어와 내 방에 들어서면서 이것으로 끝이라고 생각했습니다. 나 자신만을 돌아본다면 나는 완전히 망한 상태였습니다. 절망스러웠고 우울했습니다. 나는 어느 쪽으로 방향을 틀어야 하는지를 알 수 없었습니다. 나는 내가 살든 죽든 아무래도 상관이 없다고 생각했습니다. 내가 태어난 것 자체가 유감스러웠습니다. 나는 그날 저녁식사를 뜨거운 우유 한 잔으로 때웠습니다. 그것도 내 형편에는 과분한 것이었습니다. 그날 밤에 나는 궁지에 몰린 사람이 왜 호텔방 창문 밖으로 뛰어내리는지를 이해하게 됐습니다. 용기만 있었다면 나도 그렇게 했을지도 모릅니다. 나는 인생의 목적이 무엇인지에 대해 의문을 품기 시작했습니다. 나는 그것이 무엇인지를 알 수 없었습니다. 그것이 무엇인지를 생각해낼 수가 없었습니다.

나는 시선을 돌려 바라볼 수 있는 사람이 아무도 없었기에 하느님을 바라보았습니다. 나는 기도를 하기 시작했습니다. 나를 조여 오는 어둡고 깊은 절망의 황무지를 돌파할 수 있게 해줄 빛과 지혜를 내게 주고 나를 인도해주기를 전능한 하느님에게 간청했습니다. 나는 하느님에게 내가 고객으로부터 법전 주문을 받을 수 있도록, 그래서 아내와 아이들을 부양하는 데 필요한 돈을 벌 수 있도록 도와달라고 부탁했습니다. 그렇게 기도한 다음에 눈을 뜨자 그 쓸쓸한 호텔방의 옷장 선반에 놓여 있는 국제기드온협회의 성경이 보였습니다. 나는 그 성경을 펼쳤습니다. 거기서 나는 모든 시대의 수많은 세대에 걸쳐 외롭고, 걱정에 빠지고, 좌절한 사람들에게 영감을 주었을 것이 분명한 예수의 아름답고 영원불변할 약속, 즉 걱정을 떨쳐내는 방법에 관해 예수가 그의 사도들에게 해준 말을 읽게 됐습니다.

'목숨을 위하여 무엇을 먹을까, 무엇을 마실까, 몸을 위하여 무엇을 입을까 염려하지 말라. 목숨이 음식보다, 몸이 의복보다 중하지 아니하냐? 공중의 새들을 보라. 심지도 않고, 거두지도 않고, 창고에 모아들이지도 않지만 하늘의 아버지께서 그들을 기르시나니. 너희는 그것들보다 귀하지 아니하냐? … 그런즉 너희는 먼저 하느님의 나라와 그의 의로움을 구하라. 그러면 이 모든 것을 너희에게 얹어주시리라.' ♠

내가 기도를 하고 이런 구절을 읽자 기적이 일어났습니다. 내 신경의 긴장이 풀어졌습니다. 내 불안, 두려움, 걱정이 가슴을 뜨겁게 달구는 용기, 희망, 당당한 믿음으로 바뀌었습니다.

나는 호텔비를 치르기에 충분한 돈을 갖고 있지 않았는데도 행복했습니다. 나는 침대에 누워 아무 걱정 없이 푹 잤습니다. 내가 그렇게 푹 잔 것은 몇 년 만에 처음이었습니다.

다음날 아침에 나는 내 고객들의 사무실이 문을 열 때까지 기다리지 못할 정도로 의욕이 났습니다. 춥고 비가 내리기는 했지만 아름다운 그날 나는 대담하고도 적극적인 걸음걸이로 첫 번째 고객의 사무실로 갔습니다. 나는 문손잡이를 굳게 잡고 돌렸습니다. 나는 사무실에 들어선 뒤 몸을 곧게 세우고 활기차게, 그리고 적당히 품위를 갖추고 얼굴 가득 미소를 지으며 일직선으로 고객에게 다가갔습니다. 그러고는 이렇게 말했습니다. '안녕하세요, 스미스 씨! 저는 올 아메리칸 로북 컴퍼니의 존 R. 앤서니입니다.'

'아, 예, 그렇습니까?' 그도 미소를 지으며 의자에서 일어나 손을 내밀며 이렇게 말했습니다. '만나뵙게 되어 반갑습니다. 앉으십시

♠ 《마태복음》 6장 25~33절.

오!'

나는 그때까지 몇 주일 동안 판 책보다 더 많은 책을 그날 하루에 팔았습니다. 그날 밤에 나는 적을 물리친 영웅과 같이 의기양양한 태도로 호텔로 돌아왔습니다! 나 자신이 새로운 사람이 된 것처럼 느껴졌습니다. 실제로 나는 새로운 사람이 됐습니다. 왜냐하면 나는 승리하는 정신적 태도를 새롭게 갖게 됐기 때문입니다. 그날 저녁식사는 뜨거운 우유 한 잔으로 때우지 않았습니다. 왜 그렇게 하겠습니까! 나는 곁들여 나와야 할 것이 다 나오는 정식 스테이크 요리를 시켜 먹었습니다. 그날부터는 책 판매실적이 급증했습니다.

나는 22년 전에 텍사스 주의 애머릴로에 있는 한 작은 호텔에서 그 절박한 밤을 보낼 때 새롭게 태어난 것입니다. 그 다음날에도 내가 처한 상황은 그 전에 내가 실패를 거듭하던 여러 주일 동안과 똑같았지만, 내 내면에서는 엄청난 일이 일어난 것이었습니다. 나는 갑자기 나와 하느님의 관계를 인식하게 됐습니다. 한 개인으로서 홀로 존재하는 사람은 쉽게 좌절할 수 있습니다. 그러나 자기 내면에 있는 하느님의 힘과 더불어 살아가는 사람은 무너지지 않습니다. 나는 그것을 압니다. 내 삶에서 그런 경험을 했기 때문입니다.

성경에 이런 말이 있지 않습니까. '구하라, 그러면 너희에게 주어질 것이요, 찾아라, 그러면 찾아질 것이요, 두드려라, 그러면 너희에게 열릴 것이다.'♠"

....
♠ 《마태복음》 7장 7절.

일리노이 주의 하일랜드에 사는 L. G. 베어드 부인도 참혹한 비극에 직면했을 때 무릎을 꿇고 앉아 "오 주여, 내 뜻이 아닌 당신의 뜻대로 이루어지기를 빕니다"라고 말함으로써 평온과 안정을 찾을 수 있었다. 지금 내가 앞에 펼쳐놓고 보고 있는 편지에서 그녀는 다음과 같이 말하고 있다.

"어느 날 저녁에 우리 집 전화에서 벨소리가 울렸습니다. 벨소리가 14번 울리고 나서야 비로소 나는 용기를 내어 수화기를 집어 들었습니다. 나는 그것이 병원에서 걸어온 전화일 거라고 알고 있었고, 그래서 두려웠습니다. 나는 우리 작은 아들이 죽게 될 것이 두려웠습니다. 뇌막염을 앓고 있던 내 아들은 페니실린 주사를 맞았지만 여전히 체온이 크게 오르내리고 있었습니다. 의사는 염증이 뇌에까지 번졌기 때문에 뇌종양이 발생해 그가 죽게 될지도 모른다고 걱정했습니다. 걸려온 전화는 내가 두려워하던 대로 병원에서 걸어온 것이었습니다. 의사는 우리더러 곧바로 병원으로 와달라고 했습니다.

아마도 당신은 우리 부부가 대기실에 앉아서 겪은 고통이 어땠을지 상상할 수 있을 겁니다. 다른 사람들은 모두 자기 아기를 안고 있었지만 우리는 품안이 텅 빈 상태로 앉아서 우리의 아기를 다시 안지 못하게 되는 것 아닌가 하고 걱정하고 있었습니다. 마침내 우리는 의사의 방으로 불려 들어갔고, 그때 의사의 얼굴에 나타난 표정이 우리의 가슴을 공포로 가득 채웠습니다. 그의 말은 훨씬 더 많은 공포를 불러왔습니다. 그는 우리 아기가 죽지 않고 살게 될 확률은 4분의 1에 불과하다고 말했습니다. 그는 우리에게 혹시 다른 의사를 알고 있다면 그를 불러 아기의 상태를 재확인해보라고 말했습니다.

집으로 돌아오는 길에 남편은 울음을 터뜨렸습니다. 그는 주먹을 쥐고 운전대를 두들기며 외쳤습니다. '베츠, 나는 그 아이를 포기할 수 없어.' 남자가 우는 모습을 본 적이 있습니까? 그것은 유쾌한 경험이 아닙니다. 우리는 차를 세우고 우리에게 닥친 일에 대해 의논했습니다. 그런 다음에 우리는 교회에 들러 우리 아기를 데려가는 것이 하느님의 뜻이라면 우리의 뜻을 꺾고 하느님의 뜻에 따르겠다고 기도했습니다. 나는 신자석에 깊숙이 앉아 두 뺨에 눈물을 흘리며 '내 뜻이 아닌 당신의 뜻대로 이루어지기를 빕니다' 라고 말했습니다.

그렇게 말하고 나니 곧바로 기분이 좀 나아졌습니다. 오랫동안 느껴보지 못한 평온함이 몰려왔습니다. 집으로 돌아오는 동안 나는 내내 '아, 하느님, 내 뜻이 아닌 당신의 뜻대로 이루어지기를 빕니다' 라는 말을 되뇌었습니다. 그리고 그날 밤에는 일주일 만에 처음으로 푹 잤습니다. 며칠 뒤에 의사가 전화를 걸어와 우리 아기 보비가 위기를 넘겼다고 말해주었습니다. 그 아기가 지금은 튼튼하고 건강한 4살짜리 남자아이로 자랐으니 하느님에게 감사드리지 않을 수 없습니다."

종교는 여자와 아이, 그리고 설교사를 위한 것쯤으로 여기는 남자들이 있다. 내가 아는 그들은 자신의 전투를 혼자서 얼마든지 해낼 수 있는 '남자다운 남자' 임을 자부한다.

그런데 그들이 세계에서 가장 '남자다운 남자' 로 꼽히는 남자들 가운데도 매일 기도를 하는 사람들이 있다는 사실을 알게 되면 얼마나 놀랄까? 예를 들어 '남자다운 남자' 잭 뎀프시는 자기는 기도를 하지 않고는 결코 잠자리에 들지 않는다고 내게 말했다. 또 자기는 식사를 하기 전에 반드시 하느님에게 감사기도를 드린다고 말했다. 그는 시합을 앞두고 연습을 하는 기간에는 매일 기도를 하고, 시합을 하는 도중에도 각 라운드의 시작을 알리는 벨이 울리기 직전에 항상 기도를 한다고 내게 말했다. 그는 이렇게 말했다. "기도는 내가 용기와 자신감을 갖고 싸울 수 있도록 도와줍니다."

'남자다운 남자' 코니 맥♠은 내게 자기는 기도를 하지 않으면 잠을 잘 수가 없다고 말했다.

'남자다운 남자' 에디 리켄배커†는 자기는 기도를 한 덕분에 죽지 않고 살아남을 수 있었다고 내게 말했다. 그는 매일 기도했다.

제너럴 모터스와 유나이티드 스테이츠 스틸의 고위 간부를 지내고 미국 국무장관을 역임한 '남자다운 남자' 에드워드 스테티니어스‡는 자기는 매일 아침저녁으로 지혜를 주고 자기를 인도해 달라고 기도한다고 내게 말했다.

자기 세대에서 가장 탁월한 금융인이었던 '남자다운 남자' J. 피어폰트 모건⁜은 토요일 오후에 종종 월스트리트의 입구 근처에 있는 트리니티 교회에 혼자 가서 무릎을 꿇고 기도했다.

♠ Connie Mack. 1862~1956. 미국의 프로야구 선수.
† Eddie Rickenbacker. 1890~1973. 미국의 전투기 조종사.
‡ Edward Reilly Stettinius, Jr. 1900~1949. 미국의 기업경영자, 정치인.
⁜ John Pierpont Morgan. 1837~1913. 미국의 금융인.

'남자다운 남자' 아이젠하워*는 영국군과 미국군의 최고사령관으로 취임하기 위해 영국으로 갈 때 오로지 책 한 권만을 들고 비행기에 올랐는데, 그 책은 바로 성경이었다.

'남자다운 남자' 마크 클라크 장군은 자기는 전쟁 중에 매일 성경을 읽으며 무릎을 꿇고 기도도 한다고 내게 말했다. 장제스♣와 '엘 알라메인의 몬티'로 불리는 몽고메리† 장군도 그랬다. 트라팔가르 해전 때 넬슨 경도 그랬다. 워싱턴 장군, 로버트 리, 스톤월 잭슨, 그리고 수십 명의 다른 군사 지도자들도 그랬다.

이런 '남자다운 남자'들은 모두 윌리엄 제임스의 다음과 같은 말에 담긴 진리를 알아차렸던 것이다. "우리와 하느님은 서로 간에 해야 할 일이 있다. 우리 자신을 하느님의 영향력을 받도록 열어놓으면 우리의 가장 깊숙한 운명이 실현된다."

지금도 수많은 '남자다운 남자'들이 그것을 알아차리고 있다. 현재 미국인 가운데 교회에 다니는 인구는 7200만 명이다. 이것은 역사상 최다 기록이다. 그리고 내가 앞에서 이야기했듯이 과학자들도 종교로 돌아가고 있다. 예를 들어 《인간, 그 미지의 존재》라는 저서를 냈고 과학자에게 수여되는 최고로 영예로운 상인 노벨상을 받은 알렉시 카렐†† 박사는 〈리더스 다이제스트〉에 실린 글에서 다음과 같이 말했다.

"기도는 인간이 만들어낼 수 있는 에너지 가운데 가장 강력한 에너지를 만들어낸다. 기도의 힘은 지구의 중력과 같이 실재하는 힘이다. 의사로서 나는 다른 모든 치료법이 실패한 뒤에 조용히 기도를 하는 노력에 의해 질병과 우울증에서 벗어난 사람들을 많이 보았다. … 기도는 마치 라듐과 같이 빛을 내며 스스로 생성되는 에너지의 원천이다. … 인간은 기도 속에서 모든 에너지의 무한한 원천과 소통함으로써 자신들의 유한한 에너지를 증대시키고자 한다. 기도를 할 때 우리는 우주를 돌리는 고갈되지 않는 동력에 우리 자신을 연결시킨다. 기도 속에서 질문을 던지는 것만으로도 우리 인간의 결함이 메워져 우리가 힘을 되찾고 치유되어 일어서게 된다. … 열렬한 기도 속에서 하느님과 소통할 때 우리의 몸과 영혼은 더 낫게 변화된다. 남자든 여자든 어떤 사람이든 단 한 순간이라도 기도를 해서 좋은 결과를 얻지 못하는 경우는 있을 수 없다."

버드 제독은 '우주를 돌리는 고갈되지 않는 동력에 우리를 연결'시킨다는 것이 무슨 의미인지를 알고 있었다. 그렇게 할 수 있는 그의 능력은 그의 인생에서 가장 견디기 힘든 시련을 견뎌내게 해주었다. 그는 자신의 저서 《혼자서》에서 그 이야기를 해준다. 1934년에 그는 남극대륙의 깊숙한 곳에 있는 만년설 '로스 배리어' 속에 파묻힌 막사 안에서 5개월을 보냈다. 그는 위도 78도보다 남쪽에서는 유일한 생명체였다. 눈보라가 오두막 같은 그의 막사 위로 으르렁거리

---

* Dwight David Eisenhower. 1890~1969. 미국의 34대 대통령을 지낸 군인, 정치인.
♠ 蔣介石. 1887~1975. 중국의 정치가.
† Bernard Law Montgomery. 1887~1976. 영국의 군인. '엘알라메인의 몬티'라는 호칭은 2차 세계대전 때 이집트 북부지역의 해안도시인 엘알라메인에서 그가 지휘한 연합군이 독일-이탈리아군을 상대로 결정적인 승리를 거두었다고 해서 그에게 붙여진 별명이다.
†† Alexis Carrel. 1873~1944. 프랑스의 의사, 생물학자.

며 불어 닥쳤다. 막사 안의 온도도 영하 28도까지 떨어졌다. 그는 끝없이 이어지는 밤의 어둠에 완전히 둘러싸여 있었다. 게다가 그는 난로에서 새어나온 일산화탄소에 자신이 서서히 중독되고 있다는 사실을 알아차리고 두려움에 질렸다! 그가 무엇을 할 수 있었겠는가? 가장 가까이에 있는 구조대도 198킬로미터 밖에나 있었고, 그가 있는 곳까지 그들이 찾아오려면 여러 달이 걸릴 터였다. 그는 난로와 환풍기를 고쳐보려고 했지만, 난로에서 연기가 계속 새어 나왔다. 그 연기는 그를 완전히 기진맥진하게 만들었다. 그는 바닥에 누워 완전한 무의식 상태에 빠지곤 했다. 그는 음식을 먹을 수도 없었고, 잠을 잘 수도 없었다. 그는 몸이 너무 약해져 침상에서 거의 벗어나지 못했다. 그는 자기가 다음날 아침까지 살아있지 못할 것이라는 생각에 두려워지곤 했다. 그는 자기가 그 막사 안의 좁은 공간에서 죽게 될 것이고, 자기 몸은 끊임없이 내리는 눈 속에 파묻히게 될 것이 확실하다고 생각했다.

그런 상황에서 무엇이 그의 생명을 구했을까? 어느 날 깊은 절망 속에서 그는 일기장을 꺼내 놓고 삶에 대한 자신의 철학을 거기에 적기 시작했다. 그는 이렇게 썼다. "우주 속에서 인류는 외로운 존재가 아니다." 그는 하늘에 떠있는 별들에 대해, 별무리와 행성들의 질서 있는 운동에 대해, 어떻게 해서 영원한 태양이 때가 되면 돌아와 황폐한 남극지역도 밝혀주는지에 대해 생각했다. 그런 다음에 그는 일기장에 이렇게 썼다. "나는 외롭게 혼자 있는 것이 아니다."

자기가 외롭게 혼자 있는 것이 아니라는 깨달음, 지구 남쪽 끝의 얼음구멍 속에 있는데도 그렇다는 깨달음이 바로 리처드 버드의 생명을 구했다. 그는 이렇게 말한다. "그것이 나로 하여금 그런 상황을 견뎌내게 했다는 것을 나는 안다." 그리고 계속해서 그는 이렇게 덧붙인다. "평생을 살아가는 동안에 자신의 내면에 갖고 있는 자원이 거의 다 소진되는 상태에 이르는 사람은 거의 없다. 우리의 내면에는 전혀 사용되지 않은 상태로 깊숙이 존재하는 힘의 샘물이 있다." 리처드 버드는 바로 그러한 힘의 샘물을 사용하는 법을 배웠고, 실제로 그 자원을 사용했다. 하느님을 바라보는 것을 통해 그는 그렇게 할 수 있었던 것이다.

버드 제독이 남극의 만년설 속에서 배운 교훈을 글렌 A. 아널드는 일리노이 주의 옥수수밭에서 배웠다. 일리노이 주의 칠리코시라는 곳에서 보험중개 일을 하는 아널드는 걱정을 극복한 자신의 경험에 관한 이야기를 이렇게 시작했다. "8년 전의 어느 날 나는 집 현관문의 자물통에 열쇠를 넣고 돌리면서 그렇게 하는 것도 이제는 내 인생에서 마지막이라고 생각했습니다. 그런 다음에 나는 내 차에 올라타고 강을 향해 달리기 시작했습니다. 나는 실패한 사람이었습니다." 그는 계속해서 다음과 같이 말했다.

"그보다 한 달 전에 나의 작은 세계 전부가 내 머리 위로 무너져 내렸습니다. 내가 하던 전기기계 사업은 암초에 부딪쳤습니다. 집에서는 어머니가 죽기 직전의 상태로 누워 있었습니다. 아내는 두 번째 아이를 임신하고 있었습니다. 의료비 청구서가 쌓여가고 있었습니다. 나는 사업을 하기 위해 갖고 있는 모든 것을 저당 잡혀야 했습니다. 차도, 가구도 모두 저당 잡혔습니다. 나는 내 보험증서까지 담보로 잡히고 돈을 빌렸습니다. 그런데 그 모든 것이 사라져버린 것입니다. 나는 더 이상 견딜 수 없었습니다. 그래서 내 차에 올라타 강을 향해 달리기 시작한 것이었습니다. 나는 그 비참하고 혼란스러운 상태를 끝내려고 작정했습니다.

나는 시골길로 몇 킬로미터를 달린 뒤에 차를 길가에 세워놓고 땅바닥에 주저앉아 어린아이처럼 울었습니다. 그런데 그때 내가 생각다운 생각을 하기 시작했습니다. 나는 두려움에 질리게 하는 걱정의 쳇바퀴를 도는 대신에 건설적으로 생각해보려고 했습니다. 내 상황이 과연 얼마나 나쁜 것인가? 상황이 더 나빠질 수도 있을까? 정말로 아무런 희망도 없는 것인가? 상황을 개선시키기 위해 내가 할 수 있는 일은 무엇인가?

나는 바로 그때 거기서 모든 문제를 주님에게 가지고 가서 그에게 다루어달라고 부탁하기로 결심했습니다. 나는 기도했습니다. 열심히 기도했습니다. 내 생명 자체가 기도에 달려 있기라도 한 듯이 기도했습니다. 실제로 내 생명은 기도에 달려 있었습니다. 그러자 이상한 일이 일어났습니다. 내 모든 문제를 나보다 더 큰 힘에게 넘기자 곧바로 여러 달째 느껴보지 못했던 마음의 평온이 느껴졌습니다. 나는 울고 기도하면서 그 자리에 30분간 앉아있었습니다. 그런 다음에 나는 집으로 돌아가 마치 어린아이처럼 잠을 잤습니다.

다음날 아침에 나는 자신감을 느끼며 일어났습니다. 나는 하느님의 인도에 의지하기로 했으므로 더 이상 두려워할 것이 없었습니다. 그날 아침에 나는 고개를 꼿꼿하게 세우고 어느 백화점에 걸어 들어갔습니다. 나는 그곳 사람들에게 자신감 넘치는 어조로 전기기계 분야의 판매원 일을 하게 해달라고 말했습니다. 나는 그 일자리를 얻게 되리라는 것을 알고 있었습니다. 그리고 실제로 그 일자리에 채용됐습니다. 나는 전쟁으로 인해 전기기계 산업 전체가 무너질 때까지는 그 일을 잘 해냈습니다. 그리고 전쟁이 일어날 즈음부터 생명보험을 팔기 시작했습니다. 그때도 나는 내 '큰 인도자'에게 관리를 맡겼습니다. 이것은 불과 5년 전의 이야기입니다. 이제 나는 빚을 모두 갚았습니다. 이제 내게는 총명한 세 명의 아이가 자라는 건강한 가정이 있습니다. 나는 내 집을 갖고 있고, 새로 산 차를 갖고 있으며, 2만 5천 달러짜리 생명보험 증서도 갖고 있습니다.

이제 와서 돌아보면 그때 내가 모든 것을 잃고 너무 낙담하여 차를 타고 강을 향해 달리게 됐던 것이 오히려 다행이었다고 생각합니다. 왜냐하면 그런 비극이 하느님에게 의지하는 법을 내게 가르쳐주었기 때문입니다. 그리고 지금 나는 예전에는 꿈도 꾸지 못했던 마음의 평온을 느끼고 있고 자신감도 갖게 됐습니다."

종교적인 믿음이 우리에게 마음의 평온과 고요함, 그리고 용기를 가져다주는 이유는 뭘까? 나는 윌리엄 제임스로 하여금 답변을 하도록 하겠다. 그는 이렇게 말한다. "바다의 불안정한 수면에 일어나는 거센 파도에도 불구하고 바다 속 깊은 부분은 동요하지 않는다. 그리고 더 크고 더 영속적으로 실재하는 것을 쥐고 있는 사람에게는 그 자신의 개인적인 운명이 시시때때로 보여주는 우여곡절이 상대적으로 사소한 것으로 여겨진다. 따라서 진정한 종교인은 흔들리지 않고, 더할 나위 없이 침착하며, 그날그날 해야 할 일로 주어지는 것이 무엇이든 그 일을 할 준비를 조용히 한다."

우리가 걱정이 되고 불안할 때 하느님에게 의지해보려는 시도를 하지 않을 이유가 있는가? 칸트가 말한 대로 "우리는 하느님에 대한 믿음을 필요로 하므로 하느님에 대한 믿음을 수용해야" 하지 말아야 할 이유가 있는가? 지금 당장 '우주를 돌리는 고갈되지 않는 동력'에 우리를 연결시키지 말아야 할 이유가 있는가?

당신이 설령 천성적으로 종교인이 아니거나 교육으로 인해 종교를 멀리하게 됐다고 하더라도, 당신이 설령 철저한 회의주의자라고 하더라도 기도는 당신이 생각하는 것보다 훨씬 더 많이 우리를 도와줄 수 있다. 왜냐하면 기도는 실용적인 것이기 때문이다. 실용적이라는 말로 내가 전달하고자 하는 의미는 무엇일까? 하느님을 믿는 사람이든 믿지 않는 사람이든 모든 사람이 공통으로 갖고 있는 다음과 같은 가장 기본적인 심리적 욕구 세 가지를 기도가 충족시켜준다는 말을 나는 하고 싶은 것이다.

1. 기도는 우리를 괴롭히는 문제가 정확하게 무엇인지를 우리가 말로 표현할 수 있도록 도와준다. 우리는 앞의 4장에서 문제가 애매하고 모호한 상태로 남아있으면 그 문제를 해결하는 것이 거의 불가능함을 보았다. 어떤 의미에서 기도는 우리의 문제를 종이 위에 쓰는 것과 아주 비슷하다. 만약 어떤 문제에 대해 남에게

도움을 요청하고자 한다면 그 문제를 말로 표현해야 하며, 이는 하느님에게 도움을 요청하고자 할 때에도 마찬가지다.

2. 기도는 우리의 짐을 나눈다는 느낌, 즉 우리는 외로운 혼자가 아니라는 느낌을 준다. 자기 혼자서 가장 무거운 짐을 다 짊어지거나 가장 고통스러운 문제를 다 떠안을 수 있을 정도로 강한 사람은 거의 없다. 우리가 걱정하는 것이 그야말로 궁극적인 성격을 가진 것이어서 가장 가까운 가족이나 친구와도 그것에 대해 상의할 수 없는 경우도 종종 있다. 그런 경우에는 기도가 정답이다. 정신과 의사라면 우리가 억눌려 있거나 긴장돼 있거나 정신적인 고통에 빠져 있는 것을 본다면 누군가 다른 사람에게 우리가 고민하는 문제를 이야기하는 것이 치료의 측면에서 좋다고 우리에게 말해줄 것이다. 우리가 자신의 문제를 누구에게도 이야기할 수 없을 때에도 언제나 하느님에게는 이야기할 수 있다.

3. 기도는 행동으로 나아가는 첫걸음이다. 나는 매일같이 어떤 소망이 실현되기를 기도하는데도 그 소망이 실현되는 방향으로 단 몇 걸음도 나아가지 못하는 경우가 있을 수 있다고는 생각하지 않는다. 세계적으로 유명한 과학자인 알렉시 카렐 박사는 이렇게 말했다. "기도는 인간이 만들어낼 수 있는 에너지 가운데 가장 강력한 에너지를 만들어낸다." 그렇다면 그것을 이용하지 말아야 할 이유가 있겠는가? 그것을 하느님이라고 부르든, 알라라고 부르든, 정령이라고 부르든 상관없다. 신비로운 자연의 힘이 우리를 주재하고 있다면 그 힘을 어떻게 정의할지를 놓고 왈가

왈부해야 무슨 소용이 있겠는가?

지금 당장 이 책을 잠시 덮어 놓고 방문을 닫고 무릎을 꿇고 앉아 당신 마음속의 짐을 내려놓아라. 당신이 만약 믿음을 잃어버렸다면 전능한 하느님에게 믿음을 새롭게 회복시켜 달라고 간청하라. 그리고 700년 전에 아시시의 성 프란체스코가 쓴 다음과 같은 아름다운 기도문을 거듭 외워보라.

"주여, 나를 당신의 평화를 위한 도구로 써주소서. 나로 하여금 미움이 있는 곳에 사랑을, 해침이 있는 곳에 용서를, 의심이 있는 곳에 믿음을, 절망이 있는 곳에 희망을, 어둠이 있는 곳에 빛을, 슬픔이 있는 곳에 기쁨을 심게 하소서. 오, 거룩한 주님, 나로 하여금 위로받기보다는 위로하고, 이해받기보다는 이해하고, 사랑받기보다는 사랑하게 해주소서. 왜냐하면 우리는 줌으로써 받고, 용서함으로써 용서받고, 자기를 버리고 죽음으로써 영생을 얻기 때문입니다."

6부
비판에 대한 걱정에 빠지지 않는 법

20
죽은 개를 걷어차는 사람은 없다는 것을 기억하라

1929년에 교육계에서 전국적인 화제가 되는 사건이 일어났다. 미국 전역에서 학자들이 그 사건을 직접 보기 위해 시카고로 몰려들었다. 로버트 허친스라는 이름의 한 젊은이가 웨이터, 벌목꾼, 가정교사, 빨랫줄 판매원으로 일하면서도 공부를 열심히 해서 예일대학에 진학해 공부를 마치고 몇 년 전에 졸업한 일이 있었다. 그런데 그로부터 불과 8년이 지났을 뿐인데 이번에는 그 젊은이가 미국에서 4번째로 보유재산이 많은 대학의 총장으로 취임하게 된 것이었다. 그의 나이는? 30살이었다. 믿을 수 없을 정도로 놀라운 일이었다! 그런데 그보다 나이가 많은 교수들이 고개를 절레절레 흔들었다. 그 '신동'에게 마치 산사태와 같은 비판이 쏟아졌다. 그가 이런 사람이니 저런 사람이니 하는 비평이었다. 즉 그는 너무 젊고 경험이 부족하며, 그의 교육관은 왜곡돼 있다는 식이었다. 신문들도 그런 공격에 가세했다.

그가 취임한 날에 로버트 메이너드 허친스의 아버지에게 한 친구가 이렇게 말했다. "오늘 아침에 신문에서 자네 아들을 비난하는 사설을 읽고 충격을 받았네."

허친스의 아버지는 이렇게 대답했다. "그래, 그것은 대단히 가혹한 비판이었네. 하지만 죽은 개를 걷어차는 사람은 없다는 것을 기억하게."

그렇다. 더 중요한 개일수록 그 개를 걷어차는 사람이 더 큰 만족감을 느낀다. 나중에 에드워드 8세가 되는 영국의 왕세자는 이런 점을 일찌감치 체득했다. 그는 그 시절에 데본셔에 있는 다트머스대학에 다니고 있었다. 다트머스대학은 미국으로 치면 아나폴리스에 있는 해군사관학교에 해당하는 학교였다. 그때 왕세자는 14살 정도였다. 어느 날 해군 장교 가운데 한 명이 왕세자가 울고 있는 것을 발견하고는 무슨 일이냐고 물었다. 왕세자는 처음에는 말하려 하지 않았으나 결국은 진상을 밝혔다. 다른 생도들이 그에게 발길질을 했다는 것이었다. 그 대학의 총장은 왕세자에게 발길질을 한 생도들을 불러들였다. 그는 그들에게 왕세자가 문제를 삼은 것은 아니지만 자신은 왕세자가 그러한 학대의 대상으로 선택된 이유가 무엇인지를 알고 싶다고 말했다.

생도들은 더듬거리고 얼버무리고 변죽만 울리기를 한참동안 한 뒤에야 마침내 이유를 고백했다. 자기들이 나중에 국왕의 해군에서 사령관이나 함장이 된 뒤에 "나는 왕년에 국왕을 발로 걷어차 본 적이 있는 사람"이라고 뻐기며 말할 수 있게 되기를 바랐다는 게 그 이유였다!

그러니 기억하라. 만약 누군가가 당신을 걷어차거나 비판한다면 그것은 당신을 걷어차는 행동이 그 사람에게 중요한 의미를 갖기 때문이라는 것을. 그런 일이 일어나는 것은 당신이 무엇인가를 성취하고 있으며 주목할 만한 가치가 있는 사람임을 의미하는 경우가 종종 있다. 많은 사람들이 자기보다 더 많은 교육을 받았거나 더 많이 성공한 사람을 비난하는 데서 야만적인 만족감을 얻는다. 예를 들어 나는 이 책을 쓰는 도중에 한 여성이 구세군의 창립자인 윌리엄 부스 구세군 사령관을 비난하는 내용으로 써서 보낸 편지를 받았다. 얼마 전에 내가 부스 사령관을 칭찬하는 방송을 한 적이 있는데 그것을 보고 보낸 편지였다. 그 여성은 편지에서 부스 사령관이 가난한 사람들을 돕는다는 목적으로 모금한 돈 가운데 800만 달러를 횡령했다고 주장했다. 그러한 혐의는 물론 터무니없는 것이었다. 그러나 그 여성은 진실이 무엇인지를 알아내려고 그런 편지를 쓴 게 아니었다. 자기보다 훨씬 훌륭한 다른 사람에게 흠집을 내는 데서 유치한 만족감을 얻고자 그런 것이었다. 나는 그녀의 그 독기 어린 편지를 쓰레기통에 집어던지고는 내가 그녀의 남편이 되지 않게 해준 것에 대해 하느님에게 감사드렸다. 그녀의 편지는 내게 부스 사령관에 대해서는 아무것도 말해준 게 없지만, 그녀 자신에 대해서는 많은 것을 말해주었다. 쇼펜하우어는 이렇게 말했다. "저속한 사람은 훌륭한 사람의 결점과 바보스러운 행동에서 커다란 즐거움을 느낀다."

예일대학의 총장을 저속한 사람이라고 생각할 사람은 거의 없을 것이다. 그런데 티머시 드와이트*는 예일대학의 총장이었을 때 미국 대통령 후보로 출마하려는 어떤 사람을 비난하는 데서 커다란 즐거움을 느꼈던 것이 분명하다. 드와이트는 만약 그 사람이 대통령에 선출되면 "우리의 아내와 딸들이 합법적 매춘에 희생당하면서 완전히 명예를 잃고 크게 오욕을 뒤집어쓰게 되며, 정숙과 덕성의 영역에서 추방되고 하느님과 인간이 혐오하는 대상이 될 것"이라고 경고했다. 히틀러를 비난한 말처럼 들리지 않는가? 그런데 그렇지 않다. 그것은 토머스 제퍼슨을 비난한 말이었다. 어느 토머스 제퍼슨을 비난한 것이었을까? 설마 불후의 인물 토머스 제퍼슨, 즉 미국의 독립선언문을 기초했고 민주주의의 수호성인으로 불리는 토머스 제퍼슨은 아니겠지? 그런데 바로 그 토머스 제퍼슨이다. 다름 아닌 바로 그 토머스 제퍼슨을 비난한 것이었다.

"위선자", "사기꾼", "살인자나 거의 다름없는 자"라는 비난을 들은 미국인이 있었다. 당신은 그가 누구였다고 추측하는가? 한 신문은 단두대에 그의 몸이 묶여 있고 그 위에 그의 머리를 곧 내리칠 듯한 기세로 커다란 칼이 걸려 있는 장면을 그린 만화를 실었다. 그가 말을 타고 거리를 지나가면 군중이 그에게 조소와 야유를 퍼부었다. 그가 누구였던가? 바로 조지 워싱턴♠이었다.

그러나 그런 것은 오래전에 벌어졌던 일이다. 어쩌면 그 뒤로 인간의 본성이 개선됐는지도 모른다. 그런데 과연 그럴까? 피어리† 제독의 경우를 예로 들어보자. 그는 1909년 4월 6일에 개가 끄는 썰매를

---

* Timothy Dwight Ⅳ. 1752~1817. 미국의 신학자, 교육자, 작가.
♠ George Washington. 1732~1799. 미국의 초대 대통령.
† Robert Edwin Peary. 1856~1920. 미국의 극지 탐험가.

타고 북극점에 도달해 전 세계를 놀라게 하고 흥분시켰던 탐험가다. 북극점은 그동안 여러 세기에 걸쳐 용감한 사람들이 도달하고자 했으나 실패와 더불어 고통과 굶주림과 죽음을 안겨준 곳이었다. 피어리도 추위와 굶주림으로 인해 거의 죽을 뻔했다. 그의 발가락 가운데 여덟 개는 심한 동상에 걸려 절단해야 했다. 그는 여러 차례 엄청난 재앙을 당하는 과정에서 자신이 미쳐버릴까봐 두려워했다. 피어리가 대중적인 인기를 모으고 칭송을 받게 되자 워싱턴에 있던 그의 해군 상관들은 화가 났다. 그래서 그들은 그가 과학적 탐험을 한다고 모금을 해놓고는 "북극지역에서 빈둥거리며 지내고 있다"고 비난했다. 그들은 진짜로 그렇다고 믿었을 것이다. 왜냐하면 인간은 누구나 자기가 믿고 싶은 것을 믿기 때문이다. 피어리를 방해하려는 그들의 결의가 너무나 강력했기에 오직 매킨리* 대통령이 직접 내린 명령만이 피어리가 북극지역에서 탐험을 계속하게 해줄 수 있었다.

피어리가 워싱턴의 해군부에서 사무를 보는 일을 했더라도 그렇게 비난을 받았을까? 그렇지 않았을 것이다. 그랬다면 그는 시기심을 불러일으킬 만큼 중요한 인물이 아니었을 것이다.

그랜트 장군은 피어리 제독보다 훨씬 더 힘든 일을 겪었다. 그랜트는 미국의 남북전쟁에서 1862년에 북부가 최초로 결정적인 대승을 거두었을 때 북부의 군대를 지휘한 장군이었다. 그가 단 하루의 오후 시간에 벌인 전투에서 거둔 그 승리는 하룻밤 사이에 그를 전국적인

---

* William McKinley. 1843~1901. 미국의 25대 대통령. 1897년부터 1901년까지 재임.

우상으로 만들었다. 그 승리는 미국의 메인 주에서부터 미시시피 주의 강독에 이르기까지의 모든 곳에서 교회의 종이 울리고 축하의 화톳불이 타오르게 했고, 멀리 떨어진 유럽에까지 알려져 엄청난 반향을 불러일으켰다. 그런데 그러한 대승을 거둔 지 6주가 지나기도 전에 북부의 영웅인 그랜트는 체포당했고, 그동안 거느리던 병력도 박탈당했다. 그는 굴욕과 절망 속에서 눈물을 흘려야 했다.

율리시스 그랜트가 거둔 승리의 파장이 한껏 고조된 시점에 그가 체포된 이유는 무엇이었을까? 대체로 보아 그의 오만한 상관들이 그에게 시기와 질투를 느꼈기 때문이다.

그러므로 만약 부당한 비판에 대해 걱정하려는 충동을 느끼게 되면 다음과 같은 첫 번째 규칙을 떠올리자.

부당한 비판은 위장된 칭찬인 경우가 많다.
죽은 개를 걷어차는 사람은 없다는 것을 기억하라.

21
이렇게 하라, 그러면 비판이 당신을 해치지 못할 것이다

언젠가 나는 '송곳눈의 노장군'으로 불리는 스메들리 버틀러 소장을 인터뷰했다. '지옥의 악마'라고도 불리는 그 노장군 버틀러 말이다! 그를 기억하는가? 그는 미국의 해병대를 지휘한 적이 있는 장군 가운데 가장 화려하고 스릴이 넘치는 이야깃거리를 몰고 다녔던 사람이다.

그는 젊은 시절에 인기 있는 사람이 되기를 간절하게 바랐고, 모든 사람에게 좋은 인상을 주기를 원했다고 내게 말했다. 그 시절에는 아주 가벼운 비판도 그의 마음을 쿡쿡 쑤셨다. 그러나 해병대에서 보낸 30년의 세월이 자신의 얼굴가죽을 두껍게 만들었다고 그는 내게 털어놓았다. 그는 이렇게 말했다. "나는 질책과 모욕을 당했고 똥개, 뱀, 스컹크라는 비난도 들었습니다. 나는 전문가들로부터 욕을 먹기도 했습니다. 나는 영어에서 욕설로 사용되지만 차마 글로는 옮기지 못할 말들을 가능한 모든 방식으로 결합시킨 호칭으로 불렸습니다. 그런 것에 내가 흔들렸느냐고요? 콧방귀도 뀌지 않았습니다! 지금 나는 누군가가 나를 욕하는 소리가 들려도 누가 그런 소리를 하는지를

알아보려고 고개를 돌리지도 않습니다."

어쩌면 '송곳눈의 노장군' 버틀러의 그런 태도는 비판에 너무 무관심한 것인지도 모르겠다. 그러나 한 가지는 분명하다. 우리 대부분은 사소한 조롱과 공격을 지나치게 진지하게 받아들인다는 것이다. 나는 몇 년 전에 뉴욕에서 발행되는 신문 〈선〉의 기자가 내가 가르치는 성인반의 시범수업을 참관한 다음에 나와 내가 하는 일을 우스갯거리로 만드는 기사를 썼던 일을 기억하고 있다. 그때 내가 화를 냈을까? 나는 그것을 모욕으로 받아들였다. 그래서 〈선〉의 이사회 의장인 길 호지스에게 전화를 걸어 그렇게 조롱이나 해대는 기사 말고 사실을 사실대로 전달하는 기사를 실어달라고 요구했다. 나는 그 기자에게 그가 지은 죄에 걸맞은 징벌을 받게 하려고 작정했던 것이다.

그러나 지금 나는 그때 그렇게 행동한 것을 부끄럽게 생각한다. 그때 그 신문을 산 사람들 가운데 절반은 그 기자가 쓴 기사를 읽지 않았으리라는 것을 이제는 내가 안다. 그 기사를 읽은 사람들 가운데 절반은 그것을 그저 가벼운 흥밋거리 정도로 여겼을 것이다. 그 기사를 읽고 고소해한 사람들 가운데 절반은 몇 주 지나지 않아 그것에 대해 다 잊어버렸을 것이다.

사람들은 당신이나 나에 대해 아무런 생각도 하지 않으며, 우리에 대해 떠도는 이야기에 아무런 관심도 갖지 않는다는 것을 이제 나는 안다. 사람들은 자기 자신에 대해서만 생각한다. 아침식사를 하기 전에, 아침식사를 한 뒤에, 그리고 자정을 10분 넘긴 시간에 이르기까지 줄곧 그들은 자기 자신에 대해서만 생각한다. 사람들은 당신이나 내가 죽었다는 소식을 들었다고 할 때 애도하는 정도보다 천 배는 더 자기 자신의 가벼운 두통에 대해 염려한다.

당신이나 나의 가장 가까운 친구 여섯 명 가운데 한 명이 거짓말로 우리를 음해하거나 조롱하거나 배신하더라도, 또는 우리의 등을 칼로 찌르거나 누군가에게 매수당해 우리를 저버리더라도 우리는 자기 연민의 혼란에 빠지지 말자. 그 대신 예수가 당한 일이 바로 그런 것이었음을 기억하자. 예수의 가장 가까운 친구였다고 할 수 있는 그의 열두 제자 가운데 한 명은 오늘날의 화폐로 환산하면 19달러 정도가 되는 뇌물에 넘어가 그를 배신했다. 그의 열두 제자 가운데 또 다른 한 명은 곤경에 처한 그를 저버렸고, 자기는 그를 알지도 못한다고 세 번이나 단언했을 뿐만 아니라 그렇게 단언하면서 맹세까지 했다. 여섯 명 가운데 한 명이 예수를 배신한 것이다! 이것이 바로 예수에게 일어난 일이었다. 당신과 내가 그보다 더 나은 점수를 기대할 이유가 있는가?

내가 비록 다른 사람들이 나를 부당하게 비판하는 것을 막을 수는 없지만 그보다 훨씬 더 중요한 것은 할 수 있음을 나는 이미 여러 해 전에 깨달았다. 그것은 바로 부당한 비방이 나를 교란시키도록 놔둘 것인가 말 것인가는 내 스스로 결정할 수 있다는 것이다.

여기서 분명히 해두어야 할 게 있다. 나는 지금 모든 비판을 다 무시하라고 주장하는 게 아니다. 나는 지금 부당한 비판을 무시하는 것에 대해 이야기하고 있다. 나는 예전에 엘리너 루스벨트에게 부당한 비판에 어떻게 대응하느냐고 물어본 적이 있다. 분명히 그녀는 그런 문제에 대해 많은 것을 알고 있으리라고 나는 믿었다. 아마도 그녀는 백악관에서 살아본 여성 가운데 다른 누구보다도 열렬한 친구도 더 많이 갖고 있고 맹렬한 적도 더 많이 갖고 있을 것 같았다.

어린 소녀였을 적에 그녀는 거의 병적으로 수줍어했다고 한다. 다른 사람들이 자기에 대해 뭐라고 말하는지를 두려워했던 것이다. 그녀는 비판을 두려워한 나머지 어느 날 아줌마, 그러니까 시어도어 루스벨트의 누이에게 조언을 부탁했다. "바이 아줌마, 하고 싶은 일이 있는데 그렇게 하면 비판을 받게 될까봐 두려워요."

루스벨트의 누이는 그녀와 눈을 맞추면서 이렇게 말했다. "네 마음이 네가 옳다는 것을 알고 있다면 다른 사람들이 하는 말에는 신경을 쓰지 말려무나." 엘리너 루스벨트는 나중에 자기가 백악관에 들어가 살 때에 그 한마디 조언이 자기에게 지브롤터의 바위*와 같은 것이 돼 주었다고 내게 말했다. 그녀는 우리가 모든 비판을 다 피할 수 있는 유일한 방법은 드레스덴에서 만들어진 도자기와 같이 선반 위에 가만히 머물러 있는 것이라고 말했다. "당신의 마음속에서 당신이 옳다고 느끼는 것을 하세요. 왜냐하면 어떻게 하든 당신이 비판받게 되기는 마찬가지이기 때문이에요. 당신이 옳다고 느끼는 것을 해도 비난받게 될 것이고 하지 않아도 비난받게 될 거예요." 이것이 그녀의 조언이었다.

작고한 매슈 C. 브러시가 아메리칸 인터내셔널 코퍼레이션의 사장이었을 때 나는 그에게 남들이 하는 비판을 예민하게 받아들인 적이 있느냐고 물었다. 그러자 그는 다음과 같이 대답했다.

---

* 지브롤터 해협의 북쪽에 있는 바위산. 여기서는 튼튼한 기둥이라는 의미의 비유로 사용됐다.

"그럼요. 예전에 나는 비판에 아주 예민했습니다. 그때는 조직 안의 직원들 모두가 나를 완벽한 사람으로 생각하기를 갈망했지요. 그들이 그렇게 생각하지 않는 것으로 보이면 나는 초조했습니다. 나에 대해 불평하는 사람이 있으면 나는 우선 그의 비위를 맞추어보려고 했습니다. 그런데 내가 그와의 관계를 얼버무리려고 한 바로 그 행위가 다른 사람을 화나게 하더군요. 그래서 그 다음에는 그 사람과의 관계를 바로잡아보려고 하지만 그런 내 행위는 또 다른 사람들을 호박벌처럼 앵앵거리게 만들곤 했습니다. 결국 나는 내게 가해지는 비판을 피하기 위해 누군가의 비위를 맞추려고 하면 할수록 내 적의 수가 더 늘어나게 된다는 사실을 깨달았습니다. 그래서 나는 결심했지요. '남들보다 더 나은 사람이 되려고 하면 당연히 비판을 받게 된다는 사실에 익숙해지자.' 이런 생각은 내게 큰 도움이 됐습니다. 그 뒤로 나는 내가 할 수 있는 한 최선을 다하되 그러고 나서는 내 낡은 우산을 펼쳐 들어 비판의 빗물이 내 목을 타고 흘러내리지 않고 그 우산을 타고 내 몸을 피해 떨어지게 한다는 것을 규칙으로 삼았습니다."

딤스 테일러*는 조금 더 나아갔다. 그는 비판의 빗물이 자기 목을 타고 흘러내리는 것을 그대로 놔두면서 그것을 그냥 웃어넘겼다. 그것도 공공연하게. 그는 뉴욕 필하모닉 심포니 오케스트라의 일요일 오후 라디오 연주 프로그램에 출연해 논평하는 일을 할 때 자기를 "거짓말쟁이, 배신자, 뱀, 저능아"라고 욕하는 내용이 들어있는 편지를 한 여성으로부터 받았다. 테일러는 자신의 저서 《인간과 음악에

---

* Deems Taylor. 1885~1966. 미국의 작곡가, 음악비평가.

대해》에서 이렇게 말했다. "나는 그녀가 라디오에서 내가 한 말을 좋아하지 않았던 모양이라고 생각했다." 그 다음 주의 방송에서 테일러는 라디오를 통해 수백만 명의 청취자들에게 그 편지를 읽어주었다. 며칠 뒤에 그는 똑같은 여성으로부터 또 한 통의 편지를 받았다. 테일러는 이렇게 말했다. "그녀는 여전히 내가 거짓말쟁이, 배신자, 뱀, 저능아라고 전과 다름없는 의견을 밝혔다." 비판을 그와 같은 식으로 받아들이는 사람을 우리는 존경하지 않을 수 없다. 우리는 그 사람의 침착함, 동요하지 않는 안정된 태도, 유머감각을 부러워하게 된다.

찰스 슈왑은 프린스턴대학에서 한 무리의 학생들을 앞에 두고 강연을 할 때 자기가 배운 교훈 가운데 가장 중요한 것 하나는 자기가 경영하는 철강공장에서 일하던 한 늙은 독일인이 가르쳐준 것이라고 털어놓았다. 그 늙은 독일인은 철강공장의 다른 노동자들과 전쟁에 대해 논쟁을 벌이던 중에 다른 노동자들에 의해 강물에 던져졌다. 슈왑은 이렇게 말했다. "물에 흠뻑 젖은 모습으로 내 사무실에 온 그에게 나는 '도대체 무슨 말을 했기에 그들이 당신을 강물에 집어던졌습니까?'라고 물었습니다. 그는 이렇게 대답했습니다. '그저 웃었을 뿐입니다.'"

슈왑은 그때 그 늙은 독일인이 한 말을 자신의 좌우명으로 삼았다고 말했다. 즉 '그저 웃자'가 그의 좌우명이 된 것이다.

이런 좌우명은 당신이 부당한 비판의 희생자가 될 경우에 특히 효과가 있다. 당신에게 대꾸하는 사람에게는 당신도 대꾸할 수 있다. 그러나 당신에게 대꾸하지 않고 '그저 웃기만 하는' 사람에게 당신이 무슨 말을 할 수 있겠는가?

링컨은 자기를 향한 신랄한 비방에 일일이 대꾸하는 것은 어리석은 짓이라고 생각했다. 그렇게 생각하지 않았다면 링컨은 남북전쟁으로 인한 긴장에 짓눌려 쓰러졌을지도 모른다. 링컨이 자기를 비판하는 사람들을 어떻게 다루었는지에 대해 직접 묘사한 내용은 주옥같은 글로 남아 고전이 됐다. 맥아더 장군은 그 글을 전쟁 때 자기 사무실 벽에 걸어놓았고, 윈스턴 처칠은 그 글을 써넣은 액자를 차트웰 저택에 있는 자기 서재의 벽에 걸어놓았다. 그 글은 이렇다. "내게 가해지는 모든 공격에 대꾸하려고 하거나 그 내용을 들여다보려고 하면 그 밖의 다른 모든 일은 그만두어야 할지도 모른다. 나는 마지막 순간까지 내가 아는 최선의 방법으로 내가 할 수 있는 최선의 노력을 다할 것이다. 만약 내가 아무런 손상도 입지 않고 상황이 마무리된다면 그동안 내가 어떤 비방을 받았는지는 문제가 되지 않을 것이다. 만약 내가 손상을 입은 상태로 상황이 마무리된다면 내가 옳았다고 열 명의 천사가 맹세를 한다고 해도 달라질 것은 없을 것이다."

그러므로 만약 부당하게 비판을 받게 되면 다음과 같은 두 번째 규칙을 떠올리자.

할 수 있는 최선을 다하라. 그런 다음에는 우산을 펼쳐 들어 비판의 빗물이 목을 타고 흘러내리지 않게 하라.

22
내가 저지른 어리석은 짓들

나는 내 개인 서류를 넣어두는 캐비닛에 'FTD'라는 표시를 해둔 서류철을 하나 가지고 있다. 'FTD'는 'Fool Things I Have Done(내가 저지른 어리석은 짓들)'의 약자다. 나는 내 잘못으로 인해 발생한 어리석은 일들을 기록해서 그 서류철에 넣어둔다. 때로는 내가 구술하는 것을 비서가 받아 적게 하는 방식으로 그 기록을 남기지만, 때로는 그 내용이 너무 개인적이고 한심해 구술하기가 부끄러워서 직접 펜을 들고 써놓기도 한다.

나는 15년 전에 그 FTD 서류철에 넣어둔 '데일 카네기에 대한 비판' 가운데 몇 건을 아직도 기억한다. 만약 내가 그 당시에 나 자신에 대해 철저하게 솔직한 태도를 취했다면 지금 내 캐비닛은 FTD 메모들이 넘치다 못해 옆구리가 터져있을 것이다. 나는 3천 년 전에 사울 왕*이 한 말을 한 자도 틀리지 않고 외울 수 있다. 그 말은 이런 것

---
* King Saul. 기원전 1021~1010. 이스라엘의 초대 왕.

이다. "나는 바보짓을 했고, 엄청난 실수를 했다."

내가 나 자신을 비판한 메모를 FTD 서류철에서 끄집어내어 다시 읽다보면 그동안 내가 직면해온 문제 가운데 가장 어려운 문제, 즉 나 자신을 관리하는 문제를 다뤄나가는 데 도움이 된다.

나는 내 문제를 가지고 다른 사람들을 탓하곤 했다. 그러나 점점 더 나이가 들수록, 점점 더 현명해질수록 내 모든 불운의 거의 대부분이 결국은 내 탓이라는 사실을 깨닫게 됐다. 수많은 사람들이 점점 더 나이가 들수록 그러한 사실을 깨닫게 된다. 나폴레옹은 세인트헬레나 섬에서 이렇게 말했다. "나를 제외하고는 그 누구도, 다시 말하지만 나를 제외하고는 그 누구도 내 몰락에 대한 책임이 없다. 나의 가장 큰 적도 나였고, 나를 파멸시킨 운명의 원인도 나였다."

내가 아는 사람 가운데 자기평가와 자기관리에 관한 한 예술가의 경지를 보여준 사람이 있다. 그의 이름은 H. P. 하우얼이다. 1944년 7월 31일에 그가 뉴욕에 있는 앰배서더 호텔의 약국에서 급사했다는 뉴스가 미국 전역에 전파됐을 때 월스트리트는 충격에 휩싸였다. 왜냐하면 그는 '커머셜 내셔널 뱅크 앤드 트러스트 컴퍼니'의 이사회 의장인 동시에 여러 대기업의 이사로 활동하면서 미국 금융계를 이끌던 지도자 가운데 한 사람이었기 때문이다. 그는 성장기에 정식 학교교육을 거의 받지 못했고, 시골의 어느 가게에서 점원으로 일하는 것으로 사회생활을 시작했다. 그러나 그는 유에스스틸에 들어가 대고객 신용관리 업무를 맡은 뒤로 승진을 거듭해 결국은 힘이 있는 높은 지위에까지 올랐다. 그는 성공하게 된 이유를 설명해달라는 내 부탁에 다음과 같이 대답했다.

"오래전부터 나는 그날그날의 모든 약속을 보여주는 약속기록부를 작성해 이용했습니다. 우리 가족은 토요일 밤에는 내가 할 일을 만들지 않습니다. 내가 매주 토요일 밤마다 몇 시간 동안 그 주에 한 일을 재검토하고 평가하는 등의 자기점검을 하는 데 몰두한다는 것을 가족 모두가 알기 때문이었습니다. 토요일이면 나는 저녁식사를 한 뒤에 내 방에 혼자 틀어박혀 약속기록부를 펼쳐놓고 그 주의 월요일 아침부터 그때까지 있었던 모든 인터뷰, 토론, 회의에 대해 다시 생각해봅니다. 그리고 나 자신에게 이렇게 묻습니다. '그때 내가 무슨 잘못을 저질렀지?' '내가 잘한 것이 무엇이고, 어떻게 했어야 내 실적을 더 개선할 수 있었을까?' '그 경험에서 내가 얻을 수 있는 교훈이 무엇일까?' 때로는 이런 주말 재검토가 나를 매우 불쾌하게 만들기도 합니다. 때로는 내가 저지른 실수를 알아차리고 놀라기도 합니다. 물론 세월이 가면서 내가 실수를 저지르는 빈도는 점점 줄어들었습니다. 자기점검은 내가 시도해본 다른 어떤 방법보다 더 많은 도움이 됐습니다."

H. P. 하우얼은 아마도 벤 플랭클린에게서 그러한 아이디어를 얻었던 것 같다. 다만 프랭클린의 경우에는 토요일 밤까지 기다리지 않았다는 점이 다르다. 프랭클린은 매일 밤마다 자기 자신에 대한 엄격한 재점검을 했다. 그는 자기가 13가지의 심각한 결함을 갖고 있음을 깨달았다. 그 가운데 3가지만 소개하면 '시간을 낭비한다', '사소한 일에 안달한다', '다른 사람들과 말다툼을 하거나 의견충돌을 일

으킨다'는 것이었다. 현명한 옛사람 프랭클린은 그러한 결함을 제거하지 않는 한 자신이 많이 발전하지 못할 것이라고 생각했다. 그래서 그는 매주 자신의 13가지 결함 가운데 하나를 골라내어 일주일 내내 매일 그것과 싸웠고, 그 격전에서 누가 이겼는지를 기록했다. 그 다음 주에 그는 자신의 나쁜 습관을 또 하나 골라내고, 두 손에 글로브를 낀 다음에 코너에서 대기하고 있다가 공이 울리자마자 싸우러 나가는 권투선수처럼 그 습관에 맞섰다. 프랭클린은 매주 자기의 결함 한 가지씩과 싸우기를 2년 넘게 계속했다.

프랭클린이 이 나라가 만들어낸 인물 가운데 사람들의 사랑을 가장 많이 받는 동시에 사람들에게 가장 큰 영향을 주는 사람이 된 것은 놀랄 일이 아니다!

엘버트 허버드*는 이렇게 말했다. "누구나 하루에 적어도 5분 동안은 지독한 바보가 된다. 지혜의 비결은 그 시간을 넘어서까지 바보로 남아있지 않는 데 있다."

소인배는 아주 사소한 비판에도 금세 화를 내지만, 현명한 사람은 자기를 질책하거나 비방하거나 자기와 말다툼을 하는 사람들로부터 교훈을 얻고자 한다. 이 점을 월트 휘트먼은 이렇게 표현했다. "당신은 당신을 칭송하거나, 당신에게 친절하거나, 당신 편을 들어주는 사람들에게서만 교훈을 얻었는가? 당신은 당신을 거부하거나, 당신에게 대들거나, 당신과 말다툼을 하는 사람들에게서는 커다란 교훈을

---

* Elbert Green Hubbard. 1856~1915. 미국의 작가, 출판인, 예술가, 철학자.

얻지 못했는가?"

적이 우리와 우리가 한 일에 대해 비판할 때까지 기다리지 말고 선수를 치자. 우리가 먼저 자기 자신에 대한 가장 엄격한 비판자가 되자. 적이 한마디라도 말을 할 기회를 갖기 전에 우리의 모든 약점을 우리 스스로 찾아내고 고쳐버리자. 찰스 다윈이 바로 그렇게 했다. 사실 그는 자신에 대해 비판하면서 15년을 보냈다. 무슨 이야기냐고? 그 이야기는 다음과 같다. 다윈은 《종의 기원》의 원고를 완성했을 때 창조에 대한 자신의 혁명적 개념이 학계와 종교계를 발칵 뒤집어놓을 것임을 알고 있었다. 그래서 그는 스스로 자신에 대한 비판자가 되어 그로부터 15년 동안 자기가 사용한 자료를 다시 점검해보고, 자기가 전개한 추론을 반박해보고, 자기가 내린 결론을 비판해보았다.

누군가가 당신을 "지독한 바보"라고 비난한다고 가정해보자. 당신은 어떻게 하겠는가? 화를 내겠는가? 분노를 터뜨리겠는가? 링컨은 다음과 같이 했다. 링컨의 정부에서 전쟁장관을 맡은 에드워드 M. 스탠턴이 한번은 링컨을 "지독한 바보"라고 불렀다. 스탠턴이 화를 낸 것은 링컨이 그가 하는 일에 간섭했기 때문이었다. 링컨은 어느 이기적인 정치인을 달래기 위해 어느 한 연대의 주둔지를 변경하는 명령에 서명했다. 스탠턴은 링컨의 명령에 따르기를 거부했을 뿐만 아니라 "그러한 명령에 서명한 링컨은 지독한 바보인 게 틀림없다"고 말했다. 이로 인해 어떤 일이 벌어졌을까? 스탠턴이 한 말을 전해들은 링컨은 침착하게 이렇게 대꾸했다. "내가 지독한 바보라고 스탠턴이 말한 게 사실이라면 나는 지독한 바보인 게 틀림없을 겁니다. 왜냐하면 그는 거의 언제나 옳은 말만 하기 때문입니다. 내가 직접 그에게 가서 확인을 해봐야겠습니다."

링컨은 실제로 스탠턴을 찾아가 만났다. 스탠턴은 링컨에게 그 명령은 잘못된 것임을 납득시켰고, 링컨은 그 명령을 철회했다. 링컨은 자신에 대한 비판이 진지한 것이고, 지식에 근거를 두고 있고, 도움을 준다는 의도에서 제기된 것이라면 그것을 기꺼이 받아들였다.

당신과 나도 그런 비판은 기꺼이 받아들여야 한다. 왜냐하면 우리는 네 번 가운데 세 번은 옳을 수 있지만 네 번 다 옳기를 기대하기는 어렵기 때문이다. 이것이 바로 시어도어 루스벨트가 백악관에 있을 때 자기가 스스로에게 기대할 수 있는 한도라고 말한 것이다. 우리 시대의 가장 심오한 사상가인 아인슈타인도 자기가 내린 결론 가운데 99퍼센트는 잘못된 것이었다고 고백했다!

라로슈푸코*는 이렇게 말했다. "자기에 대한 자기 자신의 견해보다 적의 견해가 진실에 더 가깝다."

이 말이 옳은 경우가 많다는 것을 나는 알고 있다. 그런데도 나는 나 자신을 경계하지 않고 있다가 누군가가 나를 비판하기 시작할 때 순간적으로, 그리고 자동적으로 방어자세를 취하곤 한다. 심지어는 나를 비판하는 사람이 하려는 말이 무엇인지 알기도 전에 그렇게 한다. 그럴 때마다 나는 내가 혐오스럽다. 우리는 비판을 받으면 불쾌해하고, 칭찬을 받으면 그것을 받아들인다. 그 비판이나 칭찬의 내용이

---

* 1613~1680. 프랑스의 작가, 모랄리스트.

타당한지와는 무관하게 그러는 것이다. 우리는 논리적인 존재가 아니다. 우리는 감정적인 존재다. 우리의 논리는 폭풍우가 몰아치는 캄캄한 밤에 깊은 바다의 수면 위를 떠다니는 작은 나무배, 그것도 자작나무 껍질로 만들어진 나무배와 같다.

누군가가 우리를 험담하는 것을 알게 되더라도 자기방어를 하려고 하지 말자. 그것은 어떤 바보도 다 할 줄 안다. 우리는 독창적이고, 겸손하고, 총명해야 한다! 우리는 다음과 같이 말함으로써 우리를 비판한 사람을 당황하게 만들고, 우리에게 갈채가 돌아오게 하자. "그가 나의 다른 결점들까지 다 알았다면 나에 대해서 지금보다 훨씬 더 심한 비판을 했을 것입니다."

나는 지금까지 여러 장에 걸쳐 부당한 비판을 받았을 때 어떻게 해야 하는지에 대해 이야기했다. 여기서 또 하나의 아이디어를 말해보겠다. 부당하게 비난당했다는 생각이 들어 화가 치솟을 때는 잠시 멈춰 서서 자신에게 이렇게 말해보자. "잠깐, 나는 결코 완벽한 사람이 아니다. 아인슈타인은 자기가 내린 결론 가운데 99퍼센트가 잘못된 것이었다고 했다. 그렇다면 내 경우도 아무리 후하게 생각해도 80퍼센트가 잘못일 것이다. 어쩌면 나는 실제로 이 비판을 받을 만할 언행을 했는지도 모른다. 만약 그렇다면 나는 이 비판을 고마워하고, 이 비판에서 이익을 얻도록 해야 한다."

펩소던트 컴퍼니의 사장을 지낸 찰스 러크먼은 밥 호프♠를 방송

♠ Bob Hope. 1903~2003. 미국의 코미디언, 배우.

프로그램에 출연시키기 위해 1년에 100만 달러를 썼다. 그는 그 방송 프로그램을 칭찬하는 내용의 편지는 들여다보지도 않았다. 그는 오히려 비판적인 내용의 편지만 읽어보기를 고집했다. 그는 비판적인 내용의 편지에서 뭔가를 배울 수 있으리라고 생각했다.

자동차회사인 포드는 자사의 경영과 공장운영에 어떤 잘못된 점이 있는지를 알아내기 위해 종업원들을 대상으로 사내 여론조사를 실시하여 회사를 비판하게 했다.

비누를 팔면서 고객들에게 자신을 비판해달라고 부탁했던 사람을 나는 알고 있다. 그가 콜게이트라는 회사의 비누 제품을 파는 일을 처음으로 시작했을 때 주문이 들어오는 속도가 느렸다. 그는 일자리를 잃게 될까봐 두려웠다. 그는 비누와 비누 가격에는 문제가 전혀 없음을 알고 있었다. 그렇다면 문제는 자기 자신에게 있다고 그는 생각했다. 그는 어떤 가게에 비누를 파는 데 실패하면 그 가게 주변을 한 바퀴 돌면서 무엇이 잘못됐는지를 곰곰이 생각했다. '말을 너무 모호하게 했던 것일까? 열정이 부족했던 것일까?' 때로는 다시 그 가게를 찾아가 이렇게 말하기도 했다. "다시 비누를 팔려고 온 게 아닙니다. 조언과 비판을 듣고 싶어서 왔습니다. 조금 전에 당신에게 비누를 팔아보려고 했을 때 내가 어떤 잘못을 저질렀는지를 말씀해주시지 않겠습니까? 당신은 나보다 훨씬 더 많은 경험을 했고, 훨씬 더 많이 성공했습니다. 부디 나를 비판해주십시오. 솔직하게, 그리고 사정없이 비판해주십시오."

이런 태도는 그가 많은 친구를 사귀고 다른 사람들로부터 귀중한 조언을 얻는 데 크게 도움이 됐다.

그는 결국 어떻게 됐을까? 그는 승진을 거듭한 끝에 세계에서 가장 큰 비누회사인 '콜게이트-팜올리브-피트 소프 컴퍼니'의 사장이 됐다. 그의 이름은 E. H. 리틀이다.

마음이 넓은 사람이어야 H. P. 하우얼, 벤 플랭클린, E. H. 리틀이 했던 대로 할 수 있다. 지금 아무도 당신을 보고 있지 않으니 당장이라도 거울을 한번 들여다보고 당신이 과연 그런 종류의 사람인가를 당신 자신에게 물어보라!

비판에 대한 걱정에 빠지지 않기 위해서는 다음과 같은 세 번째 규칙을 명심해야 한다.

자기가 저지른 어리석은 짓을 기록해두고 스스로를 비판하자. 스스로 완벽한 사람이 되는 것은 어려우므로 E. H. 리틀이 했던 대로 해보자. 즉 다른 사람들에게 공정하고 도움이 되고 건설적인 비판을 해달라고 부탁하자.

6부 요약

비판에 대한 걱정에 빠지지 않는 법

규칙 1: 부당한 비판은 위장된 칭찬인 경우가 많다. 그것은 흔히 상대방이 당신에게 시기심과 질투심을 느꼈음을 의미한다. 죽은 개를 걷어차는 사람은 아무도 없다는 것을 기억하라.

규칙 2: 할 수 있는 최선을 다하라. 그런 다음에는 우산을 펼쳐 들어 비판의 빗물이 목으로 흘러내리지 않게 하라.

규칙 3: 자기가 저지른 어리석은 짓을 기록해두고 스스로를 비판하자. 스스로 완벽한 사람이 되는 것은 어려우므로 E. H. 리틀이 했던 대로 해보자. 즉 다른 사람들에게 공정하고 도움이 되고 건설적인 비판을 해달라고 부탁하자.

7부
피로와 걱정을 예방하고 에너지와 기운을 높게 유지하는 6가지 방법

23
깨어있는 삶에 매일 한 시간을 더하는 법

걱정을 예방하는 법을 다루는 책에서 나는 왜 한 장을 할애해 피로를 예방하는 법에 대한 글을 쓰려는 것일까? 그 답은 간단하다. 피로가 걱정을 만들어내는 경우가 종종 있기도 하고, 무엇보다 피로가 우리를 쉽게 걱정에 빠지게 하기 때문이다. 의과대학 학생이라면 누구나 피로는 감기를 비롯한 수백 가지 질병에 대한 면역력을 떨어뜨린다고 말할 것이다. 그리고 정신과 의사라면 누구나 피로는 두려움이나 걱정과 같은 감정에 대한 저항력을 떨어뜨린다고 말할 것이다. 그렇다면 피로를 예방하는 것은 걱정을 예방하게 해주는 경향이 있다고 말할 수 있다.

내가 "걱정을 예방하게 해주는 경향이 있다"고 말했는가? 그것은 약하게 표현한 말이다. 에드먼드 제이콥슨* 박사는 그보다 훨씬 더 나아간다. 제이콥슨 박사는 긴장을 푸는 것에 관한 책을 두 권 썼

---

* Edmund Jacobson. 1888~1983. 미국의 정신과 의사.

다. 《점진적으로 긴장 풀기》와 《당신은 긴장을 풀어야 한다》가 그것이다. 시카고대학 임상생리학연구소의 소장인 그는 환자를 치료하는 방법 가운데 하나로 긴장 풀기를 사용하는 것에 관한 연구를 하면서 여러 해를 보냈다. 그는 그 어떤 신경이나 감정의 문제도 "긴장을 완전히 푼 상태에서는 존재할 수 없다"고 단언한다. 이는 "긴장을 풀면 걱정이 계속될 수 없다"는 것을 다르게 말한 것이다.

그러므로 피로와 걱정을 예방하기 위한 첫 번째 규칙은 이런 것이다. "자주 쉬어라. 피로해지기 전에 쉬어라."

그러는 것이 왜 그렇게 중요한 것일까? 피로는 놀라운 속도로 누적되기 때문이다. 미국 육군은 실험을 반복해가며 연구해본 결과로 젊은이들도, 심지어는 육군의 훈련으로 강건하게 단련된 젊은이들도 1시간에 10분씩 배낭을 벗어서 내려놓고 쉬면 행군을 더 잘하고 더 오래 버틸 수 있다는 사실을 알아냈다. 그래서 미국 육군은 병사들이 그런 식으로 쉬면서 행군하게 한다. 당신의 심장은 미국 육군 못지않게 총명하다. 당신의 심장이 하루에 순환시키는 혈액의 양은 철도를 달리는 유조차 한 칸을 가득 채우기에 충분한 정도다. 당신의 심장이 24시간 동안 발휘하는 에너지는 석탄 20톤을 91센티미터 높은 곳으로 삽질해 퍼 올리기에 충분한 정도다. 당신의 심장은 이런 엄청난 양의 일을 50년간, 60년간, 70년간, 또는 90년간도 한다. 당신의 심장은 어떻게 그런 일을 견뎌낼까? 하버드대학 의대의 월터 B. 캐넌 박사는 다음과 같이 설명했다. "대부분의 사람들은 심장이 쉬지 않고 언제나 일을 한다고 생각한다. 그러나 사실은 심장은 수축할 때마다 분명한 휴식시간을 갖는다. 맥박이 1분당 70번의 적정한 속도로 뛰고 있다면 심장이 실제로 일을 하는 시간은 하루 24시간 가운데 단지 9시간뿐이다. 심장이 휴식을 취하는 시간은 매일 15시간에 이르는 셈이다."

윈스턴 처칠은 60대 말과 70대 초에 걸치는 연령대에 2차 세계대전을 치렀다. 그런데도 그는 그 기간의 여러 해 동안 하루에 16시간씩 대영제국의 전쟁을 지휘했다. 굉장한 기록이다. 그 비결은 무엇이었을까? 그는 매일 아침 11시까지 침대에 누운 채로 일했다. 그는 그렇게 침실에서 보고서를 읽고, 명령을 내리고, 전화를 걸고, 중요한 회의를 했다. 그는 점심식사를 한 뒤에 다시 침대에 누워 한 시간 동안 잠을 잤다. 그는 저녁 때 또 다시 침대에 누워 2시간 동안 잠을 자고 나서 8시가 돼서야 저녁식사를 했다. 그는 피로를 치유하지 않았다. 그는 피로를 치유할 필요가 없었다. 그는 피로를 예방했다. 그는 자주 휴식을 취했기 때문에 밤에 자정을 훨씬 넘긴 시간까지 활기차게 일을 계속할 수 있었다.

존 D. 록펠러*는 두 개의 탁월한 기록을 세웠다. 그는 세계적으로 전례가 없는 정도의 엄청난 재산을 축적했고, 게다가 98살까지 살았다. 그는 어떻게 이런 두 개의 기록을 세웠을까? 주된 이유는 물론 그가 장수하는 체질을 유전으로 물려받았다는 데 있다. 또 하나의 이유는 그가 매일 정오에 사무실에서 반시간 동안 낮잠을 자는 습관을 갖고 있었다는 데 있다. 그는 정오에는 언제나 사무실 안의 소파에 누

---

* John Davidson Rockefeller. 여기서 존 D. 록펠러는 흔히 '석유왕'으로 불리는 록펠러 1세(1839~1937)다. 그의 아들인 록펠러 2세도 그와 이름이 똑같다.

워 잠을 잤고, 그가 낮잠을 자는 동안에는 미국의 대통령도 그를 깨워 전화를 받게 할 수 없었다!

대니얼 조슬린은 《왜 피곤해야 하는가》에서 자신의 관찰결과를 이렇게 서술했다. "휴식은 절대적으로 아무것도 안 하는 것이 아니다. 휴식은 복구다." 짧은 시간의 휴식도 엄청난 복구력을 갖고 있어 낮잠을 5분만 자도 피로를 방지하는 데 도움이 된다! 야구계의 거장인 코니 맥은 야구경기에 들어가기 전에 낮잠을 자지 않으면 5회째 정도에 완전히 지쳐버린다고 말했다. 그는 그러나 단지 5분만이라도 잠을 자두면 같은 팀끼리 두 번 연달아 벌이는 '더블헤더 경기'도 처음부터 끝까지 피로한 느낌 없이 다 치러낼 수 있다고 말했다.

나는 엘리너 루스벨트에게 그녀가 백악관에 있으면서 진을 빼다는 그곳의 일정을 12년 동안이나 소화해낼 수 있었던 비결이 무엇이냐고 물은 적이 있다. 이에 그녀는 군중 앞에 나가거나 연설을 하게 되면 그 직전에 개인용 의자에 앉거나 긴 의자에 비스듬히 누워 눈을 감고 20분 동안 긴장을 풀면서 휴식을 취하곤 했다고 말했다.

로데오♠의 세계 챔피언을 뽑는 경기가 매디슨 스퀘어 가든†에서 열릴 때 나는 그곳에 있는 진 오트리의 분장실에 들러 그를 인터뷰한 적이 있다. 그때 그의 분장실 안에 야전침대가 하나 놓여 있는 것이 내 눈에 들어왔다. 진 오트리는 이렇게 말했다. "나는 매일 오후 공연이 비는 시간에 저기에 누워 한 시간 정도 낮잠을 잡니다." 그는

♠ 야생마 타기, 밧줄 던지기 등을 통해 카우보이의 실력을 겨루는 경기.
† 미국 뉴욕 시의 맨해튼에 있는 스포츠 센터.

계속해서 이렇게 말했다. "할리우드에서 영화를 찍을 때 나는 긴 안락의자에 누워 휴식을 취하면서 이삼십 분 정도 낮잠을 자곤 합니다. 그렇게 자는 낮잠은 내 원기를 크게 북돋워주지요."

에디슨은 자신이 엄청난 에너지와 지구력을 가지게 된 것은 잠을 자고 싶을 때는 언제든지 잠을 자는 습관 덕분이라고 말했다.

나는 헨리 포드가 80번째 생일을 맞기 직전에 그를 인터뷰했다. 그때 나는 그가 얼마나 활기차고 건강한 외모를 갖고 있는지를 보고 놀랐다. 나는 그에게 그 비결을 물었다. 그는 이렇게 말했다. "나는 앉을 수 있을 때에는 절대로 서 있지 않고, 누울 수 있을 때에는 절대로 앉아 있지 않습니다."

'현대 교육의 아버지'로 불리는 호레이스 만*도 노년에 접어들면서부터는 그와 같이 했다. 안티오크대학의 총장이었을 때 그는 소파에 길게 누운 채로 학생들을 면담하곤 했다.

나는 할리우드에서 활동하는 한 영화감독에게 이와 비슷한 방법을 시도해보라고 설득한 적이 있다. 그 영화감독은 내가 권한 대로 해보았더니 기적과 같은 효과가 있더라고 털어놓았다. 내가 방금 말한 영화감독은 바로 할리우드에서 최고로 꼽히는 영화감독 가운데 한 사람인 잭 처토크다. 몇 년 전에 나를 보러 찾아왔을 때 그는 엠지엠♠의 단편영화부 부장으로 일하고 있었다. 그는 완전히 지쳐버린 상태였고, 원기를 회복하기 위해 강장제와 비타민을 복용하고 병원에서 치

---

* Horace Mann. 1796~1859. 미국의 교육자, 교육개혁가, 정치인.
♠ M-G-M; Metro-Goldwyn-Mayer. 미국의 영화사.

료를 받는 등 안 해본 것이 없었다. 그러나 그 어느 것도 별다른 효과가 없었다. 나는 그에게 매일 휴가를 가라고 권했다. 어떻게 매일 휴가를 가느냐고 그는 물었다. 나는 그에게 사무실에서 시나리오 작가들과 회의를 할 때 소파에 길게 누워 휴식을 취하는 자세로 회의를 하라고 말했다.

그로부터 2년 뒤에 우리는 다시 만났다. 그때 그는 내게 이렇게 말했다. "내 주치의가 하는 말이, 기적이 일어났다더군요. 예전에 나는 단편영화 제작을 위한 아이디어 회의를 하는 동안 긴장한 자세로 의자에 꼿꼿하게 앉아 있었지만, 이제 나는 사무실 소파에 길게 누운 자세로 회의를 합니다. 지금 나는 지난 20년 동안의 그 어느 때보다 기분이 좋습니다. 이제는 하루에 두 시간 더 일해도 피곤해지는 경우가 거의 없습니다."

이 모든 것이 당신에게는 어떻게 적용될까? 당신이 만약 속기사라면 에디슨이나 샘 골드윈†이 했던 대로 사무실에서 낮잠을 잘 수 없을 것이다. 당신이 만약 기업의 회계담당자라면 상사와 재무제표를 놓고 토론을 하는 동안에 소파에 길게 누워있을 수 없을 것이다. 그러나 당신이 만약 작은 도시에서 살고 있고 직장에서 일하다가 점심식사는 집에 가서 하는 경우라면 점심식사를 한 뒤에 10분 정도 낮잠을 잘 수 있을 것이다. 조지 마셜†† 장군이 바로 그렇게 했다. 그는

---

† Sam Goldwyn. 1882~1974. 할리우드에서 활동한 영화제작자.
†† George Catlett Marshall. 1880~1959. 미국의 육군 장성, 국무장관. '마셜플랜'으로 1953년에 노벨평화상 수상.

전시에 미국 육군을 지휘하느라 너무 바빠서 정오에는 휴식을 취해야만 한다고 느꼈다. 당신이 만약 50살이 넘었는데 무엇인가를 너무 서두르며 하고 있다면 지금 당장 가입할 수 있는 모든 생명보험에 가입해두라. 요즘에는 장례식이 부쩍 많아졌고, 갑자기 죽는 사람도 많다. 게다가 당신의 배우자는 당신이 가입해둔 보험에서 돈을 타낸 뒤 당신보다 더 젊은 사람과 재혼하고 싶어 할지도 모른다.

당신이 만약 정오에 낮잠을 잘 수 없는 입장이라면 적어도 저녁식사를 하기 전에 한 시간 정도 누워 있어 보려고 할 수는 있을 것이다. 이렇게 하는 것이 칵테일을 한 잔 마시는 것보다 비용이 덜 들고 훨씬 더 효과적이다. 당신이 만약 오후 5시나 6시, 또는 7시쯤에 한 시간 정도 잠을 잔다면 당신의 깨어있는 삶에 매일 한 시간을 더할 수 있을 것이다. 왜 그럴까? 어떻게 해서 그렇게 될까? 저녁식사를 하기 전의 한 시간과 밤의 여섯 시간을 더해 모두 일곱 시간의 잠을 자는 것이 밤에 계속해서 여덟 시간을 자는 것보다 당신에게 더 좋기 때문이다.

육체노동자가 일하는 시간을 줄이는 대신에 휴식을 취하는 시간을 늘리면 일을 더 많이 할 수 있다. 이것은 프레더릭 테일러*가 베슬리헴 철강회사에서 과학적 관리 전문 엔지니어로 일할 때 증명한 것이다. 그는 매일 한 사람당 약 12.5톤의 선철을 화물차에 싣는 일을 하는 노동자들이 정오가 되면 힘이 다 빠진다는 사실을 관찰을 통해 알

---

* Frederick Winslow Taylor. 1856~1915. 미국의 기계공학자, 능률 전문가. '테일러 시스템'으로 불리는 과학적 관리기법의 창안자.

게 됐다. 그는 이런 현상과 관련된 모든 피로요인에 대해 과학적 연구를 수행했고, 그 결과로 노동자들이 하루에 한 사람당 12.5톤이 아닌 47톤의 선철을 화물차에 싣게 해야 한다고 단언했다! 그는 노동자들이 그때 하고 있었던 일보다 거의 4배나 되는 양의 일을 해야 하며, 그렇게 해도 노동자들의 힘이 다 빠지지 않게 될 것이라고 추정했다. 그런데 이것은 증명이 필요한 가설이었다!

테일러는 슈미트라는 노동자를 선발하고 스톱워치로 시간을 측정하면서 일을 시켰다. 관찰을 담당한 사람이 시계를 들여다보면서 슈미트에게 이렇게 지시했다. "이제는 선철을 집어 들고 걸어가세요. … 이제는 앉아서 쉬세요. … 이제는 걸어가세요. … 이제는 쉬세요."

어떤 일이 일어났을까? 다른 노동자들이 하루에 한 사람당 12.5톤의 선철을 나르는 동안에 슈미트는 하루에 47톤의 선철을 날랐다. 게다가 프레더릭 테일러가 베슬리헴 철강회사에 있었던 3년 동안에 슈미트가 그런 속도로 일을 하지 못한 날은 단 하루도 없었다. 슈미트가 그렇게 할 수 있었던 것은 피로해지기 전에 휴식을 취했기 때문이다. 그는 매시간 약 26분 동안 일을 하고 약 34분 동안 휴식을 취했다. 일하는 시간보다 더 많은 시간을 쉬면서 보낸 것이다. 그런데도 그는 다른 노동자들이 하는 일에 비해 4배나 되는 양의 일을 했다! 이것이 단지 사람들의 입을 통해 전해진 소문일 뿐일까? 아니다. 당신은 프레더릭 윈슬로 테일러가 쓴 《과학적 관리의 원리》라는 책의 41~62쪽에서 그 기록을 직접 읽을 수 있다.

다시 말하겠다.

미국 육군이 하는 대로 하라. 다시 말해 자주 쉬어라. 당신의 심장이 하는 대로 하라. 다시 말해 피로해지기 전에 쉬어라. 그러면 당신의 깨어있는 삶에 매일 한 시간이 더해질 것이다.

24
당신을 피로하게 만드는 것과 그것에 대해 당신이 할 수 있는 것

놀랍고도 중요한 의미가 있는 사실을 하나 말해보겠다. 그것은 정신적인 일을 하는 것만으로는 피로해질 수 없다는 것이다. 터무니없는 소리로 들리는가? 몇 년 전에 과학자들이 인간의 두뇌가 '일하는 능력의 감퇴'(이것이 피로에 대한 과학적인 정의다)가 일어나는 지점에 이르지 않은 상태로 얼마나 오래 일할 수 있는지를 알아보려고 했다. 그 과학자들에게는 놀랍게도, 두뇌가 활발하게 일할 때는 두뇌 속을 흐르는 혈액이 피로의 흔적을 전혀 보여주지 않았다! 당신이 만약 일을 하고 있는 일용노동자의 혈관에서 혈액을 뽑아내어 분석해본다면 그 혈액이 피로독소와 피로물질로 가득 차있음을 알게 될 것이다. 그러나 당신이 만약 알베르트 아인슈타인의 두뇌에서 한 방울의 혈액을 뽑아내어 분석해본다면 하루의 일과가 끝나는 시간에도 그 혈액에서 피로독소를 전혀 발견하지 못할 것이다.

두뇌만 놓고 본다면 우리는 "8시간 동안 일한 뒤에는 물론이고 12시간 동안 일한 뒤에도 처음에 일하기 시작했을 때와 마찬가지로 원활하고 민첩하게" 일할 수 있다고 한다. 두뇌는 전혀 피로해지지 않는다면 무엇이 우리를 피로하게 만드는 것일까?

정신과 의사들은 우리가 느끼는 피로의 대부분은 정신적, 감정적 태도에서 비롯된다고 단언한다. 영국의 가장 뛰어난 정신과 의사 가운데 한 사람인 J. A. 해드필드는 《힘의 심리학》에서 이렇게 말한다. "우리를 시달리게 하는 피로의 대부분은 정신적인 원인을 갖고 있다. 사실 순전히 육체적인 원인만으로는 심각한 피로가 일어나는 경우는 드물다."

미국의 가장 뛰어난 정신과 의사 가운데 한 사람인 A. A. 브릴은 한 술 더 떠서 이렇게 말한다. "앉아서 일하는 노동자가 건강상태가 양호한데도 피로를 느끼는 경우의 100퍼센트가 심리적 요인 때문이다. 여기서 말하는 심리적 요인이란 곧 감정적 요인이다."

어떠한 종류의 감정적 요인이 앉아서 일하는 노동자를 피로하게 만드는 것일까? 즐거움? 만족감? 아니다! 결코 그럴 리가 없다! 권태, 분노, 제대로 평가받지 못하고 있다는 느낌, 허무감, 조급증, 불안감, 걱정…. 이런 것들이 앉아서 일하는 노동자를 지치게 하고, 감기에 쉽게 걸리게 만들고, 생산성을 떨어뜨리고, 신경성 두통에 시달리는 상태로 귀가하게 하는 감정적 요인들이다. 그렇다. 감정이 신경을 긴장시키기 때문에 피로해지는 것이다.

대규모 생명보험회사인 메트로폴리턴 라이프 인슈런스 컴퍼니는 피로에 관한 홍보용 소책자에서 이렇게 밝혔다. "열심히 일하는 것이 충분한 수면과 휴식에 의해서도 치유되지 않는 피로를 초래하는 경우는 드뭅니다. … 걱정, 긴장, 감정적 교란이 피로의 3대 원인입니다. 육체적 노동이나 정신적 노동이 원인인 것처럼 보이는 피로도 사실은 이 세 가지 때문인 경우가 많습니다. … 긴장된 근육은 일을 하고 있는 근육이라는 점을 상기하십시오. 긴장을 푸십시오! 중요한 과제를 수행하기 위해 에너지를 아껴서 비축하십시오."

여기서 잠시 멈춰보자. 멈춰 서서 자신을 점검해보라. 당신은 지금 얼굴을 찌푸린 채 이 책을 노려보고 있지 않은가? 당신은 두 눈 사이의 근육이 긴장됐다고 느끼는가? 지금 당신은 의자에 편안한 자세로 앉아있는가? 또는 지금 당신은 두 어깨를 위로 끌어올린 상태가 아닌가? 당신의 얼굴 근육은 긴장돼있지 않은가? 당신의 몸 전체가 헝겊으로 만들어진 낡은 인형같이 흐늘흐늘하고 느슨하게 풀린 상태가 아니라면 당신은 지금 이 순간에 신경과 근육을 긴장시키고 있는 것이다. 신경을 긴장시켜서 피로하게 만들고 있는 것이다.

우리는 정신적 노동을 하면서 왜 이런 불필요한 긴장을 하게 되는 것일까? 대니얼 W. 조슬린은 이렇게 말한다. "주된 장애물은 … 노력을 한다는 느낌이 있어야만 열심히 일하는 것이고 그런 느낌이 없다면 열심히 일하는 것이 아니라는 거의 보편적인 믿음에 있다." 그래서 우리는 무언가에 집중할 때면 얼굴을 찌푸리고, 어깨를 위로 끌어 올린다. 그리고 자신의 근육에게 노력을 기울이는 동작을 취하라고 요구한다. 그러나 그런 동작은 막상 일을 하고 있는 두뇌에는 아무런 도움도 되지 않는다.

놀랍고도 비극적인 진실을 우리는 여기서 발견하게 된다. 그것은 바로 '돈을 낭비하려는 생각은 꿈에서도 하지 않을 수많은 사람들이 자신의 에너지는 싱가포르의 술 취한 선원처럼 무모하게 낭비하고 탕진한다'는 것이다.

이렇게 해서 생겨나는 신경의 피로에 대한 대책은 무엇일까? 긴장을 풀어라! 긴장을 풀어라! 긴장을 풀어라! 일을 하는 동안에도 긴장을 푼 상태를 유지하는 법을 배워라!

그러기가 쉬울까? 쉽지는 않다. 아마도 당신은 평생의 습관을 뒤집어야 할지도 모른다. 그러나 노력해볼 만한 가치는 있다. 왜냐하면 그러한 노력은 당신의 삶을 혁명적으로 바꾸어놓을 수 있기 때문이다! 윌리엄 제임스는 '긴장 풀기의 복음'이라는 글에서 이렇게 말했다. "미국인들이 지나치게 긴장하고, 급박하게 움직이고, 숨을 헐떡이고, 너무 집중하고, 고통의 표정을 짓곤 하는데 그것은 나쁜 습관이며, 그 이상도 그 이하도 아니다." 긴장은 일종의 습관이다. 긴장을 푸는 것도 일종의 습관이다. 그리고 우리는 나쁜 습관을 깨뜨리고 좋은 습관을 형성할 수 있다.

우리는 어떻게 긴장을 푸는가? 마음에서부터 긴장을 풀기 시작하는가? 아니면 신경에서부터 긴장을 풀기 시작하는가? 둘 다 아닐 것이다. 우리는 항상 근육에서부터 긴장을 풀기 시작한다.

실험을 한번 해보자. 우선 당신의 눈에서부터 시작해보자. 이 단락을 계속 읽어 내려가되 그 끝에 이르면 읽기를 중단하고 의자에 등을 기대고 앉아 두 눈을 감고 당신의 두 눈에게 조용히 이렇게 말해보라. "신경 쓰지 말자. 신경 쓰지 말자. 더 긴장하지 말고, 더 인상 쓰지 말자. 신경 쓰지 말자. 신경 쓰지 말자." 1분 동안 계속 되풀이해 이렇게 말해보라.

불과 몇 초밖에 지나지 않았는데도 눈의 근육이 하라는 대로 하기 시작한 것을 알아차렸는가? 누군가의 손에 의해 긴장이 제거되는 것을 느꼈는가? 그렇다. 믿기 어려운 일로 여겨지겠지만, 당신은 그 1분 동안에 긴장 풀기 기술의 비결과 비밀을 전부 엿본 것이다. 두 눈만이 아니라 턱, 얼굴의 근육, 목, 어깨, 그리고 몸 전체에 대해서도 똑같이 해볼 수 있다. 그러나 가장 중요한 신체기관은 눈이다. 시카고대학의 에드먼드 제이콥슨 박사는 눈의 근육에서 긴장을 완전히 다 풀어버리면 고민이 되는 모든 문제를 다 잊어버릴 수 있다고까지 말한다! 신경의 긴장을 누그러뜨리는 데서 눈이 그토록 중요한 이유는 몸이 소비하는 신경에너지 전체의 4분의 1을 눈이 소비한다는 데 있다. 완벽하게 건강한 눈을 갖고 있어 시력에 아무런 문제가 없는데도 '눈의 피로'에 시달리는 사람이 그렇게 많은 이유도 바로 여기에 있다. 그들은 자기 눈을 긴장시키고 있는 것이다.

유명한 여류 소설가인 비키 바움*은 어린아이였을 때 만난 한 노인이 그 뒤로 자기가 배운 그 어떤 교훈보다 더 중요한 교훈을 자기에게 가르쳐주었다고 말했다. 그녀는 어렸을 때 길에서 넘어지는 바람에 무릎에 상처가 나고 손목을 삐었다. 그때 그 노인이 그녀를 잡아 일으켜 세워주었다. 노인은 서커스단에서 광대로 일했던 사람이었

---

* Vicki Baum. 1888~1960. 오스트리아의 소설가.

다. 노인은 그녀의 옷에서 흙을 털어내면서 이렇게 말했다. "네가 넘어질 때 다친 것은 긴장을 푸는 법을 모르고 있기 때문이야. 너 자신이 양말처럼, 그러니까 낡은 양말처럼 축 늘어진 상태인 척해보려무나. 어떻게 해야 하는 건지 내가 시범을 보여주마." 노인은 비키 바움과 그 자리에 있던 다른 아이들에게 어떻게 넘어져야 하는지, 어떻게 땅바닥에 굴러야 하는지, 어떻게 공중제비를 넘어야 하는지를 가르쳐주었다. 그러고 나서 이렇게 말했다. "네가 낡아서 축 늘어진 양말이라고 생각하면 긴장이 풀릴 거야!"

당신은 자투리 시간에 거의 어디에서나 긴장을 풀고 쉴 수 있다. 다만 긴장을 풀려고 노력하지는 말아라. 긴장도 없고 노력도 없어야 진정으로 긴장이 풀린 상태가 된다. 편안하게 휴식하는 것에 대해서만 생각하라. 먼저 두 눈과 얼굴의 근육에서 긴장을 풀어낸다고 생각한 다음에 계속 반복해서 이렇게 말하라. "신경 쓰지 말자. … 신경 쓰지 말자. … 신경 쓰지 말고 긴장을 풀자." 에너지가 얼굴의 근육에서 빠져나와 몸의 한가운데로 흘러가는 것을 느껴보라. 당신이 마치 아기처럼 긴장을 전혀 하지 않게 됐다고 생각하라.

탁월한 소프라노 가수인 갈리-쿠르치*가 습관적으로 했던 게 바로 이런 것이다. 헬렌 젭슨♠은 갈리-쿠르치가 공연을 시작하기 직전에 의자에 앉아 근육의 긴장을 모두 풀고 턱을 아래로 축 늘어뜨리고 있는 모습을 자주 보았다고 내게 말했다. 그것은 대단히 훌륭한 습

---

* Amelita Galli-Curci. 1889~1963. 이탈리아의 성악가.
♠ Helen Jepson. 1904~1997. 미국의 소프라노 가수.

관이다. 그녀가 무대에 나가기 전에 과도하게 긴장하게 되는 것을 바로 그런 습관이 막아주었을 것이다. 그리고 그 습관은 피로도 예방해주었을 것이다.

긴장을 푸는 법을 배우는 데 도움이 될 네 가지 방법을 제안한다.

1. 자투리 시간에 긴장을 풀고 쉬어라. 당신의 몸을 낡은 양말처럼 축 늘어지게 만들어라. 나는 일을 할 때 책상 위에 낡은 밤색 양말 하나를 놓아둔다. 내가 얼마나 축 늘어진 상태가 돼야 하는지를 그것이 내게 상기시켜준다. 당신에게 그런 양말이 없다면 대신 고양이를 머릿속에 떠올려도 된다. 햇볕을 받으면서 졸고 있는 새끼 고양이를 손으로 들어 올려본 적이 있는가? 그렇게 하면 새끼 고양이의 머리 쪽과 꼬리 쪽이 마치 젖은 신문지처럼 축 늘어진다. 인도의 요가 수행자들은 긴장을 푸는 법에 숙달하고 싶다면 고양이를 연구해보라고 말한다. 피로한 고양이, 신경쇠약에 걸린 고양이, 불면증이나 걱정, 위궤양에 시달리는 고양이를 나는 본 적이 없다. 당신도 고양이처럼 긴장을 푸는 법을 배운다면 아마도 그러한 재앙을 피할 수 있을 것이다.
2. 가능한 한 편안한 자세로 일을 하라. 몸의 긴장이 어깨의 통증과 신경의 피로를 만들어낸다는 사실을 상기하라.
3. 하루에 너덧 번은 자신을 점검하고 자신에게 이렇게 말하라. "지금 나는 내가 하고 있는 일을 실제보다 더 어렵게 만들고 있는 것은 아닌가? 지금 나는 내가 하고 있는 일과 아무런 관계도 없는

근육을 사용하고 있는 것은 아닌가?" 이렇게 하는 것은 긴장을 푸는 습관을 들이는 데 도움이 될 것이다. 그리고 데이비드 해롤드 핑크 박사가 말했듯이 "심리를 가장 잘 아는 사람들은 둘 가운데 하나 꼴로 그렇게 하는 습관을 가지고 있다."

4. 하루를 마무리하는 시간에 자신에게 다음과 같은 질문을 던지고 자기점검을 해보라. "지금 나는 얼마나 피로한가? 지금 내가 피로하다면 내가 오늘 한 정신적인 일 때문에 그런 것이 아니고 그 일을 한 방식 때문에 그런 것이다." 대니얼 조슬린은 이렇게 말한다. "나는 하루를 끝내면서 그날의 성취도를 측정할 때 내가 얼마나 피로한가를 기준으로 삼지 않고, 내가 얼마나 피로하지 않은가를 기준으로 삼는다." 그는 또 이렇게 말한다. "나는 하루를 끝낼 때 특별한 피로감을 느끼거나 신경의 피로를 증명해주는 초조감을 느끼는 경우에는 양과 질의 두 측면에서 내가 그날을 비효율적으로 보낸 것이라고 생각한다. 그것이 의심할 나위 없는 사실임을 나는 안다." 만약 미국의 사업가들 모두가 이와 같은 교훈을 배운다면 '긴장항진'에 따른 질병으로 인한 사망률이 하루아침에 뚝 떨어질 것이다. 또한 피로와 걱정으로 인해 건강을 해친 사람들이 우리의 요양소와 정신병원을 가득 채우는 현상이 사라질 것이다.

25
피로를 피하는 법과 계속 젊게 보이는 법

지난 가을의 어느 날에 내 동료 가운데 한 사람이 세계에서 가장 특이한 치료교실 가운데 하나로 꼽힐 만한 프로그램을 참관하기 위해 비행기를 타고 보스턴으로 갔다. 내가 치료교실이라고 말했는가? 그렇다. 그 치료교실은 보스턴의료원에서 일주일에 한 번씩 열리고, 거기에 출석하는 환자는 정기적이며 철저한 의학적 관찰의 대상이 된다. 그 교실은 일종의 심리치료를 하는 프로그램이다. 그 교실은 예전에는 초기 참여자의 제안에 따라 '생각통제 교실'로 불렸지만 이제는 '응용심리학 교실'로 불린다. 어쨌든 공식적인 명칭은 그렇게 돼있지만, 그 프로그램의 진짜 목적은 걱정으로 인해 병에 걸린 사람들을 치료하는 데 있다. 출석하는 환자들 가운데는 감정적 혼란의 상태에 빠진 가정주부가 많았다.

걱정으로 인해 병에 걸린 사람들을 위한 그 치료교실은 언제 시작된 것일까? 1930년에 조지프 H. 프래트 박사는 보스턴의료원의 외래환자 가운데 다수가 육체적으로 전혀 문제가 없는데도 인간이 대대로 이어받은 모든 질병의 증상을 거의 다 나타낸다는 사실을 알게 됐다. 지나가는 김에 말해두자면, 프래트 박사는 윌리엄 오슬러♣ 경의 학생이었다. 프래트 박사를 찾아온 한 여성은 심한 관절염에 걸린 듯 두 손을 전혀 사용하지 못했다. 또 한 사람은 위암 때문인 듯한 고통스러운 증상으로 괴로워했다. 그런가 하면 요통, 두통, 만성피로나 뭐라고 단정하기 어려운 원인불명의 통증을 호소하는 사람들도 있었다. 그들은 그런 통증을 실제로 느끼고 있었다. 그러나 철저하게 의학적인 검사를 해본 결과, 육체적으로는 그들에게 아무런 문제도 없었다. 옛날식 의사라면 대부분 그것은 모두 상상의 산물이라고, 다시 말해 "마음속에만 있는 것"이라고 말했을 것이다.

그러나 프래트 박사는 그런 환자들에게 "그냥 잊어버리고 귀가하라"고 말하는 것이 아무런 소용이 없음을 깨달았다. 그는 그런 환자들도 대부분은 병에 걸리기를 원한 게 아님을 알고 있었고, 자신의 증세를 잊어버리는 것이 그렇게 쉽다면 그렇게 하라고 하지 않아도 그들 스스로 그렇게 했을 것이라고 생각했다. 그렇다면 그들에게 무엇을 해줄 수 있을까? 이런 생각 끝에 그는 그와 같은 치료교실을 개설한 것이었다. 의료계의 회의적인 사람들은 그 효과에 대해 마치 합창을 하듯이 일제히 의문을 제기했다. 그런데 그 치료교실은 놀라운 효과를 가져왔다!

그 치료교실이 개설된 뒤로 수천 명의 환자들이 참석해 병이 '치

♣ William Osler. 1849~1919. 캐나다의 의사, 병리학자.

료' 되는 경험을 했다. 환자들 가운데 일부는 여러 해 동안 계속해서 치료교실에 참석했다. 그들은 마치 교회에 다니듯이 종교적인 태도로 치료교실에 참석했다. 내 조수가 9년 이상이나 거의 한 번도 거르지 않고 치료교실에 참석했다는 한 여성과 대화를 나눠보았다. 그녀는 처음에 그 의료원을 찾아갔을 때 콩팥이 몸 안에서 과도하게 이동하는 유주신의 증상과 모종의 심장질환을 자기가 앓고 있다고 확신하고 있었다. 그녀는 너무 걱정이 되고 긴장한 나머지 가끔 시력을 잃으면서 앞을 보지 못하게 되기까지 했다. 그런데 내 조수와 만났을 때는 자신감이 넘치고 쾌활하며 건강도 아주 좋은 상태였다. 그녀는 마흔살 정도로밖에 보이지 않았는데, 그녀의 무릎 위에서는 그녀의 손녀가 잠을 자고 있었다. 그녀는 이렇게 말했다. "나는 가족의 문제로 너무 걱정을 많이 했습니다. 차라리 죽어버리고 싶다는 생각이 들곤 할 정도였지요. 그러나 이 의료원에 오면서 걱정을 해봐야 아무 소용이 없다는 것을 알았습니다. 그리고 걱정을 중단하는 법을 배웠습니다. 이제는 내 삶이 평온하다고 자신 있게 말할 수 있습니다."

그 치료교실의 의학적 조언자인 로즈 힐퍼딩 박사는 걱정을 줄이기 위한 가장 좋은 방법 가운데 하나는 "신뢰하는 사람과 자신의 문제에 대해 이야기를 나누는 것이라고 생각한다"면서 "우리는 그것을 카타르시스라고 부른다"고 말했다. 힐퍼딩 박사는 계속해서 이렇게 말했다. "환자들은 이 치료교실에 와서 자신의 문제에 대해 길게 이야기합니다. 그러다 보면 그 문제를 자신의 마음속에서 훌훌 털어낼 수 있게 되지요. 걱정거리를 마음속에 담아두고 혼자서만 고민하는 것은 신경을 엄청나게 긴장시키는 원인이 됩니다. 우리는 각자의 문제를 서로 공유해야 합니다. 우리는 걱정을 서로 공유해야 합니다. 이 세상에는 귀를 기울여 우리의 이야기를 들어주고 우리를 이해해줄 누군가가 있다고 느껴야 합니다."

내 조수는 한 여성이 자기가 걱정하는 문제를 입 밖으로 소리를 내어 이야기하는 것으로부터 커다란 위안을 얻는 모습을 보았다. 그녀는 집안 문제로 고민이 많았다. 그녀는 처음 이야기하기를 시작했을 때는 마치 한껏 감긴 태엽 같았다. 그런데 이야기하기를 계속하면서 그녀는 점차 차분해졌고, 이야기를 마칠 때는 미소를 짓고 있었다. 그녀의 문제가 풀린 것이었을까? 아니다. 그것은 그렇게 쉬운 일이 아니다. 그러한 변화를 일으킨 원인은 '누군가에게 이야기한 것'이었고, 그렇게 해서 다른 사람들로부터 약간의 조언을 듣고 약간의 인간적인 공감을 얻은 것이었다. 그러한 변화를 일으킨 진짜 원인은 우리가 입으로 하는 말이 갖고 있는 엄청난 치유력이었다.

심리분석은 어느 정도는 이러한 말의 치유력에 근거를 두고 있다. 프로이트의 시대 이후로 심리분석가들은 환자가 말을 할 수 있다면, 단지 말을 할 수만 있다면 내면의 불안감을 떨쳐버릴 수 있다고 생각해왔다. 왜 그런 것일까? 아마도 우리가 말을 하는 것을 통해 자신의 문제에 대해 더 잘 통찰할 수 있게 되고, 더 나은 관점을 갖게 되기 때문일 것이다. 완전한 정답을 알고 있는 사람은 아무도 없다. 그러나 우리 모두는 "입 밖으로 내뱉는 것" 또는 "속마음을 털어놓는 것"이 거의 즉각적으로 마음을 편안하게 해준다는 것을 알고 있다.

그렇다면 이제부터는 감정적인 문제가 생길 경우에 이야기를 나눌 누군가를 주위에서 찾아보지 말아야 할 이유가 없다. 물론 그렇다고 해서 눈에 띄는 대로 아무에게나 징징거리고 불평을 해대며 돌아다녀서 주위 사람들에게 폐를 끼치라는 말은 아니다. 신뢰할 만한 사람을 골라 그 사람과 만날 약속을 하자. 그 사람은 가족이나 친척일 수도 있고, 의사일 수도 있고, 변호사일 수도 있고, 목사일 수도 있고, 신부일 수도 있다. 그 사람에게 이렇게 말하라. "걱정거리가 있습니다. 나는 당신에게 그 걱정거리에 대해 털어놓고 조언을 구하고 싶어요. 당신은 내가 미처 바라보지 못하는 각도로 내 문제를 바라볼 수 있을지도 모릅니다. 당신이 설령 그렇게 하지 못한다고 하더라도 괜찮습니다. 그저 앉아서 내 이야기에 귀를 기울여주기만 해도 내겐 큰 도움을 될 겁니다."

보스턴의료원의 치료교실에서 주로 사용된 치료법 가운데 하나는 '털어놓고 이야기하기'였다고 할 수 있다. 그러나 그 치료교실에서 채택한 아이디어는 이 밖에도 몇 가지 더 있으며, 당신은 그것들도 집에서 실천해볼 수 있다.

1. 공책이나 스크랩북을 곁에 두고 '깨달음을 얻기 위한 글 읽기'의 도구로 이용한다. 당신에게 어떤 울림을 주거나 원기를 북돋워주는 시, 짧은 기도문, 구절 등을 모두 거기에 써놓거나 오려서 붙여놓는다. 그러면 어느 비 오는 날 오후에 기분이 침울해질 때 아마도 거기서 침울한 기분을 물리치는 데 도움이 되는 처방을

발견하게 될 것이다. 많은 환자들이 여러 해 동안 이런 방법을 이용했다. 그들은 그것이 일종의 정신적 '자극제'가 된다고 말했다.

2. 다른 사람들의 단점을 너무 오래 생각하지 말라! 치료교실에 참여한 한 여성은 남편에게 사나운 얼굴을 하고 질책과 잔소리를 해대는 아내로 변해가는 자신을 발견했다. 그때 그녀는 '남편이 죽으면 어떻게 하지?'라는 생각이 들어 충격에 휩싸였고, 곧바로 책상 앞에 앉아 남편의 장점을 하나하나 써내려갔다. 남편이 갖고 있는 장점은 상당히 많았다. 당신도 예를 들어 폭군과 같은 사람과 결혼했다는 생각이 들 때 그녀와 똑같이 해보라. 아마도 당신은 배우자의 장점을 쓰고 읽어본 뒤에는 그가 바로 당신이 만나고 싶어 하는 사람임을 알게 될 것이다!

3. 다른 사람들에게 관심을 가져라! 당신과 생활의 일부를 같이 하는 사람들에 대한 우호적이고 건전한 관심이 마음속에 싹트게 하라. 자신이 너무 배타적이어서 친구가 없다고 느끼던 한 여성 환자는 의사로부터 자신이 만나게 되는 사람들에 관한 이야기를 지어내라는 지시를 받았다. 그녀는 버스를 타고 가면서 거기서 보게 되는 사람들에 관한 이야기를 지어내기 위해 그 배경과 상황을 어떻게 설정할지를 궁리하기 시작했다. 그녀는 그들의 삶이 그동안 어떠했을까를 상상해보기도 했다. 가장 주목해야 할 점은 그녀가 어디를 가든 사람들에게 말을 걸게 됐다는 것이다. 그리고 지금 그녀는 자신의 '고통'이 치유되어 행복해하고

있으며, 다른 사람에게 기민하게 반응하는 매력적인 사람이 돼 있다.

4. 밤에 잠을 자기 전에 내일 해야 할 일에 관한 계획을 세워라. 치료교실의 의사들은 많은 사람들이 자기가 해야 할 일이 한없이 많다는 생각에 쫓기면서 괴로워한다는 사실을 알게 됐다. 그러한 사람들은 자신이 해야 할 일을 하더라도 잘 매듭짓지 못한다. 그들은 시간에 쫓긴다. 그러한 조급증과 걱정을 치유하는 방법으로 의사들은 그들에게 매일 밤에 다음 날의 계획을 세워볼 것을 권했다. 어떤 일이 일어났을까? 더 많은 일이 매듭지어졌고, 그럼에도 피로는 훨씬 줄어들었고, 자긍심과 성취감을 느끼게 됐고, 휴식과 오락을 위해 사용할 수 있는 시간이 생겨났다.

5. 마지막으로, 긴장과 피로를 피하라. 긴장을 풀어라! 긴장을 풀어라! 긴장과 피로보다 더 당신을 일찍 늙어보이게 만드는 것은 없다. 긴장과 피로만큼 당신의 생기와 외모를 망가뜨리는 것은 없다! '보스턴 생각통제 교실'에서 소장인 폴 E. 존슨 교수가 앞장에서 우리가 이미 논의한 원칙들, 즉 긴장 풀기의 규칙들 가운데 여러 개를 한 시간 동안 실험해볼 때 내 조수도 그 과정에 참여했다. 내 조수는 다른 사람들과 함께 존슨 교수가 시키는 대로 긴장 풀기 연습을 한 지 10분 만에 자기 의자에 똑바로 앉은 상태로 거의 잠에 빠져들 정도로 긴장이 풀렸다! 이러한 육체적 긴장 풀기가 왜 그렇게 강조되는 것일까? 다른 의사들과 마찬가지로 그 치료교실의 의사들도 이리저리 꼬인 걱정의 고리를 제거

하려면 가장 먼저 긴장을 풀어야 한다는 사실을 알고 있기 때문이다!

그렇다. 당신은 긴장을 풀고 휴식을 취해야 한다! 뜻밖의 말로 들릴지 모르지만, 긴장을 풀고 휴식을 취하는 데는 용수철이 들어있는 침대에 눕는 것보다 딱딱한 방바닥에 눕는 것이 낫다. 이렇게 하는 것이 척추에도 좋다.

자 됐다. 그러면 이제는 당신이 할 수 있는 몇 가지 연습을 제시해보겠다. 그 연습을 일주일 동안 해보라. 그런 다음에 당신의 외모와 기분에 어떤 변화가 일어났는지를 확인해보라!

A. 피로하다고 느낄 때마다 방바닥에 길게 누워라. 가능한 한 최대로 몸을 늘여라. 방바닥에 몸을 굴리고 싶다면 그렇게 해도 된다. 하루에 두 번은 이렇게 하라.
B. 눈을 감아라. 눈을 감은 채 존슨 교수가 권고한 대로 자신에게 이런 말을 해보는 것도 좋다. "저 위에 태양이 밝게 빛나고 있다. 하늘은 푸르고 빛으로 반짝인다. 자연은 조용히 이 세상을 통제하고 있다. 그리고 나는 자연의 아들(또는 딸)이며, 우주와 조화를 이루고 있다." 또는 기도를 하라! 이것이 더 나은 방법일지도 모른다.
C. 당신이 만약 방바닥에 누울 시간을 낼 수 없다면 의자에 앉아서도 거의 같은 효과를 거둘 수 있는 방법이 있다. 긴장을 푸는 데

는 딱딱하고 등받이가 직각으로 세워진 의자에 앉는 것이 가장 좋다. 이집트의 석상처럼 의자에 똑바로 앉고, 손바닥을 아래로 향하게 한 상태로 두 손을 허벅지 위에 편안하게 올려놓아라.

D. 이번에는 발가락을 천천히 긴장시켰다가 풀어주어라. 두 다리의 근육을 긴장시켰다가 풀어주어라. 천천히 몸의 위쪽으로 올라가면서 모든 근육을 이런 식으로 풀어주어라. 목 근육까지 다 풀어준 다음에는 머리를 축구공이라고 생각하고 세게 돌려라. 그러는 동안에 근육에게 계속해서 이렇게 말하라. "신경 쓰지 말자. … 신경 쓰지 말자."

E. 숨을 천천히 고르게 쉬면서 신경을 가라앉혀라. 숨을 깊게 쉬어라. 인도의 요가 수행자들이 하는 말이 맞다. 규칙적인 주기로 숨쉬기를 하는 것은 신경을 가라앉히는 방법으로 그동안 발견된 것 가운데 최선의 방법이다.

F. 얼굴을 찌푸려서 생겨난 주름과 굴곡을 완전히 펴주어라. 두 눈썹 사이와 입가에 생겨난 걱정의 주름을 펴주어라. 하루에 두 번씩 이렇게 하라. 그러면 아마도 마사지를 받으러 가지 않아도 될 것이다. 어쩌면 얼굴에서 주름이 완전히 사라질 것이다!

26
피로와 걱정을 예방하는 데 도움이 되는 4가지 좋은 업무습관

좋은 업무습관 1:
당장 처리해야 할 것 말고는 책상 위에서 모든 서류를 다 치워버려라.

시카고 앤드 노스웨스턴 레일웨이라는 철도회사의 사장인 롤런드 L. 윌리엄스는 언젠가 이렇게 말했다. "책상 위에 온갖 서류를 높이 쌓아놓고 지내던 사람이 당장 처리해야 할 것만 남겨두고 다른 서류는 모두 다 치워버린다면 일을 훨씬 더 쉽고 명확하게 할 수 있게 될 것이다. 나는 이렇게 하는 것을 '바람직한 사무실 관리'라고 부르며, 그것이 업무효율을 높이는 첫걸음이라고 생각한다."

워싱턴 DC에 있는 의회도서관 천장에는 5개의 낱말로 이루어진 한 문장이 씌어져 있다. 시인 포프*가 쓴 그 문장은 다음과 같다.

"질서는 하늘의 첫 번째 법칙이다."♠

....
* Alexander Pope. 1688~1744. 영국의 시인.
♠ Order is Heaven's first law.

질서는 업무에도 첫 번째 법칙이 돼야 한다. 그런데 실제로 그러한가? 아니다. 보통 우리의 책상 위에는 여러 주일 동안 들여다보지도 않은 서류들이 어수선하게 쌓여있다. 실제로 뉴올리언스의 한 신문 발행인은 자기가 사용하는 여러 개의 책상 가운데 하나를 비서가 깨끗하게 치웠더니 거기서 2년 전에 잃어버렸던 타이프라이터가 나왔다고 말했다!

책상 위에 아직 답장을 보내지 않은 편지와 보고서, 메모 등이 어지럽게 쌓여있는 모습을 바라보는 것만으로도 혼란, 긴장, 걱정이 생겨나기에 충분하다. 어수선한 책상의 모습은 '해야 할 일은 엄청나게 많은데 일을 할 시간은 없다'는 생각을 끊임없이 되살려서 당신을 걱정에 빠뜨릴 것이고, 그 결과로 당신은 긴장과 피로에 빠질 수 있을 뿐만 아니라 고혈압, 심장질환, 위궤양에 걸릴 수도 있다.

펜실베이니아대학 의학대학원의 교수인 존슨 H. 스토크스 박사는 미국의학협회의 전국총회에서 '기질성 질환의 합병증으로서의 기능성 신경증'이라는 제목의 논문을 발표했다. 이 논문에서 스토크스 박사는 '환자의 마음상태에서 무엇을 찾아야 하는가'라는 소제목 아래 신경증의 11가지 증세를 열거했다. 그 가운데 첫 번째로 거론된 증세는 다음과 같다.

"무언가를 해야 한다는 느낌 또는 의무감, 즉 앞으로 해야 할 일이 끝없이 이어져 있다는 생각."

그런데 책상 위를 깨끗이 치우고 당장 해야 할 일을 결정하는 기초적인 절차가 어떻게 고혈압은 물론이고 "무언가를 해야 한다는 느낌"과 "앞으로 해야 할 일이 끝없이 이어져 있다는 생각"을 피하는 데 도움이 될 수 있다는 것일까? 유명한 정신과 의사인 윌리엄 L. 새들러 박사는 위와 같은 원리에 입각한 간단한 방법으로 신경쇠약을 피할 수 있었던 환자에 대해 이야기한 적이 있다. 그 환자는 시카고에 있는 대기업의 임원이었다. 새들러 박사의 사무실에 찾아왔을 때 그는 긴장돼 있고, 신경이 예민하고, 걱정에 시달리는 상태였다. 그는 자신의 상태가 급속히 나빠지고 있음을 알고 있었지만 일을 그만둘 수는 없었다. 그는 의사의 도움을 받아야 했다.

새들러 박사는 이렇게 말했다. "내 사무실에서 그와 만나 이야기를 나누고 있을 때 전화벨이 울렸습니다. 그것은 병원에서 걸려온 전화였습니다. 나는 그 문제를 나중으로 미루지 않고 바로 그 자리에서 시간을 조금 들여 해결했습니다. 나는 항상 가능하면 즉석에서 문제를 매듭짓습니다. 내가 수화기를 내려놓자마자 또 전화벨이 울렸습니다. 이번에도 급박한 문제였고, 나는 시간을 들여 그 문제에 대해 논의했습니다. 전화를 끊자 이번에는 내 동료의사 가운데 한 사람이 중병에 시달리는 어느 환자에 대한 조언을 들으러 내 사무실로 찾아왔습니다. 나는 그 동료의사와의 이야기를 마친 다음에야 내 앞에 앉아있는 그 사람에게 눈길을 돌리고는 기다리게 해서 죄송하다고 사과했습니다. 그런데 그는 밝은 표정을 짓고 있었습니다. 그의 얼굴이 조금 전과는 완전히 달라져 있었습니다."

그 사람은 새들러 박사에게 이렇게 말했다. "사과할 필요 없습니다, 박사님! 방금 보낸 10분 동안에 내게 무엇이 문제였는지를 깨달았습니다. 이제 내 사무실로 돌아가서 내 업무습관을 고쳐야겠습니다. … 그런데 가기 전에 선생님의 책상을 한번 살펴봐도 괜찮겠습니까?"

새들러 박사는 자신의 책상서랍을 열어 보였다. 거기에는 예비로 넣어둔 문구류 외에는 아무것도 들어있지 않았다. 환자는 이렇게 말했다. "아직 마무리하지 못한 일과 관련된 서류는 어디에 보관하십니까?"

새들러 박사는 이렇게 말했다. "나는 일을 마무리하지 않고 남겨두지 않습니다."

"그러면 답장을 보내지 못한 편지는 어디에 보관하십니까?"

"답장을 보내지 않고 남겨두는 편지는 없습니다. 나는 답장을 써서 보내기 전에는 받은 편지를 손에서 내려놓지 않는다는 것을 규칙으로 삼고 있습니다. 편지를 읽은 다음에는 곧바로 비서에게 답장을 받아쓰게 하지요."

6주 뒤에 그 대기업 임원이 새들러 박사에게 자신의 사무실을 방문해달라고 요청했다. 그는 그 전과 달라졌고, 그의 책상도 그 전과 달라졌다. 그는 자신의 책상서랍을 열고, 그 안에 마무리되지 못한 일과 관련된 서류가 아무것도 없음을 보여주었다. 그 대기업 임원은 다음과 같이 말했다.

"6주 전만 해도 나는 두 개의 사무실에 모두 세 개의 책상을 두고 있었고, 눈 속에 파묻힌 듯 일에 파묻혀 있었습니다. 나는 무슨 일이든 마무리한 적이 없었습니다. 선생님과 이야기를 나눈 뒤에 나는 이

사무실로 돌아와 마차 한 대를 가득 채울 만큼 많은 양의 보고서와 오래된 신문 따위를 다 치워버렸습니다. 이제 나는 하나의 책상에서만 일을 하고, 무슨 일이든 즉시 처리합니다. 나를 괴롭히고 긴장하게 하고 걱정하게 하는 미처리 업무를 산더미같이 쌓아두지 않습니다. 가장 놀라운 것은 내가 건강을 완전히 되찾게 됐다는 겁니다. 이제 내 건강에는 아무런 문제가 없습니다."

미국의 대법원장이었던 찰스 에번스 휴스는 이렇게 말했다. "사람은 일을 너무 많이 한다는 이유로는 죽지 않는다. 산만해지고 걱정에 시달리게 되면 그것 때문에 죽을 수는 있다." 그렇다. 에너지를 분산시켜 낭비하거나 걱정에 시달리게 되면 죽을 수 있다. 그런 사람은 결코 일을 마무리하지 못하기 때문이다.

좋은 업무습관 2:
일을 중요도순으로 처리하라.

미국의 전역에 걸쳐 영업망을 갖고 있는 시티스 서비스 컴퍼니의 창업자인 헨리 L. 도허티*는 얼마나 많은 봉급을 지급하는지와 무관하게 발견하기가 매우 어려운 두 가지 귀중한 능력이 있다고 말했다.

그 두 가지 귀중한 능력 가운데 하나는 생각하는 능력이고, 다른

---

* Henry Latham Doherty. 1870~1939. 1910년대에 가스 및 전기 공급회사인 시티스 서비스 컴퍼니(Cities Service Company)를 창업해 빠른 속도로 성장시킨 미국의 기업가.

하나는 일을 중요도순으로 처리하는 능력이라는 것이다.

찰스 러크먼은 맨주먹으로 밑바닥에서부터 시작해 12년 만에 펩소던트 컴퍼니의 사장 자리에 올라 1년에 10만 달러의 보수를 받았을 뿐 아니라 이와 별도로 100만 달러의 재산을 모은 사람이다. 그런 그가 자신의 성공 가운데 많은 부분이 헨리 도허티가 "발견하기가 매우 어렵다"고 말한 두 가지 능력을 스스로 개발한 덕분이라고 말했다. 찰스 러크먼은 이렇게 말했다. "내가 기억할 수 있는 가장 먼 과거부터 지금까지 나는 아침 5시에 일어나는 습관을 유지해왔습니다. 왜냐하면 나는 그 시간에 생각을 가장 잘할 수 있기 때문입니다. 그래서 나는 그 시간에 그날 하루의 계획, 즉 중요도순으로 일을 하기 위한 계획을 세웁니다."

미국에서 가장 성공한 보험판매원 가운데 한 사람인 프랭크 베트거는 하루의 계획을 세우기 위해 아침 5시까지 기다리지 않았다. 그는 하루의 계획을 전날 밤에 세웠다. 그는 밤마다 내일의 목표, 즉 내일 보험을 얼마나 많이 팔 것인지에 관한 목표를 세웠다. 목표를 달성하지 못한 날에는 목표미달분을 그 다음 날의 목표에 얹는 방식으로 이연시켰다.

오랜 경험을 통해 나는 사람들이 항상 일을 중요도 순서대로 할 수 있는 것은 아니라는 사실을 알고 있다. 그러나 중요한 일부터 먼저 하는 식으로 계획을 세워 일하는 것이 즉흥적으로 일하는 것보다 훨씬 더 나은 경우가 많다는 사실도 나는 알고 있다.

조지 버너드 쇼가 중요한 일을 먼저 한다는 것을 규칙으로 삼아 엄격하게 지키지 않았다면 아마도 작가로서는 실패해 평생 은행 창구 직원으로 살았을 것이다. 그는 매일 5쪽의 글을 쓴다는 계획을 세웠다. 이 계획은 그를 분발시켜 9년 동안 매일 5쪽의 글을 쓰게 했다. 그는 그 9년 동안에 30달러밖에 벌지 못했지만, 다시 말해 하루에 1센트 정도밖에 벌지 못했지만 글쓰기를 중단하지 않았다. 로빈슨 크루소도 그날그날 매시간 무엇을 할 것인가에 관한 계획을 세우고 그 계획에 따라 글을 썼다.

좋은 업무습관 3:
어떤 문제에 직면했을 때 결정을 내리는 데 필요한 사실을 확보하고 있다면 바로 그 자리에서 문제를 해결하라. 결정을 미루지 말라.

내가 가르친 성인반의 학생이었던 H. P. 하우얼은 유에스스틸의 이사였을 때 그 회사의 이사회가 회의를 길게 질질 끄는 경우가 많았다고 말했다. 많은 문제들이 논의되지만 결론이 나는 경우가 드물었다는 것이다. 그래서 이사들은 연구해야 할 보고서를 한 뭉치씩 집으로 가지고 가야 했다.

마침내 하우얼은 한 번에 하나의 문제만을 의제로 올려 논의하고 결정을 내리자는 제안을 내놓고 다른 이사들을 설득했다. 꾸물대지 말고, 미루지 말자는 것이었다. 결정의 내용은 더 많은 사실을 확보하자는 것일 수도 있었고, 어떤 일을 하자는 것일 수도 있었고, 아무 일도 하지 말자는 것일 수도 있었다. 어쨌든 이사들은 의제를 바꾸기 전에 그때그때 논의한 문제에 대해 결정을 내리게 됐다. 그 결과는 분명한 변화로 나타났고, 그 변화는 유익한 것이었다고 하우얼은 내게 말했다. 미처리 현안을 열거한 목록은 깨끗하게 비워졌다. 월간 일정표도 깨끗해졌다. 이사들이 보고서 뭉치를 집으로 가져갈 필요도 없어졌다. 그리고 해결되지 않은 문제에 대한 걱정은 더 이상 할 필요가 없게 됐다.

이것은 유에스스틸의 이사들에게만이 아니라 당신과 나에게도 좋은 규칙이 될 수 있다.

좋은 업무습관 4:
조직하고, 위임하고, 감독하는 법을 배워라.

많은 사업가들이 다른 사람에게 책임을 위임하려고 하지 않고 모든 일을 자신이 직접 하기를 고집해서 스스로를 죽음으로 몰아가고 있다. 그렇게 하면 시시콜콜한 것들과 혼란에 압도당해 조급증, 걱정, 불안감, 긴장에 쫓기게 된다. 책임을 위임하기란 어렵다. 나도 안다. 그렇게 하는 것은 나한테도 어렵다. 엄청나게 어렵다. 권한을 엉뚱한 사람에게 잘못 위임하면 재앙이 초래될 수 있다는 사실을 나는 경험으로 알고 있다. 그러나 권한을 위임하는 것이 아무리 어렵다고 해도 기업 경영자로서 걱정, 긴장, 피로를 피하고자 한다면 그렇게 해야 한다.

큰 사업을 운영해 키워가면서도 조직하고, 위임하고, 감독하는 법을 배우지 않는 기업 경영자는 대개 50대나 60대 초반에 심장질환으로 갑자기 죽게 된다. 그들의 심장질환은 긴장과 걱정 때문에 생긴 것이다. 구체적인 사례를 원하는가? 그렇다면 당신이 사는 지역에서 발행되는 신문에 실리는 부음을 들여다보라.

27
피로, 걱정, 분노를 불러오는 권태를 몰아내는 법

피로의 주된 원인 가운데 하나는 권태다. 기업의 간부로 일하는 앨리스라는 여성이 당신의 이웃에 산다고 가정하고 그녀를 예로 들어보자. 어느 날 밤에 그녀는 완전히 지친 상태로 귀가한다. 그녀는 피로한 듯이 행동한다. 아니, 그녀는 실제로 피로하다. 그녀는 두통을 느끼고, 요통도 느낀다. 그녀는 기진맥진해서 저녁식사도 하지 않고 침대에 누워 잠이나 자려고 한다. 그녀의 어머니가 저녁식사는 하고 자라고 애원한다. … 그녀는 식탁 앞에 앉는다. 그런데 전화벨이 울린다. 남자친구다! 그가 춤을 추러 가자고 한다! 그녀의 두 눈이 반짝인다. 그녀는 기분이 좋아진다. 그녀는 위층으로 달려 올라가 밝은 청색 외투를 걸치고 나가 남자친구를 만난다. 그녀는 새벽 3시까지 춤을 춘다. 마침내 귀가했을 때 그녀는 조금도 지친 상태가 아니다. 그녀는 사실 이번에는 너무 신나고 흥분되어 잠을 잘 수 없을 정도다.

  8시간 전에 앨리스가 지친 듯이 보이고 그렇게 행동했을 때 정말로 피로했던 것일까? 물론 그랬을 것이다. 그녀는 자기가 하는 일에 대해, 그리고 아마도 삶에 대해 권태를 느끼고 있었기 때문에 피로했을 것이다. 앨리스와 같은 사람은 수없이 많다. 당신도 그런 사람들 가운데 한 사람일지 모른다.

일반적으로 사람이 피로해지는 데는 육체적으로 힘을 쓰는 것보다 감정적인 태도가 더 많은 영향을 미친다는 것은 잘 알려진 사실이다. 몇 년 전에 조지프 E. 바머크 박사는 〈아카이브스 오브 사이콜로지〉를 통해 권태가 어떻게 피로를 일으키는지를 보여주는 실험결과를 일부 발표했다. 바머크 박사는 한 무리의 학생들로 하여금 그가 알기로는 그들이 별로 관심을 갖고 있지 않은 일을 하게 하는 실험을 했다. 결과는 어떠했을까? 학생들은 지치면서 졸음이 온다고 했고, 머리가 아프고 눈이 피로해진다고 했으며, 짜증이 난다고도 했다. 배탈을 호소하는 학생들도 있었다. 이런 증상들이 다 '상상'이었을까? 아니다. 바머크 박사는 그 학생들의 신진대사를 검사했다. 그 결과 권태를 느끼게 된 학생들의 경우에는 혈압이 낮아지고 산소 소비량이 줄어드는 것으로 나타났다. 반면에 주어진 일에서 흥미와 즐거움을 느끼기 시작한 학생들의 경우에는 그 즉시 신진대사가 활발해지는 것으로 나타났다.

우리는 뭔가 흥미롭고 재미있는 일을 할 때는 별로 피로를 느끼지 않는다. 나는 최근에 캐나다 쪽 로키산맥의 루이즈 호수 근처에서 휴가를 보냈다. 나는 코럴크리크 강을 따라 올라가며 송어 낚시를 하면서 며칠을 보냈다. 내 키보다 더 높은 풀숲을 헤치며 힘들여 길을 내기도 했고, 버려진 통나무에 걸려 넘어지기도 했으며, 쓰러진 나무를 치우고서야 앞으로 나아가기도 했다. 그런데 그렇게 8시간을 보낸 뒤에도 나는 지치지 않았다. 왜 그랬을까? 들뜨고 흥분될 정도로 재미가 있었기 때문이다. 나는 여섯 마리의 얼룩무늬 송어를 잡았고, 그래서 대단한 성취감을 느꼈다. 만약 낚시를 지겨워했다면 그때 내 상태가 어땠을 것이라고 당신은 생각하는가? 나는 고도가 2100미터를 넘는 그곳에서 그렇게 힘든 일을 하느라 지쳐버렸을 것이다.

힘이 많이 드는 산악등반과 같은 활동을 할 때도 권태가 그런 활동에 들이는 육체적 노력에 비해 훨씬 더 많이 당신을 지치게 만든다. '미니애폴리스 농민기술인 저축은행'의 행장인 S. H. 킹먼은 이런 점을 완벽하게 설명해주는 사건을 내게 이야기해주었다. 1953년 7월에 캐나다 정부가 '프린스 오브 웨일스 특공대'의 대원들에게 산악등반 기술을 훈련시킬 교관을 파견해달라고 캐나다 산악인협회에 요청했다. 킹먼은 그때 특공대원들을 훈련시킬 교관으로 선발된 사람들 가운데 한 사람이다. 그는 자기를 비롯해 42살에서 59살까지의 연령대에 속하는 교관들이 특공대원들을 데리고 얼음과 눈으로 뒤덮인 빙원을 행군하고, 10여 미터 높이의 깎아지른 절벽을 기어오른 다음에 다시 로프에 몸을 의지한 채 조금 튀어나온 곳에 발을 디디고 자칫하면 부서져 내릴 것 같은 바위 모서리를 손으로 붙잡아 끌어당겨가면서 산을 오른 과정을 내게 이야기해주었다. 그들은 캐나다 쪽 로키산맥의 리틀요호 밸리 지역에 있는 마이클스 피크와 바이스프레지던트 피크, 그리고 그 밖의 이름 없는 여러 산꼭대기에 올랐다. 한창 기력이 왕성한 상태였던 특공대원들(그들은 6주 동안 진행된 엄격한 특공대 훈련을 마친 직후였다)이 15시간에 걸쳐 산악등반 훈련을 받고는 완전히 지쳐버렸다.

특공대 훈련을 받는 과정에서 사용하지 않은 근육을 산악등반 훈련에서는 사용했기 때문에 그들이 그렇게 피로해진 걸까? 만약 특공대 훈련을 받아본 사람이 이런 말을 들으면 터무니없다는 반응을 보이며 비웃을 것이다! 그들이 완전히 지쳐버린 것은 산악등반이 지루했기 때문이다. 그들은 극심한 피로를 느꼈으며, 그들 가운데 다수는 식사도 하지 않고 잠에 곯아떨어졌다. 그런데 교관들, 즉 특공대 병사들에 비해 나이가 두세 배나 되는 교관들도 피로해졌을까? 그렇긴 했다. 그러나 병사들처럼 기진맥진하지는 않았다. 교관들은 저녁 식사를 했고, 그런 다음에도 여러 시간 동안 잠을 자지 않고 그날 있었던 일에 대해 서로 이야기를 나누었다. 그들은 병사들을 데리고 산악등반을 하는 것이 재미있었기 때문에 병사들처럼 완전히 지쳐버리지 않은 것이었다.

컬럼비아대학의 에드워드 손다이크 박사가 피로에 관한 실험을 해본 적이 있다. 그는 젊은이들로 하여금 계속해서 뭔가에 흥미를 느끼게 해서 거의 일주일 동안 잠을 자지 못하고 깨어있게 했다. 손다이크 박사는 이런 실험을 여러 차례 반복하며 많은 관찰을 한 뒤에 이렇게 말했다. "사람이 해낼 수 있는 일의 양을 감소시키는 유일한 진짜 원인은 권태다."

당신이 만약 정신노동을 하는 사람이라면 그날 한 일의 양 때문에 피로를 느끼는 경우는 드물 것이다. 처리하지 못한 일의 양이 당신을 피로하게 만들 수는 있다. 예를 들어 당신이 일을 하는 데 끊임없이 방해를 받은 지난주의 어느 날을 떠올려보자. 그날 당신은 받은 편지에 대한 답장을 한 통도 쓰지 못했고, 누군가를 만나기로 한 약속들을 모두 취소해야 했다. 게다가 여기저기서 문제가 발생했다. 그날은 모든 것이 어그러졌다. 그래서 당신은 아무 일도 하지 못했다. 한 일이 없는데도 그날 당신은 머리가 깨지는 듯한 두통을 느끼며 완전히 지친 상태로 귀가했다.

그 다음날에는 반대로 모든 일이 술술 풀렸다. 당신은 전날에 비해 40배는 될 정도로 많은 일을 해냈다. 그런데도 그날 당신은 순백색의 치자나무처럼 생생한 상태로 귀가했다. 당신은 분명 이런 경험을 해본 적이 있을 것이다. 나도 마찬가지다.

여기서 우리가 얻을 수 있는 교훈은 무엇일까? 그것은 바로 이런 것이다. 우리는 우리가 하는 일 때문이 아니라 우리가 느끼는 걱정, 좌절, 분노 때문에 피로해지는 경우가 많다.

내가 이 장을 쓰고 있는데 마침 제롬 컨*이 제작한 유쾌한 뮤지컬 코미디 〈쇼 보트〉가 재상연되기에 나는 그것을 보러 갔다. 그 뮤지컬 코미디에서 '코튼 블로섬 호'의 앤디 선장이 다음과 같은 철학적인 말을 한다. "즐겁게 할 수 있는 일을 하는 사람들은 운이 좋은 자들이지." 그런 사람들이 운이 좋은 자들인 이유는 다른 사람들에 비해 활력과 행복을 더 많이 누리는 반면에 걱정과 피로에는 덜 시달린다

....
* Jerome Kern. 1885~1945. 미국의 작곡가.

는 데 있다. 당신이 재미를 느끼는 곳, 거기에 당신의 활력도 있다. 잔소리나 해대는 아내(또는 남편)와 건널목을 10번 정도 건너야 하는 거리를 같이 걸어가는 것은 좋아하는 애인과 10여 킬로미터를 같이 걸어가는 것보다 당신을 더 많이 피로하게 만들 수 있다.

그렇다면 어떻게 해야 한다는 것인가? 그런 문제에 어떻게 대응해야 할까? 오클라호마 주의 털사에 있는 석유회사에서 일하던 한 여성 속기사가 어떻게 대응했는지를 소개해보겠다. 그녀는 매달 며칠씩 우리가 상상할 수 있는 지루한 일 가운데 가장 지루한 일로 꼽히는 것, 즉 계약서 작성 업무를 맡고 있었다. 석유자원 개발에 관한 계약서 양식의 빈 칸에 관련 숫자나 통계, 글자를 채워 넣는 그 일은 아주 지루한 것이었다. 그래서 그녀는 자기 자신을 지키기 위해 그 일을 재미있는 것으로 바꾸기로 결심했다. 그녀가 어떻게 했을까? 그녀는 매일 자기 자신과 시합을 벌였다. 매일 오전 중에 자신이 작성한 계약서의 수를 세고, 오후에는 그보다 더 많은 계약서를 작성해서 그 기록을 깨려고 노력했다. 또한 그녀는 매일 그날 자신이 작성한 계약서의 수를 세고, 그 다음날에는 그 기록을 깨려고 노력했다. 결과는 어떠했을까? 얼마 지나지 않아 그녀는 자신이 소속된 부서의 다른 어느 누구보다도 계약서를 더 많이 작성할 수 있게 됐다. 그런데 그렇게 한 결과로 그녀는 무엇을 얻었을까? 칭찬? 아니다. 감사? 아니다. 승진? 아니다. 더 많은 봉급? 아니다. 그러나 권태가 불러오는 피로를 예방하는 데는 도움이 됐다. 그렇게 한 것이 그녀에게 정신적인 자극을 주었던 것이다. 그녀는 지루한 일을 재미있는 일로 바꾸기 위해 최선을 다함으로써 더 많은 활력과 더 많은 열정과 더 많은 행복을 느끼게 됐다.

그녀가 나에게 말해준 위와 같은 이야기가 사실임을 나는 안다. 왜냐하면 그녀는 바로 나와 결혼한 여자이기 때문이다.

자기가 하는 일이 재미있다는 듯이 행동하기만 해도 유익함을 얻게 된다는 사실을 알게 된 또 다른 여성 속기사의 이야기를 소개하겠다. 그녀는 예전에는 자기가 하는 일과 씨름을 하곤 했지만, 이제는 그러지 않는다. 그녀는 일리노이 주의 엘름허스트에 사는 밸리 G. 골든이다. 내게 편지로 써 보내온 그녀의 이야기는 다음과 같다.

"내가 일하는 사무실에는 나를 포함해 4명의 속기사가 있습니다. 우리는 각각 다른 여러 명의 사원들을 맡아 그들이 쓰는 편지를 타자해주는 일을 합니다. 그런데 일이 밀리는 경우가 종종 있습니다. 하루는 어느 부서의 차장이 나더러 긴 편지를 처음부터 다시 타자해야 한다고 고집을 부렸습니다. 나는 처음부터 다시 타자하지 않고도 편지를 교정할 수 있다고 그에게 대꾸했습니다. 그러자 그는 내가 처음부터 다시 타자해주지 못하겠다면 그렇게 해줄 다른 사람을 찾아보겠다고 하는 것이었습니다! 나는 화가 머리끝까지 치밀었지만 어쩔 수 없이 편지를 처음부터 다시 타자하기 시작했습니다. 그런데 문득 내가 하고 있는 일을 대신 하겠다고 달려들 사람은 얼마든지 있을 거라는 생각이 들었습니다. 게다가 회사가 내게 봉급을 주는 것은 내가 바로 그와 같은 일을 하기 때문이라는 생각도 들었습니다. 이런 생각이 들자 내 기분이 나아지기 시작했습니다.

나는 내가 하는 일을 경멸하고 있었지만, 정말로 그 일을 즐기는 것처럼 행동하기로 작정했습니다. 그때 나는 중요한 사실을 알게 됐습니다. 내가 마치 즐기는 것처럼 어떤 일을 하면 어느 정도는 실제로 그 일을 즐기게 된다는 것을 알게 된 것입니다. 또한 내가 하는 일을 즐기게 되면 그 일을 더 빨리 할 수 있게 된다는 것도 알게 됐습니다. 이제 나는 업무시간을 넘기면서까지 일을 해야 할 필요가 거의 없습니다.

이렇게 새로운 자세로 일을 하게 된 뒤로 나는 일을 잘하는 사람이라는 평판을 듣게 됐습니다. 얼마 뒤에 내가 소속된 부서의 간부 가운데 한 사람이 전속비서가 필요하다며 내게 그 일을 맡아달라고 요청했습니다. 그 간부는 나를 선택한 이유에 대해, 내가 정해진 업무 외에 더 많은 일을 시켜도 부루퉁해지지 않고 기꺼이 그 일을 하는 사람이기 때문이라고 말했습니다.

마음가짐을 바꾸는 것이 얼마나 큰 힘을 발휘하는가를 알게 된 것은 내게 엄청나게 중요한 발견이었습니다. 그 힘이 기적을 만들어 냈습니다!"

그녀는 한스 바이힝거* 교수가 말한 철학, 즉 기적을 만들어내는 '마치 어떠한 것처럼 철학'을 이용한 셈이었다. 바이힝거 교수는 우리에게 '마치 행복한 것처럼' 행동하라고 가르쳤다.

지금 하는 일에 대해 흥미를 느끼고 있는 것처럼 행동한다면 당신은 실제로 그 일에 대해 흥미를 느끼게 될 것이다. 뿐만 아니라 당

---

* Hans Vaihinger. 1852~1933. 독일의 철학자.

신의 피로감, 긴장감, 걱정도 줄어들 것이다.

몇 년 전에 할런 A. 하워드는 자신의 삶을 완전히 바꿔놓게 될 결심을 했다. 그는 따분한 일을 재미있는 일로 만들자는 결심을 했다. 고등학교 시절에 그는 다른 친구들이 야구를 하거나 여자아이들을 놀려대며 보내는 시간에 학교식당에서 접시를 닦고, 조리대를 씻어내고, 아이스크림을 나눠주는 일을 했다. 그는 자신이 돈을 벌기 위해서 해야 하는 그런 일을 경멸했다. 하지만 그는 그런 일을 계속하지 않을 수 없었고, 그렇다면 차라리 아이스크림에 대해 연구나 해보자고 작정했다. 그는 아이스크림이 어떻게 만들어지는 것인지, 아이스크림에 들어가는 재료는 어떤 것들인지, 아이스크림 가운데 어떤 것이 다른 것보다 더 맛이 있는 이유는 무엇인지 등을 연구했다. 그는 이를테면 아이스크림의 화학을 연구한 셈이었고, 그 결과로 '화학 과목의 신동'으로 통하게 됐다. 그는 식품화학에 흥미를 느끼게 되어 매사추세츠 주립대학으로 진학해 '식품공학'을 전공했다. 그 즈음 뉴욕 코코아 거래소가 모든 대학생들을 대상으로 100달러의 현상금을 내걸고 코코아와 초콜릿의 이용방법에 관한 논문을 공모했다. 누가 최우수상 수상자로 뽑혀 그 현상금을 받았을까? 그렇다. 할런 A. 하워드였다.

그는 직장을 구하기가 어렵다는 것을 알게 되자 매사추세츠 주의 애머스트에 있는 자기 집 지하실에 개인실험실을 차렸다. 그 뒤 얼마 지나지 않아 새로운 법률이 제정되어, 우유회사들이 우유의 박테리아 함량을 측정해 밝혀야 하게 됐다. 할런 A. 하워드는 곧바로 애머스트에 있는 우유회사 14개사로부터 우유의 박테리아 함량을 측정하는 일을 위탁받았고, 그 일을 하기 위해 두 명의 조수를 고용했다.

앞으로 25년 뒤에는 그가 어떠한 사람이 돼있을까? 지금 식품화학 분야의 회사를 운영하고 있는 사람들은 그때가 되면 은퇴했거나 고인이 됐을 것이다. 그리고 그들이 앉아있던 자리에는 지금 창의성과 열정을 뿜어내고 있는 젊은이들이 대신 앉아있게 될 것이다. 앞으로 25년 뒤에 할런 A. 하워드는 아마도 그의 전문분야에서 지도자 가운데 한 사람이 돼있을 것이다. 반면에 그가 파는 아이스크림을 사 먹곤 했던 그의 동급생 가운데 일부는 실직을 한 상태에서 정부를 저주하거나 자기에게는 기회가 한 번도 주어지지 않았다고 불평하면서 우울한 나날을 보내고 있을 것이다. 할런 A. 하워드가 만약 따분한 일을 재미있는 일로 만들자는 결심을 하지 않았다면 그에게도 기회가 전혀 주어지지 않았을 수 있다.

공장 안에 설치된 한 선반에 붙어 서서 볼트를 만들어내는 자신의 일을 따분하게 여기면서 권태로워하던 한 젊은이가 있었다. 그의 이름은 샘이다. 샘은 그 일을 그만두고 싶었지만, 다른 일자리를 구하지 못할까봐 두려웠다. 그는 그 일을 그만둘 수 없었으므로, 그렇다면 차라리 그 일을 재미있는 것으로 만들어버리자고 결심했다. 그래서 그는 옆에서 기계를 돌리는 다른 기능공들과 시합을 벌였다. 그들 가운데 한 사람이 볼트로 만들 재료의 거친 표면을 기계로 매끄럽게 다듬고 나면, 그 다음 사람이 그것을 건네받아 볼트의 규격에 맞는 굵기로 깎아냈다. 그들은 이런 공정에서 각자가 맡아 돌리는 기계를 서로 바꿔 맡으면서 누가 가장 빨리 일을 해내는지를 놓고 시합을 벌였다. 얼마 지나지 않아 샘이 일하는 속도와 정확성에 깊은 인상을 받은 현장감독자가 샘에게 더 나은 일을 맡겼다. 그것은 샘이 그 뒤로 밟아나갈 승진과정의 시작이었다. 그로부터 30년 뒤에 샘, 즉 새뮤얼 보클레인*은 볼드윈 로코모티브 웍스의 사장이 된다. 그러나 만약 따분한 일을 재미있는 일로 만들기로 결심하지 않았다면 그는 평생 현장 기능공으로 머물러 있었을 것이다.

라디오에 출연하는 유명한 뉴스 분석가인 H. V. 캘턴본♠은 언젠가 내게 자기가 따분한 일을 어떻게 재미있는 일로 만드는지에 대해 말해주었다. 그는 22살 때 소 수송선을 타고 소에게 먹이와 물을 주는 일을 하면서 대서양을 건너 유럽으로 갔다. 그는 자전거를 타고 영국을 여행한 다음에 프랑스로 건너가 파리에 도착했다. 그때 그는 굶주린 상태였으며, 돈도 한 푼도 없었다. 그는 갖고 있던 카메라를 전당포에 맡기고 5달러를 빌려 그 돈으로 〈뉴욕헤럴드〉의 파리판에 구직광고를 내어 입체경을 파는 일자리를 얻었다. 두 눈에 가져다 대고 그 안에 있는 똑같은 두 장의 그림을 들여다보게 돼있는 구식 입체경을 나는 기억한다. 그렇게 들여다보면 기적 같은 일이 일어난다. 입체경에 장착돼있는 두 개의 렌즈가 그 안에 있는 두 장의 그림을 하나의 영상으로 통합시키면서 그 영상을 3차원으로 보이게 만드는 것이다.

---

* Samuel Matthews Vauclain. 1856~1940. 미국의 엔지니어, 발명가, 경영자.
♠ H. V. Kaltenborn. 1878~1965. 미국의 CBS와 NBC 등에서 30여 년간 뉴스해설을 한 라디오 방송인.

그러면 우리의 눈에는 멀고 가까운 거리가 보인다. 놀랍게도 거기서 원근감을 느끼게 되는 것이다.

어쨌든 내가 방금 말한 대로 캘턴본은 파리에서 이 집 저 집을 방문하며 그 입체경을 파는 일을 하기 시작했다. 그는 프랑스어를 할 줄 몰랐다. 그런데도 그는 첫 해에 입체경을 팔아 5천 달러를 벌어, 그 해에 프랑스에서 가장 돈을 많이 번 판매원 가운데 한 사람이 됐다. 성공하는 데 필요한 자질을 자신의 내면에 길러주었다는 점에서 그 경험은 하버드에서 1년간 공부하는 것 못지않았다고 캘턴본은 내게 말했다. 그 경험이 자신감을 키워주었던 것이다. 그런 경험을 하고 나자 캘턴본은 프랑스의 가정주부들에게 미국의 연방의회 의사록도 팔 수 있겠다는 생각이 들었다고 한다.

캘턴본은 그 경험을 통해 프랑스인들의 삶을 깊이 이해할 수 있게 됐고, 이는 나중에 그가 라디오에 출연해 유럽에서 일어나는 일에 대해 해설을 할 때 진가를 발휘하게 된다.

프랑스어도 할 줄 몰랐던 그가 어떻게 파리에서 능숙한 판매원이 될 수 있었을까? 그는 자기를 고용해준 사람에게 "완벽한 프랑스어로 구매를 권유할 때 사용하는 말을 종이에 써달라"고 해서 그것을 외워버렸다. 그는 방문하는 집의 초인종을 누른 다음에 그 집의 주부가 문을 열고 나오면 곧바로 외워둔 말을 쏟아냈다. 그가 하는 프랑스어는 형편없이 서툴러서 우스꽝스럽게 들렸다. 그러거나 말거나 그는 그 주부에게 입체경 그림을 보여주었고, 그 주부가 뭔가 질문을 던지면 어깨를 으쓱해 보이면서 "나는 미국인이에요, 미국인"이라고 말했다. 그런 다음에 그는 모자를 벗어 들고 그 위에 붙여놓은 종이, 그러니까 완벽한 프랑스어로 구매를 권유하는 말을 적어놓은 종이를 그 주부에게 보여주었다. 그러면 그 주부는 웃음을 터뜨리게 마련이었고, 그도 따라 웃으면서 또 다른 입체경 그림을 보여주곤 했다. 캘턴본은 그 일이 결코 쉽지는 않았다고 말했다. 그럼에도 자기가 그 일을 해낼 수 있었던 것은 오로지 그때 자기가 갖고 있었던 단 하나의 강점, 즉 해야 하는 일이라면 그것을 재미있는 일로 만들겠다는 결의 덕분이었다고 했다. 그는 매일 아침 그날의 일과를 시작하기 전에 거울을 들여다보면서 자신에게 다음과 같은 격려의 말을 했다고 한다. "캘턴본, 먹고 살려면 이 일을 해야만 해. 꼭 해야만 하는 일이라면 즐겁게 해야 하지 않겠어? 이렇게 한번 상상해봐. 방문하는 집의 초인종을 누를 때마다 너는 스포트라이트를 받으며 무대 위에 서 있는 배우이고 저 앞에는 너를 바라보는 관객이 있다고 말이야. 네가 하고 있는 일도 무대 위에서 펼쳐지는 연극만큼이나 재미있는 거야. 그러니 그일에 열정을 쏟아부어보자고!"

매일 스스로에게 되풀이한 이런 격려의 말은 한때 혐오하고 두려워했으며 숙제처럼 여겼던 일을 오히려 좋아하고 돈도 많이 벌게 해주는 모험과 같은 일로 탈바꿈시키는 데 도움이 됐다고 켈턴본은 말했다.

성공하기를 열망하는 미국의 젊은이들에게 조언으로 해주고 싶은 말이 있느냐는 내 질문에 그는 이렇게 답했다. "물론 있지요. 매일 아침마다 자기 자신을 격려하라는 말을 해주고 싶습니다. 많은 사람들이 낮에도 반수면 상태로 돌아다닙니다. 그러한 상태에서 깨어나려면 육체적 운동을 하는 게 좋다고들 합니다만, 사실 그것보다 훨씬 더 필요한 것은 아침마다 자신을 독려하는 정신적 운동을 하는 것입니다."

매일 자기 자신에게 격려의 말을 해주라는 조언이 바보스럽거나 피상적이거나 유치한가? 아니다. 그것은 오히려 건실한 심리학의 핵심이다. "우리의 인생은 우리가 생각하는 대로 된다." 이 말은 1800여 년 전에 마르쿠스 아우렐리우스가 명상에 관한 자신의 저서에 처음으로 쓴 것이지만, 오늘날에도 그때만큼이나 타당하다. "우리의 인생은 우리가 생각하는 대로 된다."

매일 매시간 자기 자신과 대화를 나누자. 그러면 당신의 마음이 용기와 행복에 관한 생각, 자기가 갖고 있는 능력과 평온에 관한 생각으로 가득 채워질 것이다. 감사해야 할 것들에 대해 자기 자신과 대화를 나누다 보면 하늘로 날아오르며 노래를 부르는 듯한 느낌이 마음속에 가득 차게 될 것이다.

올바른 생각을 하면 자기가 하는 일에 대한 혐오감을 줄일 수 있다. 당신 회사의 사장이 당신이 자기 일에 흥미를 느끼기를 바라는 것은 자기가 돈을 더 많이 벌고 싶기 때문이다. 그러나 사장이 무얼 원하는지에 대해서는 생각하지 말자. 오직 당신이 자기 일에 흥미를 갖는 것이 당신에게 어떤 작용을 하게 될 것인지에 대해서만 생각하자. 당신이 자기 일에 흥미를 가지면 당신의 인생에서 얻을 수 있는 행복의 양이 두 배로 늘어날 수 있다는 점을 기억하자. 왜냐하면 당신은 깨어있는 시간 가운데 절반가량을 직장에서 보내므로 만약 직장에서 행복을 찾지 못한다면 다른 어디에서도 행복을 찾지 못할 가능성이 높기 때문이다. 당신이 자기 일에 흥미를 가지면 마음속에서 걱정이 사라질 것이고, 길게 보면 아마도 당신은 승진을 하거나 더 많은 봉급을 받게 될 수도 있다는 점을 기억하자. 설령 그렇게 되지 않는다 하더라도 당신은 피로를 훨씬 덜 느끼게 될 것이고, 여가시간을 즐길 수 있게 될 것이다.

28
불면증에 대한 걱정을 피하는 법

혹시 당신은 잠을 잘 자지 못할 때 걱정을 하게 되는가? 만약 그렇다면, 세계적으로 유명한 법률가인 새뮤얼 운터마이어♠가 평생토록 잠을 잘 자지 못했다는 사실에 흥미를 느낄 것이다.

대학에 진학한 운터마이어는 자신이 천식과 불면증을 앓고 있는 것이 무척 신경 쓰였다. 그는 그 두 가지 증세를 고치는 것은 어렵다고 생각하고 차선책을 취하기로 결심했다. 차선책이란 그 두 가지 증세로 인해 밤에 잠을 자지 못하고 깨어있는 시간이 많다는 점을 오히려 활용하는 것이었다. 그는 밤새 뒤척이며 걱정만 하다가 심신쇠약으로 쓰러지게 되기보다는 잠이 오지 않으면 그냥 일어나서 공부를 하기로 했다. 그 결과는 어떠했을까? 그는 모든 과목에서 우등생이 됐고, 시티 오브 뉴욕 대학의 신동으로 꼽히게 됐다.

변호사 일을 시작한 뒤에도 그의 불면증은 계속됐다. 그러나 그

♠ Samuel Untermyer. 1858~1940. 미국의 법률가.

는 걱정하지 않았다. 그는 이렇게 말했다. "자연이 나를 돌볼 것이다." 실제로 자연이 그를 돌보았다. 잠을 조금밖에 자지 못하는데도 그의 건강은 나빠지지 않았고, 그 덕분에 그는 뉴욕 법조계의 젊은 변호사 가운데 그 누구 못지않게 열심히 일을 할 수 있었다. 게다가 그는 남들이 자는 시간에도 일을 했기 때문에 그만큼 더 많은 일을 할 수 있었다.

운터마이어는 21살 때 1년 동안 7만 5천 달러를 벌었다. 그가 변론하는 모습을 보고 배우기 위해 다른 젊은 변호사들이 몰려들었다. 1931년에 그는 단 한 건의 사건을 맡고 거금 100만 달러를, 그것도 현금으로 벌어들였다. 이는 그 당시로서는 아마도 변호사 수임료로는 가장 큰 금액이었을 것이다.

그런데도 여전히 그는 불면증에서 벗어나지 못했다. 그래서 잠을 자야 할 시간의 절반을 책을 읽으면서 보냈고, 그러고도 새벽 5시면 일어나 비서에게 편지를 받아쓰게 했다. 대부분의 사람들이 일을 시작하는 시간에 그는 그날 해야 할 일의 거의 절반을 이미 끝내놓고는 했다. 그는 밤에 잠을 푹 자본 적이 거의 없는데도 81세까지 살았다. 만약 자신의 불면증에 대해 안달을 하고 걱정을 했다면 아마도 그는 심신이 망가져 그보다 일찍 죽었을 것이다.

우리는 인생의 3분의 1을 잠을 자면서 보낸다. 그러나 잠이라는 것의 정체에 대해 아는 사람은 거의 없다. 잠은 습관이고 그 자체는 휴식의 상태이며, 우리가 잠을 자는 동안에 자연이 우리를 보살펴준다는 것을 우리는 알고 있다. 그러나 우리는 각각의 개인이 몇 시간의 잠을 필요로 하는지에 대해서는 알지 못한다. 과연 잠을 꼭 자야만 하는 것인지도 우리는 알지 못한다!

허황된 말로 들리는가? 그렇다면 1차 세계대전 때 헝가리의 병사였던 파울 케른의 이야기를 해야겠다. 그는 뇌의 전두엽을 관통하는 총상을 입었다. 상처는 치료됐지만, 참으로 이상하게도 그는 수술을 받은 뒤로는 잠을 잘 수 없었다. 의사들은 그에게 온갖 종류의 진정제와 최면제를 투여해보았고, 심지어는 최면술도 적용해보았다. 하지만 어떤 치료를 받은 뒤에도 파울 케른은 여전히 잠을 자지 못한 것은 물론이고 졸음조차 느끼지 못했다.

의사들은 그가 오래 살지 못할 것이라고 말했다. 그런데 그는 의사들을 바보로 만들었다. 그는 취직을 해서 일을 하면서 건강한 상태로 상당히 오래 살았다. 그는 침대에 누워 눈을 감고 휴식을 취하곤 했지만 잠은 전혀 자지 못했다. 그의 경우는 의학적 수수께끼였고, 잠에 대해 우리가 믿고 있는 것 가운데 많은 것을 무너뜨렸다.

다른 사람들보다 잠을 더 많이 자야 하는 사람도 있다. 토스카니니*는 밤에 5시간만 자면 됐지만, 캘빈 쿨리지♠는 그 두 배 이상의 잠을 필요로 했다. 쿨리지는 하루 24시간 가운데 11시간 동안 잠을 잤다. 다시 말해 토스카니니는 인생의 약 5분의 1을 자면서 보낸 데 비해 쿨리지는 인생의 거의 절반을 자면서 보낸 셈이다.

불면증에 대한 걱정이 불면증 그 자체보다 훨씬 더 많이 당신을

---

* Arturo Toscanini. 1867~1957. 이탈리아의 지휘자.
♠ Calvin Coolidge. 1872~1933. 미국의 30대 대통령(1923~1929년 재임).

해친다. 예를 들어 내가 가르치는 성인반의 학생으로 뉴저지 주의 리지필드 파크에 사는 아이러 샌드너는 만성적인 불면증으로 인해 자살하기 직전까지 갔다. 그는 내게 다음과 같이 말했다.

"원래 나는 잠을 너무 잘 자서 문제였습니다. 나는 자명종이 울리다가 꺼질 때까지도 일어나지 못해서 자주 회사에 지각하곤 했습니다. 그 문제로 직장 상사로부터 경고도 많이 받았습니다. 나는 걱정이 되기 시작했습니다. 늦잠 자는 버릇을 고치지 못한다면 직장에서 쫓겨날 게 분명했기 때문입니다.

나는 친구들에게 그런 내 문제를 이야기했습니다. 한 친구가 나더러 밤에 잠들기 전에 자명종에 정신을 집중해보라고 권했습니다. 그것이 불면증의 시작이었습니다! 나는 그 망할 놈의 자명종 시계가 똑딱거리는 소리에서 벗어날 수 없게 됐습니다. 그 소리 때문에 잠들지 못하고 밤새 뒤척거렸습니다. 아침이 되면 나는 거의 병자가 됐습니다. 이런 상태가 8주 동안 계속됐습니다. 그때 내가 겪은 고통은 말로 표현하기 어렵습니다. 정말 미쳐버릴 것 같았습니다. 때때로 나는 몇 시간 동안이나 방안을 서성거렸고, 창밖으로 뛰어내려 그 모든 것을 끝내버리는 게 낫겠다는 생각까지 했습니다!

결국 나는 평생 알고 지내온 의사를 찾아갔습니다. 그는 이렇게 말했습니다. '아이러, 나는 당신을 도와줄 수 없어요. 사실 나뿐만 아니라 그 누구도 당신을 도울 수 없을 겁니다. 모든 것은 당신에게 달려있어요. 밤에 잠이 오지 않으면 그냥 잠을 자야 한다는 생각 자체를 하지 마세요. 그리고 눈을 감고 마음속으로 이렇게 되뇌세요. 잠을 자지 못해도 상관없다. 뜬눈으로 밤을 새운다 해도 괜찮다. 그저 이렇게 조용히 누워만 있어도 나는 휴식을 취하는 것이다.'

나는 곧바로 그렇게 했습니다. 두 주일이 지나자 나는 곯아떨어졌습니다. 그리고 한 달이 지나기 전에 나는 매일 8시간씩 잘 수 있게 되면서 신경의 안정을 찾았습니다."

아이러 샌드너를 녹초로 만들었던 것은 불면증이 아니라 불면증에 대한 걱정이었다.

시카고대학의 교수인 너새니얼 클레이트먼* 박사는 당대의 그 누구보다도 잠에 대해 많은 연구를 했다. 잠에 대한 전문가인 그는 자기가 아는 한 불면증 때문에 죽은 사람은 단 한 사람도 없다고 단언했다. 물론 누구나 불면증에 대해 걱정하다가 결국은 활력을 잃고 병원균에 취약해질 수 있다고 그는 말했다. 그러나 그런 피해를 낳는 것은 불면증 그 자체가 아니라 불면증에 대한 걱정이라는 것이다.

클레이트먼 박사는 불면증에 대해 걱정하는 사람들은 대체로 그들 스스로 생각하는 것보다 잠을 훨씬 더 많이 잔다고 말했다. "간밤에 한숨도 자지 못했다"고 맹세하듯 말하는 사람이 사실은 자기도 모르는 사이에 여러 시간 잠을 잤을 수도 있다는 것이다. 예를 들어 19세기의 가장 심오한 철학자 가운데 한 사람인 허버트 스펜서는 독신자로 늙어서 하숙집에서 살면서 자신의 불면증에 관한 이야기로 다른 사람들을 지겹게 만들곤 했다. 그는 소음을 듣지 않고 신경을 진정시

---

* Nathaniel Kleitman. 1895~1999. 미국의 생리학자.

키기 위해 귀에 '귀마개'를 꽂아 넣기도 했다. 때로는 잠을 자기 위해 아편을 먹기도 했다. 어느 날 밤에 스펜서는 옥스퍼드대학의 세스 교수와 방을 같이 쓰게 됐다. 다음날 아침에 스펜서는 간밤에 한숨도 자지 못했다고 말했다. 그러나 사실은 한숨도 자지 못한 사람은 그가 아니라 세스 교수였다. 스펜서가 자면서 코를 고는 소리 때문에 밤새 잠들지 못하고 깨어있었던 것이다.

밤에 푹 자기 위해 필요한 첫 번째 조건은 안전감이다. 우리는 힘이 센 누군가가 밤새 지켜줄 것이라고 느껴야만 잠을 푹 잘 수 있다. 그레이트 웨스트 라이딩 요양소의 토머스 히슬럽 박사는 영국 의학협회에서 한 연설에서 바로 이 점을 강조했다. 그는 이렇게 말했다. "다년간의 임상경험으로 내가 알게 된 최선의 수면유도 방법 가운데 하나는 바로 기도입니다. 나는 순전한 의료인의 입장에서 이런 말을 하는 것입니다. 습관적으로 기도를 하는 사람들은 기도가 마음을 평온하게 하고 신경을 안정시키는 가장 좋고도 자연스러운 것이라고 여깁니다."

그의 말은 결국 "신에게 맡기고, 당신은 신경을 쓰지 말라"는 것이다.

재닛 맥도널드라는 여성은 기분이 울적하고 걱정거리가 있어서 잠들기 어려울 때에는 《시편》 23장을 외운다고 한다. 그러다 보면 '안전감'을 얻을 수 있다는 것이다. 그녀가 외우는 대목은 이렇다. "주님은 나의 목자, 나는 아쉬울 것이 없어라. 푸른 풀밭에 나를 쉬게 하시고, 잔잔한 물가로 나를 이끄시며…."

당신이 만약 어려운 일을 겪어내야 하는데 믿는 종교가 없는 사람이라면 육체적인 조치를 취하는 것을 통해 긴장을 푸는 법을 배워라. 《신경의 긴장으로부터 풀려나기》라는 책을 쓴 데이비드 해럴드 핑크 박사는 그렇게 하는 최선의 방법은 자신의 몸과 대화를 나누는 것이라고 말한다. 핑크 박사에 따르면 모든 종류의 최면은 말에 의해 이루어진다. 만약 당신이 계속해서 잠을 잘 수 없다면 그 이유는 당신이 자기 자신에게 불면증에 걸리도록 말을 했기 때문이라는 것이다. 원래의 상태로 돌아가려면 당신이 스스로에게 건 최면을 풀어주어야 한다. 그리고 그 방법은 당신 몸의 근육에게 "신경 쓰지 말라, 신경 쓰지 말고 놔둬라, 긴장을 풀고 느긋해져라"라고 말하는 것이다. 근육이 딱딱하게 굳어있는 상태에서는 마음과 신경의 긴장을 풀 수 없다는 것을 우리는 알고 있다. 그러므로 불면증에서 벗어나 잠을 자고 싶다면 먼저 근육부터 풀어줘야 한다. 핑크 박사는 먼저 무릎 뒤쪽에 베개를 받쳐주어 두 다리의 긴장을 풀어주고, 팔 밑에 베개를 받쳐주어 두 팔의 긴장을 풀어준 다음에 턱, 눈, 팔, 다리에게 차례대로 긴장을 풀라고 말하라고 권고한다. 그러다 보면 자기도 모르는 사이에 잠에 빠져든다는 것이다. 나는 그가 권고한 대로 해봤는데 효과가 있었다.

불면증에 가장 효과적인 치료법 가운데 하나는 정원 가꾸기, 수영, 테니스, 골프, 스키와 같이 육체적인 일을 해서 몸을 피곤하게 만드는 것이다. 시어도어 드라이저*가 바로 그런 방법을 썼다. 드라이저는 아직 힘겹게 노력하는 젊은 작가였을 때 불면증으로 고생을 했다. 불면증을 치료하기 위해 그는 뉴욕 센트럴 레일웨이라는 철도회사에 철로보수 노동자로 취직했다. 철로에 대못을 박아 넣고 삽으로 철로 주위에 자갈을 퍼붓는 일을 하루 종일 하고 나면 너무 지쳐서 저녁식사가 준비되기도 전에 잠에 빠져들곤 했다.

너무 피곤해지면 걸어가는 동안에도 잠이 드는 게 자연의 섭리다. 내 경험을 예로 들어보겠다. 내가 13살이었을 때 아버지가 미주리 주의 세인트조까지 화물열차로 한 칸 분의 살찐 돼지들을 실어 나르는 일을 하신 적이 있다. 그 일로 화물열차 승차권 두 장을 공짜로 얻은 아버지는 나를 데리고 갔다. 그때까지 나는 인구가 4천 명이 넘는 도시에는 가본 적이 없었다. 인구가 6만 명인 세인트조에 도착하자마자 나는 흥분에 휩싸였다. 거기서 나는 6층이나 되는 높은 건물도 보았다. 나를 가장 놀라게 한 것은 노면전차였다. 나는 지금도 눈을 감고 그때를 회상하면 노면전차의 모습이 떠오르고 그것이 굴러가면서 내던 소리도 들리는 듯하다. 세상에 태어난 뒤로 가장 재미있고 흥분되는 하루를 보내고 나서 나는 아버지와 함께 미주리 주의 레이번우드로 돌아가는 열차를 탔다. 열차는 새벽 2시에 레이번우드에 도착했고, 우리는 열차에서 내려 우리 농장까지 6킬로미터 이상을 걸어야 했다. 바로 여기부터가 내가 하고자 하는 이야기가 나오는 대목이다. 그때 나는 너무 지쳐서 농장으로 걸어가는 동안에 잠을 자고 꿈도 꾸었다. 나는 그동안 말을 타면서 잠을 잔 적도 여러 번 있다.

---

* Theodore Dreiser. 1871~1945. 미국의 소설가.

그런데도 나는 아직 죽지 않고 살아서 그런 이야기를 당신에게 하고 있다!

사람이 완전히 지치면 천둥이 칠 때도, 공포에 질린 상태에서도, 전쟁의 포화 속에서도 곧바로 잠이 든다. 유명한 신경과 의사인 포스터 케네디 박사는 1918년에 퇴각 중인 영국군 제5군 병사들이 너무 지친 나머지 아무데서나 쓰러져 잠들어버리는 것을 보았다. 그들은 마치 혼수상태에 빠진 것처럼 보였고, 눈꺼풀을 들어올려도 잠에서 깨어나지 않았다. 그때 케네디 박사는 병사들의 눈동자가 예외 없이 모두 위쪽으로 굴러 올라가 있는 것을 발견했다. 박사는 내게 이렇게 말했다. "그 뒤로 나는 잠을 자는 데 어려움을 느낄 때면 내 눈동자를 위쪽으로 굴려 올렸습니다. 그렇게 하면 불과 몇 초 만에 하품이 나오면서 졸리기 시작했습니다. 그것은 내가 통제할 수 없는 내 몸의 자동적인 반응이었습니다."

잠 자기를 거부하는 방법으로 자살을 한 사람은 그동안 아무도 없었고, 앞으로도 그런 방식으로 자살하는 사람은 없을 것이다. 자연은 인간이 아무리 강한 의지로 버텨도 결국은 잠을 자게 한다. 잠을 자지 않고 버틸 수 있도록 자연이 허용하는 시간은 음식과 물을 먹고 마시지 않으면서 버틸 수 있도록 자연이 허용하는 시간에 비해 훨씬 짧다.

자살에 대해 얘기하다 보니 헨리 C. 링크 박사가 자신의 저서인 《인간의 재발견》에서 묘사한 한 사건이 머리에 떠오른다. 링크 박사는 '더 사이콜로지컬 코퍼레이션'이라는 회사의 부사장으로 있으면서 걱정과 우울증에 빠진 사람들을 많이 인터뷰했다. 《인간의 재발견》의 '두려움과 걱정을 극복하는 것에 대해' 라는 제목이 붙은 장에서 그는 자살을 하려고 하는 한 환자에 대해 이야기한다. 그는 그 환자와 갑론을박해봐야 문제만 더 꼬이게 만들 뿐임을 알고 있었기에 이렇게 말했다. "끝내 자살을 하시겠다면 영웅적인 모습으로 자살하는 게 좋지 않겠습니까? 지쳐서 쓰러져 죽을 때까지 이 동네를 계속 돌면서 뛰십시오."

그 환자는 링크 박사가 말한 대로 자살을 시도했다. 그것도 한 번이 아니라 여러 번 시도했다. 그런데 동네를 한 바퀴 돌 때마다 그 환자는 몸은 피로해졌을지 몰라도 기분은 점점 더 좋아졌다. 사흘째 되는 날 밤이 되자 애초에 링크 박사가 의도했던 효과가 그에게 나타났다. 그는 육체적으로 너무 피로해져서(이는 곧 육체적인 긴장이 풀린 것과 같다) 정신없이 곯아떨어졌다. 그는 나중에 체육동호회에 가입했고, 다른 사람들과 운동시합도 하기 시작했다. 얼마 지나지 않아 그는 기분이 매우 호전되어 영원히 살기를 바랄 정도로 태도가 바뀌었다!

그러므로 불면증에 대한 걱정을 떨쳐내려면 다음과 같은 5가지 규칙을 명심하라.

1. 잠이 오지 않을 때는 새뮤얼 운터마이어가 했던 대로 하라. 잠이 올 때까지 공부를 하거나 책을 읽어라.
2. 잠이 부족해서 죽은 사람은 그동안 아무도 없었다는 사실을 기억

하라. 잠을 자지 못하는 것보다 불면증에 대해 걱정하는 것이 훨씬 더 해롭다.
3. 기도를 해보라. 또는 재닛 맥도널드가 했던 대로 《시편》 23장을 외워보라.
4. 운동을 하라. 몸을 피곤하게 해서 더 이상 잠을 자지 않고 깨어있을 수 없게 만들어라.

7부 요약

피로와 걱정을 예방하고 에너지와 기운을 높게 유지하는 6가지 방법

규칙 1: 피로해지기 전에 쉬어라.

규칙 2: 직장에서 긴장을 푸는 법을 배워라.

규칙 3: 집에서 긴장을 푸는 법을 배워라.

규칙 4: 다음 4가지 좋은 업무습관을 익혀라.
  a. 당장 처리해야 할 것만 남겨두고 책상 위에서 모든 서류를 다 치워버려라.
  b. 중요도순으로 일을 처리하라.
  c. 어떤 문제에 직면했을 때 결정을 내리는 데 필요한 사실을 확보하고 있다면 바로 그 자리에서 문제를 해결하라.
  d. 조직하고, 위임하고, 감독하는 법을 배워라.

규칙 5: 걱정과 피로를 예방하라. 지금 하고 있는 일에 열정을 바쳐라.

규칙 6: 잠이 부족해서 죽은 사람은 그동안 아무도 없었다는 사실을 기억하라. 해로운 것은 불면증이 아니라 불면증에 대한 걱정이다.

8부
나는 어떻게 걱정을 극복했나_31가지 실화

여섯 개의 큰 문제가 한꺼번에 나를 덮쳤다

- C. I. 블랙우드

1943년 여름에 나는 세상의 모든 걱정 가운데 절반이 내 어깨에 지워진 듯한 느낌이었다.

40년이 넘는 세월 동안 나는 남편, 아버지, 사업가로서 흔히 부닥치게 되는 문제들을 제외하고는 정상적이고 걱정할 게 없는 삶을 살았다. 나는 그러한 문제들에는 대체로 쉽게 대응할 수 있었다. 그런데 갑자기 쾅! 쾅!! 쾅!!! 쾅!!!! 쾅!!!!! 쾅!!!!!! 하고 여섯 개의 큰 문제가 한꺼번에 나를 덮쳤다. 나는 밤새도록 침대에서 뒤척거렸고, 또 다시 날이 밝아오는 게 두려웠다. 나를 덮친 여섯 개의 큰 문제는 다음과 같았다.

1. 내가 운영하는 직업학교가 재정적으로 파탄나기 직전의 위기 상태에 몰렸다. 남학생들은 모두 전쟁터로 가고 있었고, 여학생들은 대부분 교육도 받지 않고 군수공장에서 일했는데 그렇게 해서 그들이 버는 돈이 교육을 받은 우리 학교 졸업생이 사무직에 취직해서 벌 수 있는 돈보다 더 많았다.

2. 큰아들이 군복무 중이었기에 나는 아들을 멀리 전쟁터로 보낸 부모들이 모두 그렇듯이 가슴 저미는 걱정을 하지 않을 수 없었다.

3. 오클라호마시티의 시당국이 공항을 짓기 위해 넓은 면적의 땅을 수용하는 절차를 시작했는데, 아버지가 물려주신 우리 집이 그 수용대상 지역의 한가운데에 위치해 있었다. 우리 집의 수용보상금은 시가의 10분의 1밖에 안 됐고, 더욱 안 좋은 것은 우리 집을 잃게 될 것이라는 점이었다. 주택공급이 부족한 상황이었으므로 나는 우리 여섯 식구가 거처할 다른 집을 찾는 것이 과연 가능할까 하는 걱정을 했다. 나는 우리가 텐트를 치고 살아야 할지도 모른다는 생각에 두려웠다. 심지어 나는 텐트나마 살 수 있을지에 대해서까지 걱정했다.

4. 우리 집 근처에 배수로를 설치하는 공사가 시행된 탓에 우리 땅에 있는 우물이 말라버렸다. 우리 땅은 이미 수용대상에 편입됐기 때문에 새로운 우물을 파려면 500달러를 내야 했다. 그래서 나는 이미 두 달째 매일 아침 양동이로 물을 길러다가 가축들에게 주어야 했고, 전쟁이 끝날 때까지 그런 일을 계속해야 할 것이라는 생각으로 두려웠다.

5. 우리 가족은 내가 운영하는 직업학교에서 16킬로미터 떨어진 곳에 살고 있었는데 내가 갖고 있는 휘발유 카드는 B등급이었다. 이는 곧 자동차로 출퇴근을 해야 하지만 새로운 타이어를 살 수는 없다는 뜻이었다. 그래서 나는 내 오래된 포드 차의 낡아빠진 타이어가 터져버리면 어떻게 출퇴근을 할 수 있을지에 대해 걱정했다.

6. 큰딸은 고등학교를 1년 앞당겨 졸업했다. 그 아이는 대학에 진학하기로 작정하고 있었지만 나는 그 아이를 대학에 보내는 데 필요한 돈을 갖고 있지 않았다. 그 아이가 돈이 없어 대학에 진학하지 못하면 크게 낙담할 것임을 나는 알고 있었다.

어느 날 오후에 나는 이런 문제들에 대해 걱정하면서 사무실의 의자에 앉아 있다가 그 모든 문제를 종이에 타자해보기로 했다. 나만큼 많은 걱정거리를 가져본 사람은 아무도 없으리라는 생각이 들었다. 해결책을 찾기 위해 싸워볼 기회를 주는 문제라면 그것을 붙잡고 씨름하는 것이 신경이 쓰이지 않았을 것이다. 그러나 그때의 여섯 가지 문제는 모두 다 내가 통제할 수 있는 범위를 완전히 벗어나 있는 것으로 여겨졌다. 그 문제들을 해결하기 위해 내가 할 수 있는 일은 없었다. 그래서 나는 그 문제들의 목록을 종이에 타자한 것을 안 보이는 곳으로 치워버렸다. 그리고 시간이 흐르면서 그것을 타자해놓았다는 사실도 서서히 잊어버렸다. 18개월 뒤에 나는 서류철들을 옮기다가 한때 내 건강을 파괴하려고 위협했던 여섯 개의 큰 문제를 열거해놓은 그 목록을 발견했다. 나는 아주 흥미롭게 그것을 읽었고, 그 결과로 큰 수확을 얻었다. 다시 보니 그 목록 가운데 실제로 문제가 된 항목은 하나도 없었다.

각각의 항목에 대해 어떤 일이 일어났는지를 보면 다음과 같다.

1. 운영하던 직업학교의 문을 닫아야 할 상황에 대한 걱정은 전혀 쓸데없는 것이었다. 정부가 제대한 군인들의 교육비를 지급하기 시작함에 따라 내가 운영하던 학교는 얼마 지나지 않아 정원을 꽉 채

울 정도로 학생이 늘어났다.

2. 군복무 중이었던 아들에 대한 걱정은 전혀 쓸데없는 것이었다. 전쟁이 끝날 때까지 그는 상처 하나 입지 않았다.

3. 우리 땅이 공항 부지로 수용되는 문제에 대한 걱정은 전혀 쓸데없는 것이었다. 내 농장에서 2킬로미터도 안 되는 곳에서 유전이 발견됨에 따라 땅값이 올라서 정부가 그 땅을 공항 부지로 확보하는 게 어려워졌다.

4. 가축들에게 물을 공급하는 데 필요한 우물이 없어질 가능성에 대한 걱정은 전혀 쓸데없는 것이었다. 우리 땅이 수용되지 않게 됐음을 알게 되자마자 나는 더 깊은 우물을 파서 마르지 않을 물 공급원을 확보했다.

5. 내 차의 타이어가 터져버릴 가능성에 대한 걱정은 전혀 쓸데없는 것이었다. 나는 낡은 타이어를 재생하여 사용했는데 운전을 조심스럽게 하니 타이어가 그런대로 오래 버텨주었다.

6. 딸의 교육에 대한 걱정은 전혀 쓸데없는 것이었다. 대학의 새 학기가 시작되기 60일 전에 마치 기적과도 같이 내게 감사관의 직책을 맡아달라는 제안이 왔다. 그 일은 내가 직업학교의 일을 봐야 하는 시간을 피해서도 얼마든지 할 수 있는 것이었다. 그 일을 하게 된 덕분에 나는 딸을 새 학기가 시작되는 날보다 늦지 않게 대학에 보낼 수 있었다.

우리가 안달복달하는 것들 가운데 99퍼센트가 실제로는 일어나지 않는다고 사람들이 말하는 것을 나는 예전부터 들었다. 그러나 18

개월 전의 그 낙담스러운 날 오후에 종이에 타자해놓았던 문제들의 목록을 우연히 다시 보게 될 때까지는 그런 옛말이 내게 큰 의미를 갖지 않았다.

결국은 쓸데없는 것으로 드러났지만, 그 여섯 개의 끔찍한 걱정거리와 씨름하는 경험을 했던 것을 지금 나는 다행으로 여기고 있다. 그 경험은 내게 결코 잊지 못할 교훈을 가르쳐주었다. 그 경험은 아직 일어나지 않은 사건, 다시 말해 우리가 통제할 수는 없지만 일어나지 않을 수도 있는 것에 대해 미리부터 걱정하고 안달하는 것이 얼마나 어리석은 짓인지를 깨닫게 해주었다.

오늘은 바로 어제 당신이 걱정했던 내일임을 기억하라. 자신에게 이렇게 물어보라. "내가 지금 걱정하고 있는 이것이 과연 실제로 일어날까?"

나는 나를 한 시간 안에 낙천가로 바꿀 수 있다

― 저명한 경제학자 로저 뱁슨*

나는 낙담한 상태에 처해 있다가도 한 시간 안에 걱정을 몰아내고 낙천가로 바뀔 수 있다.

그럴 때 내가 쓰는 방법은 이런 것이다. 나는 서재에 들어가 눈을 감고 역사책만 꽂혀 있는 서가로 다가간다. 여전히 눈을 감은 채 나는 손에 닿는 대로 아무 책이나 한 권 꺼내 든다. 그 책이 프레스코트의 《멕시코 정복》이든 수에토니우스의 《카이사르 12인의 생애》든 상관없다. 여전히 눈을 감은 채 나는 아무렇게나 그 책을 펼친다. 그런 다음에 눈을 뜨고 펼쳐진 페이지에서부터 한 시간 동안 그 책을 읽는다. 책을 읽어나갈수록 세계는 언제나 고통 속에 있었고 문명은 언제나 위험에 직면해 있었음을 점점 더 뚜렷이 알게 된다. 역사책은 모든 페이지가 다 전쟁, 기근, 빈곤, 역병, 그리고 인간에 대한 인간의 비인간적 행위에 관한 비극적인 이야기 등으로 인해 비명을 지르는 듯하다. 역사책을 한 시간 동안 읽고 나면 내가 처한 상황이 아무리

---

* Roger W. Babson. 1875~1967. 미국의 경제학자, 매사추세츠 주 웰즐리 시에 있는 뱁슨 경영대학원의 창립자.

나빠도 과거의 상황보다는 훨씬 더 낫다는 것을 알게 된다. 이런 인식은 내가 안고 있는 문제를 보다 더 적절한 관점에서 바라보고 대응할 수 있게 해주는 동시에 세계 전체도 나날이 더 나아지고 있음을 깨닫게 해준다.

따로 한 장을 할애해 써도 될 만한 가치가 있는 방법이 여기에 있다. 역사책을 읽어라! 1만 년에 걸치는 관점을 가져보려고 하라. 그리고 장구한 역사에 비추어 볼 때 당신이 안고 있는 문제가 얼마나 사소한 것인지를 생각해보라.

내가 열등감을 극복한 방법

– 엘머 토머스, 오클라호마 주 출신의 전 미국 상원의원

나는 열다섯 살 때 걱정, 두려움, 자의식으로 인해 끊임없이 고통을 받았다. 나는 나이에 비해 너무 키가 크고 삐쩍 말랐다. 키는 1미터 88센티미터인데 몸무게는 54킬로그램밖에 되지 않았다. 나는 몸이 약해서 야구를 하거나 달리기를 할 때 다른 아이들에게 상대가 되지 못했다. 아이들은 나를 '인디언 도끼 얼굴'이라고 부르며 놀려댔다. 나는 너무 걱정이 되고 자의식에 빠져 사람을 만나는 게 두려웠다. 사실 나는 다른 사람들을 거의 만나지 못했다. 농가인 우리 집은 공공도로에서 멀찌감치 떨어진 곳에 있었고, 게다가 아주 오랜 옛날부터 그때까지 벌채된 적이 한 번도 없는 무성한 처녀림에 둘러싸여 있었기 때문이다. 우리 집은 큰길에서 800미터 정도 떨어진 곳에 있었다. 나는 부모님과 형제들 외에는 아무도 보지 못한 채 일 주일을 보내는 경우가 많았다.

그런 걱정과 두려움이 나를 매질하도록 놔두었다면 나는 인생에 실패했을 것이다. 나는 하루 종일 키가 크고 몸이 삐쩍 마르고 힘이

약한 내 몸에 대해 고민했다. 그 밖의 다른 것에 대해서는 거의 생각을 하지 못할 지경이었다. 나는 너무나 주눅이 들고 두려움에 젖었다. 그때의 내 상태는 지금 내가 묘사하기 어려울 정도였다. 어머니는 내가 어떤 상태인지를 알고 있었다. 교사로 일한 적이 있었던 어머니는 내게 늘 이렇게 말했다. "애야, 너는 교육을 받아야 한다. 네 몸이 언제나 단점으로 작용할 것이니 너는 몸이 아닌 정신을 가지고 먹고 살아야 해."

부모님이 나를 대학에 보낼 형편이 아니었기 때문에 나는 내 길을 스스로 개척해야 했다. 그래서 나는 겨울에 주머니쥐, 스컹크, 밍크, 너구리 등을 사냥하거나 덫으로 잡아서 봄에 그 가죽을 팔아 4달러를 벌었다. 나는 그 돈으로 새끼돼지 두 마리를 사서 처음에는 음식 찌꺼기, 그 다음에는 옥수수를 먹여서 키운 다음 이듬해 가을에 40달러에 팔았다. 그리고 그 돈으로 인디애나 주의 댄빌에 있는 센트럴 사범대학에 들어갔다. 거기서 나는 일주일당 식비로 1달러 40센트, 방세로 50센트를 내며 지냈다. 나는 어머니가 만들어준 갈색 셔츠를 입었다(어머니가 갈색 옷감으로 셔츠를 만드신 것은 때가 타도 잘 보이지 않게 하기 위해서였던 게 분명하다.) 나는 예전에 아버지가 입으셨던 정장 한 벌을 물려 입었다. 그 옷은 내게 맞지 않았다. 나는 아버지가 신으셨던 긴 장화도 물려 신었는데 그것 역시 내게 맞지 않았다. 그 장화는 옆쪽으로 신축성 있는 밴드가 붙어있어 잡아당겨서 신으면 늘어나게 돼있는 것이었다. 그러나 그 장화의 밴드는 이미 오래전에 늘어날 대로 늘어났고 맨 윗부분은 느슨해져서 신고 걸으면 발이 장화에서 거의 빠져나올 지경이었다. 나는 너무 주눅이 들어서 다른 학생들과 어울릴 수 없었기에 방에 틀어박혀 공부만 했다. 그 시절에 나의 가장 큰 소망은 상점에 가서 내게 맞는 옷을 살 수 있게 되어 더 이상 옷 때문에 부끄러워하지 않게 되는 것이었다.

그 뒤 얼마 지나지 않아 내가 걱정과 열등감을 극복할 수 있도록 도와준 4개의 사건이 일어났다. 그 가운데 특히 한 사건은 내게 용기, 희망, 자신감을 가져다주었고, 그 뒤의 내 인생을 완전히 바꿔 놓았다. 그 4개의 사건을 간략하게 이야기해보겠다.

첫째, 나는 사범대학에 8주간 다닌 다음 시험을 쳐서 농촌 공립학교의 교사가 되는 데 필요한 3급 자격증을 땄다. 그 자격증은 단지 6개월 동안만 유효한 것이었다. 그러나 그것은 누군가가 나를 믿어주었음을 보여주는 증거였고, 어머니 말고는 처음으로 누군가가 나를 믿어준 증거였다.

둘째, 해피할로라는 지역의 농촌 학교위원회가 하루당 2달러씩 계산해 한 달에 40달러의 봉급을 주는 조건으로 나를 교사로 채용해주었다. 이로써 나는 누군가가 나를 믿어줌을 보여주는 증거를 또 하나 확인하게 됐다.

셋째, 나는 첫 달 봉급을 받자마자 상점에 가서 내가 부끄러워하지 않고 입고 다닐 수 있는 옷을 몇 벌 샀다. 지금 누군가가 내게 100만 달러를 준다고 해도 나는 단돈 몇 달러짜리 옷을 상점에서 사서 처음으로 입어본 그때 느꼈던 흥분을 절반만큼도 느끼지 못할 것이다.

넷째, 내 인생의 진정한 전환점, 다시 말해 내가 주눅과 열등감에 대항한 싸움에서 처음으로 승리를 거두는 사건이 인디애나 주의 베인브리지에서 열리는 퍼트넘 컨트리 페어라는 연례행사에서 일어났다. 어머니는 내게 그 행사에서 개최되는 대중연설 시합에 참가해볼 것을 권했다. 내가 봐도 그것은 근사한 아이디어였다. 나는 대중연설은커녕 단 한 사람에게도 말을 걸 용기를 내지 못하는 사람이었다. 그러나 나에 대한 어머니의 믿음은 거의 감동적이었다. 어머니는 내 미래에 대해 원대한 꿈을 꾸고 있었다. 그분은 자신의 삶을 아들의 삶과 일치시켜가며 살아가고 있었다. 나에 대한 어머니의 믿음이 나로 하여금 그 대중연설 시합에 나가게 했다. 나는 내가 말할 자격을 전혀 갖고 있지 않은 주제를 선택했다. 그것은 '미국의 미술과 인문적 교양'이었다. 솔직히 말해 나는 연설을 준비하기 시작할 때 인문적 교양이라는 게 무엇인지도 알지 못했다. 그러나 내 연설을 듣는 청중도 그것이 무엇인지를 알지 못했으므로 내가 그것을 모른다는 것이 문제가 될 일은 없었다. 나는 화려하게 씌어진 내 연설문을 달달 외워서 나무들이나 암소들 앞에서 백번은 연습했다. 나는 어머니를 위해서라도 시합에서 좋은 성적을 거두기를 간절히 원했으므로 내 연설에 감정이 많이 실렸을 것이 틀림없다. 어쨌든 나는 1등을 했다. 내게 그런 일이 일어난 것이 놀라웠다. 청중 속에서 박수갈채가 터져 나왔다. 한때 나를 '인디언 도끼 얼굴'이라고 부르며 비웃고 조롱했던 또래들이 이제는 내 등을 두드려주며 이렇게 말했다. "엘머, 나는 네가 해낼 수 있다는 걸 알고 있었어." 어머니는 두 팔로 나를 껴안고 흐느꼈다. 지금에 와서 돌아보면 그 대중연설 시합에서 우승한 것이 내 인생의 전환점이었다. 그 지역의 신문들이 1면에 나에 관한 기사를 실었고, 내 미래에 대해 거창한 예언을 했다. 그 시합에서 우승함으로써 나는 그 지역에서 널리 알려져서 명성을 얻게 됐다. 무엇보다 중요한 것은 내가 그 전보다 100배는 더 큰 자신감을 갖게 됐다는 점이었다. 그때 시합에서 우승하지 못했다면 나는 아마도 미국의 상원의원이 되지 못했을 것이다. 왜냐하면 그 시합에서 우승한 경험이 내 시선을 높여주고 내 시야를 넓혀주었으며, 내가 갖고 있으리라고는 꿈도 꿔보지 못했던 능력이 내 안에 잠재돼있음을 깨닫게 해주었기 때문이다. 그러나 가장 중요한 것은 그 시합의 우승자에게 센트럴 사범대학의 1년간 장학금이 상으로 주어진다는 사실이었다.

그때 나는 교육을 더 많이 받게 되기를 간절히 원하고 있었다. 그 뒤로 4년간, 그러니까 1896년부터 1900년까지 나는 내 시간을 가르치는 일과 공부하는 일에 나누어 썼다. 나는 드포 대학에 다니면서 학비를 벌기 위해 식당 웨이터, 보일러 관리, 잔디 깎기, 경리 업무 등의 일을 한 것은 물론이고 여름에는 밀밭이나 옥수수밭에서 일을 했고, 공공도로를 건설하는 공사장에서 자갈을 실어 나르는 일을 하기도 했다.

1896년에 나는 19살밖에 안 된 나이로 28번이나 연설을 했다. 그것은 윌리엄 제닝스 브라이언에게 투표해서 그가 대통령이 되게 하자고 사람들에게 촉구하기 위한 연설이었다. 브라이언을 지지하는 연설을 하면서 느낀 흥분은 나로 하여금 직접 정치를 해보고 싶다는 욕구를 품게 했다. 그래서 나는 드포 대학에 입학해 법률과 대중연설을 공부했다. 1899년에 나는 드포 대학의 대표로 버틀러 대학과의 토론시합에 나갔다. 그것은 '미국의 상원의원은 보통선거에 의해 선출돼야 한다는 결의안'을 놓고 토론을 하는 시합으로, 인디애나폴리스에서 열렸다. 나는 그 밖에도 여러 연설시합에 나가 우승했고, 1900년에는 대학연보 《미라주》와 대학신문 〈더 펄레이디엄〉의 편집장이 됐다.

나는 드포 대학에서 문학사 학위를 받은 다음에 호레이스 그릴리의 권고*를 받아들이기로 했다. 다만 서쪽으로 가는 대신에 남서쪽으로 간 것만 그의 권고와 달랐다. 나는 새로운 농촌지역인 오클라호마 구역으로 갔다. 키오와 족, 코만치 족, 아파치 족 등의 인디언 보호구역이 열렸을 때 나는 거기에 주거지를 얻고 오클라호마 구역의 로턴 마을에 법률사무소를 열었다. 나는 오클라호마 주 상원의원으로 13년, 같은 주 하원의원으로 4년을 지낸 다음 50살에 비로소 내가 평생 품어왔던 야망을 달성할 수 있었다. 오클라호마 주에서 미국 연방 상원의원에 선출된 것이다. 나는 1927년 3월 4일부터 미국의 상원의원으로 일하기 시작했다. 나는 1907년 11월 16일에 오클라호마 구역과 인디언 구역이 합쳐져서 오클라호마 주가 된 이래로 그 주 민주당원들의 지명을 받아 선거에 나가 이김으로써 계속 공직에 봉사할 수

---

* 미국의 〈뉴욕 트리뷴〉 발행자, 작가, 정치인인 호레이스 그릴리(Horace Greeley, 1811~1872)가 서부 개척을 지지하는 입장에서 미국의 젊은이들에게 한 말, 즉 "젊은이여, 서쪽으로 가라. 서부로 가서 이 나라와 더불어 성장하라"고 한 말을 가리킴.

있었다. 나는 처음에는 주 상원의원으로, 그 다음에는 주 하원의원으로, 그리고 나중에는 미국 연방 상원의원으로 선출됐다.

내가 이런 이야기를 하는 것은 내 덧없는 업적을 자랑하기 위함이 아니다. 그런 것이라면 아무도 흥미를 느끼지 못할 것이다. 내가 이런 이야기를 하는 것은 전적으로 지금 걱정, 수줍음, 열등감에 시달리고 있을 일부 청소년들에게 내 이야기가 새로운 용기와 자신감을 불어넣어줄 수 있을 것이라는 기대에서다. 나도 아버지가 입으셨던 옷을 입고, 걷다 보면 발이 거의 빠져나오는, 역시 아버지가 신으셨던 장화를 신고 지낼 때 그런 걱정, 수줍음, 열등감 때문에 삶이 황폐해지는 경험을 했기 때문이다.

(편집자 주: 어렸을 때 몸에 맞지 않는 옷을 입고 다니면서 부끄러워했던 엘머 토머스가 나중에는 미국의 상원의원 가운데 '옷을 가장 잘 입는 사람'으로 뽑혔다는 것은 흥미로운 사실이다.)

나는 알라의 정원에서 살았다
- R. V. C. 보들리*

1918년에 나는 내게 익숙한 세계를 등지고 알라의 정원으로 불리는 사하라 사막에 가서 아랍인들과 같이 살았다. 나는 거기서 7년 동안 살면서 유목민의 언어로 말하는 법을 배웠다. 나는 그들이 입는 옷을 입었고, 그들이 먹는 음식을 먹었으며, 그들의 생활방식을 익혀 그대로 살았다. 그들의 생활방식은 지난 2천 년 동안 별로 바뀌지 않았다. 나는 양을 소유하게 됐고, 아랍인들의 천막 속에서 땅바닥에 드러누워 잠을 잤다. 나는 또한 그들의 종교를 자세히 연구하여 나중에 《메신저》라는 제목으로 무하마드에 관한 책을 쓰기도 했다.

방랑하는 양치기인 그들과 같이 지낸 7년은 내 인생에서 가장 평화롭고 만족스러운 기간이었다.

나는 이미 풍부하고 다양한 경험을 한 상태였다. 나는 파리에서 영국인 부모의 자식으로 태어나서 프랑스에서 9년 동안 살았다. 그 뒤에 나는 영국의 이튼과 샌드허스트에 있는 육군 사관학교에서 교육

* 옥스퍼드 보들리 도서관의 창립자인 토머스 보들리 경의 후손. 《사하라 사막의 바람》과 《메신저》를 비롯해 16권의 책을 썼다.

을 받은 후 인도에서 영국군 장교로 6년을 지냈다. 인도에서 나는 군인으로 복무하면서도 폴로와 사냥을 즐기기도 했고 히말라야 산맥을 탐험하기도 했다. 나는 1차 세계대전 때 계속 참전했고, 전쟁이 끝날 때쯤에는 영국 대사를 수행하는 무관으로 파리 강화회의에 파견됐다. 그곳에서 나는 놀라기도 하고 실망하기도 했다. 서부전선에서 사람들이 죽어나가는 전쟁을 4년 동안 치르는 동안에 나는 우리가 문명을 구하기 위해 싸우고 있다고 믿었다. 그러나 파리 강화회의에서 나는 각자 자기 나라만 생각하는 정치인들이 모여 2차 세계대전의 토대를 놓는 모습을 보았다. 모든 나라가 손에 움켜쥘 수 있는 것은 최대한 다 움켜쥐려고 했고, 민족간 적대감을 조성했으며, 음모적인 비밀 외교를 부활시켰다.

나는 전쟁이 역겨웠고, 군대가 역겨웠고, 사회가 역겨웠다. 나는 내 인생을 가지고 무엇을 해야 하는지에 대해 걱정을 하기 시작했다. 그러자 군인이 된 뒤 처음으로 잠들지 못하는 밤이 거듭됐다. 로이드 조지♠는 내게 정치에 입문할 것을 권했다. 그의 조언을 받아들일지 말지를 고민하던 중에 내게 기이한 일이 일어났다. 그 기이한 일은 그 뒤로 7년 동안 내 삶을 새롭게 형성하고 규정했다. 그 일은 200초도 안 되는 시간 동안 테드 로런스†와 나눈 대화에서 비롯됐다. 흔히 '아라비아의 로런스'로 불리는 그는 1차 세계대전이 만들어낸 인물 가운데 가장 다채롭고 낭만적인 인물이었다. 사막에서 아랍인들과

♠ David Lloyd George. 1863~1945. 영국의 총리를 지낸 정치인.
† Thomas Edward Lawrence. 1888~1935. 영국의 탐험가, 고고학자, 군인.

같이 살아본 그는 내게도 똑같이 그렇게 해보라고 권했다. 처음 들었을 때 그의 조언은 단지 환상적인 얘기로만 들렸다.

그러나 이미 군대를 떠나기로 마음을 굳힌 나는 무언가 다른 일을 찾아야 했다. 민간 사기업의 고용주들은 나 같은 정규군 장교 출신을 고용하려 하지 않았다. 수백만 명의 실업자들이 노동시장을 가득 메우고 있는 당시의 상황에서는 충분히 그럴 만도 했다. 그래서 나는 로런스가 권한 대로 해보기로 했다. 나는 아랍인들과 같이 살기 위해 사막으로 갔다. 지금 되돌아보면 그때 그런 결정을 내린 것이 다행이었다는 생각이 든다. 아랍인들은 내게 걱정을 극복하는 법을 가르쳐 주었다. 신앙심 깊은 이슬람교도들이 모두 그러하듯 그들은 운명론자였다. 무하마드를 통해 전해지고《쿠란》에 씌어진 말은 하나하나가 다 알라의 신성한 계시라고 그들은 믿는다. 그래서 그들은《쿠란》에 나오는 "신이 너와 너의 모든 행동을 만든다"라는 문구를 문자 그대로 받아들인다. 그렇기 때문에 그들은 삶을 그토록 온화한 태도로 받아들이고, 일이 잘못될 경우에도 결코 서두르거나 불필요하게 화를 내지 않는다. 그들은 한 번 정해진 운명은 신을 제외하고는 그 누구도 바꿀 수 없다고 생각한다. 그렇다고 해서 그들이 재난에 직면해서도 그저 주저앉아 아무것도 하지 않는 것은 아니다. 한 예로 내가 사하라 사막에서 살고 있을 때 겪었던 맹렬하고 불타는 듯한 열풍에 대해 이야기해보겠다. 그 열풍은 사흘 동안 밤낮없이 격심하게 불어댔다. 얼마나 강력하고 맹렬했던지 사하라 사막의 모래를 퍼 올려 지중해 건너 멀리 프랑스의 론 강 유역에까지 흩뿌릴 정도였다. 그 열풍은 아주 뜨거워서 나는 머리털이 다 타 없어지는 듯한 느낌이 들었다. 내 눈은 불이 붙은 듯했고, 내 목구멍은 바싹 말랐으며, 내 입속은 모래투성이였다. 마치 유리공장의 용광로 앞에 서있는 듯한 느낌이었다. 나는 미치기 일보 직전까지 갔지만, 아랍인들은 불평하지 않았다. 그들은 어깨를 으쓱하고는 "메크토우브!"라고 말했다. "그렇게 씌어있다"라는 뜻이다.

그렇지만 열풍이 멎자마자 곧바로 그들은 행동에 나섰다. 그들은 어린 양들을 모두 죽였다. 어쨌든 죽게 돼있는 어린 양들을 한꺼번에 죽임으로써 어미 양들의 생명을 구하기 위해서였다. 그들은 살아남은 어미 양들을 몰고 물을 찾아 남쪽으로 이동했다. 모든 일은 침착하게 진행됐다. 그들은 열풍으로 인한 피해에 대해 걱정하지도, 불평하지도, 슬퍼하지도 않았다. 부족장은 이렇게 말했다. "그나마 다행이다. 우리는 모든 것을 다 잃을 수도 있었다. 그렇지만 고맙게도 신의 가호 덕분에 양들 가운데 40퍼센트는 살아남았고, 우리는 그 양들을 가지고 새로 시작할 수 있다."

또 하나의 경험이 생각난다. 우리가 자동차를 몰고 사막을 가로지르는 여행을 하던 중에 타이어에 펑크가 났다. 그런데 우리 차에는 예비 타이어가 없었다. 운전사가 예비 타이어를 준비하는 것을 깜박 잊은 탓에 우리는 온전한 타이어가 세 개밖에 없는 차를 몰고 가야 했다. 흥분한 나는 화를 내면서 아랍인들에게 이제 어떻게 해야 하느냐고 물었다. 그들은 내게 흥분하는 것은 일을 해결하는 데 도움이 되기는커녕 오히려 화만 더 돋운다는 점을 상기시켰다. 그들은 타이어에 펑크가 난 것은 알라의 뜻이며 우리가 할 수 있는 일은 아무것도 없다고 말했다. 우리는 다시 시동을 걸고 바퀴의 안쪽 테에 의지해 천천히 차를 몰았다. 그런데 얼마 지나지 않아 차가 아예 멈춰 섰다. 이번에는 휘발유가 다 떨어진 것이었다! 부족장은 단지 "메크토우브!"라고만 말할 뿐이었다. 휘발유를 충분히 넣지 않은 운전사에게 호통을 칠 만도 한 상황이었는데 모두가 그저 조용한 상태를 유지했다. 이제 우리는 목적지를 향해 두 발로 걸어가기 시작했다. 노래까지 부르면서.

아랍인들과 같이 보낸 7년간의 경험을 통해 나는 미국과 유럽의 신경증 환자, 정신이상자, 알콜중독자 등은 이른바 문명이라는 것 속에서 우리가 살아내야 하는 '서두르고 시달리는 삶'의 산물임을 확신하게 됐다.

사하라 사막에서 사는 동안 나는 아무런 걱정도 하지 않았다. 많은 사람들이 긴장과 절망 속에서 희구하는 조용한 만족과 행복을 나는 알라의 정원인 그곳에서 발견했다.

많은 사람들이 운명론을 비웃는다. 어쩌면 그들이 옳은지도 모른다. 누가 알겠는가? 그러나 우리는 우리의 운명이 어떻게 결정되는지를 바라볼 줄 알아야 한다. 예를 들어 1919년 8월의 어느 무더운 날 정오에서 3분이 지난 시간에 내가 아라비아의 로런스와 대화를 하지 않았다면 그 뒤로 내가 보낸 세월은 완전히 다른 삶으로 채워졌을 것이다. 이제는 내가 안다. 내 통제력이 미치는 범위에서 크게 벗어난 사건들이 내 인생의 틀을 어떻게 형성하고 내 인생을 어떻게 주조했는지를. 이런 것을 가리켜 아랍인들은 '메크토우브'라고 말하거나

'키스메트(알라의 뜻)'라고 말한다. 당신은 그것을 무엇이라도 불러도 좋다. 어떻게 부르든 간에 그것은 당신에게 기이한 일이 생겨나게 한다. 내가 아는 것은 단지 내가 사하라 사막을 떠난 지 17년이 지난 오늘까지도 그때 아랍인들로부터 배운 태도, 즉 피할 수 없는 것이라면 그것을 기꺼이 받아들이는 태도를 잃지 않고 있다는 것이다. 그러한 철학은 내 신경을 안정시키는 데 진정제 천 알보다도 더 큰 도움이 된다.

삶에 강력하고 불타는 듯한 열풍이 불어 닥치는데 그것을 막을 수 없다면 그냥 받아들이자(3부의 9장을 보라). 그런 다음에 바쁘게 살고, 사태를 수습하고 다시 시작하자!

내가 걱정을 몰아내는 다섯 가지 방법

- 윌리엄 라이언 펠프스 교수

나는 예일대학의 빌리 펠프스 교수가 죽기 직전의 어느 날 오후시간을 그와 같이 보낼 수 있었다. 그때 나는 걱정을 몰아내는 그만의 방법에 대해 인터뷰를 하고 그 내용을 메모해두었다. 그것을 바탕으로 그가 걱정을 몰아내기 위해 사용한 다섯 가지 방법을 간추려 그가 직접 이야기하는 것처럼 소개한다.— 데일 카네기

1. 나는 24살 때 갑자기 두 눈의 시력을 잃었다. 삼사 분 동안 글을 읽고 나면 눈 속에 바늘이 들어있는 것처럼 느껴졌다. 글을 읽고 있지 않을 때에도 눈이 매우 예민해서 창문을 바라볼 수 없었다. 나는 뉴헤이븐과 뉴욕에서 실력이 가장 뛰어나다는 안과 의사들을 찾아가 진찰을 받았다. 그러나 아무런 도움도 안 되는 듯했다. 오후 4시 이후에는 내 방의 가장 어두운 구석에 놓여 있는 의자에 앉아 잠 잘 시간만 기다렸다. 나는 공포에 떨었다. 교수로서의 경력을 포기하고 서부로 가서 벌목꾼 일자리를 구해야 하는 것 아닌가 하는 생각이 들어 불안했

다. 그런데 그때 나는 인간의 마음이 육체적 질병에 기적적인 영향력을 행사하는 기이한 현상을 경험했다. 그 불행했던 겨울에, 그러니까 내 눈이 최악의 상태로 악화됐을 때 나는 대학생들에게 강연을 해달라는 요청을 받았다. 천장에 드리워진 가스등에서 나오는 커다란 원형 불빛이 강의실을 밝히고 있었다. 나는 그 불빛 때문에 눈이 너무 아팠고, 강단 위에 놓인 의자에 앉아 기다리는 동안 내내 바닥만 쳐다보고 있었다. 그런데 강연이 시작되자 눈이 전혀 아프지 않았다. 강연을 하는 30분 동안 나는 눈을 깜짝거리지 않고도 불빛을 똑바로 바라볼 수 있었다. 하지만 강연이 끝나고 난 뒤에는 다시 눈이 아프기 시작했다.

그때 나는 30분 동안이 아니라 1주일 동안 무언가에 강하게 집중한다면 내 눈이 치유될 수도 있겠다는 생각이 들었다. 그날의 경험은 정신적인 흥분상태가 육체적인 질병을 이길 수 있음을 내게 보여줬다.

훗날 나는 배를 타고 바다를 건너갈 때도 비슷한 경험을 했다. 그때 나는 갑자기 아주 심한 요통이 생겨 걷기 힘들 지경이었다. 똑바로 서 있으려고 하면 극심한 통증이 몰려왔다. 그런 상태에서 나는 선상강연을 해달라는 요청을 받았다. 강연을 시작하자마자 모든 고통이 말끔히 가셨다. 나는 꼿꼿하게 서 있거나 매우 유연하게 몸을 움직이며 한 시간 동안 강연을 했다. 강연을 마친 뒤에 나는 편안하게 내 방으로 걸어갔다. 나는 내 몸이 치유됐다고 잠시 생각했다. 그러나 그 치유는 일시적인 것이었다. 요통이 다시 도지기 시작했다.

이 두 경험은 정신상태가 대단히 중요하다는 것을 내게 증명해 주었다. 또한 삶을 즐길 수 있을 때 즐기는 것이 중요하다는 것도 내게 가르쳐주었다. 지금 나는 하루하루를 마치 첫 날이자 마지막 날인 것처럼 살아가고 있다. 나는 매일매일 삶이라는 모험에 흥분한다. 흥분한 상태에서도 과도한 걱정에 시달리는 사람은 없다. 나는 교수로서 내가 매일 하는 일을 좋아한다. 나는 《가르치는 일이 주는 흥분》이라는 제목의 책도 썼다. 가르치는 일은 언제나 내게 하나의 기술이나 직업 이상의 것이었다. 그것은 일종의 열정이다. 화가가 그림 그리는 것을 좋아하고 가수가 노래 부르는 것을 좋아하듯이 나는 가르치는 것을 좋아한다. 나는 아침에 침대에서 일어나기 전에 그날 내가 만나게 될 학생들을 생각하며 즐거워한다. 나는 성공을 이루게 해주는 주된 요인 가운데 하나는 열정이라고 언제나 느껴왔다.

　2. 나를 사로잡는 책을 읽으면 마음속에서 걱정을 몰아낼 수 있다는 것을 나는 알게 됐다. 59살 때 나는 신경쇠약에 오랫동안 시달렸다. 그 시기에 나는 데이비드 알렉 윌슨의 기념비적인 저작인 《칼라일의 생애》를 읽기 시작했다. 내가 건강을 회복할 수 있었던 것은 그 책을 읽은 것과 크게 관계가 있다. 왜냐하면 나는 그 책을 읽는 데 몰입한 나머지 나의 의기소침 증세를 잊어버렸기 때문이다.

　3. 끔찍할 정도로 침울해졌던 또 다른 시기에 나는 거의 하루 종일 억지로라도 활발하게 몸을 움직이려고 했다. 나는 매일 아침에 5세트 내지 6세트 정도 테니스를 격렬하게 친 다음에 목욕을 했고, 점심식사를 한 뒤에는 18홀을 돌며 골프를 쳤다. 금요일 밤에는 새벽 1

시까지 춤을 췄다. 나는 땀을 엄청나게 많이 흘리는 것이 좋다고 철석같이 믿는 사람이다. 그렇게 흘리는 땀과 함께 내 몸에서 침울함과 걱정이 빠져나간다.

4. 나는 서두르고, 허둥대고, 긴장 속에서 일하는 어리석음을 피해야 한다는 것을 오래전에 배웠다. 나는 언제나 윌버 크로스의 철학을 실천하려고 노력해왔다. 코네티컷 주의 주지사였을 때 그는 내게 이렇게 말했다. "때때로 아주 많은 것들을 동시에 다 해야 하는 경우가 있는데 그럴 때면 나는 의자에 앉아 긴장을 풀고 파이프 담배를 피우며 한 시간 동안 아무것도 하지 않습니다."

5. 나는 인내와 시간이 문제를 해결해준다는 사실도 알게 됐다. 무언가에 대해 걱정하게 될 때면 나는 내가 안고 있는 문제들을 그 각각의 적절한 관점에서 바라보려고 노력한다. 나는 스스로에게 이렇게 말한다. "두 달만 지나면 이런 불운한 일에 대해 걱정하지 않아도 될 것이다. 그런데 지금 그것을 걱정할 필요가 있는가? 두 달 뒤에 내가 갖게 될 태도를 지금 바로 취하지 말란 법이 있나?"

※

펠프스 교수가 걱정을 몰아내는 데 사용한 다섯 가지 방법을 요약하면 다음과 같다.

1. 활기차게 열정적으로 살아라. "나는 하루하루가 처음이자 마지막 날인 것처럼 살고 있다."
2. 흥미로운 책을 읽어라. "나는 신경쇠약에 오랫동안 시달렸다. …

《칼라일의 생애》를 읽기 시작했다. … 나는 그 책을 읽는 데 몰입한 나머지 나의 의기소침 증세를 잊어버렸다."
3. 운동을 하라. "끔찍할 정도로 침울해졌던 시기에 나는 거의 하루 종일 몸을 활발하게 움직이려고 했다."
4. 일을 멈추고 긴장을 풀어라. "나는 서두르고, 허둥대고, 긴장 속에서 일하는 어리석음을 피해야 한다는 것을 오래전에 배웠다."
5. 자신이 안고 있는 문제들을 그 각각의 적절한 관점에서 바라보려고 노력한다. "두 달만 지나면 이런 불운한 일에 대해 걱정하지 않아도 될 것이다. 그런데 지금 그것을 걱정할 필요가 있는가? 두 달 뒤에 내가 갖게 될 태도를 지금 바로 취하지 않을 이유가 있나?"

나는 어제 견뎠고, 오늘도 견딜 수 있다

- 도로시 딕스♠

나는 가난과 질병의 구렁텅이를 헤쳐 나왔다. 누구에게나 닥칠 수 있는 어려운 문제들을 어떻게 극복해 왔느냐는 질문을 받을 때마다 나는 이렇게 대답한다. "나는 어제 견뎠고, 오늘도 견딜 수 있다. 그리고 나는 내일 어떤 일이 일어날 수 있는지에 대해서는 결코 생각하지 않는다."

나는 결핍, 난관, 불안, 절망에 부닥쳐 왔다. 나는 언제나 내 힘의 한계 이상으로 일해야 했다. 지나간 내 인생은 죽어버린 꿈, 무너진 희망, 깨어진 환상의 잔해로 뒤덮인 전쟁터다. 나는 언제나 불리한 전쟁을 치렀고, 그 전쟁으로 인해 상처 입고, 멍들고, 불구가 되고, 나이에 비해 더 늙었다.

그렇지만 나는 나를 동정하지는 않는다. 나는 과거와 지나가버린 슬픔 때문에 눈물을 흘리지 않고, 내가 겪어온 것들을 하나도 겪지 않고 살아온 다른 여자들을 부러워하지 않는다. 왜냐하면 나는 살아

♠ Dorothy Dix. 1861~1951. 미국의 여성 저널리스트. 본명은 Elizabeth Meriwether Gilmer.

왔고, 그들은 단지 존재해왔을 뿐이기 때문이다. 나는 한 잔의 인생을 그 마지막 찌꺼기까지 다 마셨지만, 그들은 그 위에 떠있는 거품만 핥아먹었을 뿐이다. 그들이 결코 알지 못하는 것을 나는 안다. 그들이 결코 보지 못하는 것을 나는 본다. 눈물로 두 눈이 깨끗하게 닦여진 여자만이 이 세계에 사는 모든 사람의 자매가 되는 데 필요한 넓은 시야를 가질 수 있다.

나는 편안한 삶을 살아온 여자는 결코 배울 수 없는 철학을 역경이라는 위대한 대학에서 배웠다. 나는 내게 오는 대로 하루하루를 살아내고, 아직 오지도 않은 내일을 미리 걱정하지 말아야 한다는 것을 배웠다. 눈에 보이지 않는 위협은 우리를 겁쟁이로 만든다. 하지만 나는 그러한 두려움이 나를 침범하지 못하게 한다. 나를 두려움에 떨게 하던 미래가 현재가 될 무렵이면 그 시간을 맞는 데 필요한 힘과 지혜가 내게 주어진다는 것을 나는 경험을 통해 배웠다. 그래서 나는 소소한 걱정거리들에 더 이상 휘둘리지 않는다. 당신이 누리던 행복이라는 건물이 붕괴하여 주위에 잔해로 깔리는 것을 본 뒤에는 하인이 핑거볼♠ 밑에 깔개를 깔아놓는 것을 잊어버렸다거나 요리사가 수프를 엎질렀다거나 하는 문제는 전혀 중요하게 여겨지지 않을 것이다.

나는 사람들에게 너무 많은 것을 기대하지 말아야 한다는 것을 배웠다. 그래서 나는 내게 백 퍼센트 정직하지는 않은 친구나 뒷담화를 하는 지인에게서도 행복을 얻어낼 수 있다. 무엇보다도 나는 유머

♠ 식탁에서 손가락을 씻는 데 사용하는 물을 담아 놓는 그릇.

감각을 갖게 됐다. 이 세상에는 우리를 울고 웃게 만드는 것들이 너무도 많다. 걱정에 짓눌려 히스테리를 부리는 대신에 걱정을 농담으로 넘길 줄 아는 여자는 그 무엇에도 상처받지 않는다. 나는 내가 겪은 고난을 유감스럽게 생각하지 않는다. 그 고난을 통해 내가 살아온 인생의 모든 지점을 직접 만져보았기 때문이다. 그리고 그 고난은 적어도 내가 치른 대가만큼은 가치가 있다.

도로시 딕스는 '하루하루를 방수격실' 속에서 사는 것을 통해 걱정을 극복했다.

나는 살아서 새벽을 볼 것이라고 기대하지 않았다

- J. C. 페니

1902년 4월 14일에 500달러의 현금과 100만 달러어치의 결의를 갖고 있는 한 젊은이가 와이오밍 주의 케머러에 직물상점을 열었다. 케머러는 루이스—클라크 탐사♠ 때 구식 유개마차가 달릴 수 있도록 닦아놓은 마찻길이 지나는 곳에 있는 인구 1천 명의 작은 마을이었다. 직물상점을 연 젊은이와 그의 아내는 상점의 다락방에서 살았다. 그 다락방에서 부부는 직물을 포장하는 데 사용하는 상자 가운데 큰 것을 식탁으로, 작은 것을 의자로 사용하며 지냈다. 젊은 아내는 아기를 담요에 싸서 계산대 아래에 재워놓고 계산대 옆에 서서 손님을 상대하는 남편을 도왔다. 지금 전 세계에서 가장 큰 직물상점 체인의 이름에는 바로 그 젊은이의 이름이 들어가 있다. 그 체인은 'J. C. 페니 스토어'이며, 미국 전역에 모두 1600개가 넘는 체인점을 두고 있다. 나

♠ The Lewis and Clark Expedition. 1804~1806. 태평양 연안까지 처음으로 갔다 온 미국의 국토횡단 탐사. 이 탐사는 군인인 메리웨더 루이스(Meriwether Lewis)와 윌리엄 클라크(William Clark)의 지도 아래 이뤄졌다고 해서 '루이스—클라크 탐사'라고 불린다.

는 최근에 페니와 저녁식사를 같이 했는데, 그때 그는 자신의 인생에서 가장 극적인 전환점이 된 사건에 대해 내게 말해주었다.

※

여러 해 전에 나는 엄청난 시련을 겪었다. 나는 걱정에 휩싸였으며, 절박했다. 내 걱정거리들은 내가 운영하는 회사인 'J. C. 페니 컴퍼니'와는 아무런 관계도 없었다. 사업은 견실했고, 번성하고 있었다. 그러나 나는 개인적으로 1929년의 주가폭락 이전에 현명하지 못한 어떤 투자를 해놓고 있었다. 다른 많은 사람들과 마찬가지로 나도 결코 내게 책임이 없는 상황에 대해 내 잘못 때문이라는 말을 들어야 했다. 나는 걱정에 시달린 나머지 잠을 자지 못했고, 대상포진이라는 매우 고통스러운 질병에 걸렸다. 피부에 붉은 반점과 발진이 생겨났다. 나는 의사를 찾아갔다. 그는 미시간 주의 배틀크리크에 있는 켈로그 요양소의 의사인 엘머 이글스턴 박사로, 어렸을 때 미주리 주의 해밀턴에서 나와 함께 고등학교를 다녔던 사람이다. 이글스턴 박사는 나를 침대에 눕게 하고는 "자네는 중환자"라고 경고했다. 엄격한 치료가 이루어졌다. 그러나 아무것도 도움이 되지 않았다. 나는 나날이 더 허약해졌다. 나는 신경을 비롯해 몸이 온통 망가진 상태였고, 절망으로 가득 차 있었으며, 희망의 빛줄기라곤 단 한 줄도 볼 수 없었다. 살아야 할 이유가 전혀 없었다. 나는 이 세상에 친구도 전혀 없고 가족에게도 버림받았다는 느낌에 젖었다. 어느 날 밤 이글스턴 박사는 내게 진정제를 투여했지만 그 효과는 금세 사라졌고, 나는 그날 밤이 내 인생의 마지막 밤이라는 확신에 압도당한 채 잠을 이루지 못했다. 나는 침대에서 일어나 책상 앞에 앉아서 아내와 아들 앞으로 고별편지를 썼다. 나는 살아서 내일 새벽을 볼 것으로 기대하지 않는다는 둥….

다음날 아침에 눈을 떴을 때 나는 내가 여전히 살아있다는 사실을 알고는 놀랐다. 아래층으로 내려가는 동안에 내 귀에는 매일 아침 예배를 보는 작은 예배당에서 사람들이 노래를 부르는 소리가 들려왔다. 그때 그들이 부른 찬송가를 지금도 나는 기억한다. "하느님이 너를 돌보리라." 나는 지친 마음으로 그 예배당에 들어가 앉아 사람들이 찬송가를 부르고, 성경의 교훈을 낭독하고, 기도를 올리는 소리를 들었다. 그때 갑자기 무슨 일인가가 일어났다. 나는 그것에 대해 뭐라고 설명할 수가 없다. 나는 그것을 기적이라고 부를 수밖에 없다. 눈 깜짝할 사이에 내가 지하감옥의 어둠 속에서 따뜻하고 밝은 햇살 아래로 들어 올려졌다는 느낌이 들었다. 그것은 지옥에서 천국으로 옮겨진 듯한 느낌이었다. 나는 전에는 전혀 느껴보지 못한 하느님의 힘을 느꼈다. 그때 나는 내가 걱정하는 모든 문제에 대한 책임은 오로지 내게 있다는 것을 깨달았다. 그리고 하느님이 나를 돕기 위해 내 곁에 있으면서 사랑을 베푼다는 것을 알게 됐다. 그날부터 지금까지 내 인생은 걱정으로부터 자유로웠다. 이제 71살이 된 내 인생에서 가장 극적이고 영광스러웠던 시간은 바로 내가 "하느님이 너를 돌보리라"라는 찬송가가 흘러나온 그 예배당에서 보낸 20분간이었다.

❋

J. C. 페니가 거의 눈 깜짝할 사이에 걱정을 극복할 수 있게 된 것은 단 하나뿐인 치유책이 무엇인지를 깨달았기 때문이었다.

나는 체육관에 가서 주먹으로 펀칭백을 두드리거나 밖에 나가 하이킹을 한다
- 에디 이건[*]

걱정에 빠져서 정신이 마치 물레방아를 돌리는 이집트의 낙타처럼 끝없이 원을 그리며 맴돌고 있는 나를 발견할 때가 있다. 그런 '우울증'을 몰아내는 데는 충분한 운동을 하는 것이 큰 도움이 된다. 달리기도 좋고, 시골길을 장시간 걷는 것도 좋고, 체육관에 가서 반시간 정도 펀칭백을 두드리거나 스쿼시를 하는 것도 좋다. 모든 운동은 정신을 맑게 해준다. 나는 주말이면 골프코스를 한 바퀴 돌거나 패들테니스 게임을 하거나 애디론댁 산맥[♠]에 가서 스키를 탄다. 그렇게 해서 몸이 피곤해지면 내 마음은 변호사 업무에서 벗어나 안식을 얻게 되고, 다시 변호사 업무로 돌아갈 때는 새로운 열정과 힘이 생긴다.

뉴욕에서 일하는 나는 예일클럽 체육관에서 한 시간 정도 운동을 하곤 한다. 스쿼시를 하거나 스키를 타면서 동시에 걱정을 할 수

---
[*] 미국 육군 대령, 로즈 장학생 출신의 뉴욕 변호사, 뉴욕 주 체육위원회의 의장, 라이트헤비급 권투의 올림픽 금메달리스트, 세계 챔피언
[♠] 뉴욕 주의 북동쪽에 있는 애팔래치아 산맥의 일부.

있는 사람은 없다. 운동을 하느라 바빠서 걱정할 틈이 없게 되는 것이다. 마음속에 떡 버티고 선 걱정이라는 거대한 산이 조그마한 두더지 흙두덕 정도로 줄어들고, 새로운 생각과 행동이 그것을 더욱 납작하게 만든다.

걱정에 대한 최선의 해독제는 운동이라고 나는 생각한다. 만약 걱정에 젖어들게 되면 근육을 더 많이 사용하고 두뇌는 더 적게 사용해보라. 일단 해보면 그 결과에 놀랄 것이다. 나도 그랬다. 운동을 시작하면 걱정은 사라진다.

나는 버지니아 공대 출신의 구제불능 걱정꾼이었다

- 짐 버드솔

17년 전에 나는 버지니아 주의 블랙스버그에 있는 군사대학에 다니고 있었다. 그때 나는 '버지니아 공대 출신의 구제불능 걱정꾼'으로 알려졌다. 나는 너무 심하게 걱정을 하는 탓에 자주 병에 걸렸다. 너무 자주 병에 걸려서 대학 양호실에 아예 내 몫으로 배정된 병상이 있을 정도였다. 간호사는 내가 오는 것을 보면 얼른 달려와서 주사를 놔주곤 했다. 나는 모든 것에 대해 걱정했다. 때로는 내가 무엇에 대해 걱정하고 있는 것인지도 몰랐다. 나는 성적이 떨어져서 퇴학당할지도 모른다는 불안감에 시달렸다. 실제로 나는 물리학을 비롯해 여러 과목의 시험에서 낙제했다. 나는 내 건강에 대해, 극심한 소화불량이 자꾸 도지는 것에 대해, 내 불면증에 대해 걱정했다. 나는 금전적인 문제에 대해서도 걱정했다. 나는 내 여자친구에게 내가 원하는 만큼 자주 캔디를 사주거나 춤추는 곳에 데리고 가주지 못해서 우울했다. 나는 그 여자친구가 군사대학의 다른 남학생들 가운데 한 명과 결혼하게 될까봐 두려웠다. 나는 10여 가지의 막연한 문제들 때문에 밤낮없이 초조해 했다.

절망 속에서 나는 버지니아 공대에서 경영학을 가르치는 듀크 베어드 교수에게 내 고민을 털어놓았다. 베어드 교수와 같이 보낸 15분간은 대학에서 보낸 나머지 4년간보다도 내 건강과 행복에 더 많은 도움을 주었다. 그는 이렇게 말했다. "짐, 자네는 사실을 직시해야 하네. 자네가 떠안고 있는 문제들에 대해 걱정하는 데 들이는 시간과 정력의 절반만이라도 그 문제들을 해결하는 데 집중시킨다면 걱정거리는 모두 사라지게 될 걸세. 걱정을 하는 것은 자네가 습득한 나쁜 습관일 뿐이네."

그는 걱정하는 습관을 깨뜨리는 데 적용할 수 있는 세 가지 규칙을 내게 알려주었다.

규칙 1: 걱정하는 문제가 무엇인지를 정확하게 파악하라.
규칙 2: 그 문제의 원인을 찾아내라.
규칙 3: 그 문제를 해결하는 것과 관계가 있는 건설적인 일을 곧바로 시작하라.

베어드 교수와 면담한 뒤에 나는 약간의 건설적인 계획을 세웠다. 물리학 과목에서 낙제했다고 해서 걱정만 하고 있기보다는 낙제한 이유가 무엇인지 곰곰이 생각해보았다. 내가 멍청해서 그렇게 된 것이 아니라는 것을 나는 알고 있었다. 내가 멍청하다면 어떻게 〈버지니아 테크 엔지니어〉의 편집장이 됐겠는가.

나는 내가 물리학에 흥미를 느끼지 못하기 때문에 그 과목에서 낙제한 것이라고 생각했다. 나는 산업공학도로서 내가 하는 공부에 물리학이 어떤 도움이 되는지를 몰랐기 때문에 물리학 공부에 몰두할 수 없었던 것이다. 나는 태도를 바꾸었다. "대학 당국이 내게 학위를 취득하려면 물리학 시험을 통과할 것을 요구하고 있는데 그와 관련된 대학 당국의 지혜를 내가 어떻게 의심할 수 있겠는가?"

그래서 나는 다시 물리학 강의를 듣기로 하고 수강신청을 했다. 이번에는 물리학이 공부하기 어렵다는 점에 대해 화를 내고 걱정을 하면서 시간을 낭비하는 대신에 공부를 열심히 해서 시험을 통과할 수 있었다.

금전적인 걱정은 대학의 무도회에서 음료를 파는 일 등을 추가로 찾아서 하고 아버지에게서 돈을 빌림으로써 해결했다. 아버지에게서 빌린 돈은 나중에 대학을 졸업한 뒤에 돈을 벌어 갚았다.

다른 남학생과 결혼하게 될까봐 걱정했던 여자친구 문제는 그녀에게 정식으로 청혼함으로써 해결했다. 그녀는 지금 내 아내가 돼 있다.

지금 와서 돌아보면 내 문제는 일종의 혼란, 다시 말해 걱정의 원인을 파악하고 그 원인을 현실적으로 직시하지 않으려고 하는 내 태도에서 비롯된 것이었다.

짐 버드솔은 분석을 통해 걱정을 해소하는 법을 배웠다. 사실 그는 '걱정거리를 분석하고 해결하는 법'에 관해 앞에서 설명된 바로 그 원칙들을 적용한 것이다.

나는 이 문장을 새기며 살아왔다.

- 조지프 시주 박사*

불확실성과 환멸이 지배하던 여러 해 전의 어느 날이었다. 당시 나는 내 인생이 내가 통제할 수 없는 힘들에 압도당하고 있다고 느꼈다. 그날 아침, 우연히 펼쳐든 신약성서에 씌어진 한 문장이 내 눈길을 붙잡았다. "나를 보내신 이가 나와 함께 하시니, 하느님 아버지는 나를 홀로 두지 아니하시니라."♠ 그 시간 이후로 내 삶은 완전히 달라졌다. 그동안 내가 그 문장을 되뇌지 않고 보낸 날은 단 하루도 없었다. 조언을 듣기 위해 찾아온 수많은 사람들에게 나는 내 삶을 지탱해주는 그 문장을 들려주었다. 내 시선이 그 문장에 꽂힌 그 시간 이후로 나는 줄곧 그 문장을 새기며 살아왔다. 나는 그 문장과 함께 걸어왔고, 그 문장에서 평온과 힘을 찾았다. 내게 그 문장은 종교의 핵심이다. 그 문장은 인생을 살 만한 것으로 만드는 모든 것의 맨 밑바닥에 깔려 있는 것이다. 그것은 내 인생에 황금의 교과서가 돼주었다.

---

* 뉴저지 주의 뉴브런스윅에 있는 뉴브런스윅 신학교의 총장. 1784년에 설립된 뉴브런스윅 신학교는 미국에서 가장 오래된 신학교다.
♠ 《요한복음》 8장 30절.

나는 바닥으로 떨어졌지만 살아남았다

- 테드 에릭슨

나는 사소한 일로 쓸데없는 걱정을 심하게 하곤 하는 사람이었다. 그러나 나는 더 이상 그러지 않게 됐다. 1942년 여름에 나는 내 인생에서 걱정이 사라지는 경험을 했다. 그 경험 덕분에 내 인생에는 영원히 걱정이 끼어들지 않게 됐으리라고 나는 기대한다. 그 경험은 모든 고민거리를 사소한 것으로 만들었다.

여러 해 동안 나는 여름마다 알래스카의 상업용 어선에서 일했다. 1942년에도 나는 연어를 후릿그물로 잡는 데 사용되는 약 10미터 길이의 어선을 타고 코디액 섬의 바깥 바다로 나갔다. 그런 규모의 어선들이 대체로 그렇듯이 그 어선에도 승무원이 3명뿐이었다. 지휘를 하는 선장, 선장을 보좌하는 2인자, 그리고 모든 일을 다 하는 일꾼이 승무원의 전부였다. 일꾼의 역할은 흔히 스칸디나비아 사람이 맡았는데, 나 역시 스칸디나비아 사람이었다.

연어를 후릿그물로 잡으려면 조수의 흐름을 이용해야 하기 때문에 나는 하루 24시간 가운데 20시간 동안 일하게 되는 경우가 자주 있었다. 그러한 일과는 한 번 시작하면 일주일 동안 계속됐다. 나는 누구도 하고 싶어 하지 않을 일을 혼자서 다 했다. 배를 청소하는 일도 했고, 어구를 정돈하고 보관하는 일도 했다. 나는 조그만 선실 안에서 장작을 태우는 난로를 이용해 음식을 만들었는데, 그때마다 발동기에서 나오는 열과 연기로 인해 병에 걸릴 지경이었다. 나는 접시를 닦았고, 배를 수리했다. 나는 우리가 잡은 연어를 우리 배에서 작은 연락선으로 집어던졌다. 그러면 그 연락선은 연어를 통조림공장으로 운반했다. 고무장화를 신은 내 발은 늘 젖어 있었다. 장화에는 바닷물이 가득 차곤 했지만 나는 장화를 벗어 들고 물을 비워낼 시간이 없었다. 그러나 그 모든 것도 나의 주된 임무에 비하면 놀이에 지나지 않았다. 나의 주된 임무는 '코르크 줄'이라고 불리는 것을 잡아당기는 것이었다. 그 일은 간단히 말해 배의 꼬리 부분에 두 발을 딛고 서서 코르크와 그물을 잡아당기는 것이었다. 그것이 내 임무였다. 그러나 그물은 매우 무거워서 아무리 잡아당겨도 꿈쩍도 하지 않으려고 했다. 그래서 실상은 내가 코르크 줄을 잡아당기는 게 아니라 배를 잡아당기는 형국이었다. 나는 그 모든 일을 여러 주 계속했고 결국은 한계에 다다랐다. 몸에 끔찍한 고통이 일어났다. 온 몸이 쑤셨다. 그때 얻은 몸의 통증은 그 뒤로 여러 달 계속됐다.

마침내 쉴 틈이 생겼을 때 나는 물자 보관용 상자 위에 쌓여 있는 축축하고 울퉁불퉁한 매트리스 위에서 잠을 잤다. 나는 가장 많이 다친 허리 뒤쪽의 매트리스 밑에 물건을 받쳐 놓았다. 그러고는 마치 마약에 취한 사람처럼 잠을 잤다. 완전히 지친 것이 나를 마약에 취한 사람처럼 만들었다.

지금 돌이켜보면 그때 내가 그런 육체적 고통과 피로를 견뎌내야 했던 게 다행이었다는 생각이 든다. 그 덕분에 내가 걱정을 잊을 수 있었기 때문이다. 요즘 나는 어떤 문제에 부닥치게 될 때마다 그 문제에 대해 걱정하는 대신 스스로에게 이렇게 묻는다. "에릭슨, 이것이 코르크 줄을 잡아당기는 것만큼 힘든 일일까?" 그러면 에릭슨은 언제나 이렇게 대답한다. "아니. 그것처럼 힘든 일은 어디에도 없어!" 이렇게 해서 나는 다시 기운을 차리고 용기를 내어 내게 닥친 문제에 맞선다. 가끔 고통스러운 경험을 하게 되는 것은 좋은 일이라고 나는 믿는다. 자기 자신이 바닥까지 떨어졌지만 살아남을 수 있었다는 생각을 갖게 되는 것은 좋은 일이다. 그러한 생각은 우리가 매일 부닥치게 되는 문제를 상대적으로 다루기 쉬운 문제로 만들어준다.

나는 세계 최고의 열간이들 가운데 하나였다

– 퍼시 C. 화이팅, 《판매의 5가지 대원칙》의 저자

나는 살아있거나, 이미 죽었거나, 거의 죽게 된 그 어떤 사람보다도 더 많은 병으로, 더 여러 차례 죽을 뻔했다.

    나는 보통 수준의 건강염려증 환자가 아니었다. 내 아버지는 약국의 주인이었고, 나는 사실상 그 약국 안에서 성장했다. 나는 매일 의사나 간호사와 대화를 나눴다. 그래서 나는 보통사람이 아는 병보다 더 나쁜 병을 비롯해 수많은 병의 이름과 증세를 알고 있었다. 나는 보통의 꾀병 환자가 아니었다. 나는 실제로 증세를 보이기도 했다! 내가 어떤 병에 대해 한두 시간 정도 걱정을 하면 그 병에 실제로 걸린 사람에게 나타나는 모든 증세가 내 몸에 나타났다. 한번은 내 기억에 우리 집이 있는 마을인 매사추세츠 주 그레이트 배링턴에 디프테리아가 대유행한 적이 있다. 나는 아버지의 약국에서 디프테리아 환자가 있는 집에서 온 사람들에게 매일같이 약을 팔았다. 그러던 중 두려워하던 나쁜 일이 일어났다. 나도 디프테리아에 걸린 것 같았다. 나는 내가 디프테리아에 걸렸다고 확신했다. 침대에 누워 걱정을 하다

보니 디프테리아의 전형적인 증세가 내 몸에 나타났다. 나는 의사를 불렀다. 의사는 내 몸을 살펴보더니 이렇게 말했다. "그래, 퍼시. 너는 디프테리아에 걸렸어." 그런데 그런 의사의 말이 내 마음을 가볍게 해주었다. 어떤 병이든 일단 병에 걸렸다는 걸 확인하고 나면 전혀 두려워하지 않았던 나는 디프테리아에 걸렸다는 말을 듣자마자 돌아누워 잠들어버렸다. 다음날 아침에 나는 완전히 건강한 몸으로 침대에서 일어났다.

여러 해 동안 나는 흔하지 않고 이상야릇한 병을 주로 내세워서 내 존재를 부각시킴으로써 사람들의 시선을 끌고 동정을 받곤 했다. 나는 입을 벌리지 못하는 개구장애와 물을 두려워하는 공수병으로 여러 번 죽을 뻔했다. 그러다가 나중에는 암이나 결핵 같이 사람들이 흔히 걸리는 병을 내세우는 것으로 만족했다.

지금 돌이켜보면 웃어넘길 수도 있는 일이지만, 그때는 비참했다. 나는 여러 해 동안 말 그대로 내가 죽음의 문턱에서 서성거리고 있다고 진정으로 믿고 두려움에 떨었다. 봄이 와서 옷을 한 벌 사야 할 때가 되면 나는 이런 생각을 하곤 했다. "이 옷이 낡아질 때까지 살아있을 가능성도 없는데 이걸 사는 데 돈을 낭비해도 될까?"

그러나 지금 나는 내 상태가 나아졌다고 말할 수 있게 되어 기쁘다. 지난 10년 동안에는 내가 병으로 죽을 뻔한 적이 한 번도 없었다.

어떻게 된 일까? 그것은 내가 나의 우스꽝스러운 상상을 스스로 웃어넘길 줄 알게 된 덕분이다. 두려워하던 증세가 실제로 나타날 것 같은 느낌이 들어 걱정에 빠졌던 어느 날 나는 나 자신을 조롱하며 이렇게 말해보았다. "이봐, 넌 무려 20년 동안이나 이런저런 치명적인 병으로 여러 번 죽을 뻔했잖아? 그런데 오늘 네 건강은 아주 좋아. 얼마 전에는 보험회사가 네가 추가로 보험에 가입하는 것도 받아줬잖아? 이제는 너처럼 걱정에 사로잡힌 얼간이를 보면 한 발짝 비켜서서 한껏 웃어줄 수 있을 때도 된 것 같은데?"

이렇게 스스로를 조롱하는 동안 나는 걱정을 잊었다. 그때 나는 자신을 조롱하면서 동시에 자신을 걱정하는 게 불가능하다는 사실을 알게 됐고, 그날 이후로는 나 자신에 대해 언제나 웃어넘겼다.

이 이야기의 요점은 이렇다. 자기 자신에 대해 너무 심각하게 생각하지 말라. 자신의 어리석은 상상에서 비롯된 걱정은 그저 웃어넘겨라. 그러면 그 걱정이 사라진다는 것을 확인하라.

나는 언제나 내 보급선을 차단되지 않은 상태로 유지하려고 했다

– 진 오트리, 세계에서 가장 유명하고 사랑받는 '노래하는 카우보이'

나는 사람들이 걱정하는 것이 대부분 가족 간의 문제와 돈에 관한 문제일 것이라고 추측한다. 내가 성장배경도 같고 취향도 같은 오클라호마 주의 소도시 처녀와 결혼한 것을 나는 다행으로 여긴다. 우리 부부는 황금률을 지키려고 노력해온 덕분에 가족 간의 문제를 최소한으로 줄이면서 살아올 수 있었다.

나는 돈에 관한 문제도 다음 두 가지 방법을 통해 최소한으로 줄이면서 살아왔다.

첫째, 나는 모든 일에서 100퍼센트의 성실성을 유지한다는 규칙을 세워놓고 그것을 늘 지켰다. 나는 빌린 돈은 마지막 한 푼까지 다 갚는다. 불성실한 것보다 걱정을 더 많이 초래하는 것은 거의 없다.

둘째, 나는 새로운 일에 도전할 때마다 반드시 비장의 카드를 남겨놓는다. 군사전문가들은 보급선을 차단되지 않은 상태로 유지하는 것이 전투의 첫 번째 원칙이라고 말한다. 나는 그 원칙이 군사적인 전투뿐 아니라 개인적인 전투에도 적용된다고 생각한다.

예를 들어 나는 어린 시절에 텍사스 주와 오클라호마 주의 시골에서 살면서 그곳에 가뭄이 들 때마다 사람들이 겪는 극심한 가난의 참상을 목격했다. 때때로 우리 가족은 생계를 잇기 위해 엄청나게 힘들게 일해야 했다. 우리는 아주 가난했고, 아버지는 가족의 생계를 잇기 위해 포장마차를 타고 말들을 엮어 끌고 다니면서 사람들에게 말을 바꿔주는 거래를 했다.

나는 그보다 안정적인 일을 하고 싶었다. 그래서 어느 철도역에 역장 보조원으로 취직했고, 거기서 일하는 동안 틈틈이 전신기술을 배웠다. 그 뒤에 나는 프리스코 레일웨이라는 철도회사에 대체인력으로 취직해서 역장이 병에 걸리거나 휴가를 가거나 업무량이 과다해진 역에 그때그때 파견되어 일을 했다. 그 일로 나는 매달 150달러를 벌었다. 나는 그 일이 내게 경제적 안전판이 돼줄 것이라고 생각했다. 그래서 나중에 더 나은 일을 찾아 시도할 때마다 언제든 다시 그 일로 되돌아 갈 수 있도록 길을 열어두었다. 그것은 바로 내 보급선이었다. 나는 더 나은 새로운 일에 견고하게 안착하기 전에는 그 보급선이 차단되게 한 적이 없다.

1928년에 내가 오클라호마 주의 첼시에서 프리스코 레일웨이의 대체인력으로 일하고 있을 때의 일이다. 어느 날 저녁에 낯선 사람이 전보를 보내려고 역으로 들어왔다. 그때 나는 기타를 치면서 카우보이 노래를 부르고 있었다. 내 노랫소리를 들은 그는 훌륭한 솜씨라고 칭찬하면서 뉴욕으로 가서 무대에 서거나 라디오에 출연하는 일을 찾아보라고 권했다. 당연히 나는 우쭐해졌다. 조금 후 나는 그가 송신하는 전보 메시지에 서명을 하는 것을 들여다보다가 숨이 멎을 뻔했다. 그는 바로 윌 로저스♠였다.

나는 곧바로 뉴욕으로 달려가지 않고 그로부터 9달 동안 그 문제에 대해 신중하게 생각해보았다. 나는 뉴욕으로 가서 그 오래된 도시에 도전을 해보는 것으로 내가 잃을 것은 없고 얻을 것만 있으리라는 결론을 내렸다. 나는 열차 승차권을 갖고 있었기에 공짜로 어디든 갈 수 있었다. 뉴욕으로 가는 동안 잠은 열차의 내 좌석에 앉아서 자면 되는 일이었고, 먹을 음식은 샌드위치와 과일을 싸 들고 가면 되는 일이었다.

그렇게 나는 뉴욕으로 갔다. 뉴욕에 도착한 뒤에 나는 한 주당 5달러의 방세를 내기로 하고 가구가 갖춰진 여관방을 빌려 거기서 잠을 자고 자동판매기로 먹을 것을 파는 간이식당에서 끼니를 때우면서 10주 동안 거리를 돌아다녔다. 그러나 아무런 성과도 없었다. 그때 만약 내게 되돌아갈 일자리가 없었다면 아마도 나는 걱정이 되어 병이 났을 것이다. 그러나 내게는 5년간 철도 일을 한 경력이 있었다. 이는 곧 장기근속자에게 주어지는 재고용 우선권이 내게 주어진다는 뜻이었다. 그 권리를 잃지 않으려면 90일 안에 되돌아가야 했다. 이미 뉴욕에서 70일을 보낸 상태였던 나는 서둘러 오클라호마로 되돌아가 다시 철도 일을 시작했다. 내 보급선을 유지시키기 위해서였다. 나는 몇 달간 일하면서 돈을 모은 후 또 한번의 시도를 하러 다시 뉴

♠ Will Rogers. 1879~1935. 미국의 카우보이, 코미디언, 배우, 사회비평가.

욕으로 갔다.

이번에는 내게 기회가 찾아왔다. 하루는 내가 어느 음반회사의 녹음 스튜디오 앞에서 면접을 기다리는 동안에 거기서 안내 일을 하고 있는 젊은 여성에게 기타를 치며 노래를 불러주었다. '제닌, 나는 라일락 철을 꿈꿔요'라는 노래였다. 내가 그 노래를 부르고 있을 때 마침 그 노래를 작곡한 너새니얼 실크리트가 그곳에 왔다. 당연한 일이었지만, 그는 자기가 작곡한 노래를 누군가가 부르는 것을 보게 되자 즐거운 표정으로 노래를 들었다. 그런 다음에 그는 나를 소개하는 내용의 메모를 한 장 써주면서 빅터 음반회사를 찾아가보라고 했다. 나는 그 음반회사에서 내 노래를 취입해 음반을 만들었다. 그러나 그 음반은 그리 성공적이지 못했다. 나는 너무 딱딱하게 굳어 있었고, 너무 수줍어했다. 나는 빅터 음반회사 사람들의 조언을 받아들여 털사로 되돌아가서 낮에는 철도 일을 하고 밤에는 라디오 프로그램에 출연해 카우보이 노래를 불렀다. 나는 그렇게 두 가지 일을 병행하는 것이 좋았다. 그것은 내 보급선이 차단되지 않고 유지됨을 의미하는 것이었으므로 나는 걱정할 게 아무것도 없었다.

나는 털사에 있는 KVOO 라디오 방송국에서 9달 동안 노래를 불렀다. 그 기간에 나는 지미 롱과 함께 '은발의 아버지'라는 제목의 노래를 만들었다. 그 노래가 히트를 치자 아메리칸 리코딩 컴퍼니의 아서 새털리 사장이 내게 음반을 만들자고 제의했다. 그 음반은 성공을 거두었다. 나는 음반 한 종당 50달러를 받으며 여러 종의 음반을 만들었고, 마침내 시카고에 있는 WLS 라디오 방송국에서 카우보이 노래를 부르는 일자리를 얻었다. 봉급이 무려 주당 40달러나 됐다. 4년 뒤에는 내 봉급이 주당 90달러로 올랐다. 게다가 나는 매일 밤 개인적으로 극장에 나가 노래를 불러 주당 300달러를 더 벌었다.

그 뒤 1934년에 내게 대단히 큰 기회를 열어주는 일이 생겼다. 영화에서 풍기를 문란하게 하는 요소를 제거하는 것을 목적으로 하는 '풍기단속 동맹'이라는 조직이 생겨났다. 그러자 할리우드의 영화제작자들이 카우보이 영화를 만들어 상영하기로 결정했다. 그런데 그들은 다소 새로운 카우보이를 원했다. 노래를 부를 줄 아는 카우보이를 찾았던 것이다. 아메리칸 리코딩 컴퍼니의 소유주는 리퍼블릭 픽처스의 지분도 일부 가지고 있었다. 그는 사업상 친하게 지내는 사람들에게 이렇게 말했다. "당신네들이 노래하는 카우보이를 원한다면 우리 회사에서 음반을 낸 가수 가운데 그런 사람이 있으니 소개해주겠소." 이렇게 해서 나는 영화계에 발을 들여놓게 됐다. 나는 일주일에 100달러를 받는 조건으로 노래하는 카우보이가 등장하는 영화에 출연하기 시작했다. 나는 과연 내가 영화에서 성공할 수 있을지 무척 의문스러웠지만 걱정을 하지는 않았다. 언제든 예전에 하던 일로 다시 돌아갈 수 있다고 생각했기 때문이었다.

영화에서 나는 기대치보다 훨씬 더 큰 성공을 거두었다. 지금 나는 영화에 출연하는 것으로 1년에 10만 달러를 벌고 있고, 이것 외에 내가 만든 영화에서 나오는 이익의 절반도 내게 돌아온다. 그러나 나는 이런 상태가 영원히 계속되지는 않을 것이라는 점을 알고 있다. 그러나 나는 걱정하지 않는다. 앞으로 무슨 일이 일어나든, 심지어는 내가 갖고 있는 재산을 다 잃게 된다고 해도 나는 언제나 오클라호마로 돌아가 그곳의 프리스코 레일웨이에 다시 취직할 수 있다고 생각하기 때문이다. 나는 그동안 언제나 내 보급선이 차단되지 않고 유지되도록 그것을 지켜왔다.

나는 인도에서 주님의 음성을 들었다

— E. 스탠리 존스 ♠

나는 내 인생 가운데 40년을 인도에서 선교하는 일을 하면서 보냈다. 나는 처음에는 그곳의 끔찍한 무더위와 내 앞에 놓여 있는 커다란 과업으로 인한 신경의 긴장을 견뎌내기 어려울 것이라고 생각했다. 인도에서 만 8년이 지났을 때 나는 뇌의 피로와 신경의 소모로 인해 건강이 심각하게 나빠져서 한 번도 아니고 여러 번 쓰러졌다. 나는 미국으로 돌아가 1년 동안 휴식을 취하라는 명령을 받았다. 나는 미국으로 돌아가는 배에서 일요일 아침에 선상예배를 진행하다가 또 다시 쓰러졌다. 그 배의 의사는 배가 미국에 도착할 때까지 나를 침대에 뉘어 놓았다.

나는 미국에서 1년 동안 휴식을 취한 다음에 다시 인도로 가는 길에 올랐다. 도중에 나는 필리핀의 마닐라에 들러 그곳 대학생들과 전도모임을 여러 차례 열었다. 그 전도모임 행사로 인해 긴장한 탓인

♠ (원주) 존스는 가장 활동적인 미국의 연설가 가운데 한 사람인 동시에 같은 세대에 속하는 선교사 가운데 가장 유명한 사람으로 꼽힌다.

지 나는 거기서 다시 여러 번 쓰러졌다. 의사들은 내게 인도로 다시 가면 거기서 곧 죽게 될 것이라고 경고했다. 그 경고를 듣고 나는 점점 더 짙은 먹구름이 몰려오고 있다고 느끼면서도 예정대로 인도로 갔다. 봄베이에 도착했을 때 나는 심신이 탈진한 상태였다. 그래서 곧바로 산속으로 들어가 여러 달 동안 휴식을 취한 다음에 다시 평야지대로 돌아와 내 일을 재개했다. 그러나 나는 또 쓰러졌고, 다시 산속으로 들어가 더 오랫동안 휴식을 취해야 했다. 하지만 아무런 소용이 없었다. 휴식을 취한 후 평야지대로 내려온 나는 또다시 쓰러졌다. 그제야 나는 더 이상 견딜 수 없다는 생각이 들었다. 나는 정신적, 육체적으로 탈진하여 기력을 완전히 다 잃은 상태였다. 나는 내 인생의 남은 기간을 육체적으로 망가진 폐인으로 살아야 하는 것 아닌가 하는 생각에 두려웠다.

어디에선가 도움의 손길을 뻗어주지 않는 한 나는 선교사로서의 삶을 포기하고 미국으로 돌아가 아무 농장에든 가서 거기서 일하면서 건강을 돌보며 살아야 할 것이라는 생각이 들었다. 그때가 내 인생에서 가장 암담한 시점이었다. 그때 나는 러크나우라는 곳에서 일련의 모임을 가졌다. 어느 날 밤에 기도를 하던 도중에 내 인생을 완전히 바꿔놓는 일이 일어났다. 나는 기도를 하고 있었고, 특별히 나 자신에 대해 생각하고 있지는 않았다. 그런데 그때 어떤 음성이 이렇게 말하는 것이 들렸다. "내가 너를 불러서 시키는 이 일을 너는 할 준비가 돼 있느냐?"

나는 대답했다. "아닙니다, 주님. 나는 지쳐버렸습니다. 내 기력이 한계에 다다랐습니다."

그 음성은 다시 이렇게 말했다. "네 일을 모두 내게 맡기고 더 이상 걱정하지 마라. 내가 그것을 돌봐주겠다."

나는 재빨리 대답했다. "주여, 말씀대로 하겠나이다."

커다란 평온이 내 마음에 자리 잡더니 내 몸과 영혼 전체로 퍼져나갔다. 그것으로 모든 문제가 다 해결됐다는 생각이 들었다! 생명, 충만한 생명이 나를 휘감았다. 나는 몸이 공중으로 붕 떠오른 듯했고, 그날 밤에 조용히 집으로 걸어오는 동안 발이 거의 땅에 닿지 않는다는 느낌이 들었다. 한 걸음씩 내딛는 곳이 모두 신성한 땅이었다. 그 뒤로 여러 날 동안 나는 내게 육신이 있다는 것을 거의 의식하지 못했다. 그 여러 날 동안에 나는 하루 종일, 그리고 밤에도 늦게까지 일했고, 잠을 자야 할 시간이 되어도 전혀 피로를 느끼지 않았다. 도대체 왜 내가 잠을 자야 하느냐는 의문이 들 정도였다. 나는 생명과 평온과 휴식에 사로잡히고, 예수 그 분에 사로잡힌 듯했다.

나는 처음에는 내게 일어난 이 일을 다른 사람들에게 이야기하지 않았다. 하지만 곧 그렇게 해야 한다고 느꼈고, 결국 그렇게 했다. 그때부터는 결과는 하늘에 맡기고 모든 사람 앞에 나가 내게 일어난 일을 이야기했다. 그 뒤로 나는 내 인생에서 가장 열심히 활동하며 20년 이상을 보냈다. 전에 나를 괴롭히던 문제가 그 20년 동안에는 단 한번도 나를 괴롭히지 않았다. 내가 그런 건강을 누려본 적이 그 전에는 없었다. 그리고 그 건강은 단지 육체적인 것만이 아니었다. 내 몸과 마음, 그리고 영혼도 새로운 생명을 얻은 것 같았다. 그 경험 이후로 내게 생명이 저 높은 곳에서부터 끊임없이 내려왔다. 나는 단지 그것을 받아들이기만 하면 됐다!

그 뒤로 오랜 세월 나는 전 세계를 돌아다녔고, 하루에 연설을 3번씩 하는 날도 종종 있었다. 그 와중에도 나는 시간을 쪼개고 힘을 내어《인도의 길을 걷는 예수》를 포함해 12권의 책을 썼다. 게다가 그 모든 일을 다 하면서도 약속을 지키지 않거나 약속시간에 늦은 적이 한 번도 없었다. 한때 나를 사로잡았던 걱정은 이미 오래전에 말끔히 사라졌다. 63살이 된 지금도 나는 활력이 넘치고 다른 사람들을 위해 봉사하며 사는 데서 행복을 느끼고 있다.

나는 내가 경험한 육체적, 정신적 변화를 심리학적으로 잘게 나눠가며 분석하고 설명하는 것도 가능하리라고 생각한다. 그러나 그렇게 하는 것은 중요하지 않다. 인생은 그 하나하나의 과정보다 더 크고 그 과정들 전부를 압도한다.

이것 하나만큼은 내가 안다. 31년 전에 러크나우에서 내가 나 자신의 허약함과 우울함의 심연에 빠져있는 상태에서 어떤 음성이 내게 다음과 같이 말했을 때 내 삶이 완전히 변화됐다는 것을. "네 일을 모두 내게 맡기고 더 이상 걱정하지 마라. 내가 그것을 돌봐주겠다." 그때 나는 이렇게 대답했다. "주여, 말씀대로 하겠나이다."

보안관이 우리 집 현관으로 들어왔을 때

- 호머 크로이

내 인생에서 가장 참담했던 순간은 1933년의 어느 날 보안관이 우리 집 현관으로 들어오고 나는 뒷문으로 도망쳤던 때다. 나는 롱아일랜드 주 포레스트힐스의 스탠디시 로드 10번지에 있던 집, 그러니까 내 아이들이 태어나고 우리 가족이 18년 동안 살았던 집을 잃었다. 나는 그런 일이 내게 일어날 것이라고는 꿈에도 생각하지 못했다. 그보다 12년 전만 해도 나는 이 세상의 꼭대기에 올라선 느낌이었다. 나는 내가 쓴 소설 《급수탑의 서쪽》을 영화로 만들 수 있는 권리를 할리우드에서도 가장 높은 가격에 팔았다. 나는 가족과 함께 해외로 나가 2년 동안 살았다. 우리는 여름은 스위스에서, 겨울은 프랑스 쪽 리비에라에서 마치 게으른 부자처럼 지냈다.

나는 파리에 6개월간 머물면서 《그들은 파리를 보아야 했다》라는 제목의 소설을 썼다. 이 소설도 영화로 만들어졌고, 그 영화에 윌 로저스도 출연했다. 그 영화는 로저스가 출연한 최초의 유성영화였다. 나는 할리우드에 머물면서 로저스가 출연하게 될 영화 여러 편의 대본을 써달라는 매력적인 제의를 받았다. 그러나 나는 그 제의를 받아들이지 않았다. 나는 뉴욕으로 돌아갔다. 그때부터 내게 문제가 생기기 시작했다!

나는 그동안 개발되지 못한 커다란 능력이 내 속에 잠재돼 있다는 생각에 서서히 사로잡혔다. 나는 내가 장삿속 밝은 사업가 기질을 갖고 있다고 생각하기 시작했다. 존 제이컵 애스터♠가 뉴욕의 부동산에 투자해 수백만 달러를 벌었다는 이야기를 누군가가 내게 해주었다. 애스터가 어떤 사람인가? 이주민이며 영어발음도 시원찮은 보따리장수일 뿐이었다. 그런 그가 해낸 일이라면 나라고 못하겠는가? 나는 부자가 될 것이다! 나는 요트에 관한 잡지도 읽기 시작했다.

나는 무지해서 용감한 자였다. 에스키모 족이 석유난로에 대해 알지 못하는 만큼이나 나는 부동산을 사고파는 일에 대해 잘 알지 못했다. 부동산 투자에서 눈부신 성공을 거두는 길로 나아가기 위해 필요한 돈을 나는 어디서 구하려고 했을까? 간단했다. 나는 내 집을 담보로 잡히고 돈을 빌렸고, 그 돈으로 포레스트힐스에서 가장 괜찮아 보이는 건축용 대지를 몇 군데 샀다. 나는 그 땅들을 가지고 있다가 땅값이 크게 오르면 되팔아서 큰돈을 벌어 호화스럽게 살려고 했다. 인형의 손수건만한 땅 한 조각도 팔아본 적이 없는 내가 그런 생각을 했던 것이다. 단지 월급이나 받으려고 사무실 안에 갇혀 노예처럼 하루하루를 보내는 일벌레들을 나는 불쌍하게 여겼다. 하느님은 돈을

♠ John Jacob Astor. 1763~1848. 독일에서 태어나 미국에서 모피 장사와 부동산 투자 등으로 큰 부자가 된 사업가.

버는 재능이라는 신성한 불길이 모든 사람을 다 건드리게 하는 것은 좋지 않다고 여기는 것이 틀림없다고 나는 나 자신에게 말했다.

그런데 갑자기 캔자스 주에 부는 사이클론처럼 대불황이 일어나 나를 덮쳤다. 불황은 닭장을 뒤흔드는 토네이도처럼 나를 뒤흔들었다.

나는 대지가 괴물처럼 벌린 큰 입 속으로 매달 220달러를 집어넣어야 했다. 아, 한 달 한 달이 왜 그렇게 빨리 돌아오던지! 게다가 나는 우리 집을 저당 잡히고 빌린 돈에 대한 이자를 물어야 했고, 먹을 것도 사야 했다. 나는 걱정이 됐다. 나는 우스운 이야기를 써서 여러 잡지에 보내는 일을 시도해보았다. 그런데 그 이야기는 마치 예레미야의 애가와 같았다! 나는 아무것도 팔지 못했다. 내가 쓴 소설들은 실패했다. 나는 돈이 다 떨어졌다. 내 타자기와 내 입 속의 금니 외에는 돈을 빌리기 위해 담보로 잡힐 것이 없었다. 우유회사는 우유 배달을 중단했고, 가스회사는 가스 공급을 중단했다. 우리 가족은 당신도 광고에서 보았을 조그마한 옥외용 스토브를 하나 사야 했다. 그것은 석유 실린더가 내장된 것이었고, 손으로 펌프질을 하고 불을 붙이면 화가 난 거위처럼 쉭쉭 소리를 내며 불이 타게 돼있는 것이었다.

우리는 석탄이 다 떨어졌고, 석탄회사는 대금지불 청구 소송을 제기했다. 난방수단은 벽난로 하나뿐이었다. 나는 밤마다 밖에 나가 부자들이 새로 짓고 있는 집에서 내다버린 나무판 같은 것들을 주워 와야 했다. 바로 그런 부자들 가운데 한 사람이 되고자 했던 내가 그들이 내다버린 것이나 주워 와야 하는 신세가 된 것이었다.

나는 너무 걱정이 되어 잠을 잘 수 없었다. 나는 종종 한밤중에 깨어났고, 그때마다 몇 시간씩 걸어 다녀 피곤해지고서야 다시 잠들 수 있었다. 나는 사놓았던 땅만 잃어버린 게 아니라 그 땅에 쏟아 부은 내 인생의 일부도 잃어버린 것이었다.

은행은 우리 집에 설정해놓은 저당권을 행사해서 우리 가족을 거리로 내쫓았다. 우리는 가까스로 돈 몇 푼을 남겨서 그것으로 작은 방 하나를 빌렸다. 우리는 1933년의 마지막 날에 그곳으로 이사했다. 나는 포장상자 위에 앉아 방 안을 둘러보았다. 어머니가 내게 말해주시곤 했던 속담이 생각났다. "쏟아진 우유를 놓고 울지 말아라."

그러나 그때 쏟아진 것은 우유가 아니었다. 내 인생의 일부가 쏟아진 것이었다.

나는 그렇게 한동안 앉아 있다가 나 자신에게 이렇게 말했다. "자, 나는 바닥까지 떨어졌지만 견뎌냈다. 이제는 위로 올라가는 일만 남아있다."

나는 저당 빚이 내게서 빼앗아가지 못한 좋은 것들을 생각하기 시작했다. 나는 아직 건강하고 친구들도 있다. 나는 다시 시작할 것이다. 나는 지나간 일에 대해 더 이상 슬퍼하지 않을 것이다. 나는 쏟아진 우유를 놓고 울지 말라던 어머니의 말을 매일 마음속으로 되뇌었다.

나는 그동안 걱정을 하는 데 쏟아 부었던 에너지를 일을 하는 데 쏟아 부었다. 상황이 조금씩 나아지기 시작했다. 지금 나는 그 모든 비참한 일을 겪었던 것을 감사하게 생각한다. 그 경험은 내게 힘과 배짱, 그리고 자신감을 주었다. 이제 나는 바닥까지 떨어지는 것이 무엇을 의미하는지를 안다. 그것은 우리를 죽이지 못한다는 것을 안다. 우리는 스스로 견뎌낼 수 있다고 생각하는 수준 이상으로 잘 견뎌낼 수 있다는 것을 안다.

나는 작은 걱정, 불안, 불확실성이 나를 혼란에 빠뜨리려고 할 때 포장상자 위에 앉아 스스로에게 이런 말을 했던 때를 상기하면서 그것들을 내 마음속에서 몰아낸다. "나는 바닥까지 떨어졌지만 견뎌냈다. 이제는 위로 올라가는 일만 남아있다."

이 이야기가 말해주는 원칙이 무엇일까?

톱밥을 톱질하려고 하지 말라는 것이다. 피할 수 없다면 받아들여라! 더 이상 밑으로 떨어질 수 없는 상황이라면 위로 올라가려고 노력해볼 수 있다.

내가 싸워본 상대 가운데 가장 어려운 상대는 걱정이다

- 잭 뎀프시

내가 권투선수로 살아오면서 만났던 그 어떤 헤비급 선수보다도 더 대적하기 어려운 상대는 걱정이라는 놈이었다. 나는 걱정을 중단하는 법을 배워야 한다는 것을 깨달았다. 그렇게 하지 않으면 걱정이 내 활력을 앗아가고, 내가 쌓아올린 성공을 허물어뜨릴 것이 분명했다. 그래서 나는 내게 맞는 습관을 만들었다. 그 가운데 몇 가지를 소개한다.

    1. 링 위에서 싸우는 동안 나는 내게 격려의 말을 하곤 했다. 예를 들어 영 퍼포라는 선수와 싸울 때 나는 속으로 이런 말을 되풀이했다. "아무것도 나를 멈추게 하지 못해. 저 선수는 나를 해치지 못해. 저 선수가 때려도 나는 느끼지 못할 거야. 나는 쓰러지지 않아. 나는 계속할 거야, 무슨 일이 있어도." 이렇게 긍정적인 말을 하는 것은 큰 도움이 됐다. 그 말이 내 정신을 집중시켜 퍼포에게 맞고도 맞은 것을 몰랐다. 나는 권투선수로 살아오면서 입술이 터지고, 눈가가 찢어지고, 갈비뼈에 금이 가는 경험을 수없이 했다. 나는 퍼포의 주먹에 맞

아 로프 사이로 나가떨어지면서 링 밖에서 취재하고 있던 어느 기자의 타자기를 망가뜨렸다. 그러나 나는 아무것도 느끼지 못했다. 내가 정말로 맞았다고 느꼈던 타격은 그동안 오직 하나밖에 없었다. 그것은 레스터 존슨이 내게 날린 한 방이었다. 그 타격으로 나는 갈비뼈 세 대가 부러졌다. 하지만 그 타격도 나를 쓰러뜨리지는 못했다. 그저 한동안 숨쉬기가 어려웠을 뿐이다. 솔직히 말해 그것 말고는 그동안 링 위에서 내가 맞은 타격 가운데 그 어느 것도 나로 하여금 세게 맞았다는 느낌을 갖게 하지 못했다.

2. 내가 습관으로 삼은 또 하나는 걱정은 해봐야 아무런 소용도 없다는 점을 계속해서 상기하는 것이었다. 내가 하는 걱정의 대부분은 큰 시합을 앞두고 훈련을 하는 동안에 생겨났다. 그 기간이 되면 나는 밤에 침대에 누워서도 여러 시간 동안 잠들지 못하고 말똥말똥하게 깨어있는 상태로 몸을 뒤척이며 걱정에 빠졌다. 나는 1회전에서 손을 다치거나 발목이 삐거나 눈가가 심하게 찢어져서 더 이상 상대에게 내 펀치를 맞추지 못하게 될까봐 걱정했다. 내 신경이 그런 상태가 되면 나는 침대에서 일어나 거울을 들여다보며 나 자신을 꾸짖었다. "아직 일어나지 않았고 실제로는 일어나지 않을 수도 있는 일을 걱정하다니 참으로 바로로군. 인생은 짧아. 앞으로 살아있을 세월도 길지 않아. 그러니 인생을 즐겨." 나는 계속해서 나에게 이렇게 말했다. "내 건강 외에는 중요한 것이 아무것도 없어. 내 건강 외에는 중요한 것이 아무것도 없어." 잠들지 못하고 걱정하는 것은 내 건강만 해칠 것이라는 점을 나는 계속해서 나 자신에게 상기시켰다. 밤마다

나 자신에게 이 말을 반복하기를 여러 해 계속하다 보니 어느새 그 말이 내 몸의 일부가 되다시피 해서 결국 내 마음속에서 걱정을 몰아내기가 아주 쉬워졌다.

3. 세 번째로 내가 한 일은 기도를 하는 것이었다. 사실 이것이 가장 효과가 좋은 방법이었다! 나는 시합을 앞두고 훈련을 하는 동안에는 하루에도 몇 번씩 기도를 했다. 링 위에서도 나는 각 라운드의 시작을 알리는 공이 울리기 직전에 언제나 기도를 했다. 기도는 내가 링 위에서 용기와 자신감을 가지고 싸울 수 있게 도와주었다. 나는 지금까지 기도를 하지 않고 잠을 잔 적이 없고, 기도를 하지 않고 식사를 한 적도 없다. 나는 내가 한 기도에 대해 응답을 받았을까? 몇 백배의 응답을 받았다!

나는 고아원에 가지 않게 해달라고 하느님에게 기도했다

– 캐슬린 핼터

어린아이였을 때 내 삶은 공포로 가득했다. 어머니는 심장병을 앓고 있었다. 나는 어머니가 기절해서 바닥에 쓰러지는 모습을 날마다 보았다. 우리 가족이 모두 어머니가 죽게 될까봐 두려워했다. 어머니가 죽으면 고아가 된 다른 어린 여자아이들처럼 나도 센트럴 웨슬리언 고아원으로 보내질 것이라고 나는 믿고 있었다. 센트럴 웨슬리언 고아원은 우리가 사는 작은 마을인 미주리 주 워런턴에 있는 고아원이었다. 나는 그곳에 가게 될까봐 두려웠다. 여섯 살 때 나는 끊임없이 이렇게 기도했다. "하느님, 내가 고아원에 가지 않아도 되는 나이가 될 때까지 어머니가 죽지 않게 해주세요."

그로부터 20년 뒤에는 남동생인 메이너가 사고로 몸을 크게 다쳐 극심한 통증에 시달리다가 2년 만에 죽었다. 그는 죽기 전에 혼자 음식을 먹지도 못했고, 침대에서 돌아눕지도 못했다. 나는 그의 통증을 가라앉히기 위해 밤낮없이 3시간마다 한 번씩 그에게 모르핀 주사를 놓아주어야 했다. 나는 그 일을 2년간 계속했다. 그때 나는 워런턴에 있는 센트럴 웨슬리언 대학에서 음악을 가르치고 있었다. 남동생이 고통으로 비명을 지르면 이웃집 사람이 학교로 전화를 걸어 내게 그런 사실을 알려주었고, 그러면 나는 학생들을 가르치다 말고 집으로 달려가 남동생에게 모르핀 주사를 놓아주어야 했다. 나는 밤에 잠을 자기 전에는 언제나 자명종 시계를 3시간 뒤에 울리게 맞춰놓았다. 그래야 제때 일어나 늦지 않게 남동생을 돌볼 수 있기 때문이었다. 겨울에는 내가 밤마다 우유 한 병을 창문 밖에 놓아두었던 것이 기억난다. 그렇게 해놓으면 우유가 얼어붙어 내가 좋아하는 아이스크림처럼 되기 때문이었다. 자명종 시계를 3시간마다 울리게 맞춰놓은 것도 효과가 있었지만, 그 아이스크림도 나로 하여금 자다가 제때 일어나게 하는 유인이 돼주었다.

이런 모든 문제 속에서 나는 자기연민과 걱정에 빠지거나 원망으로 내 인생을 스스로 비참하게 만들지 않으려고 두 가지 일을 했다. 첫째, 나는 하루에 12시간 내지 14시간 동안 음악을 가르치면서 항상 바쁘게 지냈다. 내 문제에 대해 생각할 틈이 거의 없게 만들기 위해서였다. 그리고 나 자신이 한심하다는 생각이 들려고 할 때마다 이렇게 되뇌었다. "걸어 다닐 수 있고, 혼자 음식을 먹을 수 있고, 극심한 통증에 시달리지 않는다면 이 세상에서 가장 행복한 사람인 거야. 무슨 일이 일어나든 살아있는 한 이 점을 결코 잊지 말아야 해. 결코, 결코!"

나는 내게 주어진 모든 축복에 대해 무의식적으로, 그리고 지속적으로 감사하는 태도를 기르기 위해 내가 할 수 있는 모든 일을 다

하기로 결심했다. 나는 아침에 일어날 때마다 내가 침대에서 일어나 혼자 걸어가서 아침식사를 할 수 있게 해주어 감사하다고 하느님에게 기도를 하곤 했다. 나는 내가 안고 있는 모든 문제에도 불구하고 미주리 주의 워런턴에서 가장 행복한 사람이 되리라고 굳게 결심했다. 어쩌면 내가 그러한 목표를 달성하는 데는 성공하지 못했을지도 모른다. 그러나 나는 우리 마을에서 가장 감사할 줄 아는 태도를 가진 젊은 여성이 되는 데는 성공했다. 그리고 내가 알고 지내는 사람들 가운데 나보다 걱정을 덜 하는 사람은 거의 없게 됐다.

미주리 주의 이 음악강사는 이 책에 서술된 두 가지 원칙을 사용했다. 그녀는 걱정할 틈이 없게끔 바쁘게 지냈고, 자신이 받은 축복을 소중하게 생각했다. 이런 기법은 당신에게도 도움이 될 수 있다.

내 위는 캔자스 주의 회오리바람처럼 비비 꼬였다

- 캐머런 시프

나는 여러 해째 캘리포니아 주에 있는 워너브라더스의 스튜디오에서 홍보부 직원으로 매우 행복하게 일하고 있었다. 나는 말단직원으로 홍보용 글을 쓰는 일을 하고 있었다. 워너브라더스에 소속된 스타들에 관한 글을 써서 신문이나 잡지에 보내는 것이 내가 맡은 일이었다.

나는 갑자기 승진이 되어 홍보국 차장이 됐다. 그때 조직운용 정책도 변경됐기 때문에 실제로 내게 주어진 새로운 직함은 '관리차장'이었다.

그 승진으로 나는 개인용 냉장고가 있는 널찍한 사무실을 쓰게 됐고, 두 명의 비서도 두게 됐다. 뿐만 아니라 나는 글을 쓰거나 마케팅을 하거나 라디오 방송과 관련된 일을 하는 75명의 부하직원도 거느리게 됐다. 나는 대단히 기분이 좋았다. 나는 승진발령이 나자마자 밖에 나가 새 옷을 한 벌 샀다. 나는 위엄 있게 말하려고 애썼다. 나는 서류보관 체계를 새로 바꾸었고, 권위 있게 의사결정을 내렸으며, 점심식사를 짧은 시간 안에 빨리 해치웠다.

나는 워너브라더스의 홍보정책이 전부 다 내 어깨 위에 놓이게 됐다고 확신했다. 나는 베트 데이비스, 올리비아 디 하빌랜드, 제임스 캐그니, 에드워드 G. 로빈슨, 에롤 플린, 험프리 보가트, 앤 셰리던, 알렉시스 스미스, 앤 헤일과 같은 유명한 스타들의 삶이 공적인 부분이든 사적인 부분이든 다 내 수중에 들어왔다고 생각했다.

그런데 승진한 지 한 달도 채 지나지 않아 내게 위궤양 증세가 나타났다. 어쩌면 위암일지도 모른다는 생각이 들었다.

그때는 전시였다. 전쟁과 관련해 내가 주로 맡아 하게 된 일은 영화홍보인조합 전시활동위원회 의장의 역할이었다. 나는 그 일을 좋아했다. 특히 그 일로 인해 조합 모임에서 친구들을 만날 수 있게 된 것이 좋았다. 그런데 위궤양 증세로 인해 모임에 참석하는 것이 두려운 일이 됐다. 모임에 참석하고 나면 위가 굉장히 아파지곤 했기 때문이다. 집으로 돌아오는 길에 잠시 차를 세우고 몸을 추스른 다음에야 다시 운전을 할 수 있게 되는 경우가 잦아졌다. 해야 할 일이 아주 많은데 그것을 다 하기에는 시간이 너무 부족한 것 같았다. 내가 해야 할 일은 모두 다 중요한 일이었다. 그런데 그 일을 다 해내기에는 내 건강이 뒷받침해주지 않았다.

나는 지금 아주 솔직하게 말하고 있다. 그 증세는 내 평생에 겪어 본 병 가운데 가장 고통스러운 것이었다. 내 뱃속은 언제나 무언가에 의해 쥐어 짜이는 듯했다. 나는 몸무게가 줄어들었고, 잠을 제대로 잘 수도 없었다. 그리고 통증이 멈추지 않고 계속됐다.

나는 내과 분야의 유명한 전문의를 찾아갔다. 광고 일을 하는 어떤 사람이 추천해준 의사였다. 광고 일을 하는 사람들 가운데 그 의사의 고객이 많다고 했다.

그 의사는 말을 간단간단하게 했다. 그러다 보니 나도 몸의 어디가 아프고 내가 하는 일은 무엇이라는 정도만 그에게 겨우 말할 수 있었다. 그는 처음에는 내 병보다 내 직업에 더 많은 관심을 갖는 듯했다. 그러나 그는 곧 내 병에 주목하는 태도를 보여 나를 안심시켰다. 그 뒤로 두 주일 동안 그는 그때까지 알려진 모든 검사방법을 내게 적용했다. 검사에는 현미경, 탐침, 엑스레이, 형광투시경 등이 차례로 이용됐다. 마침내 나는 그로부터 검사결과를 들으러 오라는 통보를 받았다.

그는 의자에 등을 기대면서 이렇게 말했다. "시프 씨, 우리는 모든 검사를 다 해보았습니다. 나는 첫 진료 때 이미 당신이 위궤양에 걸리지 않았다는 판단을 내렸습니다. 하지만 모든 검사를 다 해보는 것도 반드시 필요한 절차였습니다. 당신이 어떤 사람이고 어떤 일을 하는지를 감안할 때 확실한 증거를 보여주지 않는 한 당신은 내 판단을 믿으려고 하지 않을 것이라고 생각했기 때문이었지요. 자, 이것을 보십시오."

그는 차트와 엑스레이 사진을 펼쳐놓고 내게 검사 결과를 설명해준 다음에 이렇게 말했다. "자, 여기까지 오느라 당신은 많은 돈을 썼습니다. 그러나 당신에게는 그렇게 한 것이 그만한 돈을 쓸 만한 가치가 있는 일이었습니다. 이제 처방을 내리겠습니다. 걱정을 하지 말라는 것이 내 처방입니다."

내가 항의하려고 하자 그는 나를 제지하며 이렇게 말했다. "알아요, 알아. 당신이 내 처방을 곧바로 따를 수 없다는 것을 압니다. 그래서 당신에게 의지할 수 있는 목발 같은 것을 주려고 합니다. 여기 알약이 있습니다. 그 안에는 벨라도나라는 약품이 들어있습니다. 가져가고 싶은 만큼 얼마든지 가져가십시오. 약이 떨어지면 다시 오십시오. 얼마든지 더 드리겠습니다. 이 알약은 당신에게 아무런 해도 끼치지 않습니다. 다만 당신이 긴장을 풀 수 있도록 도와줄 것입니다. 그러나 기억하십시오. 사실 당신에게는 이 약이 필요 없습니다. 당신이 해야 할 일은 오로지 걱정을 중단하는 것입니다. 만약 다시 걱정이 시작되면 또 나를 찾아오십시오. 그때는 내가 진료비를 왕창 매기겠습니다. 그래도 되겠지요?"

그 의사의 충고대로 내가 곧바로 걱정을 중단했다고 말할 수 있다면 얼마나 좋을까? 하지만 나는 그러지 못했다. 나는 걱정이 몰려온다고 느낄 때마다 의사에게서 받아온 알약을 먹기를 여러 주 계속했다. 알약은 효과가 있었다. 그것을 먹으면 곧바로 기분이 나아졌다.

그런데 그 알약을 먹는 나 자신이 바보스럽게 여겨졌다. 나는 몸집이 큰 사람이다. 나는 거의 에이브러햄 링컨만큼 키가 크고, 몸무게는 거의 90킬로그램에 가깝다. 그런 내가 긴장을 풀고 쉬기 위해 그 조그맣고 하얀 알약을 먹는 것이었다. 친구들이 내게 그 알약은 무엇 때문에 먹는 거냐고 물었을 때 나는 사실대로 말하기가 부끄러웠다. 나는 나 자신을 웃어넘기기 시작했다. "이봐, 캐머런 시프. 너는 바보짓을 하고 있어. 너는 너 자신과 자기가 하는 작은 일을 너무나 심각하게 생각하고 있어. 베트 데이비스, 제임스 캐그니, 에드워드 로빈슨은 네가 그들의 홍보를 맡기 시작하기 전부터 이미 세계적으로 유명한 스타였어. 그리고 네가 오늘 밤에 돌연사한다고 해도 워너브라더스와 거기에 소속된 스타들은 너 없이도 잘 해나갈 수 있어. 아이젠하워, 마셜 장군, 맥아더, 지미 둘리틀, 킹 제독을 생각해봐. 그들은 너처럼 알약을 먹지 않고도 전쟁을 수행했어. 그런데 너는 네 위가 캔자스 주에 부는 회오리바람처럼 비비 꼬이지 않게 하기 위해 그 조그맣고 하얀 알약을 먹지 않고서는 영화홍보인조합 전시활동위원회 의장직도 수행하지 못한다는 거야?"

그날 이후 나는 알약을 먹지 않고도 맡은 일을 수행하면서 잘 지내게 되면 자부심을 느끼게 됐다. 얼마 뒤에 나는 그 알약을 하수구에 다 쏟아 버렸고, 매일 저녁식사를 하기 전에 집에서 잠깐 동안 잠을 잘 수 있게끔 귀가시간을 앞당겼다. 나는 차츰 정상적인 생활을 할 수 있게 됐고, 그 의사를 다시는 찾아가지 않았다.

물론 나는 그 의사에게서 큰 도움을 받았고, 그의 도움은 내가 지불한 고액의 진료비보다 훨씬 더 값진 것이었다. 그는 나에게 자신을 웃어넘기는 법을 가르쳐주었다. 그러나 그가 정말로 능숙하게 잘한 일은 나를 비웃지 않은 것과, 내게 걱정할 것이 전혀 없다고 쉽게 말하지 않은 것이었다. 그는 나를 정중하게 대함으로써 내 체면을 살려주었다. 그러면서 그는 일종의 탈출구와 같은 것을 조그마한 상자에 넣어 내게 건네주었다. 그러나 이제는 나도 알게 됐지만 그는 그때 이미 치유책이 그 우스꽝스러운 자그마한 알약에 있지 않다는 것을 알고 있었다. 치유책은 바로 나 자신의 정신자세에 있었던 것이다.

이 이야기의 교훈은 지금 약을 먹고 있는 많은 사람들은 약을 먹는 것보다 차라리 이 책의 7장을 읽고 그 내용에 따라 긴장을 풀고 쉬는 것이 더 나으리라는 것이다!

나는 아내가 접시를 닦는 것을 보고 걱정을 중단하는 법을 배웠다
- 윌리엄 우드 목사

몇 년 전에 나는 극심한 위통에 시달렸다. 위에 엄청난 통증이 일어나는 바람에 매일 밤 두세 차례 깨어나곤 했고, 그렇게 깨어나면 다시 잠들기가 어려웠다. 나는 내 아버지가 위암으로 돌아가시는 것을 보았고, 내게도 위암 아니면 적어도 위궤양이 발생한 것이 아닌가 하는 생각에 두려웠다. 그래서 나는 검사를 받으러 병원에 갔다. 유명한 위 전문의가 형광투시경을 이용해 내 위를 검사하고 엑스레이 사진도 찍었다. 그는 내게 위궤양이나 위암은 발견되지 않았다면서 수면을 유도하는 약을 주었다. 내가 느끼는 통증은 정신적인 긴장으로 인한 것이라고 그는 말했다. 내가 목사임을 아는 그는 내게 가장 먼저 이런 질문을 던졌다. "교회의 운영위원회에 혹시 고집불통이 있나요?"

그는 내가 이미 스스로 아는 것을 말해주었다. 내가 너무 많은 일을 하려고 한다는 것이었다. 나는 매주 일요일마다 설교를 하고 그 밖에도 교회의 다양한 활동에 따르는 일의 부담을 안고 있었을 뿐 아니라 적십자회 의장과 키와니스 클럽이라는 봉사단체의 회장을 맡고 있었다. 게다가 나는 매주 두세 건의 장례식을 집전하고 그 밖의 여러 가지 활동을 지도하고 있었다.

나는 압박을 끊임없이 받는 가운데 일을 하고 있었다. 나는 결코 긴장을 풀고 쉴 수 없었다. 나는 언제나 긴장된 상태에서 서두르고 조급해 했다. 나는 거의 모든 것에 대해 걱정하는 지경에 이르렀다. 나는 언제나 안절부절못하는 상태로 하루하루를 살아가고 있었다. 나는 위의 통증이 너무 심했기에 기꺼이 의사의 조언대로 했다. 나는 매주 월요일에는 일손을 놓고 쉬었고, 여러 가지 책임과 활동을 하나하나 내려놓기 시작했다.

어느 날 나는 책상 위를 정리하다가 좋은 생각이 하나 떠올랐다. 나는 과거에 설교를 위해 써놓은 글을 비롯해 이제는 과거지사가 된 문제들에 관한 글을 써놓은 메모지가 수북이 쌓여있는 모습을 내려다보았다. 나는 그것들을 하나하나 구겨서 쓰레기통에 던져 넣었다. 그러다가 나는 갑자기 하던 일을 멈추고 나 자신에게 이렇게 물었다. "빌, 왜 너는 이 메모지를 쓰레기통에 던져버리듯이 걱정을 던져버리지 못하지?" 이 생각은 곧바로 내게 영감을 주었고, 나는 두 어깨를 무겁게 내리누르던 짐이 벗겨지는 것 같은 느낌을 받았다. 그날부터 지금까지 나는 내가 더 이상 어찌할 수 없는 문제들은 모두 다 쓰레기통에 던져 넣는 것을 규칙으로 삼아왔다.

그런데 어느 날 아내가 접시를 닦는 동안 나도 곁에서 그 일을 거들어주다가 또 하나의 좋은 생각이 떠올랐다. 아내는 접시를 닦으면서 노래를 부르고 있었다. 나는 나 자신에게 이렇게 말했다. "빌, 자네 아내 좀 봐. 무척 행복해 보이지 않나? 자네 부부는 결혼하고 18년간을 같이 살아왔어. 그동안 자네 아내는 계속 접시를 닦아왔네. 그런데 결혼할 때 자네 아내가 앞으로 18년간 닦아야 할 접시가 한꺼번에 쌓여있는 것을 미리 상상해보았다면 어땠을 것 같나? 그 지저분한 접시들이 헛간보다 더 거대하게 쌓여있는 것처럼 보이지 않았겠나? 그런 생각을 하고도 소름이 돋지 않을 여성이 과연 있을까?"

나는 연이어 나 자신에게 이렇게 말했다. "자네 아내가 접시 닦는 일을 대수롭지 않게 여기는 이유는 한 번에 그날 하루 동안 더럽혀진 접시만 닦기 때문일세." 그 순간 나는 내 문제가 무엇이었는지를 알게 됐다. 나는 오늘 더럽혀진 접시뿐 아니라 어제 더럽혀진 접시와 심지어는 아직 더럽혀지지 않은 접시까지도 닦으려고 했던 것이다.

내가 얼마나 바보같이 행동했는지를 이제는 내가 안다. 나는 일요일 아침마다 교회의 설교단에 서서 다른 사람들에게 어떻게 살아야 하는지에 대해 이야기해왔지만, 정작 나 자신은 긴장된 상태로 걱정을 하며 조급하게 살고 있었던 것이다. 그랬던 나 자신이 부끄럽다.

걱정은 이제 더 이상 나를 괴롭히지 못한다. 나는 더 이상 위에 통증을 느끼지 않는다. 불면증도 사라졌다. 이제 나는 어제의 걱정거리는 구겨서 쓰레기통에 던져 넣으며, 어제 더럽혀진 접시를 오늘 닦으려고 애쓰기를 그만둔 지 오래다.

❋

이 책의 앞부분에 인용된 이런 말이 기억나는가? "오늘로 넘어온 어제의 짐에 내일의 짐까지 더해지면 가장 강건한 자도 비틀거리게 된다." 왜 그렇게 되려고 하는가?

나는 답을 찾았다

- 델 휴스

1943년에 나는 갈비뼈 세 개가 부러지고 폐에 구멍이 난 상태로 뉴멕시코 주의 앨버커키에 있는 퇴역군인 병원에 입원했다. 나는 하와이 제도의 해안에서 해병대의 상륙훈련에 참여했다가 그런 부상을 당했다. 내가 배에서 해변으로 뛰어내릴 준비를 하고 있을 때 큰 파도가 밀려와 배를 들어 올렸고, 그 때문에 나는 균형을 잃고 해변의 모래밭에 떨어져 처박혔다. 그때 떨어지면서 받은 충격이 너무 컸던 탓에 갈비뼈 세 개가 부러졌고, 그 가운데 하나가 오른쪽 폐를 찔렀다.

병원에서 3개월을 지냈을 때 나는 의사로부터 내 인생에서 가장 충격적인 말을 들었다. 내 몸이 전혀 나아지지 않고 있다는 것이었다. 나는 얼마 동안 진지하게 생각해본 결과 내가 걱정을 하는 것이 내 건강의 회복을 방해하고 있다고 판단했다. 나는 매우 활동적인 생활에 익숙한 사람이었는데 병원생활 3개월 동안 하루 종일 침대에 누워서 지내면서 아무 일도 하지 않고 오직 생각만 했던 것이다. 생각을 더 많이 할수록 걱정도 더 많이 하게 됐다. 나는 과연 이 세상에서 내 자리를 찾고 그 자리에서 제 구실을 하며 살아갈 수 있을지에 대해 걱정했다. 나는 남은 인생 내내 장애인으로 살아가야 하는 것은 아닌지, 결혼을 하고 정상적인 삶을 살게 될 수 있을지에 대해 걱정했다.

나는 의사에게 나를 옆에 있는 다른 병동으로 옮겨달라고 부탁했다. 그 병동은 환자가 하고 싶은 일이 있으면 뭐든지 할 수 있도록 허용한다고 해서 '컨트리클럽'이라고 불리게 된 곳이었다.

그 '컨트리클럽' 병동에서 나는 컨트랙트 브리지*에 관심을 갖게 됐다. 나는 같은 병동에 있는 다른 환자들과 그 게임을 하거나 브리지에 관한 컬버트슨♠의 책을 읽으며 게임에 대해 공부하면서 6주를 보냈다. 그 뒤로도 나는 병원을 떠날 때까지 거의 매일 저녁 브리지 게임을 했다. 나는 유화 그리기에도 관심을 가졌다. 매일 오후 3시부터 5시까지 강사의 지도를 받으며 유화를 공부했다. 내가 그린 유화 가운데 몇 점은 아주 그럴듯했다. 아마 당신도 그것을 보면 무엇을 그린 것인지 금세 알아차릴 수 있을 것이다. 나는 또 비누와 나무로 조각을 해보면서 조각에 관한 책을 많이 구해 읽었고, 조각을 하는 것도 매우 흥미로운 일임을 알게 됐다. 이렇듯 나는 항상 바쁘게 지냈기에 내 몸의 상태에 대해 걱정할 시간이 없었다. 나는 틈틈이 시간을 내어 적십자사에서 받은 심리학에 관한 책도 읽었다. 3개월이 지나자 병원 의료진이 모두 나를 찾아와서 "놀라울 정도로 몸이 좋아졌다"고 축하해주었다. 그것은 내가 태어난 뒤로 가장 듣기 좋은 말이었다.

---

* 흔히 '브리지'로 불리는 카드 게임.
♠ Ely Culbertson. 1893~1955. 컨트랙트 브리지의 권위자.

나는 기쁨에 넘쳐 고함이라고 지르고 싶었다.

내가 강조해 말하고자 하는 것은 바로 이런 것이다. 내가 아무것도 하지 않고 침대에 누워 있으면서 내 미래에 대해 걱정하고 있었을 때는 몸이 조금도 좋아지지 않았다. 내 몸을 걱정에 중독시키고 있을 때는 부러진 갈비뼈가 치유되지 않았다. 그러나 내가 컨트랙트 브리지를 하고, 유화를 그리고, 나무로 조각을 하면서 내 마음을 내게서 떼어내자마자 의사들이 찾아와 "놀라울 정도로 몸이 좋아졌다"고 말했다.

지금 나는 정상적이고 건강한 삶을 누리고 있고, 내 폐는 당신의 폐만큼 좋아졌다.

조지 버너드 쇼가 한 말을 상기하라. "비참하다는 느낌의 비밀은 당신이 행복한지 행복하지 않은지에 대해 신경 쓸 여유를 갖고 있는 데 있다."

활발하게 움직여라, 그리고 바쁘게 살아라!

시간은 많은 것을 해결해준다

- 루이스 T. 몬탠트 2세

나는 걱정 때문에 내 인생의 10년을 잃어버렸다. 그 10년의 세월은 그 어떤 젊은이의 인생에 갖다 대어도 가장 생산적이고 풍요로운 시기에 해당될 것이다. 왜냐하면 그 기간은 내 나이 18살 때부터 28살 때까지였기 때문이다.

지금 돌이켜보면 내가 그 시기를 잃어버린 것은 다른 누구도 아닌 바로 나 자신의 잘못 때문이었다.

나는 모든 것에 대해 걱정했다. 내 직업, 내 건강, 내 가족, 그리고 내 열등감에 대해 나는 걱정했다. 모든 것에 대해 너무 두려워한 나머지 내 앞으로 아는 사람이 걸어오는 것이 보이면 그를 피하기 위해 길을 가로질러 반대편으로 가곤 했다. 길에서 친구를 만나게 되면 그를 보지 못한 체했다. 그 친구에게 무시당할까봐 두려워서였다.

나는 낯선 사람을 만나는 것을 매우 두려워했고, 낯선 사람과 같이 있게 되면 공포에 질렸다. 나는 불과 2주 만에 3번이나 취직할 기회를 놓쳤다. 3번 모두 나를 고용해줄 사람에게 내가 할 수 있는 일이 무엇인지에 대해 말할 용기가 없었기 때문이었다.

그런데 8년 전의 어느 날 오후에 나는 단번에 걱정을 극복했고, 그 뒤로는 걱정을 거의 하지 않게 됐다. 그날 오후에 나는 내가 겪어본 것보다 훨씬 더 많은 문제를 안고 있는 어떤 사람의 사무실에 있었다. 그 사람은 그 많은 문제에도 불구하고 내가 아는 그 누구보다도 쾌활했다. 그는 1929년에 큰돈을 벌었지만 그 뒤에 재산을 다 잃고 무일푼이 됐다. 그는 1933년에 다시 큰돈을 벌었지만 그 뒤에 다시 재산을 다 잃었고, 1939년에 또 다시 큰돈을 벌었지만 또 다시 재산을 다 잃었다. 그는 파산했고, 적과 채권자들에게 쫓기고 있었다. 그러나 다른 사람에게는 좌절과 자살충동의 원인이 될 만한 문제가 그에게는 마치 오리의 등에서 미끄러져 떨어지는 물방울과 같았다.

8년 전 그날 나는 그의 사무실에 있는 동안에 그를 부러워하면서 나도 그와 같이 되게 해달라고 하느님에게 빌었다.

서로 대화를 나누던 도중에 그가 바로 그날 아침에 받은 것이라면서 내게 편지를 한 통 내밀고는 읽어보라고 했다.

그것은 분노로 가득 찬 편지였고, 여러 가지 대답하기 곤란한 문제를 제기하고 있었다. 내가 만약 그런 편지를 받았다면 완전히 무너지고 말았을 것이다. 나는 이렇게 물었다. "빌, 답장을 어떻게 써서 보낼 겁니까?"

빌은 이렇게 말했다. "글쎄요. 내가 작은 비밀 하나 말해줄까요? 앞으로 당신이 뭔가 정말로 걱정이 되는 문제를 만나게 되면 책상 앞에 앉아 종이를 펼쳐놓고 연필로 당신을 걱정하게 만드는 것이 정확하게 무엇인지를 자세히 써보세요. 그런 다음에 그 종이를 책상의 오른쪽 가장 낮은 서랍에 넣어두세요. 그리고 2주 뒤에 그 종이를 꺼내 읽어보는 겁니다. 그때도 거기에 씌어져 있는 문제가 여전히 당신을 걱정하게 하고 있다면 그 종이를 책상의 오른쪽 가장 낮은 서랍에 다시 넣어두고 2주를 보내세요. 그 종이는 거기에 안전하게 보관돼있을 겁니다. 그 종이에는 아무런 일도 일어나지 않을 겁니다. 그러나 그 사이에 당신을 걱정하게 만든 문제에는 많은 일이 일어날 수 있어요. 내가 인내심만 갖고 기다린다면 나를 괴롭히려고 하는 걱정거리가 마치 바늘에 찔린 풍선처럼 터져 없어지고 마는 경우가 많다는 것을 나는 알게 됐습니다."

그 조언은 내게 깊은 인상을 주었다. 나는 빌의 조언대로 해보았고, 그 결과 이제는 무엇에 대해서든 걱정하는 경우가 거의 없다.

❊

시간은 많은 것을 해결해준다. 당신이 오늘 걱정하고 있는 것도 시간이 지나면 저절로 해결될 수 있다.

**나는 말을 하려고 하거나
손가락 하나라도 움직이려고 하지 말라는 경고를 받았다**

- 조지프 L. 라이언

몇 년 전에 나는 어떤 소송사건의 증인이 됐고, 그 일로 인해 엄청난 심리적 압박과 걱정에 사로잡혔다. 그 소송사건이 종결되어 기차를 타고 집으로 돌아오던 도중에 나는 갑자기 쓰러졌다. 심장에 문제가 생긴 것이었다. 숨을 쉬는 것도 거의 불가능했다.

집에 돌아오자마자 의사를 불렀더니 그가 내게 주사를 놓아주었다. 그때 나는 침실의 침대에 누워있지 않았다. 나는 거기까지 가지 못하고 겨우 거실의 소파까지만 가서 쓰러졌던 것이다. 의식을 되찾고 보니 동네 목사가 이미 도착해 임종기도를 올릴 준비를 마친 상태였다!

나는 가족이 비통하고 멍한 표정을 짓고 있는 것을 보고는 내 운명이 다한 것이라고 생각했다. 의사가 내 아내에게 내가 30분 안에 죽을 것 같으니 마음의 준비를 하라고 말했다는 것을 나는 나중에 알게 됐다. 그때 나는 내가 일단 되살아난 것을 확인한 의사로부터 심장이 워낙 약한 상태이니 말을 하려고 하거나 손가락 하나라도 움직이려고 하지 말라는 경고를 받았다.

나는 결코 성인이 아니지만 한 가지는 배워 알고 있었는데 그것은 하느님과 다투어서는 안 된다는 것이었다. 그래서 나는 눈을 감고 하느님에게 이렇게 말했다. "당신의 뜻대로 이루어지게 하소서. 지금이 그때라면, 당신의 뜻대로 이루어지게 하소서."

그런 생각에 나를 내맡긴 순간 나는 모든 긴장이 풀리면서 편안해지는 것 같았다. 내게서 공포가 사라졌다. 나는 이제 내게 일어날 수 있는 최악의 일이 무엇일까를 조용히 생각해보았다. 최악의 일은 엄청난 통증과 함께 심장에 다시 발작이 일어나는 것이 아닐까 싶었다. 그렇게 되면 모든 것이 끝나리라. 그러면 나는 나를 만든 하느님을 만나러 가서 곧 평온을 찾게 되리라.

나는 거실의 소파에 누운 채로 한 시간 동안 기다렸다. 그러나 통증은 다시 오지 않았다. 마침내 나는 만약 내가 지금 죽지 않는다면 내 삶을 가지고 무엇을 해야 하는지를 생각하기 시작했다. 나는 건강을 되찾기 위해 모든 노력을 다하자고 다짐했다. 나는 긴장과 걱정으로 스스로를 혹사시키는 것을 중단하고 힘을 되찾기 위해 노력하기로 다짐했다.

그것은 4년 전의 일이었다. 나는 그 뒤로 의사가 심전도로 내 심장의 상태가 개선된 것을 보고 놀랄 정도로 건강을 회복했다. 나는 더 이상 걱정을 하지 않는다. 나는 삶에 대해 새로운 열정을 느끼고 있다. 그러나 내가 그때 만약 최악의 상태, 즉 죽음에 임박한 상태에 직면하지 않았다면, 그리고 그 뒤로 그보다 더 낫게 내 상태를 개선해보려는 노력을 기울이지 않았다면 오늘까지 살아있지 못했을 것이라는 게 내 솔직한 생각이다. 내가 최악의 상태를 받아들이지 않았다면 걱정과 공포로 인해 나는 이미 죽어버렸을 것이다.

※

라이언이 오늘까지 살아있는 것은 '마법의 공식' 가운데 하나를 적용했기 때문이다. 그것은 '일어날 수 있는 최악의 사대에 맞대면하라'는 것이다.

나는 잊어버리는 데 선수다

- 오드웨이 티드

걱정은 습관이다. 나는 그 습관을 이미 오래전에 버렸다. 내가 걱정하기를 삼가는 새로운 습관을 갖게 된 것은 대체로 다음과 같은 세 가지 덕분이다.

첫째, 나는 너무 바빠서 자기 자신을 파괴하는 걱정에 빠질 겨를이 없다. 내가 하는 활동 가운데 중요한 것은 세 가지인데 그 하나하나가 사실상 그 자체로 하루 온종일을 다 바쳐야 하는 일이다. 나는 컬럼비아대학에서 많은 수강생들을 앞에 놓고 강의를 한다. 나는 뉴욕 고등교육위원회의 의장직을 맡고 있다. 또한 나는 하퍼 앤드 브라더스라는 출판사의 경제사회서적부 책임자로 일하고 있다. 이 세 가지 과업이 끊임없이 내게 요구하는 일을 하다 보면 안달하고 불평하거나 쳇바퀴 도는 생각을 할 틈이 없다.

둘째, 나는 잊어버리는 데 선수다. 나는 어느 하나의 일에서 다른 일로 전환할 때에는 그동안 내가 생각하고 있었던 문제와 관련된 것은 깡그리 잊어버린다. 어느 한 활동에서 다른 활동으로 전환하는 것은 정신적인 자극을 주고 심기일전의 기회를 갖게 해준다. 또한 나를 안정시키고, 내 마음을 비워준다.

셋째, 나는 하던 일을 중단할 때마다 그 일과 관련된 모든 문제를 내 마음속에서 지워버리도록 나 자신을 훈련시켰다. 하던 일과 관련된 문제는 마음속에 계속 남아 있으려고 한다. 각각의 일은 항상 해결되지 않은 일련의 문제를 갖고 있고, 그런 문제는 나로 하여금 신경을 쓰게 한다. 내가 만약 매일 밤 그런 문제를 집으로 가지고 가서 걱정을 계속한다면 내 건강을 해칠 것이고, 더 나아가 그런 문제에 대응할 수 있는 내 능력을 다 파괴해버리고 말 것이다.

오드웨이 티드는 '4가지 좋은 업무습관'의 달인이라고 할 만하다. 당신은 '4가지 좋은 업무습관'이 무엇인지를 기억하는가? 7부 26장을 보라.

> 걱정을 중단하지 않았다면
> 나는 이미 오래전에 무덤 속에 들어갔을 것이다
> — 코니 맥, 야구계의 원로

나는 63년 이상의 세월을 전문 야구인으로 살아왔다. 1880년대에 처음 야구를 시작했을 때 나는 봉급을 한푼도 받지 못했다. 우리는 공터에서 야구경기를 했고, 경기 도중에 통조림 깡통이나 말의 가슴걸이 같은 것에 걸려 넘어지곤 했다. 경기가 끝나면 우리는 구경꾼들에게 가서 모자를 거꾸로 들고 모금을 했다. 그렇게 해서 버는 돈은 특히 내게는 너무 적었다. 나는 남편을 여읜 어머니와 남동생, 여동생들을 부양해야 했기 때문이다. 우리 야구팀은 활동을 계속하기 위해 딸기 시식회나 대합구이 파티와 같은 행사를 종종 열어야 했다.

그동안 내게는 걱정을 해야 할 이유가 많았다. 7년 연속 꼴찌로 시즌을 마친 야구감독은 나밖에 없을 것이다. 8년 동안 800번 패배한 야구감독도 나밖에 없을 것이다. 패배가 여러 차례 계속되고 나면 걱정이 되어 밥도 못 먹고 잠도 못 자는 경우가 많았다. 그러나 나는 25년 전에 걱정하기를 중단했다. 그때 그렇게 하지 않았다면 나는 이미 오래전에 무덤 속에 들어갔을 것이다.

길게 이어진 내 인생(나는 링컨이 대통령이었을 때 태어났다)을 돌이켜보면 나는 다음 몇 가지 생각을 하고 그것을 실천함으로써 걱정을 극복할 수 있었다.

1. 걱정은 아무 소용이 없다고 나는 생각했다. 걱정은 내게 아무것도 가져다주지 않으며, 오히려 내 인생을 망가뜨리려고 위협하기만 한다고 생각했다.

2. 걱정은 내 건강을 해친다고 나는 생각했다.

3. 앞으로 치를 경기에서 이기기 위해 계획을 짜고 준비를 하느라 늘 바쁘게 지내다 보니 이미 진 경기에 대해서는 걱정을 할 시간의 여유가 없었다.

4. 나는 경기가 끝난 뒤 24시간이 지나기 전에는 선수들이 경기에서 저지른 실수를 지적하지 않는다는 것을 규칙으로 삼았다. 나는 야구감독이 된 뒤 얼마 동안은 선수들과 탈의실을 같이 썼다. 그래서 우리 팀이 진 날에는 선수들을 비판하고 우리가 진 것을 놓고 그들과 심하게 말다툼하기를 삼가기가 어려웠다. 그러나 그렇게 하는 것은 내 걱정만 더 키울 뿐이라는 사실을 나는 알게 됐다. 어느 한 선수를 다른 선수들이 보는 앞에서 비판하는 것은 좋은 방법이 아니었다. 그것은 그 선수로 하여금 협조적인 태도는커녕 반감만 갖게 할 뿐이었다. 하지만 나는 우리 팀이 진 뒤에 곧바로 내 마음과 내 입을 통제할 수 있으리라고 장담할 수 없었다. 그래서 생각해낸 게 우리 팀이 지면 경기 직후에는 선수들을 아예 보지 말자는 것이었다. 나는 경기에서 진 것에 대한 논의를 다음날로 미루었다. 다음날이 되면 나도 냉정해

져서 선수들의 실수가 그렇게 큰 잘못으로 여겨지지 않았으므로 침착하게 할말을 할 수 있었고, 선수들도 화를 내며 자기방어를 하려고 하지 않았다.

5. 나는 잘못을 따져가며 선수들을 타박하기보다는 칭찬을 해서 선수들의 사기를 북돋움으로써 자극을 주려고 노력했다. 나는 선수 한 사람 한 사람에게 해줄 수 있는 칭찬의 말을 찾아내려고 노력했다.

6. 나는 피로해지면 걱정을 더 많이 하게 된다는 사실을 알게 됐다. 그래서 매일 밤 침대에서 10시간을 보냈고, 낮잠도 잤다. 5분간의 짧은 낮잠도 크게 도움이 됐다.

7. 나는 활동적으로 살아온 덕분에 걱정을 피하고 수명도 늘릴 수 있었다고 믿는다. 나는 지금 85살이고, 내가 똑같은 이야기를 자꾸 반복하게 되기 전에는 은퇴할 생각이 없다. 내가 똑같은 이야기를 자꾸 반복하기 시작하면 그제야 나는 내가 늙었다고 생각하게 될 것이다.

❀

걱정을 중단하는 법에 관한 책을 읽어본 적이 없는 코니 맥도 자기 나름대로 규칙을 만들었다. 당신도 과거에 당신에게 도움이 됐던 규칙들을 상기해보고 그 목록을 작성해보는 게 어떨까?

나는 직업과 정신자세를 바꿈으로써 위궤양과 걱정을 없앴다

- 아든 W. 샤프, 위스콘신 주의 그린베이에 사는 사람

5년 전에 나는 걱정에 빠져 우울하게 지내다가 병에 걸렸다. 의사들은 내게 위궤양이라는 진단을 내리고 그에 따른 식이요법을 처방했다. 나는 우유와 계란만 먹었다. 나중에는 그것들을 보기만 해도 역겨워질 정도였다. 그러나 나는 건강을 회복하지 못했다. 어느 날 나는 암에 관한 글을 읽었다. 암 환자에게 나타나는 모든 증세가 다 내게 나타나고 있다는 생각이 들었다. 그때부터 나는 걱정의 수준을 넘어 공포에 질려버렸다. 그러자 내 위궤양은 마치 불처럼 타올랐다. 당연한 결과였다. 결정적인 타격은 군에서 왔다. 24살인 내가 군에 입대하기에 육체적으로 부적합하다는 통보가 온 것이었다! 나는 육체적으로 한창 왕성해야 할 나이에 육체적으로 망가진 사람이 돼버린 게 분명했다.

나는 속수무책으로 궁지에 몰렸다. 단 한 줄기의 빛도 보이지 않았다. 절망 속에서 나는 왜 내가 그런 한심한 상태가 됐는지를 분석해보려고 했다. 서서히 진실이 드러나기 시작했다. 2년 전만 해도 나는

세일즈맨으로 일하면서 행복하고 건강하게 살고 있었다. 그런데 전쟁이 일어나서 물자가 부족해짐에 따라 나는 세일즈맨으로 계속 일할 수가 없어서 어쩔 수 없이 공장에 취직했다. 나는 공장 일을 경멸했고, 게다가 불운하게도 그때까지 내가 만났던 그 어떤 부정적 사고방식의 소유자보다도 더 확실하게 부정적 사고방식을 갖고 있는 사람들과 어울리게 됐다. 그들은 모든 것에 대해 불만을 품고 있었다. 그들에게는 옳은 것이 아무것도 없었다. 그들은 끊임없이 직장을 비난했다. 그들은 봉급, 노동시간, 직장상사를 비롯해 모든 것을 저주했다. 나는 복수심을 드러내는 그들의 태도를 내가 무의식적으로 흡수했음을 깨달았다.

나는 내 부정적인 사고방식과 뒤틀린 감정 때문에 위궤양에 걸린 것일 수 있음을 서서히 알아차리기 시작했다. 그래서 내가 좋아했던 일, 즉 세일즈맨으로 돌아가기로 결심했다. 그리고 긍정적이고 건설적인 사고방식을 가진 사람들과 어울리기로 했다. 아마도 이런 결심이 내 생명을 구한 것 같다. 나는 의도적으로 진취적으로 사고하는 사람들, 즉 걱정으로부터 자유롭고 따라서 행복해 하고 낙관적이어서 위궤양에 걸릴 염려가 없는 사람들을 찾아 친구나 동료로 삼았다.

내 정신자세를 바꾸자마자 내 위의 상태도 바뀌었다. 나는 내가 위궤양에 걸렸다는 사실도 금세 잊어버렸다. 사람은 쉽게 걱정, 불만, 실패에 빠지기도 하지만, 또 그만큼 쉽게 건강, 행복, 성공을 얻을 수 있다는 사실을 나는 곧 알게 됐다. 이것은 그동안 내가 배운 교훈 가운데 가장 중요한 것이다. 사실 나는 이미 오래전에 그것을 배웠어야 했다. 나는 수십 번도 더 그것에 관한 이야기도 들었고, 그것에 관한 책도 읽었다. 그런데도 나는 어려운 과정을 거치고서야 그것을 배웠다. "사람의 마음속 생각이 어떠하면 그 사람 자신도 그러하다"*는 예수의 말이 무슨 뜻인지를 이제 나는 안다.

---

* 《잠언》 23장 7절.

나는 지금 녹색 신호등을 찾고 있다

- 조지프 M. 코러

나는 소년이었을 때부터 청년시절의 초기는 물론이고 성인이 된 다음까지도 전문적인 걱정꾼이었다. 내 걱정거리는 많고도 다양했다. 그 가운데 어떤 것들은 실제로 존재하는 것이었고, 어떤 것들은 그저 상상일 뿐이었다. 걱정할 게 전혀 없을 때도 간혹 있었지만, 그럴 때조차 나는 내가 무언가를 간과하고 있는 것 아닌가 하는 걱정을 하곤 했다.

그러다가 지금으로부터 2년 전에 나는 새로운 삶의 방식을 시도하게 됐다. 그 새로운 삶의 방식은 내 결점과 극히 미미한 내 장점에 대한 자기분석, 다시 말해 나 자신에 대한 '철저하고도 대담한 도덕적 재고조사'를 실시할 것을 요구했다. 이런 작업은 내 모든 걱정의 원인이 무엇인지가 분명히 드러나게 해주었다. 그 원인은 그동안 내가 오늘만을 위해 살지 못했다는 데 있었다. 어제 내가 잘못한 것에 대해 안달하고 내일을 두려워하며 살아온 것이었다.

나는 "어제 걱정했던 내일이 바로 오늘"이라는 말을 여러 차례

들었다. 그러나 그 말이 내게는 효과가 없었다. 나는 24시간 단위의 계획에 따라 살라는 조언을 들었다. 나는 내가 조금이라도 통제할 수 있는 날은 오직 오늘뿐이며, 매일매일 내게 주어지는 기회를 최대한 활용해야 한다는 조언도 들었다. 그렇게 한다면 너무 바빠져서 오늘이 아닌 다른 날, 즉 과거나 미래에 대해 걱정할 시간이 없게 될 것이라는 말도 들었다. 그러한 조언은 모두 논리적이었다. 하지만 나는 그런 당연한 생각들을 효과적으로 실천하기가 어려웠다.

그런데 어둠 속에서 날아온 총탄처럼 내게 해답이 주어졌다. 내가 어디서 그 해답을 얻게 됐을까? 1945년 5월 31일 오후 7시에 노스웨스턴 철도의 어느 역 승강장에서였다. 그 시간은 내게 중요하다. 그래서 나는 그 시간과 장소를 분명하게 기억한다.

그때 나는 몇몇 친구들을 배웅하고 있었다. 친구들은 휴가를 마치고 유선형 열차인 '더 시티 오브 로스앤젤레스 호'를 타고 돌아가는 길이었다. 전쟁은 계속되고 있었고, 그래서 그 해에는 열차가 항상 승객으로 붐볐다. 나는 아내와 함께 철도를 따라 걸어서 열차 앞부분까지 갔다. 나는 잠시 열차의 커다랗고 반짝이는 엔진을 바라보다가 다시 철도를 돌아보았다. 그때 키가 큰 신호기가 내 시야에 들어왔다. 그것은 황색 불빛을 내고 있었는데, 얼마 지나지 않아 그 불빛이 밝은 녹색으로 바뀌었다. 그 순간 기관사가 종을 치기 시작했고, 귀에 익숙한 "모두 승차하십시오!"라는 소리가 들려왔다. 곧이어 그 거대한 유선형 열차가 3700킬로미터의 여행길에 오르기 위해 서서히 움직여 역을 빠져나갔다.

내 가슴이 요동치기 시작했다. 무언가가 나를 납득시키려고 애쓰는 것 같았다. 내게 기적이 일어났다. 나는 열차의 기관사로부터 그토록 찾아 헤매던 해답을 얻었다. 그는 단 하나의 녹색 신호만 보고 열차를 출발시켜 머나먼 여행길에 올랐다. 내가 만약 그였다면 여행길 곳곳에 설치된 신호기들이 모두 열차가 지날 때마다 녹색 불빛을 내줄 것인지를 확인한 뒤에야 열차를 출발시키고 싶어 했을 것이다. 그렇게 하는 것은 물론 불가능하다. 하지만 인생에 대한 나의 태도는 바로 그런 것이었다. 나는 내 앞날에 무엇이 있는지를 알기 위해 너무나도 열심히 생각하는 바람에 결국은 한 역에 머물러 있기만 하고 아무데도 가지 못하고 있는 게 분명했다.

내 생각은 계속 이어졌다. 그 기관사는 앞으로의 기나긴 여행길에서 무엇을 만나게 될지에 대해 아무런 걱정도 하지 않는 게 틀림없었다. 여행하는 도중에 열차가 어떤 역에는 늦게 도착하게 될 수도 있고, 경우에 따라서는 속도를 늦춰야 할 때도 있을 것이다. 그러나 바로 그 때문에 신호기가 설치돼있는 것 아니겠는가? 황색 불빛은 속도를 늦추고 느긋하게 가라는 신호이고, 적색 불빛은 앞에 위험이 도사리고 있으니 멈춰 서라는 신호다. 이런 신호체계가 열차여행을 안전하게 만들어준다. 참으로 훌륭한 신호체계 아닌가.

나는 생각했다. 왜 나는 내 인생을 위한 훌륭한 신호체계를 갖고 있지 못한 걸까? 그런데 문득 내게도 그런 훌륭한 신호체계가 하나쯤은 있을 거라는 생각이 들었다. 하느님이 그것을 내게 주었을 것이다. 그리고 하느님이 그것을 통제하고 있으므로 그것은 확실한 것이리

라. 나는 내 인생의 녹색 불빛을 찾기 시작했다. 어디서? 하느님이 그 녹색 불빛을 만들어냈을 것이니 하느님에게 물어보지 않을 이유가 없었다. 나는 곧바로 하느님에게 물어보았다.

나는 매일 아침 기도를 해서 그날그날의 녹색 불빛을 얻는다. 때로 황색 불빛을 보는 날에는 내 속도를 늦춘다. 때로는 적색 불빛을 보는 날도 있는데, 그런 날은 내가 망가지는 일이 발생하기 전에 멈춰 선다.

이런 발견을 한 2년 전의 그날 이후로 나는 더 이상 걱정을 하지 않는다. 그 2년 동안 나는 700번 이상의 녹색 불빛을 보았다. 나는 다음 불빛이 무슨 색깔일지에 대해 걱정하지 않았다. 그러자 내 인생길이 훨씬 더 순조로워졌다.

존 D. 록펠러는 어떻게 45년을 덤으로 더 살게 됐나

존 D. 록펠러는 33살 때 이미 100만 달러 이상을 가진 재산가가 됐다. 43살 때 그는 세계의 역사상 가장 규모가 큰 독점기업인 스탠더드 오일 컴퍼니를 구축했다. 그러면 53살 때에는 그가 어떤 상태였을까? 그때에는 걱정이 그를 집어삼켰다. 그는 걱정과 긴장도 높은 삶 때문에 건강이 망가진 상태였다. 그의 전기를 쓴 작가인 존 K. 윙클러는 53살 때의 록펠러는 "미라처럼 보였다"고 말했다.

53살 때 록펠러는 이상한 소화기 질환에 걸려서 머리카락과 속눈썹이 다 빠지고 눈썹만 조금 남게 됐다. 윙클러는 "그는 의사의 지시로 사람의 젖을 먹고 지내야 할 만큼 심각한 상태였다"고 썼다. 의사의 진단에 따르면 록펠러는 신경성 질환으로 인한 대머리 증세의 일종인 탈모증에 걸렸다. 그는 흉해 보이는 대머리를 감추기 위해 머리에 납작하게 붙는 모자를 쓰다가 나중에는 개당 500달러를 주고 가발을 여러 개 주문했다. 그는 그 뒤로 죽을 때까지 은색 가발을 썼다.

록펠러는 원래 강철같이 단단한 몸을 타고 났다. 농장에서 자랐기 때문에 한때는 튼튼한 어깨를 갖고 있었고, 꼿꼿한 자세로 당당하고 경쾌하게 걸어 다녔다. 그런데 대부분의 남자들에게 한창때인 53살에 벌써 그는 어깨가 축 늘어지고 걸을 때 휘청거리는 사람이 됐다. 그의 전기를 쓴 또 다른 작가인 존 T. 플린은 "거울을 들여다보면 그의 눈에 노인이 보였다"고 말한다. "쉼 없는 일, 끊임없는 걱정, 거듭되는 과로, 불면증, 운동과 휴식의 부족"이 그를 쓰러뜨렸다. 세계 최고의 부자인 그가 가난뱅이도 콧방귀를 뀔 만큼 빈약한 식단에 의존해야만 연명할 수 있게 됐다. 그때 그는 일주일에 100만 달러씩 벌어들이고 있었지만, 그가 먹을 수 있는 음식을 사는 데는 아마도 일주일에 2달러면 족했을 것이다. 의사가 그에게 먹을 음식으로 허락한 것은 산성 물질이 첨가된 우유와 몇 조각의 크래커가 전부였다. 그의 피부는 탈색되어 뼈와 뼈 사이에 팽팽하게 늘여 걸쳐놓은 낡은 양피지처럼 보였다. 돈으로 살 수 있는 의학적 처치만이 53살의 그를 죽지 않고 살아있게 할 수 있었다.

그가 왜 그렇게 됐을까? 걱정과 충격 때문이었다. 압박과 긴장이 심한 생활을 했기 때문이었다. 그는 스스로를 말 그대로 무덤으로 몰고 갔다. 23살이라는 젊은 나이에 록펠러는 이미 확고한 결의를 가지고 자신의 목표를 추구하기 시작했다. 그를 아는 사람들에 따르면 "거래가 잘 성사됐다는 소식 말고는 아무것도 그의 표정을 밝게 하지 못했다"고 한다. 큰 이익을 올리게 되면 그는 모자를 벗어 바닥에 내던지고 이리저리 뛰면서 '승리의 춤'을 추곤 했다. 그러나 돈을 잃게 되면 그의 몸이 나빠졌다!

언젠가 한번은 그가 4만 달러어치의 곡물을 배에 실어 오대호를 통해 수송시킨 적이 있다. 그때 그는 보험에 들지 않았다. 보험회사가 보험료로 요구한 150달러가 너무 비싸다고 생각해서였다. 그날 밤에 오대호의 일부인 이리 호수에 태풍이 심하게 불었다. 록펠러는 오대호로 내보낸 화물을 다 잃게 될까봐 걱정이 됐다. 다음날 아침에 동업자인 조지 가드너가 사무실에 들렀을 때 록펠러는 안절부절못하고 서성거리고 있었다. 록펠러는 부들부들 떨며 이렇게 말했다. "서둘러야 합니다. 우리가 지금이라도 보험에 들 수 있는지를 확인해봐야 합니다. 보험에 들기에 너무 늦은 것은 아닌지를!" 가드너는 서둘러 시내로 달려가 보험에 들었다. 가드너가 다시 사무실로 돌아왔을 때 록펠러의 신경불안 증세는 훨씬 더 심해져 있었다. 얼마 뒤에 전보가 왔다. 화물이 태풍에도 불구하고 피해를 입지 않고 무사히 도착했다는 내용이었다. 그런데 그 소식을 들은 록펠러는 그 어느 때보다도 몸이 나빠졌다. 보험료로 150달러나 '낭비' 했다는 생각 때문이었다! 그는 몸이 너무 나빠져서 곧바로 집으로 가 드러누워야 했다. 생각해보라. 그때 그는 연매출액이 50만 달러나 되는 회사를 경영하고 있었다. 그런데도 고작 150달러 때문에 몸이 나빠져서 집으로 가 드러누워야 했던 것이다!

　　그에게는 놀 시간도, 취미생활을 할 시간도 없었다. 돈을 버는 일과 주말학교에서 학생들을 가르치는 일 말고는 그 어떤 일도 할 시간이 그에게는 없었다. 동업자인 조지 가드너가 다른 세 사람과 함께 2천 달러를 주고 중고 요트를 한 대 샀을 때 록펠러는 기겁을 했고, 그

요트에 타기를 거부했다. 가드너는 어느 토요일 오후에 록펠러가 사무실에서 일을 하고 있는 것을 보고는 이렇게 말했다. "존, 우리 요트나 타러 가세. 오늘만큼은 일에 대해서는 다 잊어버리세. 잠시라도 즐거운 시간을 갖는 거야. 그러는 게 자네에게도 좋을 거야." 록펠러는 화가 난 눈으로 가드너를 쏘아보며 이렇게 경고했다. "조지 가드너, 당신은 내가 아는 사람 가운데 가장 헤픈 사람이에요. 당신은 자신의 은행 신용점수를 깎아내리고 있을 뿐만 아니라 나에 대한 은행의 신용점수도 깎아내리고 있어요. 당신이 무엇보다 먼저 알아야 할 것은 바로 당신이 우리 사업을 망치게 되리라는 점이에요. 나는 결코 당신의 요트를 타지 않을 겁니다. 그건 보고 싶지도 않아요!" 그러고는 그는 그날 오후 내내 사무실에 계속 틀어박혀 일만 했다.

사업가 록펠러는 그렇게 유머가 결여되고, 넓은 관점이 결여된 채로 일생을 살았다. 세월이 많이 지난 뒤에 그는 이렇게 말했다. "나는 내가 거둔 성공이 단지 일시적인 것으로 그칠 수도 있다는 점을 상기하지 않은 채로 베개에 머리를 뉘어본 적이 없다."

엄청나게 많은 재산을 갖게 된 그가 그 재산을 잃을 수도 있다는 걱정을 하지 않고서는 베개에 머리를 뉘어본 적이 없다는 것이다. 그러니 그의 건강이 망가진 것이 이상할 게 전혀 없다. 그에게는 놀거나 취미생활을 할 시간이 없었다. 그는 극장에 가본 적이 없었고, 카드놀이를 한 적도 없었으며, 파티에 가본 적도 없었다. 마크 해너*가 말했듯이 록펠러는 돈에 관한 한 미친 사람이었다. 그는 록펠러에 대해 이렇게 말했다. "그는 다른 모든 면에서는 제정신이었지만 돈에 관한 한 미친 사람이었다."

　록펠러는 오하이오 주 클리블랜드에 살 때 한 이웃사람에게 자기는 "사랑받기를 원한다"고 고백한 적이 있다. 하지만 정작 자신은 다른 사람을 냉랭하게 대하고 쉽게 믿으려 하지 않았기에 그를 좋아하는 사람이 별로 없었다. 모건♠도 록펠러와 사업상의 거래를 하는 것을 주저한 적이 있다. 그는 이렇게 빈정댔다. "나는 그를 좋아하지 않는다. 그와는 어떠한 거래도 하고 싶지 않다." 록펠러의 형제 가운데 한 사람도 그를 너무 미워한 나머지 가족묘지에 묻힌 자기 자식들의 주검을 파내어 다른 곳으로 이장했다. 그는 이렇게 말했다. "내 피를 이어받은 후손은 존 D. 록펠러가 소유하고 있는 땅에는 결코 묻히지 않을 것이다." 록펠러의 회사에 고용된 사람들이나 그와 같이 일하는 사람들은 그를 매우 두려워하며 지냈다. 이는 매우 아이로니컬한 일이었다. 왜냐하면 록펠러는 그들을 두려워했기 때문이다. 록펠러는 그들이 회사 안의 일을 밖에 나가 이야기하면서 '회사의 비밀을 누설' 할까봐 두려워했다. 그는 인간의 본성에 대한 믿음을 거의 갖고 있지 않았다. 그래서 한번은 독립적인 정유업자와 10년짜리 계약을 체결할 때 그로 하여금 그 내용에 대해 누구에게도, 심지어는 그의 아내에게도 이야기하지 않겠다는 약속을 하게 했다! "입을 열지 말고 사업을 하라"가 그의 좌우명이었다.

　그런데 그의 사업이 번창해 절정에 이르렀을 때, 그러니까 마치

---
* Mark Hanna. 1837~1904. 미국의 정치인.
♠ John Pierpont Morgan. 1837~1913. 미국의 금융업자.

베수비오 화산에서 뜨거운 황색 용암이 분출해 흘러내리듯이 그의 금고로 황금이 쏟아져 들어갈 때 그가 구축한 세계가 무너져 내렸다. 수많은 책과 언론매체가 스탠더드 오일 컴퍼니가 노상강도와 같은 방식으로 사업을 벌여왔다고 비난했다. 철도회사들과 은밀하게 리베이트를 주고받은 일, 경쟁업체들을 무자비하게 억누른 일 등이 도마에 올랐다.

펜실베이니아 주의 유전지대에서는 존 D. 록펠러가 지구상에서 가장 혐오스러운 사람이었다. 그에게 억압을 당한 사람들이 그를 상징하는 인형을 만들어 교수대에 매달고 처형했다. 많은 사람들이 실제로 그의 말라빠진 목에 로프를 걸어서 죽은 사과나무의 가지에 매달아 죽이고 싶어 했다. 불과 유황을 뿜어내는 듯한 편지가 그의 사무실에 쏟아져 들어오듯 배달됐다. 그를 죽이겠다고 위협하는 편지도 많았다. 그는 적들이 자기를 죽이지 못하도록 경호원을 여럿 고용했다. 그는 자신에게 휘몰아치는 증오의 태풍을 무시하려고 했다. 그는 한번은 이렇게 냉소적으로 말했다. "내가 내 방식대로 행동할 수 있게만 해준다면 누구든 나를 발로 걷어차거나 학대해도 된다." 그러나 그는 자기도 인간임을 깨달았다. 그는 증오를 견뎌낼 수 없었고, 걱정도 견뎌낼 수 없었다. 그의 건강에 금이 가기 시작했다. 그는 자기의 몸 안에서 자기를 공격해오는 새로운 적, 즉 질병을 만나게 되자 당황했다. 그는 처음에는 "가끔 찾아오는 사소한 질병"을 계속 숨기면서, 자신의 질병에 신경을 쓰지 않으려고 했다. 그러나 불면증, 소화불량, 탈모증을 비롯해 걱정과 신경쇠약이 초래하는 모든 육체적인 증세가 나타나는 것을 계속 외면할 수는 없었다. 마침내 의사들이 그에게 충격적인 사실을 말해주었다. 한쪽에는 돈과 걱정, 다른 한쪽에는 그의 목숨이 있다면 이제 그에게는 그 양쪽 가운데 어느 한쪽만 선택할 수 있다는 것이었다. 의사들은 그에게 죽지 않으려면 은퇴를 해야 한다고 경고했다. 그는 은퇴하기로 했다. 그러나 은퇴를 하기 전에 이미 걱정, 욕심, 두려움이 그의 건강을 무너뜨렸다. 미국의 가장 유명한 여성 전기작가인 아이더 타벨♠은 그를 보았을 때 충격을 받았다. 그녀는 이렇게 썼다. "그는 끔찍할 정도로 늙은 사람의 얼굴을 하고 있었다. 그는 내가 만나본 노인 가운데 가장 늙은 노인이었다." 그녀는 '노인'이라고 했지만, 사실 그때 록펠러의 나이는 맥아더 장군이 필리핀을 재탈환했을 때의 나이보다 여러 살 적었다! 그러나 록펠러는 이미 육체적으로 망가진 상태였기에 아이더 타벨의 동정심을 불러일으켰다. 그때 그녀는 스탠더드 오일 컴퍼니와 그 회사가 대변하는 모든 것을 비난하는 내용의 책을 쓰고 있었다. 그런 그녀가 '문어발 기업'을 건설한 그를 좋아할 이유는 전혀 없었다. 그럼에도 불구하고 그녀는 록펠러가 주말학교에서 학생들을 가르치는 모습이나 자기 주위에 있는 다른 모든 사람들의 얼굴을 열심히 탐색하는 모습을 보았을 때 든 느낌을 이렇게 썼다. "나는 예상치 못했던 감정을 느꼈고, 그 감정은 시간이 흐를수록 더 강해졌다. 나는 그가 안됐다는 생각이 들었다. 두려움만큼 끔찍한 동반자는 없다는 것을 나는 그를 보면서 알

♠ Ida Tarbell. 1857~1944. 미국의 교사, 전기작가, 저널리스트.

게 됐다."

의사들은 록펠러의 목숨을 구해내는 일에 착수하면서 그에게 세 가지 규칙을 일러주었다. 그때부터 그는 살아있는 동안 내내 그 규칙을 철저하게 지켰다. 그것은 다음과 같다.

1. 걱정하지 말라. 어떠한 종류의 상황에서도 어떠한 것에 대해서도 걱정을 하지 말라.
2. 긴장을 풀고 쉬어라. 옥외에서 가벼운 운동을 많이 하라.
3. 음식을 먹을 때 조심하라. 배가 완전히 차기 전에 숟가락을 놓아라.

존 D. 록펠러는 이 세 가지 규칙을 잘 지켰다. 아마도 그것이 그의 목숨을 구했던 것 같다. 그는 은퇴했다. 그리고 골프 치는 법을 배웠다. 정원 가꾸기에 몰두했다. 이웃사람들과 잡담을 나누었다. 카드게임을 즐기고 노래도 불렀다.

이런 것 말고도 그가 새로 하게 된 일이 또 있다. 윙클러는 이렇게 말한다. "낮에는 정신적인 고통에, 밤에는 불면증에 시달리던 존 D. 록펠러는 명상을 하는 시간을 갖게 됐다." 록펠러는 다른 사람들에 대해 생각하기 시작했다. 그는 어떻게 하면 돈을 더 벌 수 있을지에 대해 생각하는 것을 그만두고, 번 돈을 사용해 행복이라는 측면에서 얼마나 많은 것을 얻을 수 있을지를 궁금해 하기 시작했다.

간단히 말하면, 록펠러는 자기가 갖고 있는 막대한 재산을 기부하기 시작했다! 한동안은 그렇게 하는 것이 쉽지 않았다. 그가 어느 교회에 돈을 기부했을 때 미국 전역의 목사들이 "부정한 돈!"이라고 외치며 맹렬하게 그를 공격했다. 그래도 그는 기부를 계속했다. 그는 미시간 호수 옆에 있는 작고 가난한 대학이 채권자들의 저당권 행사로 인해 학교시설을 내놓아야 할 처지에 놓인 것을 알고는 막대한 금액의 돈을 기부하며 그 대학을 구하는 일에 나섰다. 그 대학이 발전해 오늘날 세계적으로 유명한 시카고대학이 됐다. 그는 흑인을 돕는 일에도 나섰다. 그는 흑인을 위해 운영되는 대학들에 돈을 기부했다. 조지 워싱턴 카버가 해오던 일을 이어서 계속 해나가기 위해 자금을 필요로 하던 터스키기대학도 그가 돈을 기부한 대학 가운데 하나였다. 록펠러는 십이지장충과의 싸움도 도왔다. 십이지장충에 관한 권위 있는 전문가인 찰스 W. 스타일스 박사는 "지금 십이지장충병이 미국 남부를 휩쓸고 있다. 50센트어치의 약이면 이 질병에 걸린 환자 한 사람을 치료할 수 있다. 그런데 과연 누가 그 50센트를 내놓겠는가?"라고 말했다. 록펠러가 그 50센트를 내놓았다. 그는 미국 남부를 휩쓴 질병 가운데 가장 심각하게 번진 그 질병을 퇴치하는 사업에 수백만 달러를 기부했다. 그는 여기서 한 걸음 더 나아가 전 세계를 대상으로 질병과 무지를 물리치기 위한 사업을 벌일 대규모 국제적 재단을 설립했다. 그 재단이 바로 록펠러재단이다.

나는 록펠러재단이 하는 일에 공감하는 마음을 갖고 있다. 어쩌면 나도 이 재단 덕분에 목숨을 건졌는지도 모르기 때문이다. 1932년에 나는 중국에 있었다. 당시 베이징 전역에 콜레라가 창궐해서 중국의 농민들이 파리처럼 죽어갔다. 그런 두려운 상황 속에서 우리는 록펠러 의과대학을 찾아가 콜레라 예방백신을 접종받았다. 나와 같은 '외국인' 뿐 아니라 중국인도 그 백신을 접종받을 수 있었다. 그 일로 나는 록펠러가 기부한 막대한 금액의 재산이 세계를 위해 어떻게 쓰이고 있는지를 알게 됐다.

    록펠러재단은 특별하다. 록펠러재단과 조금이라도 비슷한 것은 역사상 하나도 없었다. 물론 비전을 가진 사람들이 시작한 좋은 운동이 전 세계 곳곳에 많이 존재한다는 사실은 록펠러도 알고 있었다. 다양한 연구가 이루어지고 있었고, 여기저기 대학이 설립되고 있었으며, 의사들은 질병과의 싸움을 계속하고 있었다. 그러나 고귀한 정신을 가진 사람들에 의해 이루어지고 있는 그러한 사업들은 돈이 없어 중단되는 경우가 비일비재했다. 록펠러는 그런 선각자들을 지원하기로 결심했다. 그들을 매수하기 위해서가 아니라 그들이 하고자 하는 일을 할 수 있도록 얼마간의 돈을 지원해주는 방식으로 그들을 돕기 위해서였다. 오늘날 당신과 나는 록펠러가 돈을 기부함으로써 가능했던 페니실린을 비롯한 수십 가지의 발견이 이루어낸 기적에 대해 감사히 여겨도 된다. 과거에는 감염된 아이 다섯 명 가운데 네 명을 죽게 했던 척수뇌막염으로는 이제 우리의 아이들이 죽지 않게 됐다는 사실에 대해 록펠러에게 감사하게 생각해도 된다. 또한 말라리아, 결핵, 인플루엔자, 디프테리아를 비롯해 아직도 전 세계에 전염되곤 하는 질병들을 퇴치하는 데서 인류가 이루어낸 발전 가운데 일부에 대해 록펠러에게 감사하게 생각해도 된다.

그런데 록펠러 자신은 어떻게 됐을까? 재산을 기부하면서 그는 마음의 평온을 얻었을까? 그랬다. 그는 마침내 만족감을 느끼게 됐다. 앨런 네빈스♠는 이렇게 말했다. "사람들이 만약 1900년 이후의 그를 '스탠더드 오일에 가해지는 공격에 대해 고민하는' 모습으로 생각한다면 크게 잘못 생각하는 것이다."

록펠러는 행복해졌다. 그는 완전히 다른 사람이 되었고, 걱정도 전혀 하지 않았다. 그 뒤로 그는 자신의 경력에서 가장 큰 패배를 받아들일 수밖에 없었을 때에도 잠을 설치지 않았다. 그 패배는 그가 건설한 기업, 즉 스탠더드 오일이라는 거대기업에 '역사상 가장 무거운 벌금'이 부과됐을 때 그를 찾아왔다. 미국 정부는 스탠더드 오일을 독점금지법에 위반되는 독점기업으로 보았다. 이에 대해 스탠더드 오일과 미국 정부 간에 5년 동안 법정싸움이 벌어졌다. 그때까지의 역사상 가장 길게 이어진 법정싸움이었다. 미국 최고의 법률두뇌들이 서로 치열한 싸움을 벌였다. 싸움은 스탠더드 오일의 패소로 끝이 났다.

케네소 마운틴 랜디스 판사가 판결을 내릴 때 피고측 변호사들은 노인인 록펠러가 그 판결을 너무 심각하게 받아들이지 않을까 두려워했다. 그들은 록펠러가 얼마나 많이 변했는지를 알지 못했던 것이다. 그날 밤에 변호사 가운데 한 사람이 록펠러에게 전화를 걸었다. 그는 그날 법원이 내린 판결에 대해 가능한 한 조심스럽게 자신의 의

♠ Allan Nevins. 1890~1971. 미국의 역사학자, 전기작가, 저널리스트.

견을 이야기한 다음에 걱정이 되어 이렇게 말했다. "이번 판결로 인해 상심하지 않으시기를 바랍니다. 오늘 밤에 잘 주무시기를 바랍니다!"

록펠러가 어떤 반응을 보였을까? 뜻밖에도 그는 활기찬 목소리로 이렇게 대답했다. "존슨 씨, 걱정하지 마십시오. 나는 오늘 밤에 잠을 푹 잘 겁니다. 당신도 이번 일에 대해 심려하지 말고 잘 주무세요!"

이것이 과거에 150달러를 잃게 됐다고 해서 앓아누운 적이 있는 사람의 반응이었다! 물론 록펠러가 걱정을 극복하기까지 긴 세월이 걸린 것은 사실이다. 그러나 53살에 '죽어가는' 상태였던 그가 98살까지 산 것도 사실이다!

> 나는 긴장을 풀고 쉬는 법을 알지 못했기에
> 서서히 자살하고 있는 것이나 다름없었다
> - 폴 샘프슨

여섯 달 전까지만 해도 나는 인생을 고속으로 질주하고 있었다. 나는 언제나 긴장돼 있었고, 느긋하게 긴장을 풀어본 적이 전혀 없다. 나는 매일 밤 지친 상태로 걱정을 하면서 귀가했다. 왜 그랬을까? 아무도 내게 이렇게 말해주지 않았기 때문이다. "폴, 너는 지금 자신을 죽이고 있어. 왜 속도를 늦추지 않는 거지? 왜 긴장을 풀고 쉬지 못하는 거야?"

나는 아침에 벌떡 일어나서 재빨리 아침식사를 하고 면도를 후딱 해치운 다음에 차를 몰고 직장으로 출근하곤 했다. 차를 모는 것도 핸들을 두 손으로 꽉 붙잡고 있지 않으면 핸들이 창문 밖으로 튀어나가게 될 것을 두려워하는 듯한 자세로 했다. 나는 일을 빨리 처리했고, 서둘러 귀가했으며, 밤에는 잠도 빨리 자려고 했다.

나는 디트로이트에서 가장 유명한 신경과 전문의를 찾아갔다. 그는 내게 긴장을 풀라면서, 내가 긴장을 풀고 쉬는 법을 알지 못해 서서히 자살하고 있는 것과 다름없는 상태가 됐다고 말했다. 그는 내게 언제나 긴장을 푼다는 생각을 하라고 말했다. 일을 할 때에도, 운전을 할 때에도, 식사를 할 때에도, 잠을 자려고 할 때에도 그런 생각을 하라는 것이었다.

그 뒤로 나는 긴장을 푸는 연습을 했다. 밤에 침대에 누워서도 의식적으로 내 몸과 호흡에서 긴장을 풀어내기 전에는 잠을 자려고 하지 않았다. 그 덕분에 이제 나는 아침에 일어날 때 충분히 휴식을 취했다는 느낌을 갖고 일어난다.

이것은 커다란 발전이다. 예전에는 아침에도 피로하고 긴장이 풀리지 않은 상태로 일어나곤 했기 때문이다. 이제 나는 식사를 할 때도, 운전을 할 때도 느긋하게 긴장을 푼 상태를 유지한다. 물론 운전을 할 때는 정신을 차리고 있기는 하지만, 신경을 이용하기보다는 마음을 이용해서 운전을 한다. 내게 가장 중요한 것은 직장에서 긴장을 푸는 것이다. 나는 하루에도 몇 번씩 모든 일을 중단하고 내가 완전히 긴장을 풀고 있는지를 점검한다. 예전에는 전화벨이 울리면 마치 나보다 먼저 수화기를 집어 들려고 하는 누군가와 경쟁이라도 하는 듯 얼른 수화기를 집어 들었지만, 이제는 더 이상 그러지 않는다. 그리고 누군가가 내게 말을 하고 있을 때는 잠을 자는 아기처럼 긴장을 풀고 있곤 한다.

그 결과는 어떠할까? 하루하루의 삶이 예전보다 훨씬 더 즐겁고 유쾌하다. 이제 나는 정신적 피로나 걱정으로부터 완전히 벗어나 있다.

진짜 기적이 내게 일어났다

- 존 버거 부인

걱정이 나를 완전히 때려 눕혔다. 나는 마음이 너무 착잡하고 혼란스러운 나머지 삶에서 아무런 즐거움도 찾을 수 없었다. 나는 너무 긴장해서 밤에는 잠을 자지 못했고, 낮에도 긴장을 풀지 못했다. 아이들 가운데 셋은 서로 멀리 떨어져 친척집에서 살고 있었다. 군대에서 제대한 지 얼마 안 되는 남편은 다른 도시로 가서 법률사무소를 열 준비를 하고 있었다. 나는 전쟁 직후 조정기의 불안전성과 불확실성을 온몸으로 느끼고 있었다.

나는 내 남편이 순조롭게 직업경력을 쌓아가는 데 방해가 되고 내 아이들이 행복하고 정상적인 가정에서 자라나야 할 자연적 권리를 누리는 데도 방해가 되고 있었을 뿐 아니라 나 자신의 생명에도 방해가 되고 있었다. 남편은 우리가 살 집을 구하지 못했다. 새로 집을 짓는 것이 유일한 대책이었다. 모든 일이 내가 나를 추스를 수 있느냐에 달려 있었다. 이 점을 깊이 깨달을수록, 그리고 나를 추스르는 노력을 더 열심히 할수록 실패에 대한 내 두려움은 커졌다. 나는 스스로를 더 이상 믿을 수 없게 됐고, 나 자신을 완전히 실패한 사람으로 느꼈다.

온통 짙은 어둠뿐이고 누구의 도움도 받을 수 없는 것처럼 여겨졌을 때 어머니가 내게 해준 일을 나는 결코 잊지 못할 것이다. 어머니는 내게 충격을 가해 나로 하여금 반격에 나서도록 했다. 어머니는 자포자기하는 나를, 신경과 마음에 대한 통제력을 상실한 나를 꾸짖었다. 어머니는 내가 침대에서 일어나 내가 갖고 있는 모든 것을 위해 싸우도록 나를 자극했다. 어머니는 내가 상황과 맞대면하기보다 상황을 두려워하고 그것에 굴복하고 있다고 말했다. 삶을 살아내려고 하기보다 삶에서 도망가려고 한다는 것이었다.

그날부터 나는 싸우기 시작했다. 바로 그 주의 주말에 나는 부모님에게 이제부터는 내가 직접 집안일을 하려고 하니 두 분은 집으로 돌아가시라고 말했다. 그러고 나서 나는 그동안 불가능해보였던 일들을 했다. 나는 집에 남아있는 두 아이를 혼자서 돌봤다. 나는 잠을 잘 잤고, 식사를 더 잘 하기 시작했다. 기분도 점점 나아지기 시작했다. 일주일 뒤에 우리 집에 들른 부모님은 다리미질을 하면서 노래를 부르고 있는 내 모습을 보았다. 나는 싸움을 시작했고 그 싸움에서 이기고 있었기에 일종의 행복감을 느끼고 있었다. 나는 어머니에게서 배운 다음과 같은 교훈을 결코 잊지 못할 것이다. 상황을 물리칠 수 없다면 상황과 맞대면하라! 싸우기 시작하라! 포기하지 말라!

그때부터 나는 억지로라도 일을 했고, 하는 일에 몰입했다. 마침내 나는 헤어져 살던 아이들을 모두 다시 데려왔고, 새로 마련한 집에서 남편과 함께 온 가족이 다함께 살게 됐다. 나는 사랑하는 가족에게 강인하고 행복한 어머니이자 아내가 될 수 있게끔 내 건강을 회복시키겠다고 다짐했다. 나는 우리 집에 관한 계획, 아이들을 위한 계획, 남편을 위한 계획을 세우는 데, 즉 나를 제외한 모든 사람과 모든 것을 위한 계획을 세우는 데 몰두했다. 그러자 너무 바빠져서 나 자신에 대해서는 생각할 틈이 없게 됐다. 그리고 바로 그때 진짜 기적이 일어났다.

나는 점점 더 강해졌다. 나는 아침에 일어날 때마다 행복감, 새로 시작되는 하루에 대한 계획을 세우는 즐거움, 삶에 대한 환희를 느꼈다. 때때로 우울한 날이 슬그머니 끼어들기도 했다. 그러나 그 시기가 지나면 나는 나 자신에게 그 날에 대해 더 이상 생각하지 말라고 말하곤 했다. 그러다 보니 그런 날이 점점 줄어들더니 결국은 없어져 버렸다.

그로부터 1년이 지난 지금 내게는 매우 행복하게 살면서 성공의 길로 나아가는 남편, 내가 하루에 16시간씩 일할 수 있게 해주는 아름다운 집, 그리고 건강하고 행복한 세 아이가 있다. 그리고 나는 마음의 평온을 누리고 있다!

벤저민 프랭클린은 어떻게 걱정을 극복했나

이 글은 벤저민 프랭클린*이 조지프 프리스틀리♣에게 보낸 편지다. 프리스틀리는 셸번 백작으로부터 도서관 사서로 일해 달라는 요청을 받게 되자 프랭클린에게 조언을 구했다. 프랭클린은 답장으로 보낸 이 편지에서 걱정을 하지 않으면서 문제를 해결하는 자신의 방법에 대해 설명하고 있다.

런던, 1772년 9월 19일.

삼가 답장을 드립니다.

제게 조언을 요청하신 문제는 당신에게 매우 중요한 일에 관한 것일 텐데 저로서는 그 전제가 되는 조건들을 충분히 알고 있지 못하

---

* Benjamin Franklin. 1706~1790. 미국의 '건국의 아버지들' 가운데 한 사람. 저작가, 정치이론가, 정치인, 과학자, 발명가, 외교관.
♣ Joseph Priestley. 1733~1804. 영국의 신학자, 자연철학자, 정치이론가.

므로 당신이 어떤 결정을 내려야 하는지에 대해 조언해드릴 수는 없습니다. 그러나 당신이 괜찮다고 하시면 어떤 방법으로 그런 결정을 내려야 하는지에 대해서는 말씀드리겠습니다. 결정을 내리기 어려운 문제가 발생할 때 그 어려움의 원인은 주로 우리가 그것에 대해 검토를 하는 동안에 어떤 결정에 대해서든 찬반 양쪽의 근거들이 모두 다 한꺼번에 떠오르는 것이 아니라는 데 있습니다. 어떤 때에는 근거들의 어느 한 집합만 우리의 마음에 떠오르고, 또 다른 때에는 그 집합은 보이지 않게 사라지는 대신에 그것과 다른 근거들의 집합이 우리의 마음에 떠오릅니다. 이 때문에 상이한 여러 가지 목적과 선호들이 교대로 우리의 마음을 지배하게 되고, 불확실성이 우리를 혼란시키게 됩니다.

    이런 상태를 극복하기 위해 내가 사용하는 방법은 이렇습니다. 한 장의 종이를 펼쳐 놓고 아래로 줄을 내리그어 좌우 두 부분으로 나눈 다음에 한쪽 절반 위에는 '찬성'이라고 쓰고 다른 한쪽 절반 위에는 '반대'라고 써놓습니다. 그런 다음에 사나흘 정도 심사숙고하면서 상이한 시간에 그 결정에 대해 내 마음에 떠오른 상이한 찬반의 동기들을 적어 놓습니다. 이렇게 해서 그런 동기들을 한눈에 볼 수 있도록 다 적어놓았다면 그 다음에는 그 각각의 중요도를 추정해봅니다. 양쪽에서 어느 하나씩 두 개가 중요도에서 서로 같다는 것을 알게 되면 줄을 그어 두 개를 다 지워버립니다. '찬성' 쪽 근거 가운데 어느 하나가 '반대' 쪽 근거 가운데 어느 두 개와 동등하다고 생각되면 그 세 개를 다 지워버립니다. '반대' 쪽 근거 가운데 어느 세 개가 '찬성' 쪽 근거 가운데 어느 두 개와 동등하다고 판단되면 그 다섯 개를 다 지워버립니다. 이렇게 진행하다 보면 마침내 나는 어느 쪽에 지워지지 않고 남는 근거가 있게 되는지를 알게 됩니다. 그러고 나서 하루나 이틀 정도 더 생각해봐도 어느 쪽의 근거이든 중요한 것이 추가로 마음속에 떠오르지 않는다면 나는 위와 같은 결과에 따라 결정을 내립니다. 양쪽의 근거들 각각의 상대적 중요도를 대수학적 양과 같은 정확한 수치로 판단할 수는 없다고 하더라도 그 각각을 위와 같이 개별적, 상대적으로 비교해가며 검토해본다면, 그 전부가 한꺼번에 보이기 때문에 더 나은 판단을 할 수 있을 뿐만 아니라 성급한 판단을 하게 될 가능성이 낮아질 것이라고 나는 생각합니다. 실제로 그동안 나는 '도덕적 대수학' 또는 '사려분별의 대수학'이라고 불릴 수도 있을 이런 종류의 방정식 풀기로부터 커다란 이점을 얻었습니다.

당신이 최선의 결정을 내리기를 진심으로 바랍니다. 친애하는 벗이여, 나는 언제나 당신에게 가장 다정한 벗이고자 합니다.

벤 프랭클린

나는 너무 걱정이 되어 18일 동안 씹어야 먹을 수 있는 음식은 전혀 먹지 못했다

- 캐스린 홀콤 파머

3달 전에 나는 너무 걱정이 되어 4일 동안 잠을 한숨도 자지 못했고, 18일 동안은 씹어야 먹을 수 있는 음식은 전혀 먹지 못했다. 음식 냄새만 맡아도 심한 구토가 일어났다. 내가 겪은 정신적인 고통을 형용할 말이 생각나지 않는다. 지옥이라 한들 내가 겪은 일보다 내게 더 심한 고통을 안겨줄 것 같지 않다. 나는 미쳐버리거나 죽을 것만 같았다. 이대로는 더 이상 살아갈 수 없었다.

그러던 중 나는 이 책의 가제본을 받게 됐고, 그것은 내 삶에 전환점이 됐다. 지난 3개월간 나는 이 책과 같이 살았다. 나는 절박하게 새로운 삶의 방식을 찾으려고 애쓰면서 단 한 페이지도 놓치지 않고 이 책을 정독했다. 책을 읽는 동안 나의 사고와 심리적 안정의 정도에 거의 믿을 수 없을 만한 변화가 일어났다. 나는 깨달았다. 그동안 내가 오늘의 문제 때문이 아니라 어제 일어난 어떤 일 또는 내일 일어날 수도 있다고 우려되는 어떤 일에 대한 고뇌와 불안 때문에 거의 미쳐버릴 지경에 이르렀음을. 그러나 이제 나는 하루하루의 싸움을 견뎌낼 수 있다.

이제 나는 내가 걱정을 하고 있다는 걸 깨닫는 순간 곧바로 이 책을 정독하면서 배운 원칙들 가운데 일부를 실천에 옮긴다. 이를테면, 오늘 해야 할 어떤 일 때문에 스트레스가 시작될 것 같으면 서둘러 그 일을 해치움으로써 걱정을 날려버리는 것이다.

나를 거의 미칠 지경으로 몰아가곤 하던 문제에 다시 직면하게 되면 나는 이 책의 1부 2장에 설명돼있는 세 단계의 해법을 침착하게 실행해본다. 우선, 내게 일어날 수 있는 최악의 상황이 무엇인지를 묻는다. 그런 다음, 그 최악의 상황을 받아들이려고 해본다. 그리고 마지막으로, 내가 받아들이기로 한 최악의 상황보다 실제의 상황을 조금이라도 더 개선시킬 수 있는 방법은 없는지를 모색해본다.

변화시킬 수 없거나 받아들이고 싶지 않은 것에 대해 걱정하고 있음을 깨달을 때마다 나는 다음과 같은 짧은 기도문을 외운다.

"하느님, 내가 변화시킬 수 없는 것을 받아들일 수 있는 평정심, 내가 변화시킬 수 있는 것을 변화시킬 수 있는 용기, 그리고 그 둘의 차이를 알 수 있게 해주는 지혜를 내게 주시옵소서."

이 책을 읽게 된 뒤로 나는 축복을 받았다고 할 정도로 즐겁고 새로운 삶을 실제로 경험하고 있다. 나는 이제 더 이상 불안감으로 내 건강과 행복을 파괴하지 않는다. 이제 나는 하루에 9시간 동안 잠을 잘 수 있다. 나는 즐겁게 식사를 한다. 나를 감싸고 있던 장막은 거두어졌다. 잠겨 있던 문은 열렸다. 이제 나는 나를 둘러싸고 있는 이 세상의 아름다움을 보고 즐길 수 있다. 나는 지금의 내 삶에 대해,

내가 이토록 아름다운 세상에서 살게 된 혜택에 대해 하느님에게 감사한다.

당신도 이 책을 머리맡에 놓아두고, 당신의 문제에 적용되는 부분에 밑줄을 그어가며 반복해서 읽어보기를 권한다. 이 책을 정독하고 활용하라. 왜냐하면 이 책은 '독본용 서적'이 아니라 '실용적 안내서'이기 때문이다. 이 책은 새로운 삶으로 당신을 안내해줄 것이다!

옮긴이 후기

이 책은 흔히 셀프헬프(selp-help) 또는 자기계발(self-improvement)로 불리는 분야에서 손꼽히는 저술가이자 성인교육 사업가였던 데일 카네기의 저서 'How to Stop Worrying and Start Living'을 번역한 것이다. 이 책의 원서는 카네기가 사망하기 7년 전, 그러니까 그의 나이가 60살이 된 1948년에 미국과 영국에서 처음 출판됐고 그 뒤로 여러 차례 중판을 거듭했다.

카네기가 뉴욕의 YMCA에서 처음으로 성인들을 대상으로 '사람들 앞에서 말하기'에 관한 강연을 시작한 해는 1912년이었고, 그 강연이 선풍적인 인기를 끌면서 교재가 필요해지자 그가 처음으로 저술한 셀프헬프 책 《사람들 앞에서 말하기와 비즈니스에서 다른 사람들에게 영향을 주기(Public Speaking and Influencing Men In Business)》가 처음 출판된 해는 그 이듬해인 1913년이었다. 따라서 이 책 《걱정을 중단하고 삶에 뛰어들기》는 그가 셀프헬프 분야의 저술가, 강연자, 사업가로 35년 이상의 경력을 쌓으며 축적한 정보, 지식, 지혜, 경험을 농축시켜 담아낸 저서라고 볼 수 있다.

그 35년여의 기간에 1차 세계대전과 2차 세계대전을 비롯한 여러 차례의 전쟁과 대공황을 비롯한 경제위기 등이 사람들의 삶과 그 사회적 환경을 파괴하거나 뒤흔들어놓았다. 그와 같은 시대에 대인화술, 인간관계, 자기관리, 생활태도, 정신건강, 리더십, 성공 등을 주제로 셀프헬프적 조언과 처방을 제시한 그의 저서와 강연은 전 세계의 수많은 사람들에게 위로가 되기도 하고 자극이 되기도 했다.

우리나라에서도 카네기의 저서는 여러 번역자들에 의해 번역되어 여러 출판사들을 통해 거듭 출판돼왔고, 그가 죽은 지 50여 년이 지난 지금도 수많은 사람들이 삶의 지혜를 얻기 위해 그의 저서를 찾아 읽는다. 옮긴이인 나도 삶이 뜻대로 굴러가지 않고 자꾸 꼬이기만 한다는 생각으로 침울하게 지내던 시기에 이 책을 읽고 나 자신을 추스르는 데 큰 도움을 받았다. 카네기의 다른 여러 저서와 마찬가지로 이 책도 이미 여러 종의 번역서가 나와 있는데도 굳이 내가 이 책을 다시 번역하기로 결심한 데는 이런 개인적인 경험이 작용했다.

우리에게는 그동안 이 책이 주로 《자기관리론》이나 《인생론》이라는 제목으로 알려졌다. 그러나 이 책의 내용이 주로 스트레스, 신경과민, 불안장애, 신경증, 우울증 등의 정신적 불안정 증세를 다스리는 법에 대한 설명과 조언으로 구성돼있다는 점을 고려해 옮긴이는 이 번역서의 제목을 원서의 제목에 가까운 《걱정을 중단하고 삶에 뛰어들기》로 정하고 '데일 카네기의 항불안-항우울 처방전' 이라는 부제를 달아보았다.

역사적 인물이나 사건에 관한 여러 가지 이야기를 접할 수 있다는 것도 이 책을 읽는 재미 가운데 하나다. 예를 들어 미국의 대통령 에이브러햄 링컨이 자기를 비판하는 다른 사람들에게 어떻게 대응했고, 석유왕 존 록펠러가 어떤 경위로 탐욕스러운 독점자본가에서 박애적인 기부자로 바뀌었으며, 러시아의 대문호 톨스토이가 왜 불행한 말년을 보내야 했는가 등에 대해 서술한 대목들은 여러 번 읽어도 그때마다 새로운 재미와 교훈을 준다.

그러나 무엇보다 이 책은 지은이도 끝부분에서 강조했듯이 '새로운 방식의 삶'으로 독자를 이끌어주기 위한 '실용적 안내서'이며, 따라서 독자의 입장에서도 바로 그런 용도로 읽는 것이 이 책을 가장 잘 활용하는 방법일 것이다. 다만 옮긴이로서는 우리 사회에서 갈수록 심각한 문제가 되고 있는 우울증에 대한 예방주사 또는 해독제로도 이 책이 활용될 수 있을 것 같다는 생각이 든다.

우울증 중에서도 특히 과도한 불안감을 수반하는 종류의 우울증은 많은 경우에 개인적인 질병이라기보다는 사회적인 질병, 보다 정확하게 표현하면 사회적인 원인을 갖고 있는 질병이라고 옮긴이는 생각한다. 사회적인 질병이라면 사회적인 원인을 제거하는 것이 그 질병에 대한 근본적인 치료방법일 것이다. 그런데 사회를 바꾸는 것은 물론이고 자기 개인의 환경을 바꾸는 것조차 쉽지 않다면 어찌겠는가. 사회적인 조건이나 환경적인 조건은 당분간 주어진 것으로 놓고 자신의 개인적인 마음가짐과 태도를 추스르면서 우선은 자기 심신의 건강을 도모하는 차선책을 취해야 하지 않을까? 이 책에 바로 그런 차선책의 비결이 담겨 있다.